北京大学中国语言学研究中心

早期北京话研究书系

主编 郭锐

国家出版基金项目
NATIONAL PUBLICATION FOUNDATION

语言自迩集

19世纪中期的北京话（第二版）

[英] 威妥玛 著
张卫东 译

卷二

北京大学出版社
PEKING UNIVERSITY PRESS

第五章　谈论篇
(THE HUNDRED LESSONS)

译按：原著每段话前，英译文或用[长者][少者]等标明说话者的身份，中文课文则没有。

谈论篇百章之一
(Lesson I)

1. [长者] 我听见说你如今学满洲书呢么？很好。满洲话是咱们头一宗儿要紧的事情，就像汉人们，各处儿各处儿的乡谈一个样儿，不会使得么？

2. [少者] 可不是么？我念了十幾年的汉书，至今还摸不着一点儿头绪呢！若再不念满洲书，不学繙译，两下裏都耽误咯。因为这么着，我一则来瞧瞧兄台，二则还有奉求的事情呢。只是怪难开口的。

3. [长者] 这有甚么难呢？有话请说。若是我做得来的事情，咱们俩，我还推辞么？

4. [少者] 我所求的，是你纳疼爱我，就是劳乏些儿，可怎么样呢？抽空给我编幾个话条子我念，兄弟若能彀成了人，都是兄台所赐的。我再不敢忘了恩哪，必要重报的。

5. [长者] 你怎么这么说呢？你是外人吗？只怕你不肯学，既然要学，巴不得教你成人呢！说报恩是甚么话呢？咱们自己人，说得吗？

6. [少者] 若是这么着，我就感激不尽了。只好给兄台磕头咯，还有甚么说得呢？

注：（译按：原著中注释词处理方式同第四章，见今译本246页译按。）

1. 洲 chou¹，本义为河中沙洲；也指小岛；口语不大用；此处只表Manchu的第二个音节。满洲，是当朝原本领地的名字（译按：又是满族的族名，辛亥革命后改称满族）。乡谈 hsiang t'an，字面上指"乡间聊天"（译按："乡谈"应该指方言，并非乡间聊天）：谈 t'an，跟别人聊天或谈话。

2. 繙 fan¹，翻译。译 yi⁴，解释，翻译：翻译 fan yi，指动作；翻译官 fan yi guan，作翻译的官员。兄台 hsiung-t'ai，对自己哥哥的尊称（译按：兄台指朋辈，不是指亲哥哥。）；又相当于英文的 you, sir（泛指，老兄，先生）。怪难 kuai nan，非常困难。

3. 辞 tz'ǔ²，托词，论据，辩解；又，放弃，辞职：推辞 t'ui tz'ǔ，表示拒绝。

4. 能彀 nêng kou，能力足够，具备能力。赐 tz'ǔ⁴，给下属的奖赏或授与。

5. 巴不得 pa¹ pu tê，但愿如此："巴 pa" 通常写作"把 pa"（参见第三章 86.）；不是指"被找到"，而是"得到，甚或接触一下都是好的"。

谈论篇百章之二

(Lesson II)

1. [长者] 听见说，你的清话，如今学得很有点儿规模儿了么。

2. [少者] 那'儿的话呢！人家说的我虽懂得，我自家要说，还早呢。不但我说的，不能像别人儿说得成片段儿，而且一连四五句话，就接不上了。还有个怪处儿，是临说话的时候，无缘无故的怕错，不敢简简决决的说，这么样，可叫我怎么说呢？我也灰了心咯。想著就是这么样儿，学来学去，也不过就是这么个本事儿咯，那'儿还能彀有长进呢？

3. [长者] 这都是你没熟的缘故。我告诉你，无论他是谁，但凡遇见个会说清话的，你就赶著和他说。再有那清话精通的师傅们，也要往他们那儿去学，或是和清话熟习的朋友们，时常谈论。天天儿看书记话，平常说惯了嘴儿，若照着这么学，至多一两年，自然而然的，就会顺着嘴儿说咯，又愁甚么不能呢？

注：
1. 规模 kuei mo²，圆规模型，要制作的任何东西的范围或式样；只用于比喻；口语说"模子

mu²-tzǔ", 模具。

2 接不上 chieh pu shang, 连接不上：接 chieh, 专用于上下之间的连接；上 shang, 助动词, 在一定程度上类似"接 chieh"。简简决决的 chien-chien-chüeh-chüeh-ti, 简单而果决地。可叫 k'o chiao,[说明上文的原因]字面上是, 让我怎么说；不是不说, 而是不能说。灰 hui¹, 灰尘；这里用作动词；我的心变成灰了, 绝望了。

3. 但凡 tan fan, 不论个别还是一般, 都是, 凡是……的（*all whatsoever*）。师傅 shih¹-fu⁴, 某一行业的熟手：师 shih, 其他意义中, 有"模范"的意思, 引申为教师；傅 fu, 本义是, 以教导帮助人。要 yao, 此处是祈使语气动词。愁 ch'ou², 使伤心；又 yu, 还。

谈论篇百章之三
(*Lesson III*)

1. [长者] 老弟, 你的清话, 是甚么空儿学的？声儿说得好, 而且又明白。
2. [少者] 啊, 承兄台的过奖。我的清话算甚么呢？我有个朋友, 满洲话说得很好, 又清楚, 又快, 没有一点儿汉音, 很熟练哪。不但这个, 而且记得话儿还多, 那纔可以算得起是好呢！
3. [长者] 他比你如何？
4. [少者] 我怎么敢比他？我可不是他的对儿啊, 差得天地悬隔呢！
5. [长者] 甚么缘故呢？
6. [少者] 他学得日子深, 会得多。颇好书, 至今还是不住嘴儿的念, 不离手儿的拏着看。若要赶他实在难哪！
7. [长者] 弟台, 你这话, 只怕有点儿说错了罢？你忘了"有志者事竟成"这句话了么？他也是学会得罢咧, 并不是生了来就知道的啊！咱们那'点儿不如他？任凭他是怎么样儿的精熟, 咱们只要拏定主意, 用心去学, 虽然到不了他那个地步儿, 料想也就差不多儿咯！

注：

2. 奖 chiang³, 赞扬, 夸奖。清楚 ch'ing-ch'u³, 明确无误的, 条理清晰的；也适用于处理事务、清理账目等等。练 lien⁴, 本义是, 煮丝使柔顺；引申为练习：熟练 shou lien, 精通。

4. 悬隔 hsüan² ko²，被空间分隔，因空间而分开：悬 hsüan，一般指悬挂，比喻在空中悬挂；隔 ko，分开，分割的东西；隔开 ko k'ai，分隔，保持间隔。
6. 颇 p'o¹，强烈的加强语意的词；只用于某些形容词。好 hao⁴，喜爱。
7. 竟 ching，毕竟，终究，任何情况下：有志者事竟成。咧 lieh⁴，句末表示肯定的小品词。料想 liao hsiang，我猜想。参见第三章 749。

谈论篇百章之四
(Lesson IV)

1. 人生在世，头一件要紧的是学。念书呢，特为的是明白道理。学得道理明白了，在家呢，孝顺父母；做官呢，给国家出力，不论甚么事，可自然都会成就。
2. 人若是学得果然有了本事，无论到那'块儿，不但别人尊重你，就是你自己，也觉着體面。
3. 还有一种不念书、不修品的，全靠着钻幹逢迎作他的本事。我不知道他们心裏，到底要怎么样啊，我实在替他害羞。
4. 这一种人，不但自己辱身坏名，连老子娘，都叫人家咒骂啊！
5. 老弟，你白想一想，父母的恩情，为人子的，能彀报得万一么？既不能彀光宗耀祖的罢咧，反倒叫父母受人家的咒骂，没出息儿，到甚么分儿上了！
6. 细想起这个来，人若是不念书、不修品，使得么？

注：
1. 特为的 t'ê wei ti，特别理由：为 wei⁴，因为；的 ti，作为关系词 (relative)，表示原因的词省略了。孝 hsiao⁴，敬奉父母：孝顺 hsiao shun，子女恭顺；这里作动词用。成就 ch'êng chiu，令人满意地完成，做成一件好事；"就"在这里跟"得 tê"略有不同。
2. 觉 chio，觉察，感知到的。
3. 种 chung³（不同于种 chung⁴，种植），种类或类别。品 p'in³，本义是种类或等级；引申为精选：品行 p'in hsing，每个人所特有的品质；修品 hsiu p'in，学习，完善自己的道德品质。钻 tsuan¹，用钻 tsuan⁴（中心钻）打孔；打出一道小孔径：钻幹 tsuan kan，是"钻营谋幹

tsuan ying mou kan"的缩略形式，处心积虑不择手段地做成某事；"谋幹"可用于好的目的上。逢 fêng², 遇见；迎 ying, 上前相见，欢迎；逢迎 fêng ying, 竭力迎合上司的期望以讨好自己的上司。害羞 hai hsiu, 非常惭愧；害 hai, 如同"害怕 hai p'a""害躁 hai sao"等词中的"害"。

4. 咒 chou⁴, 诅咒；骂 ma⁴, 辱骂。
5. 白 pai, 白色，空白，徒劳；此处似是"不论有没有这种情况，只须想一想"之类。为人子的 wei jên-tzǔ-ti: 为 wei, 是 (he who is), 人子的 (a man's son); 似是说，对于其双亲来说，他是儿子。万一 wan i, 万分之一；在其他场合，又有万分之中偶有一分机会。耀 yao⁴, yo⁴, 光辉，光荣；这里是"增光"的意思。宗 tsung, 就是祖宗 tsu tsung, 指众多的祖先。宅第生辉，祖宗荣耀。出息 ch'u hsi, 收益，利润。

谈论篇百章之五

(Lesson V)

1. [长者] 老弟，你天天从这儿过，都是往那'儿去啊？
2. [少者] 念书去。
3. [长者] 不是念满洲书么？
4. [少者] 是。
5. [长者] 现在念的都是甚么书？
6. [少者] 没有新样儿的书，都是眼面前儿的零碎话，和《清话指要》，这两样儿。
7. [长者] 还教你们写清字楷书不啊？
8. [少者] 如今天短，没写字的空儿，等着天长了，不但教写字，还教学繙译呢。
9. [长者] 老弟，我为这念书的事，真是钻头觅缝儿的，那'儿没有找到啊？可惜我们左近没有念清书的学房。我想着你们念书的这学房就可以，到多喒我也去念去。请你替我先说说罢。
10. [少者] 兄台，你打量教我们的是谁啊？是师傅么？不是呀。是我的一个族兄，所有教的都是我们一家儿的子弟；再者，就是亲戚们，并没有外人。可怎么说呢，我们族兄、又要天天儿上衙门，不得閒儿。是因为我们过懒，不肯自己用功，他万不得已儿，匀着空儿教我们。若不是这么着，兄台要念书，也是好事罢咧，替你说说，又费了我甚么呢？

注：
6. 眼面前儿 yen mien ch'ien(-'rh)，眼前，面前；经常出现的事情。
9. 觅缝，觅 mi⁴，探寻；缝 fêng⁴，缝隙，裂缝；不同于缝 fêng²，缝合（参见第三章练习 11.4）：钻头 tsuan t'ou，用头去钻；觅缝 mi feng，寻找缝隙，尝试各种方法以解决问题。左近 tso³-chin，附近：左 tso，本义是左边或左手。
10. 打量 ta-liang，算计，权衡优劣与可能性；不用于数字或数量的计算。族 tsu²，本义是类别，种类；口语指人的宗族或部落：族兄 tsu hsiung，本宗族的兄长。子弟 tzǔ ti，儿子和弟弟，就同族而言；说话者的近亲。再者 tsai chê，这里指"另外"那些（可能）来的人，即相对于上述的血亲而言；不过说理时，"再者"经常表示"第二点"，或"此外"。万不得已 wan pu tê i，迫于无奈：已 i，本义是停止；有一万次的机会他也停不下来，他没有任何办法帮到自己。匀著 yün²-cho，本义是，均分，让每一份儿都均等；这里只是把他的空闲时间分配出一部分（空儿 k'ung-'rh）来。费 fei，同于"费事 fei-shih"中的"费"（参见问答章之六，58）。

谈论篇百章之六
(Lesson VI)

1. 今儿早起，背他们的书，一个比一个的生！哼啊哼的，张着嘴、瞪着眼，只是站着。

2. 看他们这么着，我说：且住了！听我的话，你们既然是念满洲书，就该一扑纳心儿的学，像这么样儿的充数儿、沽虚名，多嗐是个了手啊？不但你们是虚度日月，连我也是白费了劲儿咯！这是你们自己悮自己咯，还是我悮了你们咯呢？

3. 已经长成了大汉子的，说着也是这个样，耳朵虽然听了，并不放在心上，太皮脸了罢，把我说的苦口良言，全当成了耳傍风咯！

4. 别说我找你们的错缝子。譬如我当了差使回来，腾下的空儿，歇歇儿，那不好么？只是和你们这个那个的，为甚么呢？不过因为是骨肉，叫你们出息成人的意思啊！
5. 我如今也没法儿了。只好尽心的教导，完我的责任就是了。听不听，随你们罢咧，叫我可怎么样儿呢？

注：

1. 背 pei，是"听他们背诵课文 (heard their lessons)"的省略，不只是"背诵课文"。生 shêng，生疏；这里是"背诵不下来课文"。瞪 têng⁴，睁大眼睛。
2. 且住 ch'ieh chu，好啦！且 ch'ieh，替代"暂且 chan ch'ieh"，暂时，指时间上的短暂停顿。扑 p'u¹，口语，人向前移动张开臂膀欲捕捉一只鸟儿、昆虫，等等；一 i，专一的；扑 p'u，向前跃动；纳心 na hsin，奉出你的全心。沽 ku¹，本义是买酒。沽虚名 ku hsü ming，邀买虚名，虚假的荣誉。了手 liao shou，致使某人了结其工作；"手"，字面上是"结束"的意思（译按："了"是"结束"的意思，而"手"是"经手"的意思）。度 tu⁴，度过；虚度 hsü tu，无意义地度过；又，标准，度量，打算。
3. 皮脸 p'i lien，脸皮太厚而不知羞愧。当成 tang ch'êng:（你）当 (let it represent, make it) 成 (to be) 耳旁风了（译按：原书"旁"多作"傍"）。
4. 错缝 ts'o fêng，专挑某人的毛病。譬 p'i⁴，相比较：譬如 p'i ju，例如 (for instance)；用于讨论中，如我们所说，如你所想，等等。这个那个的 chê ko na ko ti，这个和那个；说 shuo，讲话，务使明白。（译按：课文本无"说"字，可理解为"这个那个的"之后隐含一个"说"字）。
5. 责 tsê²，在众义项中，本义是过失；处罚一项过失；引申为责任。

谈论篇百章之七
(Lesson VII)

1. [长者] 你是明白汉字的人哪，要学繙译，很容易。只是专心别隔断了。挨着次儿的学，两三年的工夫儿，自然就有头绪儿了。若是三日打鱼两日曬网的，就念到二十年，也是枉然。
2. [少者] 兄台，瞧瞧我的繙译，求你纳略改一改。
3. [长者] 你学得大有长进了，句句儿顺当，字字儿清楚，没有一点儿疤星儿。若是考，可以操必胜之权。这一次考笔帖式，递了名字没有？

4. [少者]若是考得，很好；只怕秀才未必准考罢。
5. [长者]这是那'儿的话呢？像你这样儿的，八旗都许考，独不准你考的理有么？况且义学生，还准考呢，秀才倒不准咧？因为准考，你侄儿，这个空儿，纔赶着学满洲书呢。你快补名字罢。别错过了機会啊！

注：
1. 隔断 ko tuan，中断，打断：隔 ko，被插入；断 tuan，切断。挨 ai，肩并肩靠在一起的意思；挨着次儿 ai-cho tzʻǔ-ʻrh，依照本来的次序，依次地，连续地。网 wang³，渔网。枉然 wang jan，徒劳，白辛苦：枉 wang，弯曲，不直，参见第三章 941.；这里是"没用"的意思。
3. 疤 koʻ¹，疤疹；星 hsing¹，星星：疤星 ko-hsing，纸张、木材、瓷器等的瑕疵；这里比喻小缺点，不完善之处。操 tsʻao¹，掌握；权 chʻüan，平衡的力量；必胜 pi shêng¹，必定胜利；胜，读 shêng⁴，战胜，读 shêng¹，是承受住，经得起的意思（译按：一般作"胜券"）。笔帖式 pi-tʻieh-shih，源于满洲语 bitgheshi（译按：商鸿逵等编《清史满语辞典》（上海古籍出版社，1990）作 bithesi），抄写员、书记员。递 tiʻ⁴，向⋯⋯自荐，呈请：递了名字没有？
5. 旗 chʻiʻ²，旗子，旗帜：八旗 pa chʻiʻ，八旗军团，民政军事合一的组织，为满洲人所建立。还有蒙族八旗军团，以及在满洲人入关前就降服了的汉人组成的汉族八旗军团。独 tu，惟独。义学 i-hsio，学 hsio，学校，汉满义士创立的具有公众精神的学校，为孩子们提供免费教育。旗人"义学生 i-hsio-shêng"区别于政府所办学校的"官学生 kuan-hsio-shêng"。侄 chihʻ²，侄子；这里是站在说话者儿子的立场把别人当兄弟来称呼。补名字 pu ming-tzǔ，补上你的名字，字面上的意思是，你还没报名的话就增补一个。機会 chi hui，良机：機 chi，动机；会 hui，关键时刻。

谈论篇百章之八
(Lesson VIII)

1. 你别看小说儿这种书。若是看书，看《通鉴》，可以长学问，记得古来的事情，以好的为法，以不好的为戒，於身心大有益处啊。
2. 至於看小说儿、古儿词，都是人编的没影儿的瞎话，就是整千本儿的看了，有甚么益处呢？
3. 有一种人，还皮着脸儿、念给人家听呢！从前那'一国、谁和谁、打过幾次仗，这个拏刀砍、那个使斧架，这个又拏枪札、那个又使棍搪……若说是败了，请了来的，都是雲裏来、雾裏去的神仙，剪草为马、撒豆儿成兵的。

4. 明明儿的是谎话，那糊涂人们，当成真事，还獃头獃脑、有滋有味儿的听呢。有见识的人看见，不但笑话，而且懒怠瞧。你往这上头用心，做甚么。

注：

1. 小说 hsiao shuo，故事，传奇。鉴 chien⁴，镜子：通鉴 t'ung chien，通用的镜子，一部著名的历史著作。戒 chieh⁴，提防。
2. 至於 chih yü，到达；常用于引入一个新话题的地方。词 tz'ǔ²，谈话的词语：古儿词 ku-'rh-tz'ǔ，说唱古人的故事；儿 êrh 即人 jên。（译按：当为"鼓儿词"之讹。"鼓儿词"，击小鼓等的演唱形式，也指这种演唱形式的唱本，如《红楼梦》第一一九回"没听见过鼓儿词"、《儿女英雄传》第九回"你这可是看鼓儿词看邪了"。）影 ying³，影子。瞎 hsia¹，本指眼睛失明；瞎话 hsia hua，谎言。整 chêng³，完全，接近。
3. 仗 chang⁴，打仗，军队之事；仗 chang，本义和常用义，是倚靠，倚仗。斧 fu³，斧头，木匠或其他工匠所用的一种工具。架 chia⁴，挡住，招架；又，框架，台架，脚手架。扎 cha¹（译按：中文课文误作"札"），用尖锐的棍棒或兵器刺入。搪 t'ang²，挡开一次挺刺。败 pai⁴，本义是毁坏，破坏；这里是常用义，战败。神 shên²，一般的神灵；仙 hsien¹，仙女：神仙 shên-hsien，神与仙的总汇。剪 chien³，用剪子剪开，用刀子切开，等：剪子 chien-tzǔ，剪刀。撒 sa³，使分散。参见第三章998."撒 sa¹"。
4. 滋 tzǔ¹，合意的味道；味 wei⁴，任何味道：滋味 tzǔ-wei，令人愉快的味道，美味。见识 chien-shih，经验，阅历；源自感官的认识。笑话 hsiao hua，嘲笑。怠 tai⁴，提不起兴趣：懒怠 lan-tai，懒散，"懒怠瞧"，没兴趣读这种书。

谈论篇百章之九
(Lesson IX)

1. [长者] 那个书取了来咯没有？
2. [少者] 取去了，还没拏来呢。
3. [长者] 使唤谁去的？至今还没来么？
4. [少者] 打發那小孩子取去了。我们先叫他去，他肯听我们的话么？有要没紧儿的，耽搁时候儿。後来我说有兄台的话，他纔赶忙着去了。那一部书，不是四套么？他只拏了三套来。我们说他，你为甚么漏下了一套？若不赶着取去，等着主人回来，必不依你呀！他反倒说，我们告诉得糊涂不明白。抱怨着去了，至今还没回来呢。若差人迎他去罢，又恐怕走岔了道儿。

5. [长者] 这种样儿的滑东西，也有么！准是往那'个热闹地方儿玩儿去咯。若不严严儿的管教，断断使不得，等他回来的时候儿，把他捆上，重重儿的打一顿纔好。不然惯了他，就更不堪了。

注：

4. 没紧 mei chin：有些词语就得照如下方式去理解；有要 yu yao, 有重要的事情；没紧 mei chin, 没紧迫的事情；表示方式的话就加 " 的 ti "：有要没紧儿的。漏 lou⁴, 渗漏，把任何事情都当成流动的；流体自己泄漏出去；比喻用法，像此处的，遗漏了东西，书写上的遗漏，事务上的遗漏，等等。更常用的是 " 落 la "（参见第三章 763.）。依 i¹, 倚靠；引申为喜爱, 赞同：不依 pu i, 不赞同，不满意。

5. 滑 hua², 滑的，滑动。严 yen², 严肃的：管教 kuan chiao, 管束与教育；这里很像我们通常所用的 "教养" (correction) 一词。断断 tuan⁴-tuan, 坚决地，绝对地，无疑地。捆 k'uan³, 用绳子捆绑人或物。顿 tun⁴, 转动或时间上的概念：一顿饭 i tun fan, 一餐。堪 k'an¹, 有能力承受；胜任其职责、任务等：不堪 pu k'an, 是说不能承担他应该做的事；此外，也可以指压在某人身上的担子大于他所能承受的。

谈论篇百章之十
(Lesson X)

1. [长者] 射步箭是咱们满洲人最要紧的事。看着容易、做着难，就是黑下白日的长拉、抱着弓睡的都有，若拉到出类拔萃的好，能出了名的，有幾个？

2. [少者] 难处在那'儿呢？

3. [长者] 身子要正、髂子要平，一身要很自然，没有毛病儿，还又搭着弓硬，箭出去的有劲儿，再箭箭儿中，纔算得是好呢。

4. [少者] 兄台，你纳看我射箭，比从前出息了没有？若有不是的地方儿，请拨正拨正。

5. [长者] 你射的步箭，有甚么说得呢？早晚儿要仗着大拇指头戴翎子咯！样儿又好，又很熟，撒得又乾净。人若都能像你，还说甚么呢？但只是弓还略软些儿，前手略有一点儿定不住。把这幾处儿毛病儿若改了，不拘到那'儿去射，一定出众，有谁能压得下你去呢？

注：

1. 射 shih², 读书音是 shê⁴, 射箭。箭 chien⁴, 一枝箭：步箭 pu chien, 步行箭术。长拉 ch'ang la, 不断地练习拉弓。类 lei⁴, 等级或种类。萃 ts'ui⁴, 芦苇或青草丛生：拔萃 pa ts'ui, 从草丛中长出一枝叶梗或叶片，因而显示了它的卓越；谁若能拉得好到"出类 ch'u lei"，胜过同侪，他就能从一群中脱颖而出。参见下面的"出众 ch'u chung"。出名 ch'u ming, 名列前茅，成为著名的：出了名的，能有几个？
3. 自然 tzǔ jan, 如其自身发展的样子，不加干预。毛病 mao-ping, 恶行或缺点之大即使有如一根毛髮。搭著 ta-cho, 加上；常有"又 yu"加于前面，如本句；不加"又"也行。(译按：膀子，今作"膀子"。)
4. 拨 po², 读书音 po¹；本来是指用手拨开：拨正 po chêng, 校正；不是靠物质的东西拨动。
5. 拇 mu³, 手指；此字不单用；仗着 chang-cho, 依仗；大拇指头 ta mu-chih-t'ou, 即大拇指——五指中的第一指——食指叫二拇指头 êrh mu-chih-t'ou。中间的叫中指 chung chih；下一个叫四拇指头 ssǔ mu-chih-t'ou, 不过还有个文雅的叫法：无名指 wu-ming chih, 意思是这个指头没有名字。小手指叫小拇指头 hsiao mu-chih-t'ou。翎 ling², 翎毛；这里，指从野鸡或孔雀的尾巴上拔下的翎毛，后者比前者更尊贵。戴翎 tai ling, 在帽子上佩戴这么一支翎毛。略 liao⁴ 或 lio⁴, 缩减，节略，摘要，概略，梗概；引申为少量地、略微地。前一个读音更普遍。又见百章之二十三注4。压 ya¹, 压下，任何东西放在另一东西下面的时候就是被压。注意：你 ni, 压 ya 的宾语，夹在两个助动词 (auxiliaries) "下 hsia"和"去 ch'ü" 中间 (有谁能压得下你去呢)。

谈论篇百章之十一
(Lesson XI)

1. [少者，进门] 兄台新喜啊！

2. [长者] 好说，大家同喜啊！
3. [少者] 兄台请坐！
4. [长者] 做甚么？
5. [少者] 给兄台拜年哪！
6. [长者] 甚么话呢？
7. [少者] 老兄长啊，是该当磕头的。
8. [长者] 请起、请起！陞官哪，得子啊，过富贵的日子啊，请起、请上坐。这现成儿的煮饺子，请喫幾个罢。
9. [少者] 我在家裡喫了出来的。
10. [长者] 喫得那么饱么？年轻的人儿，纔喫了就饿啊。若不喫，想必是粧假罢。
11. [少者] 真的呀！在你纳家，我还作客么？不敢撒谎。
12. [长者] 那们就沏茶来。
13. [少者] 我不喝。
14. [长者] 怎么？
15. [少者] 我还要到别处儿去呢，该去的地方儿多，太去晚了，人都犯思量。兄台请喫罢，别送，看带了味儿去。
16. [长者] 那儿有这个理？不出房门儿使得么？哎！来了空空的，连茶也没喝！请呀，改日再见！到家裡都替我问好罢。

注：
1. 新喜 hsin hsi，恭贺新年。
8. 陞 shêng[1]，严格地说是上升：升官 shêng kuan，获得提升。富贵 fu[4] kuei，富有且尊贵。饺 chiao[3]，面粉团子，有的有肉馅，有的没肉馅。
10. 粧假 chuang[1] chia[3]，假装；尤其是假装没胃口：假装 chia chuang，用于任何类似的场合；装 chuang，装饰，乔装打扮；还有，伪装。注意这里的"假"音 chia[3] 而不是 chia[4]，参见问答章之三，13。
15. 犯思量 fan ssǔ liang：犯 fan，冒犯，发生纠葛；思量 ssǔ liang，思索，猜测。别送 pieh sung，不要陪伴我，省略了"到门口"。看 k'an，免得，唯恐；味 wei，你家饭菜的味道。
16. 空空儿的 k'ung-k'ung-'rh-ti（译按：中文课文"空空的"，未儿化），空乏，特别是有人来访时什么吃的都没有,也没有东西可赠送。改日 kai jih,另一个日子;再见 tsai chien,我们将再相会。

谈论篇百章之十二
(Lesson XII)

1. [少者] 兄台,恭喜咯!说放章京拣选上了?
2. [长者] 是啊!昨儿拣选的,把我拟了正了。
3. [少者] 拟陪的,是谁啊?
4. [长者] 你不认得,是一个前锋校。
5. [少者] 他有兵么?
6. [长者] 没有兵,寡有围。
7. [少者] 我替你纳算计熟咯,一定要戴孔雀翎子咯!
8. [长者] 别过奖咧!我有甚么奇处儿?比我好的多着的呢!一定指望着,使得么?不过是託祖宗的福荫,徼倖捞着,也定不得。
9. [少者] 这是太谦了。你纳是甚么时候儿的人?年久咯。若论起来,和你纳一块儿行走的朋友,都作了大人咯,在你纳後头年轻的人儿们,也都陞了。若论你纳的差使,出过兵、受过伤,现在又是十五善射。你纳说,旗下强过你纳的是谁?我知道了,想是怕我来喝喜酒啊!
10. [长者] 喝酒有甚么呢?果然若得了,别说是酒,合着你纳的意思,我请你纳!

注:

1. 章京 chang-jing,这个词据猜测是用来写音近的满语词 changyin,意思是"助理"。(译按:章京,《清史满语辞典》作 jang-jin),"将军"的译音,汉名为"参领"。选 hsüan[3],选择;拣 chien[3],选拔:拣选 chien-hsüan,口语上只用于选择官员,而不指调动,但跟赏罚有关;上 shang,是个助动词 (auxiliary),但同时表明被选上的人有较大的功劳。
2. 拟 ni[3],一般义是建议;这里是呈报皇上。

4. 前锋校 ch'ien fêng¹ hsiao⁴：校 hsiao，满洲军团的六品军官；锋 fêng，兵器的尖端；前锋 ch'ien fêng，是满洲军队的主要部分，前进时打头阵，或称先头部队。
5. 有兵 yu ping，在军队服过役。
6. 围 wei，包围，引申为像带兵打仗一样地打猎；寡 kua³，只，仅，他只打过围；打围 ta wei，去打猎。
7. 孔雀 k'ung ch'io⁴，雄孔雀；雀，通常读 ch'io³。
8. 指望 chih wang，希望。荫 yin⁴，树荫：福荫 fu yin，祖宗先人的功德的影响。捞 lao¹，用手或其他工具从水中取物。
9. 善射 shan shê，满洲士兵和下级官吏精通三门箭术，且各门五次试射成绩俱佳的即"十五善射"可获选拔。旗下 ch'i hsia，旗 ch'i，军旗：在你的旗下服务的人，即你的手下。喜酒 hsi chiu，贺喜的酒。
10. 果然 kuo jan，真正，确实。

谈论篇百章之十三
(Lesson XIII)

1. [长者] 当差行走的，只看各自的機会。时运若平常，样样儿总不着。不论甚么事，眼看着要成，偏会生出杈儿来。有一种彩头好、走好运的人，真是没有不照着他所思所算的。爽爽利利儿随了心的，眼瞅着，就是优等高陞。

2. [少者] 你纳是这么说，我心裏却不然。只论巴结不巴结就是咯，若是素餐尸位的，整年家不行走，还该当革退呢，再指望陞官能彀么！当差的人，第一要勤谨。朋友们裏头要和气，别各别另样的，别不随群儿，有事不攀人，不论甚么差使，一扑纳心儿的办，勇往向前行了去。必定是在高等儿上，有不得的道理么？

注：
1. 杈 ch'a⁴，树的主干长出的旁枝分杈；比喻缠人的意外变故。彩头 ts'ai t'ou，彩色的端头；骰子颜色正合适的那一面；你可以说"彩头坏"；但很少这么说；走运 tsou yün，跟着好运走。爽利 shuang-shuang-li-li-ti（译按：原文如此），迅速地、没有任何阻碍地：爽 shuang，参见第三章 823.，自由地如同清晨的空气，自由自在地，有如睛空万里；利 li，锐利，风快。

瞅 ch'ou³，看见，察看。优 yu¹，优秀的：优等 yu têng，最高程度的"高陞 kao shêng"；高陞，升上高职位。

2. 巴结 pa chieh，在好的意义上说，如本句，是努力、尽力；在坏的意义上说，是为了当官而耍诡计。这是个纯粹的口语词，而"巴 pa"显然还有其他一些意味特征。餐 ts'an¹，吃，吃的东西：素 su，本义是白色；在这里的用法近于"白 pai"，白白地，徒然地；素餐 su ts'an，白吃饭，光拿钱不干活儿；尸位 shih wei，一具尸体，一个死人（译按：本义应是空占着职位不做事）；不过除了这个成语之外，很少这么用的，"素餐尸位""尸位素餐"，前后位置有时可以调换。革退 ko t'ui，褫夺其官位并强迫退职。勤 ch'in²，勤勉；谨 chin³，小心；本义是庄重小心，有如在教堂里。攀 p'an¹，抓住东西使自己往前移动；这里是拉着别人为自己做事。勇 yung³，勇敢；又，一个"勇"，或指非正规兵。

谈论篇百章之十四

（Lesson XIV）

1. 这姓张的，待人很冷淡；我认得一个有了年纪儿的人，却不是这样儿，见了人很亲热，若是坐在一处儿，论起学问来，很喜欢，讲今比古的，接连不断，整天家说，也不乏。
2. 若是遇见年轻的人儿们了，他和颜悦色的，往好处儿引诱，该指拨的地方儿，指拨；该教导的地方儿，教导。
3. 最仁爱、又最护众，见了人家有苦处，就像是他自己的一个样儿，很着急，必定儘着力儿搭救。真是一位厚道积福的老人家，故此我若是隔久了、不去看一看，心裏头，只是不过意。
4. 俗语儿说的：一人有福、托带满屋。现在那家业充足、子孙兴旺，都是他老人家行为好的报应啊。

注：
1. 冷淡 lêng tan，冰冷淡薄，不礼貌的，不热情。亲热 ch'in jo，"冷淡"的反义词。
2. 悦 yüeh⁴，欣喜：和颜 ho yen，友善的脸色；悦色 yüeh shê，令人高兴的颜色。引 yin³，引导，指导；诱 yu⁴，引诱，诱使，好坏意义都有；这里，是往"好处（正道）"引导。指拨 chih

po², 指点并拨正。参见"拨正 po² chêng"中的拨 po¹（百章之十注4）。教导 chiao tao⁴, 给予好的意见：导 tao⁴, 本音 tao³, 指导。

3. 仁 jên², 仁慈的，仁爱，无私，基督之爱：仁爱 jên ai，好心的。护 hu⁴，帮助：护众 hu chung，宽厚的，有善心的。救 chiu⁴, 援救：搭救 ta² chiu，前往营救（即自己出手或派人）；搭，严格地讲，ta² 应该读 ta¹（参见第三章1076.）。积 chi¹, 积累：他的"福 fu"，福分，有福；受赐于他的"道 tao"，生活道路，其特质即"厚 hou"，这就是"忠厚 chung hou"，真诚而无私。故此 ku tzʻǔ，因此，因为这个缘故。不过意 pu kuo i，过意不去。注意重点在"只是 chih shih"，这仅仅是个事实而已的意思。

4. 托带 tʻo tai，只用于这个谚语：全家"托（受惠于）"他的"福（这福气原是他的大德）"，"带"着全家跟着他享受这福分。充足 chʻung tsu，富裕的，足够的：充 chʻung，意思是装满。旺 wang⁴，辉煌，巨大的成功：兴旺 hsing wang，繁荣兴盛，既可以像这里这么用，也可以用于商业，收成，等等；兴 hsing（参见问答章之八，35）。报应 pao ying，上天对善的奖赏，对恶的惩罚。

谈论篇百章之十五
(Lesson XV)

1. [少者] 啊！众位弟兄们，可要小心！这位老大人的才情敏捷，有决断，无论甚么事情，到手，就有条有理儿办结咯。而且心裏明白，认得人。好歹瞒不过他的眼睛去。又最怜爱人，凡有勤谨體面少年的子弟们，到了挑缺应陞的时候儿，真肯提拔保举。但是遇着差使上滑的，面子上要献勤儿、讨好、占便宜的，这种人，可要小心着！难免叫他拏住，若是叫他捞着了，断没有轻放过去的。

2. [长者] 你们的话，虽是这么说，弟兄们，天天儿眼巴巴儿的盼着，要仗着我成人，我若是应保举的不保举、应约束的不约束，怎么还能赏功罚罪呢？我是生成的心直口快。想来说话、行事，还正派，故此，人家都服我，愿意给我出力啊。

注：

1. 敏 min³，理解得快；捷 chieh²，动作反应快：他才情 ts'ai-ch'ing（才能）敏捷（目光锐利行为果决的个人品性）。有条有理 yu t'iao yu li，一个按恰当思路整饬的形象，一丝不乱；理 li，即秩序。瞒 man²，蒙蔽。献 hsien⁴，给上司的礼物或建议；这里是做出卖力气的样子。占 chan⁴，这么读，是取之不义：占便宜 chan p'ien i，不正当地获取利益。
2. 巴巴儿 pa¹-pa-'rh，眼睛盯着某处；词源上不可解释，除非"巴 pa¹"讹变为同一写法的"巴"跟部首 177"革"构成"靶 pa³"，箭靶子。束 shu⁴，捆，例如一捆柴枝；约 yo，本义也是捆：约束 yo shu，控制，强迫服从纪律。赏 shang³，授予下级；这里是奖赏；功 kung，尽力，这里是干得好，功绩。正派 chêng p'ai⁴，循规蹈矩，行为端正：派 p'ai，本义是大水泻出时的支流分汊。

谈论篇百章之十六
(Lesson XVI)

1. 养儿原为防备老，为人子的，应该想着父母的劳苦养活的恩，趁着父母在着，拏好穿的、好喫的孝敬他，和颜悦色的，叫老家儿喜欢。
2. 若是喫穿不管、饑寒不问的，像外人儿似的看待，叫两个老人家伤心生气，到了百年之後，任凭你怎么恸哭，中甚么用啊！就算是你出於诚心，谁信呢？不过因为怕人家笑话，假的罢咧。就是供甚么样儿的珍馐美味，谁见灵魂儿来受享了么？也还是活人儿饞燥罢咧，死的人，有甚么益处啊？
3. 还有一种更不好的人，说父母上了年纪儿了，老背晦了，吵闹着强要分家的。说到这个场处，不由的，叫人生气伤心！这种样儿的人，天地不容，神鬼都是恨的。焉有善终呢？
4. 你只静静儿的看着，一眨眼儿的工夫儿，他们的子孙，也就照着他们的样儿学了。

注：

1. 防 fang²，防范：防备 fang pei，预防可能发生的不幸。劳 lao²，劳动，努力，麻烦。趁 ch'ên⁴，本义是利用机会。孝敬 hsiao⁴ ching⁴，子女孝顺，尊敬，向虔诚孝敬父母的子女致敬；

也用于下级给上级送礼，或用于同类情况下的无偿劳动。

2. 饑 chi[1], 饿, 挨饿（译按："饑"为饑馑义, 饥饿义当作"飢"）。看待 k'an tai, "看待"的内容是位于其前的从句, 不用"当待 tang tai"或"待 tai"而单独出现时, 才这么使用; 习惯上二字连用, 如果"看"跟"待"被分离, 就用它前面的那个词连接。恸哭 t'ung[4] k'u[1], 悲痛地哭泣: 恸 t'ung, 情绪的强度激动。诚 ch'êng[2], 真实, 真挚的, 真正的。供 kung, 这里是摆设出牺牲祭品。珍 chên[1], 珠宝; 馐 hsiu[1], 美味食品: 珍馐 chên hsiu, 美味佳肴。美味 mei[3] wei, 好味道。魂 hun[2], 人的精神, 人死的时候就离开人体; 不是指"气 ch'i"（呼吸）: 魂灵 hun ling, 属于死人或作梦的人的同一"精神"。享 hsiang[3], 享受, 在幸福的时候: 受享 shou hsiang, 与"享受"同。馕 nang[1], 吃; 搡 sang[1], 本义是用手往后推: 馕搡 nang sang, 像个暴食者满嘴塞着食物。（译按: 指狼吞虎咽, 吃相不雅。）

3. 晦 hui[4], 景象暗淡模糊: 老背晦 lao pei hui, 老得是非颠倒、走向黑暗; 老得只会说傻话、做傻事。场处 ch'ang[2] ch'u, 场所, 这个时节。不由的 pu yu ti, 未经许可, 不管你愿不愿意: 由 yu, 自, 从, 从……里; 又, 自愿地, 主动地。不容 pu jung, 不容忍, 不宽恕: 天和地, 自然的力量, 不能容忍他们。焉 yen[1], 一个古代疑问副词; 他们怎能……? 等等。终 chung[1], 末尾; 这里是"死亡": 善终 shan chung, 舒适地死去; 善 shan, 跟"善法 shan fa（好的、值得赞许的方法）"中的"善"相同。

4. 静 ching[4], 平静, 安宁: 静静地 ching-ching-ti, 安安静静地。眨 chan[3]（译按: 字当作"瞵"）, 口语又读 cha[3], 而读书音是 pien[3]（译按: 不知所据。可能是误读为"眨"）; 眨眼。学 hsiao[2], 模仿, 学样儿。

谈论篇百章之十七
(Lesson XVII)

1. 弟兄们, 是一个母亲肚子裹生的; 小的时候儿, 在一块儿喫、一块儿玩儿, 不分彼此。何等样儿亲热来着？後来长大了, 渐渐儿的生分的缘故, 大约都是听了妻妾的挑唆, 就争家产, 或是听了傍人离间的话, 各自各儿怀着异心的, 很多。

2. 就是天天儿听了这些逸言, 耳濡目染, 到心裏都装满了, 一时间不能忍, 以致於打架辩嘴, 就成了雠咯。

3. 也该想一想, 产业没了, 还可以再置; 女人死了, 也可以再娶; 弟兄们, 若

第五章　谈论篇　**315**

是伤一个，就像手脚折了一隻的一个样，焉能再得呢？
4. 比方偶然闹出一件祸事来，那还得'骨肉相关的弟兄们，捨命巴结着搭救啊。若是傍人，恐怕连累着，躲还躲不迭呢，还肯替你出力么？
5. 看起这个来，再没有如同弟兄们亲的咯。人为甚么不细细儿的想想这些个呢？

注：

1. 何等 ho² têng，什么程度？最高级形式；最高程度。妻 ch'i¹，妻子，明媒正娶的；妾 ch'ieh⁴，小老婆，花钱买的：法律上一夫不能有二妻。挑 t'iao³，暗中制造麻烦（译按：原注作 t'iao²，今据北京话音节总表 341 t'iao 径改）；勿与"挑 t'iao¹"（肩挑）相混淆；唆 so¹，挑拨离间：挑唆 t'iao so，煽动争斗。争 chêng¹，争吵，争拗。间 chien⁴，分开；勿与"间 chien¹"相混淆（参见第三章 47.）：离间 li chien，分隔。怀 huai²，胸怀，放在怀里或心上。异 i⁴，生疏；这里是使疏远。

2. 谗 ts'an²（译按：据北京话音节总表，有 ts'an²，ch'an¹ 二音），心怀恶意的评论，背后说人坏话。濡 ju²，彻底浸透，像一个东西浸泡在水里：耳朵浸泡过；目染 mu jan，眼睛着了色。致 chih⁴，引起：以 i，用（上文所及之手段）致 chih，他们引起，结果如何；於 yü，古语，支配 (governing) 着 "致 chih" 的宾语（译按：此是沿用英语语法。在英语中指动词或前置词与其所跟的宾语名词的关系）。忍 jên，忍受，容忍。辩 pan⁴（本义和常用义读 pien⁴），辩论：只在这个短语中读 pan，辩嘴 pan-tsui，争辩，争吵（译按：今通常写作"拌嘴"）。雠 ch'ou²，憎恨，世仇。

3. 置 chih⁴，设立，装备；引申义，如这里，置办，购买。娶 ch'ü³，接受一个女子为妻。折 chê²，撅断；又读 shê²。

4. 捨 shê³，放弃，不顾：捨命 shê ming，拼命。连累 lien lei，牵连，纠纷。迭 tieh²，这里，在达到目的之意义上：躲不迭 to pu tieh，来不及躲避。

谈论篇百章之十八

(Lesson XVIII)

1. 若说相与朋友，应该学古时候儿的管仲鲍叔。
2. 他们俩，有一天在荒郊野外的地方儿逛，看见道傍边儿，有一个金元宝。

3. 他们彼此对让，谁也不肯拣，仍撂下走咯。
4. 遇见一个莊稼汉。就告诉他说，那儿有个金元宝，你去拣去罢。
5. 那个莊稼汉，听了这话，赶忙着，去到那儿一找，并不见金子，只见有一条两头儿蛇。
6. 吓了一大跳。连忙使锄，把蛇砍成两截儿，就追赶他们俩。嚷着说：我和你们有甚么雠啊！把一条两头儿蛇，告诉我说是金元宝！差点儿没要了我的命！
7. 他们俩不信，回去一看，仍旧是金子，只是砍成两半儿咯。
8. 管仲鲍叔，每人拏了一半儿走咯；那个莊稼汉，还是空着手儿回去咯。
9. 古时候儿的人们，相与的道理，是这个样儿啊。这话，虽是小说儿上的，实在可以给如今见利忘义的人们作个榜样儿。

注：
1. 仲 chung⁴, 本义是一家弟兄排行第二；这里，只是个名字。鲍 pao⁴（译按：原注为 pao¹，今据北京话语音节总表 263 pao 径改），叔 shu²: 第一个字，总是表姓氏；第二个字，这里是名字，意思是父亲的弟弟；口语：叔叔 shu-shu。
2. 郊 chiao¹, 本义指都城周围半径十里范围的地；荒 huang¹, 荒芜的，废弃的，荒凉之地：荒郊 huang chiao, 乡村，相对于屋舍林立的地方；野外 yeh wai, 与"荒郊"义近。逛 kuang⁴, 闲逛，游玩；访问一个庙或其他感兴趣的地方。元 yüan², 本义是本源、初始；这里是大的意思；宝 pao³, 珠宝，这里意思是珍贵的东西：金元宝 chin yüan pao, 简单地说，是一大块黄金，塑成一定形状，官府一般是用银子铸造。
3. 拣 chien³, 捡起。仍 jêng², 如常，跟以前一样。撂 liao⁴, 本义是扔掉；这里是留在原地。
4. 莊稼汉 chuang¹ chia¹ han, 做庄稼的中国人；农业劳动者。
5. 蛇 shê², 毒蛇：蛇通常叫"长虫 ch'ang ch'ung"；字面上是"长长的爬虫"。
6. 吓 hsia⁴, 读书音 ho⁴, 吓唬：(那情景)吓了他一大跳。锄 ch'u², 锄头。两截 liang³ chieh², 两段；注意句法关系："把"在宾语"蛇"前；"砍"（那条蛇）"成"（变成）"两截"；动词"截"表示砍断。
9. 忘 wang², 这里读特殊声调，但意思跟 wang⁴ 相同，忘记：古代成语"见利忘义 chien li wang² i"，获利的时候就忘了正义。榜样 pang³ yang, 教训，楷模：榜 pang, 其义项之一是，张贴出来的考中的秀才们的名单。

谈论篇百章之十九
(*Lesson XIX*)

1. 你打听的，不是那位老弟么？
2. 是啊。
3. 他是个囊中之锥。不久，就要出头咯。
4. 甚么缘故呢？
5. 他生来得安静，学问渊博，行动儿，汉仗儿，都出众，差使上又勤。居家过日子，是一扑纳心儿的勤俭。父母跟前又孝顺，弟兄们跟前又亲热，真是没有一点儿毛病儿。况且待朋友们，又很护众。不拘谁托他一件事，他不应，就罢了；他若是点了头，必定替你尽力的办，不成不肯歇手。因此谁不敬他？谁不亲近他？
6. 是啊，他这样儿的人，岂有空过一生的理么！俗语儿说，吉人天相、天必降福啊！

注：

3. 囊 nang², 钱包, 袋子。锥 chui¹, 尖锥。久 chiu³, 长时间。
5. 渊 yüan¹, 深水潭, 深渊；只用于某种短语中；博 po², 学问高深, 广博: 他的学问 hsiao-wên, 深且广。汉仗 han-chang-'rh, 好小伙儿: 汉 han, 参见百章之二十四注1, 小伙子；仗 chang, 很可能是"丈 chang"的讹变, "丈", 老者, 长者, 可尊敬的杰出人物。(译按: 汉仗, 体形魁伟, 如《儿女英雄传》第十一回: "只是看看那般人的汉仗气概, 大约本领也不弱。") 居 chü¹, 居住, 居住于: 居家 chü chia, 住在家里, 不在生意或游乐等其他场所。点头 tien t'ou, 点头表示同意: 如果他不"应"(允诺), 就罢了；如果他点头答应了, 那么……
6. 岂 ch'i³, 如何, 怎么；岂有 ch'i yu, 怎么能有? 这是个常用的否定形式: 岂有空过一生的理? 理 li, 理数, 道理；空 k'ung, 没有好处, 白白地。相 hsiang⁴(不是 hsiang¹), 帮助, 支持；引申为古代的宰相或顾问。降 chiang⁴(不是 hsiang²), 下降, 或如这里, 使其降落。注意"吉人 chi jên", 幸运的人, 或与"好人"同义。

谈论篇百章之二十
(Lesson XX)

1. [长者] 那个人哪，是咱们旧街坊啊，眼看着长大的孩子。隔了能有幾天儿，如今听见说很出息了，做了官了。起初我还半信半疑的来着，後来在朋友们跟前打听，果然是真的。看起这个来，是"有志者事竟成"，和"有志不在年高"，这两句话，真是不假啊！

2. [少者] 兄台，你的话虽然是这么说，也是他老家儿有阴功，纔生出这样儿成人的孩子来呢！很樸实、又良善，除了学马步箭的工夫，素常在家，就是看书，荒唐的道儿，一步儿也不肯走。况且，公事上，又很小心、很勤谨，至於有便宜、有得项的地方儿，他总不沾染。这正是合了"积善之家、必有馀庆"的那句话了。

注：

1. 坊 fang¹，本指旧时城中行政区或地区：街坊 chieh-fang，邻居。能有 nêng yu，能有幾天？大意是只是很少的日子，"隔了 ko liao"，指他跟我们分离。来著 lai-cho，意思是：动词"信"和"疑"所表示的行为，一直持续到"後来"所表明的时间。

2. 阴功 yin¹ kung，内在美德，只有上帝知道的功绩。纔 ts'ai：(他父亲有阴功)"纔 ts'ai"，于是，随即，他就做到了；他的阴功必须是事前已经具备的，等等。樸 p'u³，本指木材未被刀斧损害过，未被油彩涂抹过，等等，保持原样儿；似是原始单纯状态：樸实 p'u shih，无装饰的、真实的、坦率的（译按：原注作 p'u²，今据北京话音节总表 288 p'u 径改）。唐 t'ang²，中国的一个姓氏，取自一个被赞美的朝代的称号；这里更像是讹用了某种别的特质：荒唐 huang-t'ang，野性的，放荡的行为。沾染 chan¹ jan，浸染，染了色；只用于道德上，像这里的用法。合了 ho liao，呼应，符合：正是合了那句话了。

谈论篇百章之二十一
(Lesson XXI)

1. [主人] 咱们这些人裏头，你还是外人儿么？要瞧我，就一直进来，又何必先通报呢？既到了门口儿，怎么又回去了呢？想必是我们家裡的人们，说我没在家，你恼咯，是这个缘故不是啊？我若不说出缘故来，你怎么知道呢？

2. 这一向，咱们那群孩子们，合着伙儿、开了耍钱场儿了；方纔来，起誓发愿的，必定叫我去。我不得空儿，你是深知道的，一会儿一会儿的差使，如何能定呢？而且王法又很紧，儻若闹出一件事来，把脸放在那'儿啊？

3. 因为这上头，恼就由他们恼罢，我到底没去，告诉家裡的人们，不拘谁来找我，答应不在家。想不到你来了，糊涂奴才们，也照着样儿答应不在家，打发了去咯，纔进来告诉我。我急忙差人去赶，他回来说没赶上，叫我心裏裡很过意不去。实在我是不知道，你纳千万别计较。

注：

1. 通报 t'ung pao，宣告：通 t'ung，通过（即，从门口到屋里）。
2. 一向 i hsiang，前些时候：一 i，不可分割的整体，持续；向 hsiang，如在"向来 hsiang lai"中，朝着这里而来的时间；在此以前。誓 shih[4]，誓言；起誓 ch'i shih，发誓；发愿 fa yüan，许愿："起誓 ch'i shih"不如"发愿 fa yüan"更常用，但如果没有前一个词，后一个词简直不说。王 wang[2]，君主或亲王，古时统治者的称号；现在只用于亲王或蕃属国的统治者，例如，高丽王 (the King of Corea)：王法 wang fa，国法。儻 t'ang[3]，如果，若不；倘，"儻"的简体字。
3. 到底 tao ti，字面上是"到达底部"；有各种用法；这里是"无论如何"的意思。较 chiao[4]，严格地讲，是双方比较的意思：计较 chi chiao，计算并比较，好好想想以免出错。

谈论篇百章之二十二

(Lesson XXII)

1. 我们俩，底根儿相好，而且又连了幾层亲，如今许多年没得见面儿了；我打出兵回来，就要找了他去，叙谈叙谈。不想叫事情绊住，竟没空儿去；到昨儿，顺便儿，到他家一问，那儿的人说他搬了好久咯，现在小街儿西头儿，拐湾儿住着呢。

2. 我照着告诉的话，找了去，走到儘溜头儿，噶拉儿裏头，纔看见他的房子，门儿关着呢。我叫了半天，并没人儿答应，又敲着门儿、大声儿叫了好一会子，纔出来了一个走不动的老妈儿来了，他说主人没在家，别处儿去了。我说，等你们老爷回来告诉他，说我来瞧来了。
3. 这个老妈儿的耳朵又很聋，总听不见，我没法儿，就在他们隔壁儿小铺儿裏，借了个笔砚，把我瞧他去的话，写了个字儿留下了。

注：
1. 底根 ti⁴ kên¹，在根儿上，初始。打 ta，常用如"从"。叙 hsü⁴，有时写作"敍"，归部首29"又"，有时写作"敘"，归部首66"攴"；本义是排好次序；口语里不单用：叙谈 hsü t'an，交谈，聊天儿。绊住 pan⁴ chu，阻碍，缠住：绊 pan，纠缠，妨碍。顺便 shun pien，顺应方便；自己提供的机会。搬 pan¹，这里指"搬家 pan chia"：搬 pan，从甲处转移到乙处。拐 kuai³，拐骗，欺骗，诱骗；但在眼前这个词组可能跟用部首75"木"写的意思是"拐杖"的同一字混淆了：拐湾 kuai wan，拐杖一样的弯曲处，圆形拐角儿。
2. 儘溜头儿 chin liu t'ou-'rh，最末尾；溜 liu¹，本指落下，就像雨后水从石头或房檐等处落下来；即从降落起点至抵达终点之前；溜 liu⁴，一股水流（参见第三章789.）。嘎 ka¹，单独没有意思：嘎拉儿 ka-la-'rh，在满语里指木头上裂开的缝儿；在北京话里，通常用来指有圆拐角儿的死胡同儿（a cul-de-sac）（译按：今作"旮旯儿"）。敲 ch'iao¹，打，击。妈 ma¹，本指老年妇女；孩子们称他们的母亲为"妈 ma"或"妈妈 ma-ma"：老妈儿 lao ma-'rh，保姆。
3. 聾 lung²，聋的。隔壁 ko² pi⁴；在这个上下文环境里，通常读作 chieh² pi³-'rh，第一字是"隔开"的意思，第二字是"隔墙"的意思。砚 yen⁴，中国人在其上研墨的石头；一般叫砚台 yen-t'ai，后一字是"臺"（第三章785.）字的简体。字儿 tzǔ-'rh，短信或便条。

谈论篇百章之二十三
(Lesson XXIII)

1. [少者] 兄台请骑着。我失躲避了啊。乏乏儿的，又下来作甚么？
2. [长者] 甚么话呢？若没有看见就罢了，我在老远的就看见了，有骑着的理么？
3. [少者] 兄台不到家裏坐么？
4. [长者] 是啊，咱们许久没见了，我进去略坐一坐儿。哎呀！栽了许多的花儿了么，又养着许多金鱼儿。山子石儿堆得也好，心思用得很巧，层层都有样儿。这个书房实在乾净，怎么瞧、怎么入眼，正是咱们念书的地方儿。

5. [少者] 好虽是好啊，但只恨是我自己，没有甚么朋友，一个人儿念书，很冷清。

6. [长者] 这有何难呢？你若不厌烦，我给你作伴儿来，何如？

7. [少者] 若是那们着，真是我的造化了。我请还恐怕不来呢！若果真来，真是我的万幸咯，那'儿还有厌烦的理呢？

注：
1. 躲避 to³ pi⁴，从路上避开；失 shih，未做到。
2. 老远 lao yüan，很远：老 lao，强化"远 yüan"的语义；不涉及时间。
4. 许久 hsü chiu，很长很长的时间：许 hsü，完全是加强"久"的语义。略 liao⁴，少少的时间，如本文这里，或小小的量。参见音节总表 liao, lio, lüeh, lüo。堆 tui，一堆儿，堆起来：山子石儿 shan-tzǔ-shih-'rh，石头堆起来的小山；堆得 tui-tê 很漂亮。心思 hsin ssǔ，心里想的，一个人的想象，用得"很巧 hên-ch'iao"（很巧妙）。入眼 ju yen，进入眼帘；说的是令人愉快的景象。
5. 冷清 lêng ch'ing，冰冷而清静，没一点儿暖意，单调的工作。
6. 厌烦 yen⁴ fan²，厌恶而心烦；看作令人厌烦的人，宾语"我"，从略。何如 ho² ju²，你认为怎样？字面上是：如果我这么做，怎么样？
7. 造化 tsao⁴ hua⁴，字面上是，创造；而这里，也是常用义，指人生来就由上天安排的好运气：化，变化，大自然的作用。幸 hsing⁴，好运气；万幸 wan hsing，无边的福气。

谈论篇百章之二十四
(Lesson XXIV)

1. 起初我见他的时候儿，待人儿很亲热，又很爽快。相貌又體面，汉仗儿又魁伟，伶牙俐齿的，真会说话儿，我看着很羡慕他。心裏说，怎么能和他相与相与纔好，不住口儿的夸奖他。

2. 後来交上了，一块儿常混混，细细儿考较他所行所为的事情，原来不是个正经人。虚架子弄空的，而且心裏又阴险。不给人好道儿走，嘴裏虽然跟你好，背地裏害得你很不轻。人若是落在他的圈套儿裏，就是一个仰面的觔斗。在他手裏坑害的人，可不少了，屈着指头儿算不清啊。

3. 故此，朋友们提起他来，都说是可怕。没有不头疼的。
4. 这就是俗语儿说的"人心隔肚皮、知人知面不知心"的话儿，是特为这种人们说的咯。
5. 我还算是侥倖。若不留心远着他，必定也受了他的笼络。

注：

1. 魁 k'uei², 本义是头，首；杰出的；英雄；伟 wei³, 伟大，非凡：魁伟 k'uei wei 高大的身材；汉仗 han chang, 身材，好人。伶牙俐齿 ling ya li⁴ ch'ih, 言语敏捷：伶俐 ling li, 用于任何聪明灵巧；伶 ling, 古代指戏子或乐师；俐 li, 总跟"伶"一块儿用。羨慕 hsien⁴ mu⁴, 使我喜爱，吸引：羨 hsien, 爱慕比自己强的；慕 mu, 真心喜爱比自己强的。夸 k'ua¹, 夸口：夸奖 k'ua chiang, 赞扬。

2. 交上 chiao shang, 开始或进行交往。混混 hun⁴-hun, 本指水的混合。考较 k'ao chiao, 考验并比较，评说。正经 chêng ching, 说人走正道，为人好；说事物则指好的，合适的。弄空 nou⁴ k'ung, 前一字通常读 nung⁴；想法儿弄虚作假；表面的，空架子；内心是个骗子。阴险 yin hsien³, 阴暗而危险，奸诈。好道 hao tao, 正道儿：注意"不给 pu kei"（不让人走）以及各种类似的结构，在汉语里是"阻止"的意思。圈套 ch'üan¹ t'ao, 套子，环狀围栏，陷阱；源自打猎的一种形象。觔 chin¹, 严格地讲，跟部首69"斤"相同；这里读作 kên¹：为什么 kên tou 的意思是"筋斗"，或跌倒，无法解释；常用，不论人、兽都用；仰 yang³, 朝上看；仰面 yang mien, 脸朝上，背朝下；仰 yang, 又有羨慕的意思。坑害 k'êng¹ hai, 扔到坑里以害他；只用于比喻。屈着指头 ch'ü¹-cho chih-t'ou, 字面上是，扳着手指头；算 suan, 计算；屈 ch'ü, 使弯曲，弯曲的；引申义、常用义是被迫屈服。

3. 笼络 lung³ lo⁴：络 lo, 以绳结网，小网；笼 lung³, 本音 lung², 鸟笼；笼络 lung lo, 都像这里用于比喻。

谈论篇百章之二十五
(Lesson XXV)

1. 哎！你的性子也太疲了！若是不能的事情就罢了，既然应承了，又不赶紧的办，只是给人家耽搁着，是甚么意思呢？若像这么样儿的行事，朋友们，还怎么信你的话呢？
2. 想来你是自己不觉罢咧。我实在替你害羞。与其这么颟顸着，索性把实在的光景告诉人家，他也好歇了心另外打算哪。

注：
1. 疲 p'i², 本义疲倦，筋疲力尽；这里是冷淡，没给与应有的注意。应承 ying ch'êng, 答应，承诺，接受委托。信 hsin, 较早时指书信，消息；这里是它本义：相信。
2. 与其 yü³ ch'i, 与……比较，提议跟随"其 ch'i"之后。颟顸 man¹-han¹, 闲混，没尽全力。这个双音节词里的两个字，彼此都不能分开。索性 so² hsing: 索 so³, 这里读 so², 本指绳索；在各种词语组合中，表示索取，勒索；还表示束缚；引申为约束或强制；索性 so hsing, 作一番努力，破例作出让步，把实情告诉他；在某些场合，这完全可以用"然而 (nevertheless)"，或"不管事情如何 (in spite of the fact that)"表达（参见第六章第二十一段注 3）。景 ching³, 本义是阳光：光景 kuang ching, 情况。

谈论篇百章之二十六
(Lesson XXVI)

1. 这是甚么话呢？论事情还没有影儿呢，就略迟些儿也不要紧。正经事情的主儿，尚且不着急，你先这么催逼着，是个甚么道理啊？
2. 不论甚么事情，总要详细了又详细，得了正经主意，纔可以告诉人。若像你们糊裏麻裏的，不得准儿就说了，使得么？
3. 我生来的性儿就是难缠。若是事情没得实儿，强压着头叫我行，我断不肯。若信我的话，就叫他等着；儻若不信，叫他求别人儿去办罢咧，谁拦着他呢？

注：

1. 有影 yu ying，有一道影子，指事情还没发生或成形。迟 ch'ih², 迟的，晚的。尚且 shang ch'ieh，表示强烈肯定的语气。催 ts'ui¹，驱策；逼 pi¹，逼迫，迫使。
2. 糊裏麻裏的 hu²-li-ma²-li-ti，杂乱无章的样子。
3. 缠 ch'an²，用绳子把人或物捆住。得实 tê shih，得到或变成可靠的，有如菓子熟了从树上掉下来。断不 tuan⁴ pu，表示强烈的异议；决不，无论如何不。倘 t'ang³，如果；口语中一定跟"若"连用，而且，作为一项通则，总是表示转折。"倘"可与"儻"互相替换。拦 lan²，严格地讲，是用手阻挡；阻止。

谈论篇百章之二十七

(Lesson XXVII)

1. 你不知道这种好强，都是年轻血气旺的缘故，等着喫过幾次亏，自然而然的就心灰了。
2. 我这个人，从前最好打把势，天天儿演习；後来歇手，是为甚么呢？我们家兄，也好动劲儿，惯使的是枪，就有十幾个人儿，也到不了他跟前儿，这样儿的本事。
3. 这一日，在我舅舅家，还遇见了一个人，是从屯裏来了一个瘸子，会耍刀；他们俩说，要试一试本事，各自擎了各自的兵器。
4. 我们家兄，心裏那'儿有他呢？擎起枪来，直往他心口上就是一扎。那个瘸子，一点儿也不忙，从从容容的、使刀一搏，我们家兄的枪尖儿，齐各鐕儿的，折了一节儿去了。赶着就抽枪，没抽迭，瘸子的刀，早已放在脖子上了；我们家兄要躲，叫他夹着脖子一摔，摺出好远的去了。
5. 因为这么着，他很没趣儿，我也再不学了。看起这个来，天下的能人还少么？

注：

1. 旺 wang⁴，本指明亮；口语指成功的或最好的东西；这里的"血气旺 hsieh ch'i wang"，指体质在青春全盛时期。参见百章之十四注4。
2. 打把势 ta pa³-shih，力量与武艺的功夫；权威解释是，把 pa，是手或臂：把势 pa-shih，在进行军事训练时，手臂所处的状态或形势（译按：把势，一说：古词"博士"[茶博士]大约元朝时被蒙古语借去，若干世纪后又作为蒙语借词进入汉语，写作"把势"或"把式"，音义皆有变异）。演习 yen³ hsi，通过练习以便熟练掌握。歇手 hsieh shou，让手歇息，放弃某些行动或习惯。动劲 tung chin，调动肌肉、力气。跟前 kên ch'ien，这里是到了那人的对面；读 kên ch'ien³-'rh，而不是 kên ch'ien²-'rh。

3. 舅 chiu⁴，母亲的兄弟（某人母系一方的叔叔）。屯 t'un²，农村；原本是指分配给士兵的土地。瘸 ch'üeh²，跛的，说人说动物都可以。器 ch'i⁴，一件兵器，一件农具，一件器皿。

4. 那'儿有他 na³-'rh yu t'a，在他眼里哪儿有他的位置？他轻视他。碴 ch'a¹，字典不承认这个字；一道裂纹或裂缝。注意语言习惯，齐 ch'i，平滑的；各 ko，个体的；碴 ch'a，裂纹：齐各碴儿的 ch'i-ko-ch'a-'rh-ti，像裂纹那样地平平滑滑地断开。碴 ch'a 的声调变了（译按：但未具体指明所变声调）。折 shê²，不是 chê²，见问答章之三，119。夹 chia¹，不要跟 chia²（第三章 309.）相混淆；紧紧地抓住，夹在两个手指之间，在胳膊下夹着，在书页之间，等等。撂出 liao ch'u，扔出；撂 liao，本义是，放下，让……落下。

5. 趣 ch'ü⁴，让人高兴的趣味，兴趣。

谈论篇百章之二十八
(Lesson XXVIII)

1. 哎你太奢侈了！各样儿的东西上，必得'爱惜俭省，纔是过日子的道理呀！我若不说你，我又忍不住。若是把喫不了的饭，给家下人们喫，那不好么？你竟任着意儿倒在沟眼里，是为甚么呢？心裏也安么？

2. 你这个人，只知道喫饭，并不知道米的艰难。种地的，拉縴的，受的都是甚么样儿的辛苦，纔到得这儿，就是一个米粒儿，也不是容易得的啊！

3. 况且咱们，不能像那些个财主人家儿，喫着这个、想着那个。有的是现成的银子钱，嘴有甚么捆儿呢？喫有甚么尽头儿呢？若是这么惯了，不但折福，而且要破家呀！

4. 有年纪儿的人们常说：惜衣得衣，惜食得食，你的福田能有多大呢？若是这么样儿的不会过，隄防着日子久了，自己捱上了饿，那时候儿纔後悔，也就迟了啊！

注：

1. 奢 shê¹，奢侈；侈 ch'ih³，铺张浪费，又，夸大；奢侈 shê-ch'ih，挥霍浪费。省俭 shêng-chien³，或俭省 chien-shêng，节约。沟 kou¹，沟渠，阴沟，排水沟：沟眼 kou yen，厨房的洗涤槽，排水沟的下水口儿。
2. 縴 ch'ien⁴，拖缆，纤夫"拉 la"纤缆，纤缆率引着船只。粒 li⁴，米粒。
3. 捆 k'un³，或 k'uên³，本义是，把人或物捆绑起来；这里似是说：在嘴上安个管制装置阻止吃东西。尽头 chin t'ou，末端，最远的边端。折 chê，与百章之十七注 3 同，折断：折福 chê fu，损害了上天所赐的福气。
4. 惜衣 hsi i，爱惜自己的衣裳；引申为节省吝惜。福田 fu t'ien，（上天）赐给你的福域，你的好运的领域；佛教术语。会过 hui kuo，懂得过"日子 jih-tzǔ"；能适当安排自己的花销。隄 ti¹，堤坝；隄防着 ti fang cho，自己防备着。捱 ai²，忍受；上 shang，助动词，表示时间上的进展：你将遭受饥饿。

谈论篇百章之二十九

(Lesson XXIX)

1. [邻居] 人生百岁，不过一眨眼儿的光景，把银子钱，结结实实的收着，作甚么？我想这个浮生如梦的身子，能豰乐幾天儿呢？一晃儿就不中用了。不如趁着没有老，喫点儿、穿点儿。若到了筋骨硬的时候儿，穿呢，也不成样儿；喫呢，也不得味儿，瞅着孩子们的下巴颏儿过日子，有甚么趣儿啊？只是别过逾了就是咯，算计着所得的分儿，乐一乐，也很使得呀。

2. [主人] 这个话，你是知道我的事情说的呀，还是揣摸着说的呢？我果然是银钱富富馀馀的，乐也是应当的；只是不像别人，有银钱、有产业，叫我拏甚么乐呢？叫我借了债穿哪，还是卖了房子喫呢？若是依你这个话行，钱财儿花尽了的时候儿，叹口气就死了纔好。万一不死，还有气儿活着，可怎么样儿过呢？到那时候儿，就是我求你，你还理我么？

注：

1. 浮生 fou shêng，生活，如在波浪上；如梦 ju mêng，像做梦。晃 huang³，耀眼；强光照射眼睛的行为。瞅着 ch'ou³-cho, 注视着咱们孩子的下巴, 看他们说什么, 来过咱们的日子。所得 so tê, 分 fên, 一份儿, 我们应得的那份儿。

2. 债 chai⁴, 债务; 债主 chai-chu, 债权所有人, 债权人。叹 t'an⁴, 叹息; 口气 k'ou ch'i, 嘴里的气息: 叹一口气然后死掉, 那就好了;（可是）万一死不了, 还有一口气, 还得'活着, 我该怎么活呀？

谈论篇百章之三十
(Lesson XXX)

1. [长者] 今儿有谁来过么？
2. [少者] 你纳出去之後, 有俩人来, 说是你纳陞了官, 道喜来了。
3. [长者] 谁出去答应的？
4. [少者] 我在门口儿站着来着, 说你纳没在家, 老爷们, 请到裏头坐罢！他们不肯进来, 回去了。
5. [长者] 都是甚么样儿呢？
6. [少者] 一个是胖子, 比你纳略高些儿, 四方脸儿, 连鬓鬍子, 豹子眼儿, 紫棠色儿。那一个真可笑, 脏得看不得, 一隻眼, 还是斜着, 又是糠稠麻子, 满下巴的捲毛儿鬍子, 咬着舌儿。望我一说话, 我差一点儿、没有噗嗤的笑了。
7. [长者] 那个胖子, 我知道了; 这一个可是谁呢？
8. [少者] 我问他们的姓来着, 每人都留下了个职名。等我拏来给你纳看。
9. [长者] 哎呀！这猴儿从那'儿来？你们别把他看轻了。相貌虽然长得歪歪扭扭的, 笔底下很好, 心裏也有韬略儿, 是早已出了名的人了, 提起他来, 谁不知道呢？

注:
2. 道喜 tao hsi, 表示祝贺。
4. 来着 lai-cho, "站着"的助动词; 下文"问"之後的"来着"也一样。

6. 胖 p'ang⁴，多肉的，肥胖的。鬢 pin⁴，鬢角：连鬢，鬢角的胡子连成一片，络腮胡子。鬍 hu²，胡须。豹子 pao⁴-tzǔ，本指"豹"；适用于形容突出的眼睛，而非特大的眼睛。紫 tzǔ³，紫红色；棠 t'ang²，酸苹果树之一种，它的木头是赤褐色的。斜 hsieh²，歪的；偏离直线，不管是垂直的还是水平的。糨 chiang⁴，面粉打的糨糊。稠 ch'ou²，密集地挤在一起。麻子 ma²-tzǔ，因患天花留下坑状疤痕的人。瘢疤"糨稠 chiang ch'ou"，稠密得很，像煮熟的饭粒儿一样。捲毛 chüan³ mao，卷曲的头发：捲 chüan，使卷曲，卷起。咬着舌儿 yao³-cho shê-'rh，字面上是，咬着他的舌头，说不出话来，发不全一些音，特别是"儿 êrh"这个音。噗嗤 p'u¹ ch'ih¹，发笑的声音；前一个字不见于字典。
8. 职 chih²，本指官职，政府机关；职名 chih⁴ ming（注意声调），本指某人的官衔，不过现在用于指个人名片，不管有没有头衔。另见"名片 ming-p'ien"。
9. 猴 hou²，猴子。歪 wai¹，偏斜弯曲，畸形的；反义词是"正 chêng"；歪歪扭扭 wai-wai niu-niu，弯转扭曲。韜 t'ao¹，本指弓的皮套儿；把弓放进套中，这样它就被隐藏起来了；略 lüeh⁴，深思熟虑，作出谋划；韬略 t'ao lüeh，暗中谋划；尤其是战争中的谋略。

谈论篇百章之三十一

(Lesson XXXI)

1. [长者] 你还没起身么？
2. [少者] 早晚儿就要起身了。驮子行李都整理妥当了，只是盘缠银子，还短点儿。俗语儿说"上山擒虎易、开口告人难"的话，我今儿纔信了。捨着脸儿，各处儿借，总没借着。没法儿找兄台来了，或银子，或当头，求你纳借给我点儿。等我回来的时候儿，本利一併奉还。
3. [长者] 幸亏你来得早，若略迟些儿，就赶不上了。方纔屯裏拏了幾两银子来，还没用呢，你拏一半儿去使。等喝了茶，我再平给你。我问你，你这不是初次出门么？
4. [少者] 可不是么？
5. [长者] 我告诉你些个话，出远门儿的道理：处朋友们，以和为贵；待底下的官人们，不必分内外，都是一样儿的疼爱。就有可以弄银子钱的地方儿，也该想着脸面要紧，别手长了。若是乱来，於声名上大有关係呀。

6. [少者] 兄台说的，都是金玉良言，兄弟永远记着就是咯。

注：
1. 起身 ch'i shên，动身作一次旅行。
2. 整理 chêng³ li，按适当秩序放置；整理"驮子 to-tzǔ"，参见第三章417.。盘缠 p'an ch'an²，旅行费用；盘 p'an，见"盘费"，第三章练习 15.7，注④；缠 ch'an，捆绑；似是说，束在腰部。擒 ch'in²，抓到，俘获（坏人、野兽）；虎 hu³，一般叫"老虎 lao hu"。当头 tang⁴-t'ou，为了换点儿钱而送进"当铺 tang⁴-p'u"典当的东西。併 ping⁴，合在一起；本利 pên li，本钱和利息，一併 i ping，完全地，合在一起；奉还 fêng huan，偿还（参见第三章990.，995.）。
3. 幸 hsing⁴，幸运的，吉祥的；亏 k'uei，不足，欠缺，这儿的意思不可译：幸亏 hsing-k'uei，幸运地。方纔 fang ts'ai，刚才；方 fang（部首70），当时。
5. 远门 yüan mên，即如"离门远 li mên yüan"，远离你的家门。处 ch'u³，同住或身在其中；不要跟"处 ch'u⁴"（处所）混淆。手长 shou ch'ang，手伸得太远；别把手伸得太远。係 hsi¹，本指用线连起来；在书面语中普遍用如动词 to be，分词 being；但以下则不同：关係 kuan hsi，有关系，影响到，涉及；经常用于贬义结果。

谈论篇百章之三十二

(Lesson XXXII)

1. [长者] 老弟，是幾儿打屯裹来的？
2. [少者] 我到了有些日子了。
3. [长者] 老弟来了，我总没听见说；若是听见，也早来瞧你来了。
4. [少者] 咱们住的地方儿窎远，你纳又是官身子，那'裏听得见呢？
5. [长者] 我问你，你们的地在那'儿？
6. [少者] 在霸州所属的地方儿。
7. [长者] 挨着琉璃河么？
8. [少者] 不是，是浑河那块儿。
9. [长者] 今年，那儿的庄稼好不好？

10. [少者] 好得很，十分收成了。
11. [长者] 这奇怪咯。他们不是先说潦了、又说旱了么？
12. [少者] 那都是谣言，信不得的。别说别的，黑豆的价儿，就十分便宜，十来个钱一升；这有许多年，没有这么贱了。
13. [长者] 真么？
14. [少者] 可不是真么？
15. [长者] 若是这么着，你再打發人去的时候儿，请替我买幾石来，用多少银子，算明白了告诉我，我照着原买的价儿给你。
16. [少者] 是啊。我看见你纳槽上拴着好幾匹马，买豆子餧是该当的，与其在咱们这儿买的价儿贵，不如在那儿带了来，有减半儿的便宜呢。

注：
1. 幾儿 chi êrh，严格说来，"幾儿"指的是"这个月的哪一天、第几天"；今儿是幾儿？
4. 窎 tiao⁴，本指一种大鸟的巢；深；口语里不单说：窎远 tiao yüan，遥远。
6. 霸 pa⁴，本指跋扈，作威作福；引申为"霸道"，盛气凌人；这里是直隶省一个地区的名字；属 shu³，从属，受管辖。
8. 浑 hun²，混杂，即如纯净水跟浑水相混合；这里是一条河的名字。
10. 收成 shou ch'êng，某种完成状态的收获，只用于农作物，如水果或谷物。
11. 潦 lao⁴，涝，遭水灾；旱 han，干旱（见问答章之八，注5）。
12. 谣 yao²，本指劳作时唱的歌；谣言 yao yen，流言蜚语，闲话，谣传。升 shêng¹，一种量器；十斗为一升。
16. 槽 ts'ao²，槽子，不论盛水还是盛饲料；槽上 ts'ao shang，在厩里，指任何牲口；马槽 ma ts'ao，马的饲料槽；但是，如果把任何其他牲畜的名字安在"槽"字前面，那是错误的。减 chien³，减少，缩减。

谈论篇百章之三十三

(Lesson XXXIII)

1. [长者] 若买，就买匹好马；拴着看，也有趣儿；费草费料的，拴着这么匹傻头马，作甚么？

2. [少者] 兄台不知道，这匹马昨儿牵了来，我就拉到城外头试过了，可以骑得：颠得稳，跑得又快，射马箭，一点儿张裹的毛病儿都没有，又随手、又妥当。

3. [长者] 看起这个来，你原来不认得马。若是好马，骸子必定结实，耐得劳苦，围场上又熟，样儿好，又灵便。那种好的，就是英雄少年们，繁上撒袋，骑着像飞鹰一般，真可观。你这马，是甚么？口也老了，下巴都搭拉了，腿也软，肯打前失。况且你的身子又笨，与你不大相宜呀！

4. [少者] 哎！可怎么样呢？如今已经买定了，只得将就着养活罢咧。我并没有紧差使，又没有甚么远差使。但是老实，就和我对劲儿。究竟比步行儿强啊。

注：

1. 傪 ts'an⁴，轻蔑的样子：傪头 ts'an-t'ou，说人，是指傻瓜；这里，只说外表可怜，不中用的。
2. 牵 ch'ien¹，拖曳，或把……牵走，如动物。颠 tien¹，这里是说骑马或骡子缓驰：颠得稳，跑起来安全平稳；稳 wên，稳定，没有震荡。裹 kuo³，本义是用绳索缠绕或用布包起：在中国的骑术训练中，马沿着壕沟疾驰；如果马跑起来离壕沟远，就叫作 "张 chang"，如果离壕沟近，就叫 "裹 kuo"。
3. 骸子 t'ui³-tzǔ，只用于说野兽或桌子、椅子等的腿；t'ui 的通常写法（腿），参见第三章 442。。英雄 ying¹ hsiung²，英豪，杰出人物。繁 chi⁴，打结，系上；又音 hsi⁴，但不常说。撒袋 sa-tai，箭袋。鹰 ying¹，猎鹰。一般 i pan，同一类别，一样地。观 kuan¹，看，注视；但读 kuan⁴ 的时候，指道观。搭拉 ta la，垂悬的样子；两个都是俗字。前失 ch'ien shih，向前跌倒：这匹马肯 k'ên 打前失，即习惯于失足。笨 pên，身体不灵活，笨拙。相宜 hsiang i²，合适，相称。
4. 将就 chiang chiu，这里的意思是，尽力使之相宜；将 chiang，是另一个词的讹用，那个词的意思是从一处移往另一处。老实 lao-shih，诚实的；说马或类似的动物温驯无害。究竟 chiu ching，探寻终极的；毕竟。

谈论篇百章之三十四

(Lesson XXXIV)

1. [长者] 这件貂鼠褂子，是在铺子裹买的么？

2. [少者] 不是铺子裹的,是庙上买的。
3. [长者] 多少银子买的?
4. [少者] 你猜一猜。
5. [长者] 这件至不济,也值三百两银子。
6. [少者] 我从二百两上添起,添到二百五十两,他就卖了。
7. [长者] 怎么这么贱哪!我想从前像这样儿的,至平常,也得'五百两银子。你看这一件,颜色儿黑,毛道儿厚,又平正,而且风毛出得齐截,面子的缎子又厚,花样儿也新鲜,又合如今的时样儿。就是比着你的身子做,也不过这么样罢咧。
8. [少者] 我记得你纳,也有一件来着。
9. [长者] 哎,我那个算甚么?白有个褂子的名儿就是咯。毛稍儿也坏了,颜色儿也变了,反穿不得了。
10. [少者] 若是那们样,等关了俸的时候儿,再买件好的就是咯。
11. [长者] 哎,我是过了时的人了,还讲究甚么样儿呢?但只煖和就是了。你们是年轻的人儿们,正在往上巴结的时候儿。遇着朝会的日子,穿件好的打扮、打扮,是该当的;我若是穿了好的,不但不得样儿,而且不舒服。况且我们武职差使上,也用不着好衣裳。索性穿旧的破的,倒和我们很对劲儿。

注:
1. 貂 tiao[1],貂或貂皮。
2. 庙上 miao shang,在庙里;在北京,有一两个庙每月定期举行庙会集市。
4. 猜 ts'ai[1],猜测。
5. 至不济 chih pu chi[4],最不完满的,离完善最远的,加强语气;济 chi,完成,达到。
6. 添 t'ien[1],增加。
7. 毛道儿 mao tao-'rh,毛皮;道 tao,没有词义相宜的词来对译它。风毛 fêng mao,作衬里的绸缎跟皮子的缝接处,毛皮的锋芒是放倒的;齐截 ch'i chieh,平整匀称,就像刀切的似的;又,表示完整,或准备就绪的状态。缎 tuan[4],缎子。
9. 稍 shao[1],任何东西的末端;又,用作"捎带"如一封短信或一件行李,但不包括人们本身的生意或差使(译按:"稍"与"捎"本书通用)。

10. 俸 fêng⁴, 官员的薪水; 关 kuan, 本义可能是关门, 闩门; 而 "俸 fêng", 是你应得的官职薪水, 是分配给你的; 关俸 kuan fêng, 现在用于表示直接领取其规定工资或给养。
11. 巴结 pa chieh, 这里指追求名利, 尽力往上爬。朝会 ch'ao hui, 早朝, 清早朝廷上的君臣会见。扮 pan⁴, 打扮。倒 tao, 尽管, 还是, 仍然。

谈论篇百章之三十五
(Lesson XXXV)

1. 我有个朋友, 胆子很大。夏天的时候儿, 黑下揩着窗户睡, 正睡着了, 觉着耳朵裏, 听见有响声儿。睁开眼一瞧, 大月亮底下, 有一个怪物, 脸似黄纸, 眼睛裏流血, 浑身雪白, 头髪蓬鬆着, 一跳一跳的前来。
2. 我那朋友, 在睡梦中惊醒, 忽然看见, 吓了一大跳。心裏说, 哎呀, 这就是鬼罢? 悄悄儿的瞧着, 看他怎么样。
3. 那鬼跳了不久的工夫儿, 就开开了立柜, 拏出许多衣裳来, 挾在胳肢窝裏, 从窗户裏跳出去了。
4. 我那朋友, 心裏暗想着, 若果然是鬼, 有拏衣裳的理么? 正想着的时候儿, 那个该杀的又进来了。我那朋友, 就猛然起来, 拏着把腰刀, 把他斫了一下儿, 那个东西, 哎呀了一声, 倒在地下了。
5. 叫了家下人来, 点上鐙一照, 很可笑! 原来是个贼, 为偷东西, 故意儿的粧成鬼、来吓唬人来咯。

注:
1. 揩 chih¹, 支撑, 用棍子支撑着不让它掉下来。响 hsiang³, 任何一种声音; 可以是单独一种声音, 也可以像这里所说的混合的声响。睁 chêng¹, 张开眼睛。物 wu⁴, 东西, 有生命的或无生命的; 事务, 生意。浑身 hun² shên, 全身; 参见 "浑 hun", 百章之三十二注 8, 河流混浊, 分不清楚; 似是说, 人体的各个部分, 难以区分。蓬 p'êng², 这里读 p'êng¹, 菖蒲的一种; 像这类植物的叶子一样的杂乱; 或许应该写成像下面这个字那样, 带同样的部首 "彡", 鬆 sung¹, 松散杂乱的头发, 弄乱了的, 混乱的。
2. 醒 hsing³, 睡醒: 惊醒 ching hsing, 从睡梦中惊醒。忽然 hu¹ jan, 突然, 出其不意地, 意外地。

悄 ch'iao⁴,平静,寂静;一般读作 ch'iao¹ 或 ch'iao³。(译按:原注如上。勘误表称"删去'或 ch'iao³'"。然音节总表 31ch'iao "悄"只有上声一读。《广韵》亲小切,《集韵》添一音七肖切(去声),急也。义不同于"静"。音节总表是对的,原注有误。)

3. 立柜 li kuei,站立的衣橱。挟 chia¹,在胳膊底下夹着;读 hsia²,向上司施加压力。肢 chih⁴,胳膊的上部;不单说,而且只用在"胳"和"窝"这两个字中间儿。窝 wo¹,鸟兽的巢穴:胳肢窝 ko-chih wo,腋窝。

4. 暗 an⁴,不公开不声张的:暗想 an hsiang,自己心里想。猛 mêng³,凶猛的,勇敢的:猛然 mêng jan,迅猛行动,似是说,无畏的;又,突然,或猛烈地。腰刀 yao¹-tao,佩剑,不是匕首。

5. 一照 i chao,灯火照到他的那一刻。故意 ku i,有意图,事先计划好的。唬 hu³,恐吓;吓唬 hsia hu,使惊恐;唬 hu,一定不要发长声(*must not be intonated*)。

谈论篇百章之三十六
(Lesson XXXVI)

1. 兄台们,提起话儿来就说鬼,我也告诉你们一件怪事。你们说的都是在古儿词上看下来的,我这个是我亲自经过的。

2. 那一年,我们出城闲逛,回来的时候,看见道傍边儿有座大坟院,房屋墙垣都破烂了,歪的歪、倒的倒,那裏头各样儿的树木,长得可是很深密。

3. 我们说,这个地方儿很凉快,咱们进去略歇一歇儿;把带着的果子菜放下,就在坟前坐着,喫喝起来了。正喫喝着的时候儿,锺子裏所斟的酒,忽然自己焰焰的都着了。

4. 众人看见,都吓愣了,刚要躲着走,我一个叔叔,忙摆手儿说站住。你们别怕,头裏的时候儿,有给鄂博留谢仪的话啊,今儿降在这儿了。忙斟了一锺酒,祷告着,祭奠了祭奠,那所着的酒,立刻都灭了。

5. 这是我亲见的事情,你们说怪不怪?

注:

1. 经过 ching kuo,经历过的。
2. 坟院 fên yüan,有围墙的坟场。坟场,注意,量词是"座 tso"。垣 yüan²,本指大围墙;墙垣 ch'iang-yüan，一道墙，不一定要大。密 mi⁴，密集；又，秘密。
3. 锺 chung¹，杯子；与第三章221."盅 chung"相同；"锺"比"盅"大些，或许区别在于"锺"是用金属制做的。焀 hu¹，大火烧到东西时发出的声音。（译者：原著"忽然"误作"忽然"，今径改。）
4. 愣 lêng⁴，发呆；这个字，字典不承认。叔叔 shu-shu，父亲的弟弟。摆手 pai shou，摆动手掌。站住 chan chu，字面上是"站立"和"停止"；不要走。鄂 ao⁴，这里是蒙古语 aopo 或 obo 即"边界线"第一个音节的转写。（译按：鄂博，蒙古语 opoo 音译，又作敖包，原义为堆子，又指山神、路神止宿处。）妖怪害怕的是边界保护神（the god Teminus）。谢 hsieh⁴，感谢。仪 i²，有许多义项；这里，是典礼，仪式：谢仪 hsieh-i，表示谢意的祭品贡献。斟了 chên¹ liao（参见第三章774.）："斟 chên"在这里，倒出，倾注（酒水）。祷 tao³，本义是祈福。祭 chi⁴，本指肉类祭品；奠 tien⁴，把祭奠用的酒倒在地上：祭奠 chi tien，献上祭肉和奠酒，或其中的一种。

谈论篇百章之三十七

(Lesson XXXVII)

1. [少者] 你们对过儿的那所房子如何？
2. [长者] 你问他作甚么？
3. [少者] 我有个朋友要买。
4. [长者] 那个房子住不得，很凶。底根儿，是我们家兄住着来着，地势很好，门面房七间，到底儿五层，住着很合样，又乾净。後来到了我姪儿的手裏，说厢房㲈烂了，从新盖了盖，忽然鬼啊怪的，作起祟来了。起初闹的还好些儿，久而久之的，白日裏出了声儿咯，後来就现了形儿了，家裏的女人们，动不动儿的就撞磕着，吓的伤了性命儿的都有。跳神也枉然，送祟也没用，没法儿，贱贱的价儿就卖了。
5. [少者] 兄台，你知道么，这都是运气不好的缘故。若是时运旺的时候儿，就有邪祟，他也躲避着，不能害人。但是我那个朋友，胆儿很小，我把这个打听的实话，告诉他就完了，买不买由他罢。

注:

1. 所 so，本义是一处地方；这里，是"房子 fang-tzǔ"的集合量词；包括这所房子里的所有房间。

4. 地势 ti shih，地面环境，包括它的面积大小，状况条件，等等。门面 mên mien，不是大门的外表（the face of the gate），而是门面儿（the gate-face），即立有大门的沿街那一面。厢 hsiang[1]，通常垂直环绕正房两侧较小的房子；口语里说"厢房"，"厢"不单说。龊 ts'ao[2]，口语指年久失修；烂 lan[4]，破烂，坍坏了的，用坏穿破了的。祟 sui[4]，本指鬼怪本能地做坏事：作起祟来 tso-ch'i sui lai,（鬼怪）开始恶作剧。形 hsing[2]，外表，看得见的，形状。动不动 tung pu tung，在各种场合；只用于说令人不快的事情。撞磕 chuang k'o，意外地碰到、撞着。跳神 t'iao shên，女巫的行为；她们站在一张桌子上，装模作样地"跳 t'iao"，故作姿态，伸胳膊动腿，把鬼怪吸引到她们自己身上。送祟 sung sui，参见"祟 sui"，把邪恶送出大门；又指巫婆神汉的行为。

5. 邪 hsieh[2]，偏斜弯曲的，倾斜的；引申为，道德上的堕落，腐化的。

谈论篇百章之三十八
(Lesson XXXVIII)

1. [少者] 兄台，你那盘诵珠儿，我说要拏去，到底没有拏了去。
2. [长者] 甚么缘故呢？
3. [少者] 我遭遭儿来了，你都没在家，没见你，含糊着拏你的东西去，有这个理么？因为这么着，我今儿特来见你，告诉了，我好拏了去。你要甚么东西，合着你的意思，我买了来补你的情，就是铺子裏没有卖的，我也必定想着法子，各处儿寻了来给你，你心下如何？
4. [长者] 索性你头裏拏了去，倒好了。
5. [少者] 怎么咯？
6. [长者] 丢咯！
7. [少者] 嘻！可惜了儿的！菩提诵珠儿虽多，像那个样儿的却很少啊。天天的拏来拏去，汗沤透了，很光滑了。不拏的时候儿，该收在柜子裏，就好了。
8. [长者] 哎，也是该丢。上月我往园子裏去，在排甪儿上挂着，忘了没收。回来一找，那'儿还有呢？连踪影儿都不见了，不知道叫谁偷了去咯。

注：

1. 盘 p'an, 不同于第三章 190. 中的"盘"；像蛇那样自己"盘"绕在一起；这里指一"盘"或一挂念珠。诵 su⁴, 原本是 sung⁴；读 su, 背诵之义, 像和尚诵经；珠 chu¹, 珍珠或念珠：诵珠 su-chu, 严格地说, 是和尚用的串珠。这里写 su 的"诵"字是正确的。

3. 遭遭 tsao¹ tsao, 每一次；字面上是, 每一次遭遇。含糊 han² hu², 说话有保留的：含 han, 含在嘴里；糊 hu, 神秘状态, 把人弄糊涂了。好 hao, 告诉你之后, 我才能在不犯错误的情况下（＝好）拿走它。

7. 嗐 hai¹, 叹词。菩 p'u², 只是音译转写藏语词 p'u-t'i（译按：梵文为 *Bodhi*）的第一个音节的字。却 ch'üeh, 或 ch'io：注意它跟"虽 sui"（虽然）的关系, 还有, 在动词的主语之后, 它直接起先导作用。汗 han⁴, 人或牲畜的汗水。沤 ou⁴, 渗透；透 t'ou, 彻底地渗入。光滑 kuang hua², 光亮, 润滑；滑 hua, 原是滑动, 滑溜的。

8. 牐 ch'a⁴, 本读 ch'a¹, 温床尽头上的铺板, 而当时它的一头儿靠在墙上；除了"排牐 p'ai-ch'a", 不用于其他词语（译按：《集韵》实洽切, 闭城门具。一曰, 以版有所蔽。）。踪 tsung¹, 人的脚印儿：踪影 tsung ying, 脚印和影子。叫 chiao, 被什么人偷去了。

谈论篇百章之三十九

(Lesson XXXIX)

1. [少者] 兄台你可听见么？新近城外头，来了一个算命的，都说是很灵，就像神仙转世的一个样儿。把咱们过去的事，倒像谁告诉他的，算得极真、说得準对。咱们的人们去的很多，整天家，接连不断的，命棚裏都挤满了。有这样儿的高明人，咱们何不也叫他瞧瞧去？

2. [长者] 我早已知道了。我的朋友，这幾天都去过，前儿我也到了那儿，把我的八字儿，叫他瞧了瞧。父母属甚么，兄弟有幾个，女人姓甚么，多儹得的官，件件儿都算得正对，丝毫也不错的；我想过去的事情，虽然都应了，但只未来的事，怕未必能应他的话罢。

3. [少者] 虽然话是这么说，咱们那'儿花不了这幾百钱呢？与其在家裏白坐着，不如去逛一逛，只当解个闷儿，又有何不可呢？

注:

1. 新近 hsin chin, 最近, 不久前。转世 chuan shih, 转回这个世界。極 chi², 原指屋脊；最极端的, 最。凖对 chun tui (参见第三章 1078.), 完全相符。挤 chi³, 拥挤, 像在人群里用肩膀挤出；又, 榨取, 挤压。
2. 八字 pa tzǔ, 八个字, 取自中国十个天干和十二个地支构成的六十甲子循环系统；第一对儿字表示年份, 第二对儿表示月份, 第三对儿表示日子, 第四对儿表示时辰, 人降生于某年月日时, 从这八个字能推测出他的命运。属 shu, 属于；这里指属于某一年份（译按：这里指属相）。毫 hao², 细小的毛发：丝毫 ssǔ hao, 任何微小的, 如同一根丝或毛发；最微小的程度。
3. 只当 chih tang（注意读 tang⁴ 而非 tang¹）, 只是当作, 只算是。解闷 chieh mên, 使轻松, 使悲哀消散。不可 pu k'o, 不正确, 不得体。注意这个分句头儿上的"又"重读, 它后面跟的是否定词；似是说, 所有的话说过之后, 又, 从另一方面来说, 有什么不可以的呢？

谈论篇百章之四十
(Lesson XL)

1. 我告诉你个笑话儿。刚纔我一个人儿这儿坐着, 看见窗户档儿上, 落着一个雀儿。老爷儿照着他的影儿, 一跳一跳的。
2. 我慢慢儿的蹑手蹑脚儿的, 走到跟前儿, 隔着窗户纸儿一抓, 把窗户抓了个大窟窿, 恰好抓住了, 一看, 是个家雀儿。
3. 纔一倒手, 噌噜的一声飞咯。我赶紧关上门, 刚拏住, 又挣脱了, 满屋子裏正赶着拏的时候儿, 小孩子们听见说拏住雀儿了, 一齐都来咯, 赶的赶、拏的拏, 有一个小孩子, 使帽子扣住了。
4. 後来我说, 哎, 人家还买雀放生呢, 你拏他作甚么？放了罢。他一定不肯, 打着坠毂辘儿的要, 没法儿, 给了他咯。他纔跳跳钻钻的, 喜欢着去了。

注:

1. 档 tang⁴, 又念 têng⁴, 原意是木头框架；又, 横档或栅栏的横杆(têng), 梯子上的横档, 等等；念 têng⁴, 指梯子或格子各档之间的空档（译按：今作櫈）；又, 罗网。
2. 蹑 nieh⁴, 踩, 走：蹑手蹑脚儿的 nieh-shou-nieh-chiao-'rh-ti, 小心翼翼地, 轻柔地, 这样

才不会被人听到。窟窿 k'u¹-lung², 洞; 这两个字在口语里是不可分的。抓住 chua¹ chu, 第一个动词表示手的动作, 猛然扑向客体; 第二个动词, 表示成功: 恰好 ch'ia hao, 运气好, 结果正是我所期待的, 我扑上去并抓到了那只鸟儿。家雀 chia ch'iao³, 麻雀。

3. 倒 tao³, 像人、墙等倒下; 这里, 从一只手换到另一只手; 在这个意义上也可以用于商店或商贸的转手; 不要跟倾注意义上的 "倒 tao⁴" 相混淆 (参见第三章 182.)。噗噜 p'u¹-lu¹, 形容小鸟翅膀扇动的声音, 或类似的声音。挣 chêng⁴, 参见问答章之四, 注 53。扣住 k'ou chu, 第一个词表示用手、帽子、杯子或其他类似东西捂住了。

4. 放生 fang shêng, 把动物放回自然界让它活着; 遵奉佛教的教义, 这些教义教导人们不杀生。坠 chui⁴, 用一重物使之下垂。毂 ku¹, 轴干; 辘 lu⁴, 滚轴或辘轳: 毂辘 ku-lu, 本指车轮; 不过 "坠毂辘 chui-ku-lu³" 是一个圆形石头吊在遮篷或帘幕下沿, 使之在风中不会飘动。注意二字之声调。跳 t'iao³, 跳跃; 钻 tsuan, 本义是钻 (孔) 挖 (洞): 这里, 形容孩子们蹦蹦跳跳地跑了的时候头部的动作。

谈论篇百章之四十一

(Lesson XLI)

1. [少者] 兄台, 你纳瞧, 这种样儿的坏孩子可有么? 别人这样儿那样儿的劝他, 不过是要他好, 恐怕他学坏了的意思。人都是这样儿, 往正经本事上学很难, 若往坏处儿学, 就很容易。

2. 到如今, 我就是说破了嘴, 他也不肯听, 反倒无精打彩的, 噘着嘴, 撂着脸子。刚纔我心裏实在受不得, 动了气, 很很的打了他一顿。

3. 他脸上一红, 和我说, 只是找我的错缝子作甚么? 眼泪汪汪的走了。真是个糊塗没造化的人哪!

4. 俗语儿说的 "良药苦口、忠言逆耳"。若不是一家儿, 我巴不得儿的哄着叫他喜欢呢。必定讨他的厌烦, 作甚么?

注:

1. 坏孩子 huai hai-tzǔ, 不是我们话里所说的宠坏了的孩子, 而是品行恶劣好不了的。劝 ch'üan⁴, 劝告, 警告。

2. 无精打彩 wu ching ta ts'ai（参见"彩头"，百章之十三注1），大意是，他没精神去玩儿了；虽然赌博是让人高兴的事，可是他没有心思去了。这是一种解释；另一种是，"打彩"指任何享乐之事。"打彩"一定要跟"无精"连用，第二个字是"精神"里的"精"，活泼，有生气。噘 chüeh¹，鼓起嘴唇，撅嘴。摺脸 liao lien，字面上是，放下脸来。
3. 泪 lei⁴，流泪。汪 wang¹，本指水广而深；一个广阔的水面。
4. 忠 chung¹，诚实的，忠诚的，如同君臣、朋友之间的关系。逆 ni⁴，"顺 shun"（顺从的，屈从的）的反义词；反叛的，反抗。哄着 hung³-cho，意思是，要想哄骗他，先得'让他高兴。

谈论篇百章之四十二

(Lesson XLII)

1. 你看这种贱货，竟不是个人哪！长得活脱儿的，像他老子一个样，越瞧越讨人嫌。
2. 不论是到那'儿，两隻眼睛，挤顾挤顾的，任甚么儿看不见，混撞，嘴里磕磕巴巴的，实在是沤人。
3. 正经事情上，丝毫不中用。若是淘气，很能。一点儿空儿不给，常叫他在跟前儿服侍，还好些儿；若不然，就淘气的了不得，真是个闹事精！摺下这个、拏起那个，猴儿似的一样，唧叮咕咚的不安静。
4. 我若是气上来，真得把他打死了纔解恨，过了气儿又一想，可怎么样呢？当真的打杀他罢，又怪不忍得，而且是家生子儿。火棍儿短，强如手拨咯。遇着我有一点儿得项，或是有点儿喫喝儿的地方儿，倒偏疼他些儿。

注：
1. 贱货 chien huo，价值低的商品，便宜货：竟 ching,[看上去，他虽然像个人] 却完全不是个人。活脱 huo t'o，活着的时候剥下皮来：他已经长大成人，极像他的父亲，就像从他父亲身上活生生地脱下来的一层皮。
2. 挤顾 chi³-ku⁴，合着眼睑凝视：顾 ku，本义是从肩膀上看过去，观看；又，照顾，照看。磕磕巴巴 k'o-k'o pa-pa，结结巴巴的。沤人 ou jên，人们厌恶并嘲弄的笨蛋、呆子。
3. 淘气 t'ao² ch'i，蠢事傻话，调皮捣蛋，情绪高涨。侍 shih⁴，义项之一，侍候：服侍 fu

shih，用于说人的时候，是妻子奉承丈夫，或妻妾中的其他女人奉承丈夫和妻子，孩子奉承父母帮他们穿衣脱衣，等等。闹事精 nao-shih ching：这里的"精 ching"是"精灵 ching-ling"或"妖精 yao¹-ching"的省称，即小鬼头、小精灵和精力旺盛等意思。唧叮咕咚 chi¹ ting¹ ku¹ tung¹，这是个不可分解的组合；每个字除了表示声音之外，没有更多的意思；整体上形容嘈杂的声音。

4. 当真 tang chên，注意"当 tang⁴"，主张、代表。打杀 ta sha，跟单说的"杀 sha"有所不同，"杀"，是指遭到兵器的致命打击而丧命。忍 jên，觉得痛心；忍受着（痛苦）去做、去看。怪 kuai，太过分地，超越了我的承受能力。家生子 chia-shêng-tzǔ，家奴所生的儿子。火棍 huo kun，拨火用的棍子，不论是木头的还是金属的，虽然短，也"强"过（比……好）用"手拨 shou pa¹"（用手拨动）。参见"拨 po"，百章之十注4。偏疼 p'ien t'êng，特别亲切，对人表示特殊的仁慈。

谈论篇百章之四十三
(Lesson XLIII)

1. 昨儿个，我往别处儿去的时候儿，这贱奴才们，就任着意儿辩嘴吵闹，赶到我回来，那猴儿们正吵嚷呢。我咳嗽了一声走进来，一齐都住了声咯，贼眉鼠眼的使眼色儿，一个个的躲避着走咯。
2. 今儿早起刚起来，该杀的们都来咯，直橛儿的跪着，说奴才们该死，求的求、磕头的磕头，这样儿的哀求，我的气纔略平了些儿。我说你们怎么咯？不好好儿的，肉痒痒了罢？必定叫我打一顿，有甚么便宜呢？从今儿以後，再要这么着，小心你们那皮肉！若不结结实实的打你们，也不知道怕呀！
3. 说完，都"喳"的一声，答应着出去了。

注：

1. 咳嗽 k'ê²-sou⁴，咳，咳嗽；"咳"又音 hai¹（参见问答章之三，注65），形容连续猛烈干咳的声音。贼眉鼠眼 tsei mei shu yen，贼人的眉毛，老鼠的眼睛；的 ti，状语短语的标志。使眼色儿 shih yen-shai-'rh，用眼睛的颜色，用眼睛表达意思，即如前面从句的描述。
2. 橛 chüeh²，短木头桩，类似直桩的东西。跪 kuei⁴，膝盖着地。哀 ai¹，悲痛的感觉；哀求 ai ch'iu，苦苦恳求。好好儿的 hao³-hao¹-'rh-ti，让事情按自己的秩序变化而令人满意；有风度，安静，有规矩；痒 yang³，发痒。再要 tsai yao，如果下一次，你们再这么做，可要小心（不饶你们）了。

谈论篇百章之四十四
(Lesson XLIV)

1. [长者] 老弟，你瞧他今儿又醉了，喝得成了泥咯，站都站不住了。我问他那个事情，你告诉人家没有，他前仰儿後合的，直瞪着俩眼睛，一声儿不言语。又不是聋子哑吧，为甚么不答言儿？今儿若不把这个该杀的、痛痛快快的责罚他一顿，我就起个誓！
2. [少者] 兄台罢哟！他想是忘了，没有去，他的不是，他不知道么？因为这个心裏害怕，不敢答言儿。今儿既然是我在这儿，看着我的面上，饶过这一次罢；从今以後，叫他很很心，戒了酒罢。俗语儿说的"主子管奴才——靴子裏摸袜子"。他能躲到那'儿去啊？改呢，更好；若是不改，仍旧还是这么往醉裏喝，那时候，兄台重重的责罚他，我就是再遇见，也不管求情了。
3. [长者] 老弟，你不知道，他是生来不成器的东西，若说喝酒，就捨了命，比他老子的血还亲。今儿饶了他，我保他不能改。至多一两天不喝罢咧，过了後儿，必定还是照着样儿喝。

注：

1. 成泥 ch'êng ni，变成烂泥，躺倒爬不起来；只用于人醉倒不省人事，或被打至失去知觉。前仰，精确的表述是"前後仰合 ch'ien hou yang ho"；"後 hou" 对"仰 yang³"，往上看；"前 ch'ien" 对"合 ho"，身体向前的移动。哑吧 ya³-pa¹，哑子，哑了的人：哑 ya，跟"瘂"可以交互替换；瘂，又声音嘶哑。痛快 t'ung k'uai，象征配合迅速而圆满；该词可以适用于迅速了结的任何事情。责罚 tsê-fa，处罚，特指体罚。起誓 ch'i shih，发誓：注意这个习语；大意是，如果我不打他［也许我就要因他的破坏而受惩罚］我起一个誓要打他。
2. 既然 chi jan，我来了之后它就是这样的。面上 mien shang，考虑到我的面子，不致让我蒙羞。很很（译按：通"狠"）心 hên hên hsin，下定决心，让心硬些冷酷些：很 hên，在这里是残忍、冷酷的意思。戒 chieh⁴，小心提防；又音 chi⁴（译按：此音当写作"忌"）。

3. 成器 ch'êng ch'i, 制造一个器具, 使之有这样那样的用处。

谈论篇百章之四十五
(Lesson XLV)

1. [少者] 兄台你怎么咯？脸上刷白的, 冷孤丁的就瘦成这个样儿了！
2. [长者] 老弟你不知道。因为这幾天, 淘沟的味儿很不好, 又搭着天气乍冷乍热的, 没準儿, 故此人都不能保养身子。前儿喫早饭的时候儿, 就很凉来着, 一会儿的时候儿, 又热起来了, 人人都受不得, 我炮燥的出了一身透汗, 脱了袍子, 要凉快凉快, 又喝了碗凉茶, 立刻就头疼起来了, 鼻子也流清鼻涕, 伤了风咯！嗓子也痖了, 身子像坐在雲彩上的一样, 晕晕忽忽的不舒服。
3. [少者] 不独你是那样儿。我的身子也不爽快, 懒怠动。幸而昨儿, 把所喫所喝的全吐了, 不然, 今儿也就扎挣不住了。
4. [长者] 我教给你法子, 但只饿着肚子, 少少儿的喫东西。若是那么着, 就是些微的着点儿凉, 也就无妨了。

注：

1. 刷 shua⁴, 意义上跟"刷 shua¹"没有什么不同, 擦刷。冷孤丁 lêng³ ku¹ ting¹, 实在突然；这种表述是不可分析的：冷 lêng, 寒冷, 这里是震惊；孤 ku, 孤独, 原指父亲不在的人（孤儿），但也常用来指父母双亲都不在了的人；丁 ting, 人丁, 个人；不过它还有其他义项。瘦 shou⁴, 单薄少肉的。
2. 淘 t'ao², 清理一口井或一条沟：淘沟 t'ao kou, 清理阴沟。炮 p'ao⁴, 本指在火上烤肉的动作；这里读 p'ao²；燥 tsao⁴, 被火烤干了：炮燥的 p'ao²-tsao⁴-ti, 有如我被火烤着, 全身"透汗 t'ou han", 通体冒汗。袍 p'ao², 本指长衫, 在前面下方开口, 官员们在长袍上面再套上"褂子 kua-tzǔ"；天热的时候, 褂子就脱掉。一般人用"袍子 p'ao-tzǔ"指称其他长袍, 那是错误的。晕 yün⁴, 头晕目眩的。鼻涕 pi ting¹, 鼻子排出的黏液：ting¹ 本音 t'i⁴；伤风 shang fêng, 着凉了；伤 shang, 是"受伤 shou shang"的省略, 受到"风 fêng"的影响伤害。忽 hu¹, 本义是忘记；引申为, 没注意, 忽略；忽忽 hu-hu, 心不在焉的样子。
3. 吐 t'u⁴, 俗音 t'u³, 吐出：全吐 ch'üan t'u, 什么都吐出来了。扎挣 cha² chêng, 努力使自

已支撑住；大意是：扎 cha，植根在地上；挣 chêng，斗争。注意这个结构：[幸亏我那么做了，今天才能扎挣着起来；]若不是那样，也就 yeh chiu，那么，即使我努力了，也不能成功。注意是 cha²，不是 cha¹（见百章之八注 3）。

4. 妨 fang¹，伤害，妨碍、打扰：你虽然"着凉 chao liang"，它也不会伤害你了。

谈论篇百章之四十六
(Lesson XLVI.)

1. [长者] 哎呀！老弟你怎么咯？咱们纔隔了幾天哪，这么快鬍子都白咯，露出老样儿来了！你别怪我嘴直，听见说，你如今上了耍钱场儿了，还该下许多的账。若果然是那么着，不是玩儿的呀！得'略收收儿纔好哪。

2. [少者] 这都是没影儿的话，胡编造的。你纳若不信，请细细儿的打听打听，就知道了。

3. [长者] 哎，说的是甚么话呢？自己行的，自己不知道么？看起朋友们，都议论你来，想必你是有点儿罢咧。这耍钱，有甚么捆儿？若是陷进去了，那'是个底儿？就是不犯王法，也是连一个大钱賸不下，都是家业弄个精光的、纔撂开手。这样儿的事情，我眼里见的、耳朵裏听的，虽不多，也有了百数个咯。咱们是知己的朋友，既知道了，若是不劝，要相好的作甚么？总是不赌钱纔好，我必定打听作甚么呢？

注：

1. 露 lu⁴，露水；lou⁴，变得明显了，让人看出来。

3. 议论 i⁴ lun，讨论、谈论：议 i，开会商讨，争论。陷进 hsien⁴ chin，跌落进去：如果你陷进[赌博]里去了，哪 na³ [什么地方]是个底儿呢？就是 chiu shih，我们会继续说这样的话，等等；陷 hsien，又有崩溃、坍塌的意思。精光 ching kuang，干净和光亮。注意结构：的 ti，表示名词，精光 ching kuang 是定语；总之要把家产"弄 nung"到精光的地步。赌 tu³，赌博，打赌，跟……打赌。译按：这耍钱，有甚么捆儿？英文对译为：*Now, gambling is an evil without bounds.*（赌博是一种不受约束的罪恶。）

谈论篇百章之四十七
(Lesson XLVII)

1. 我看你酒上很亲,一时也离不开,贪得过逾了。每逢喝酒,必要喝得很醉,到站不住脚儿的时候儿纔算了。这不是好事啊!少喝点儿不好么?
2. 若是赴席,有喜事呢,多喝点儿还无妨;若不论有事没事,只管擎著盅子不离嘴的喝,生出甚么好事来呀!不过是讨女人儿子厌烦,在长辈儿们跟前得不是。轻着耽误了要紧的事情,重着要惹出大祸来咯!若说是藉着酒,学了本事、长了才斡、成了正经事情的,叫人家敬重,那个可少啊!
3. 总而言之,酒就是乱性伤身子的毒药。任着意儿喝,万万使不得。你若不信,照着镜子,瞧一瞧,鼻子脸,都叫酒糟透了!你又不是平常的人儿,不分昼夜的这么喝,这不是自己害了自己么?

注:
1. 每逢 mei fêng,每次遇着,每回发生。算了 suan liao;"了"在这里表示动作的完成:每次都要到站不住脚了,你纔认为完事儿了,而不是在这之前。
2. 赴 fu⁴,去;席 hsi,见问答章之十,注 12;赴席 fu hsi,去出席宴会。喜事 hsi shih,高兴的事,婚礼。不是 pu²-shih,错误、过失;这里是,受责备;得不是 tê pu-shih,给挑出了毛病。轻著(译按:英译文小注用"著",中文课文是"着")ch'ing-cho,注意"轻 ch'ing"和"重 chung"的对应,跟我们的语言习惯相一致;而"著 cho"在这里相当于"的 ti",或许这个古代关系词"著 cho"经常用来隔离论点。惹 jê³,或音 jo³,引起,用于不好的事。藉 chieh⁴,因……而受惠。敬 ching⁴,尊敬,恭敬的:敬重 ching chung,尊重。
3. 毒 tu²,毒物:毒药 tu yao,有毒的药。镜 ching⁴,镜子。糟 tsao¹,蒸馏过酒精后剩下的酒糟;引申为,像谷物酿酒之后那样松软破碎的样子;引申为,彻底地浸透,谷物必须同时要弄碎:糟透 tsao t'ou,彻底地浸透,里头的酒精显现在他自己的脸上。译按:此处的"糟"是动词,介词"叫"的宾语是"酒"而不是"酒糟","透"是"糟"的补语。

谈论篇百章之四十八
(*Lesson XLVIII*)

1. 我这几天有事，一连熬了两夜，浑身很乏，没有劲儿。
2. 昨儿晚上，要早睡来着。只因亲戚们，普裏普儿的，都在这儿会齐儿，我怎么撂下去睡呢？身子虽然强扎挣着，还在那儿陪着坐；哎，眼睛却十分受不得了，眼皮子也搭拉了，心裏也糊涂了。没法子，等到客一散，就抓了个枕头，穿着浑身的衣裳睡着了，直到四更天纔醒，不知道是怎么着了点儿凉，觉着腹中膨闷，浑身发烧，就像火烤的一样，又搭上害耳朵底子，疼得连腮颊都肿了，饮食无味、坐卧不安。
3. 我想是停住食了，就服了一剂打药。把内裏所有好啊歹的东西，都打下来了，这心裏纔觉着鬆快些儿。

注：

1. 熬夜 ao² yeh，工作到深夜，彻夜挑灯忙活：熬 ao，又指煨炖烹制。
2. 普裏普儿 p'u³-li-p'u³-'rh，全部，整族；指人或指物。会齐 hui ch'i，全体聚到一起：注意这里是 "会齐儿 hui ch'i-'rh"，即如 "会个齐儿 hui ko ch'i-'rh"，来一个全体人员的聚会。枕 chên³，枕头。腹 fu²³⁴，肚子。膨 p'êng²，膨胀：只用于说胃：膨闷 p'êng mên，膨胀、不舒服。发烧 fa shao，发热 fa jo，体温过高。烤 k'ao³，烘，焙。搭上 ta shang，加上。注意结构：又加上耳朵里头（底子）发炎疼痛；痛得整个面颊都肿 chung³ 了。饮 yin³，喝；口语里不单说。卧 wo⁴，躺，躺下；口语里不单说；又写作 "臥"。
3. 停 t'ing²，停止，使……停止：我认为这个毛病是停住食 t'ing chu shih 了。（译按：原文 *stopping eating*，字面上为停止进食；而汉语 "停住食"，意思是食物停滞在胃里不消化。本书释词时有望文生义之病）服 fu，发音和声调，跟第三章 826. 没有什么不同，是吞咽下一剂药：一剂打药 i chi ta yao，一服泻药；剂 chi⁴，一服药，一服复方合剂；可是不能说一个瓶子里盛的 "这么多剂药"，还是说 "一服药"。内 nei⁴，里边，跟 "外 wai" 相对；外，外边。鬆快 sung k'uai，跟 "膨闷 p'êng mên" 相对，摆脱 "膨闷" 之后所获得的舒适；"鬆快 sung k'uai" 也可以用以形容心情。

谈论篇百章之四十九
(Lesson XLIX)

1. 他本是个弱身子，又不知道保养，过贪酒色，所以气血亏损了。
2. 如今的病很延缠，昨儿我们去瞧的时候儿，他还扎挣着来到上房，和我们说，这样儿的热天气，常劳动兄台们来瞧，太劳乏了，我实在不敢当，又不住的送东西，过於费心，我十分感情不尽。总还是亲戚们，关心想着我。若是傍不相干儿的人，能彀这么惦记我么？我也没有甚么说的，只是记在心裏，等着病好了，再磕头道谢罢。
3. 他嘴裏虽然是这么说，身子可露出扎挣不住的样儿来了。
4. 我们就说，老弟你是个很聪明的人，不用我们多说，好好儿的养着身子，快好了罢。我们得空儿再来瞧你。说完就回来了。

注：

1. 损 sun³, 伤害；他的气血 ch'i hsüeh, 呼吸和血液，他的体质亏损 k'uei sun, 不足与伤害，使他衰弱不堪。(译按：气，中医学指脉气和营卫。《灵枢经 决气》"何谓气？岐伯曰：上焦开发，宣五谷味，熏肤，充身泽毛，若雾露之溉，是谓气。")
2. 延 yen², 本义是距离的延长，或时间的延续：延缠 yen ch'an, 用一根长索缠绕。劳动 lao tung, 我搅扰您让您劳累了，我麻烦您让您劳累了。不敢当 pu kan tang, 我不敢担当、不敢接受这么些恩惠；我配不上。感情 kan ch'ing, 我感 kan——心里感受，您的情 ch'ing——仁慈的意向，我为此感激不尽 pu chin, 无穷无尽的。相干 hsiang kan, 有关系：如果你是跟我没关系的旁 p'ang 人（译按：原文作"傍"，但注音 p'ang, 其时"傍""旁"似是混用）。惦 tien⁴, 想念着；惦记 tien chi, 出于好意地记挂着某人。字典里没有"惦 tien"字。
3. 可露出 k'o lou ch'u; 可 k'o, 有某种转折的、反意的语气 (a certain disjunctive power), 回应由"虽然 sui jan"引导的从句：他嘴上虽然这么说，他的身子，说实在的，却已露出 lou ch'u 了支撑不住的迹象。注意句末的 lai liao, 露出 lou ch'u 的助动词 (auxiliary), 宾语介于动词和它的助动词之间 (the object intervening between the verb and its auxiliary)。

谈论篇百章之五十
(Lesson L)

1. 夏天的时候儿，他还可以扎挣着走来着，近来这些日子添了病，竟躺下了。阖家子，乱乱烘烘的，没主意，老家儿们，愁得都瘦了。

2. 那一天，我去瞧他，见他瘦得不成样儿了，在炕上倒气儿呢。我慢慢儿的走到他跟前儿说：你如今好了些么么？

3. 他睁开眼瞧见我，把我的手紧紧的揝住，说：哎，我的兄台，这是我的罪呀！病到这个分儿上，大料是不能好了。我不知道么？自从有病，那'个大夫没治过？甚么样儿的药没喫过？纔好了一好儿，又重落了。这是我命该如此。我并不委屈。但只惦记，父母上了年纪，兄弟又小，再者亲戚骨肉都在这儿，我能撂得下谁呢？

4. 话没说完，眼泪直流下来。好伤心哪！就是铁石的人，听了他的那个话，也没有不惨得慌的。

注：
1. 阖 ho², 本指折叠门；关闭；引申为全部包含在内；全体人员：阖家子 ho chia-tzǔ, 全家人。烘 hung¹, 本指火焰或火光闪烁：烘烘的 hung-hung-ti, 永无宁静的，令人焦虑的，动荡不安的。（译按：扎挣，原作"札挣"。）
2. 倒 tao²（不是百章之四十注3的"倒 tao³"，也不是第三章182.的"倒 tao⁴"），特指呼吸短促，透不过气来。（译按：今作"捯气儿 dáo qǐr"。）
3. 大料 ta liao, 很可能，大约：大 ta, 大体上，总的看来；料 liao, 我料想。参见百章之三注7。自从 tzǔ ts'ung, 两个字都表示时间上的起点；从那时起一直到现在。大 tai⁴, 只在"大夫 tai-fu"一词里这么读，医生。重落 ch'ung lo, 一个劲儿地病；再次前往，旧病复发。委曲 wei-ch'ü, 不公正，不公平，压迫：委 wei, 确实；曲 ch'ü, 在"委曲"中，是弯曲的意思，不是不公正的意思；即，我的病没好，是我没尽全力，所以我不觉得不公平。（译按：中文课文用的是"委屈"，这里却是"委曲"，二词音义皆异，故此注不确。）
4. 惨 ts'an³, 心里感动：得慌 tê huang, 见第三章989.（译按：989. 写作"的慌 ti huang"）。

谈论篇百章之五十一
(Lesson LI)

1. 人若是不该死，自然而然的有救星儿。他那一夜病得很沉重，昏过去了，等了好一会子，纔甦醒过来，我嘴裏虽然是安慰老人家，说：请放心，无妨无妨，心裏实在是没指望儿了。
2. 谁想那老人家的福气大，病人的造化好。到了第二天，另请了一个大夫治了治，眼看着，一天比一天的好了。
3. 前儿我去看他，见他的身子虽然没有还元儿，脸上的气色儿，可转过来了，也略长了点儿肉了。在那儿靠着枕头喫东西呢。我说好啊，大喜咯。这一场病可不轻，虽然没死，也脱了一层皮呀。
4. 他和我笑嘻嘻的说：托着大家的福！如今出了灾咯，可大好了。

注：
1. 救星 chiu hsing，拯救命运的星，能拯救人们的神灵。沉 ch'ên², 沉入水中；在某些词语中引申为重量大；沉重 ch'ên² chung，指物，有分量；指事，重大的，严重的。昏 hun¹，本指黄昏，薄幕；引申为神志不清，晕倒。甦 su¹，从假死或昏厥状态中苏醒过来：甦醒 su hsing，复活，醒过来，再生。慰 wei⁴，心里舒服的感觉；促成；慰问：安慰 an wei，使舒适，使心安。
3. 还元 huan yüan，恢复元气，"气 ch'i"，生命的气息。气色 ch'i sê，复元后的脸色。注意"可 k'o"相当于"可谓 k'o wei"，可以说。注意"转"读 chuan⁴，而不是 chuan³。脱皮 t'o p'i，你脱掉了一层皮肤，就是说，你是从一个极窄的出口逃离了苦难。
4. 嘻 hsi¹，微笑；说话时总是如本句这样叠用。灾 tsai¹，老天给的任何不幸。大好 ta hao，跟"好一点 hao i tien（微小的进展）"相对。注意"可 k'o"，在这里不是缓和肯定语气，而是表明某事曾经几乎到了绝望的地步。参看"可得了 k'o tê liao"（最后我得到了）；"可完了 k'o wan liao"（最后做完了），意思是开初我没指望能完成它。

谈论篇百章之五十二
(Lesson LII)

1. 你劝我喫药,何曾不是好话?但只是我另有一个心思,若果然该当服药,我又不是看财奴,有爱惜银钱、不爱惜身子的理么?都因为前年我喫错了药,幾幾乎没有丧了命,到今儿想起来,心裏还跳呢。
2. 如今的医生,好的虽有,百裏也不过挑一。其餘的,只知道挣银子钱,他那'儿管人家的性命死活呢?
3. 你若不信,请一个来试一试。药性他还不定懂得了没有,就大着胆子,给人家治病!慌慌张张的来到家裏,说是诊脉,其实不过使指头混摩一回,胡哩吗哩的,开个药方儿,拏上马钱去了。若是好了,算是他的力量儿;若是不好,说是你的命定,与他毫不相干。
4. 我这个病,我不知道么?与其喫各样儿的药不见效,不如自己静静儿的养着倒好。

注:
1. 曾 ts'êng², 本是一个表过去时的副词; 这里它绝不影响"何 ho"的意思。看 k'an¹, 守护照料; 不同于读 k'an⁴, 观看(参见第三章91.)。幾 chi¹, 几乎, 近乎; 不同于读 chi³(参见第三章7.): 幾幾乎 chi-chi-hu, 近乎; 乎 hu, 在这里只是一个副词性的词尾。注意这个习语; 在"丧了命 sang liao ming"之前, 我们的语言里大概是要用"有 yu", 而不是"没有 mei yu"。丧 sang⁴, 本义是死; 这里, 使之死亡: 丧命 sang ming, 使某人自己的生命遭到致命的伤害; 不用于指伤害其他人的生命; 丧 sang¹, 哀悼, 或有关死者的善后事宜。
2. 医 i¹, 医治, 作为一个医务人员: 医生 i-shêng, 大夫。
3. 诊 chên¹³, 本义是注视, 仔细检查; 这里, 特指号脉; 脉 mo⁴, 本指任何动脉; 这里特指脉搏。胡哩吗哩 hu²-li⁴-ma¹-li³, 忙忙碌碌的; 本句无法分析; 胡哩吗儿的 hu-li-ma³-'rh-ti, 也常用。药方 yao-fang, 处方; 方 fang 与方法 fang-fa 中"方"用法相同, 指路子或手段。马钱 ma ch'ien, 医生的车马费。
4. 效 hsiao⁴, 成功, 产生有利的结果: 不见效 pu chien hsiao, 不见明显的好转。注意"与其 yü ch'i", 与……相比[第一主题], "不如 pu ju", 没有什么比得上的[第二主题]。倒好 tao hao; 加强"不如 pu ju": 无论第一主题是怎样的价值, 第二主题, 倒 tao(仍然, 还)好些儿。

谈论篇百章之五十三

(Lesson LIII)

1. [长者] 别人说他，与你何干呢？怎么我这么劝你，越劝越生气？哎，太急躁了罢。等客散了，再说罢，必定此刻要分辨明白么？

2. [少者] 兄台你说得这个话，我心裏竟听不进去。咱们是一个船儿上的人哪！这个事也与你有点儿牵连，难道没有一点儿罣碍么？他们议论他，连咱们也稍上了，你不拦着，反倒随着他们的口气儿说，这是甚么意思？我心裏真有点儿不服。

3. [长者] 不是那么着。若有话，从从容容儿的说，你这么急绷绷的，难道就算完了事咯么？你看这儿在座的人，都是为你的事情来的，你只管这么怒气冲冲的，倒像要把谁攆出去似的。这些人，怎么好意思坐着呢？要走罢，又恐怕你脸上下不来；若在这儿多坐会儿，你又山嚷怪叫的叫喊，这就叫人进退两难了啊！以後朋友们，还怎么和你来往呢？

注：

1. 躁 tsao⁴，原本写成这样，参见部首 157；指心里容易激动：急躁 chi-tsao，性急的。辨 pien⁴，思想上辨别：分辨 fên pien，就某一点而争辨，不必过于激烈。

2. 罣 kua⁴，本指钩住，挂在……上；碍 ai，一般指阻碍：罣碍 kua-ⁿgai，影响，或多或少有损害的。稍上 shao shang（见百章之三十四注9），事情到最后把咱们也扯上了；多多少少跟咱们有干系；把咱们扯进去。

3. 绷 pêng¹，本义是捆上：绷绷的 pêng-pêng-ti，绷得紧紧的；例如，像鼓面儿那样。在座 tsai tso，占据着座位；即，坐在这儿。怒 nu⁴，大发脾气，激怒。冲 ch'ung¹，又写作"冲"，河堤决口；被激流卷走，当水不受控制的时候：一个人尽自大发雷霆。攆 nien³，赶出去。注意这个结构：[一点儿也不冷静,] 倒 tao，正相反，你像似的 hsiang-shih ti，要把谁 [任何人，不论是谁] 赶走。山嚷 shan¹ jang³，吵嚷得像里面有座山：怪叫 kuai chiao，过分大声地叫喊。

谈论篇百章之五十四
(Lesson LIV)

1. [长者]看起你来,只就是嘴能幹,外面儿虽像明白,心裏却不燎亮。他不寻嗔你来,就是你的便宜,你可惹他作甚么?好话总不听,倒像神鬼指使的一个样,强拗着去了,到底碰了钉子回来咯。

2. [少者]那该死的,你说他是谁!了不得,有名儿的利害人啊!从不给人留分儿,与他不相干的事还可以,略有一点儿妨碍他的地方儿,不拘是谁,叠着劲儿,必要站住理、得了便宜纔歇手。

3. [长者]这不是咯!到底把卧着的老虎,哄起来了。自找喫亏,这有甚么趣儿呢?俗语儿说的"有拐棍儿不跌跤,有商量儿不失着"。光你一个人儿的见识,能彀到那'儿?任凭怎么样,我总比你长幾岁,这一层,若果然是该行的,就是你心裏不愿意去,我还该提拔着你,催着你、叫你去呢,岂有倒拦着你的情理么?

注:

1. 就是 chiu shih:注意"就 chiu"连着"是 shih",和前头不加"只 chih"的。燎 liao³,本指火把;引申为照亮:燎亮 liao² liang,理智的光辉;燎 liao³,又有把……微微烧焦或烤焦的意思。嗔 ch'ên,又写作别的部首(译按:《康熙字典》有"謓"等异体);生气,用言语或脸色表达生气:寻嗔 hsün ch'ên,用怒气或非难惹人发火儿。你可 ni k'o,你故意惹他生气,你肯定以为惹他生气是对的。然而,汉语在这里用"可 k'o",多少有点儿表转折的"却 ch'io""倒 tao"等词的意味儿。指使 chih¹ shih,给予指导并会付诸行动;这里是被"神鬼 shên-kuei"驱使。拗 niu⁴,又读 ning³,"扭""拧"绳索或铁丝等。钉 ting¹,钉子:碰了钉子 p'êng liao ting-tzǔ,与钉子相撞,以卵击石,给责骂回来了。

2. 该死 kai ssǔ。逐字译出:那个该死的家伙,告诉我[如果可能的话]他算是什么人?[他作起恶来]没完没了;他是个出了名儿的厉害人。留分 liu fên;字面上,留下一份儿,即,给予相应的报酬;分 fên,就是"情分 ch'ing fên",感情的分配,表现为对这个人多一些而对另一个就少一些。叠著 tieh²-cho,反复,加倍;劲儿 ching-'rh,力量,强健的力气。站住 chan-chu,站稳;这里指达到某种地位,这时"chan"要写上部首 117"立";否则,就是占领的"占";不过,从未见到"占"后面跟"住 chu"的。
3. 哄 hung¹,一声呼叫把它驱动起来了;不是哄 hung³,哄骗。趣儿 ch'ü-'rh,喜闻乐见的乐事。跤 chiao¹,一般指摔角那样的角斗,手脚并用;如果你有"拐棍儿 kuai-kun-'rh",即老人拄的手杖,你就不会"跌跤 tieh chiao",即摔倒;跌 tieh¹,滑倒或跌落。失著 shih¹ chao¹,在你的行动方面出错;从象棋或跳棋来的一个说法;著 chao,指一方移动一个棋子,或另一方布下一个棋子:著儿 chao-'rh,一个计划或一步行动。光 kuang¹,一般用法,如同本句:仅仅,单单:只是你的见识 chien-shih(经验)。提拨 t'i² po¹,使记起,提醒。岂有 ch'i yu,怎么能有,"倒 tao"(反而),阻拦你的情理 ch'ing-li(正当的理由)?

谈论篇百章之五十五
(Lesson LV)

1. [哥哥对弟弟] 你怎么这么样儿不稳重?若是體體面面儿坐着,谁说你是木雕泥塑的废物么?你若不言不语的,谁说你是哑吧么?倒像在人跟前儿,故意儿鬭笑儿似的,惹了这个、又招那个,有甚么乐处儿呢?你自己不觉罢咯,傍边儿的人,都受不得了,多嗒遇见一个利害人,喫了亏的时候儿,你纔知道有关系呢!
2. [朋友劝弟弟] 老弟,你令兄的话,实在是不错。玩笑是辩嘴的由头,久而久之,生出甚么好事来呀!若是傍不相干儿的人,肯这么说得关切么?你虽长了身量,岁数儿还早呢!务必要留心改了啊!
3. [朋友继续对哥哥] 咱们没有从那个时候过过么?正是贪玩儿的时候儿呀!我的意见,不如趁这个空儿,赶紧请一位名师教他念书。渐渐儿的知识开了、明白了世务的时候儿,自然而然的就改好了。又愁甚么没出息呢?

注:
1. 稳重 wên³-chung,庄重,体面,跟"轻佻 ch'ing-t'iao"(轻浮,少教)相对。雕 tiao¹,木雕。塑 su⁴,泥塑的塑像。废物 fei⁴ wu,扔到一边儿的东西,垃圾。鬭笑 tou⁴ hsiao,逗人发笑;鬭 tou,争斗,使……争吵不和;有人主张用在这里的合适的字眼儿是"逗"。招 chao¹,召唤;又,惹人生气或激动。

2. 关切 kuan ch'ieh⁴, 深切地关心：关 kuan, 关连；切 ch'ieh, 深深地切入, 切细。（译按："关切"的"切"和"切细"的"切"，音义不同，只是同形。）

3. 渐 chien⁴, 逐步的, 从源头开始。

谈论篇百章之五十六
(Lesson LVI)

1. [朋友] 他那个动作儿，是个甚么样儿呢？在人家跟前儿说话，结结巴巴的，怎么问、怎么答，都不知道，畏首畏尾的，怎么进、怎么退，也不懂得。醒着倒像人家睡着了一样的，白充个人数儿。糊裡糊涂的，怎么长来着呢？你们相好啊，略指教指教他，也就好了！

2. [主人] 这个人，你纳没在一块儿长来往，还不深知。比这个可笑的事还多呢！和他一处儿坐下，说起话儿来，正说着这个，忽然想起别的来，就说那个；不然，就搭拉着嘴唇，不错眼珠儿的瞅着你，猛然间，又说出一句无头无尾的獃话来，叫人笑断了肚肠子啊！前儿瞧我去来着，後来临走的时候儿，不往前直走，转过脊梁来倒退着走。我说兄台小心门槛子，话没说完，绊住脚了，身子往後一歪，仰着面儿跌了去咯！我急忙赶上扶住，幾幾乎没跌倒。我还长长儿的劝他呢，後来知道他的脾气不能改了，不是有出息儿的东西，何必白劳唇乏舌的劝他啊？

注：

1. 动作 tung-tso, 举止行为, 不论言谈还是行动。结巴 chieh¹ pa, 口吃；好像是说一个中国人，"下巴 hsia-pa"上"结 chieh"了即绑上了什么东西。（译按：十足的望文生义）注意："结"音 chieh¹。畏 wei⁴, 害怕：畏首畏尾的 wei-shou-wei-wei-ti, 又怕头又怕尾；极端地害怕。尾 wei³, 尾巴或末端, 口语说"尾巴 i³ pa"。指教 chih chiao, 指出一个人的错误并给予教导，制止他，斥责他。

2. 眼珠 yen chu-'rh, 眼睛的瞳孔。槛 k'an³, 门槛；若读 chien⁴, 是别的意思。扶住 fu² chu, 本义是, 挽着胳膊使得以支承：扶住 fu chu, 可用于人, 亦可用于物。幾幾乎，或幾乎 chi¹ hu, 近乎。注意幾 chi, 是表接近的副词。

第五章　谈论篇　355

谈论篇百章之五十七
(Lesson LVII)

1. 兄台，你听见了么？话头话尾的，都是刻薄我穿的齠旧。
2. 不是我夸口，他呀，还算是小孩子呢，能觳懂得甚么？这也不是他们知道的事啊。新衣裳，是偶然有事情穿的罢咧。我这不过家常穿的，旧些儿何妨呢？汉子家没有本事，该当羞罢咧，穿的有甚么关系呢？即如我虽不穿好的，心裹头，却比那穿好的还宽绰。
3. 甚么缘故呢？不求告人，不欠债，这就没有可耻的地方儿。若像他们这种年轻的人儿们，我眼角儿裡，也没有他。只知道穿鲜明衣裳，摇摇摆摆的，竟充體面，能知道学汉子的本事么？若像他们这个样儿的，就是叫绸缎裹到底儿，又有甚么奇处儿呢？
4. 最下贱没眼珠儿的人们，混说他體面，巴结他们罢咧！若是我说，他们不过是个挂衣裳的架子！

注：
1. 齠 ts'ao², 见百章之三十七注4；齠旧 ts'ao chiu, 破烂。
2. 夸 k'ua¹, 赞扬他人，夸耀自己。即 chi², 口语用"就 chiu"，书面语通常用"即"，而且用法也很接近"就 chiu"：即如 chi ju，比"就比方 chiu pi fang"优雅得多。
3. 求告 ch'iu kao, 恳求，吁请。恥 ch'ih³, 为……而惭愧；又写作"耻"。眼角 yen chiao³, 眼眦：甚至我的眼角儿里都没有他们。鲜 hsien¹, 新鲜，刚杀的，比方肉。鲜 hsien³, 罕有的，少见的。绸 ch'ou², 丝绸；缎 tuan⁴, 缎子。裹 kuo³, 包扎，缠绕，如用绳子或绷带；到底 tao ti, 直到底部。

谈论篇百章之五十八
(Lesson LVIII)

1. [长者] 你这么冤他，是甚么道理？人家恭恭敬敬的，在你跟前讨个主意，知道就说知道，不知道就说不知道罢了，撒谎作甚么？倘若把人家的事情耽误了，倒像你有心害他似的。他若是个可恶的人，也就不怪你这么样儿待他。我看他那个人很老实，一瞧就知道，是个慢性子。别人若是这么欺负他，咱们还当拦劝呢，你反倒这样儿的刻薄，太错了，真真的我心裏过不去。

2. [少者] 兄台，你原来不知道。可要叫他诓哄了啊！那种东西，外面皮儿虽像愚蠢，心裏却了不得。他那性情险恶之极，你没试过，就不知道他的坏处儿了。法子多、圈套儿大，惯会和人讨凭据。不论甚么事，预先拏话勾引你。把你的主意套了去，然后远远儿的观望着，瞅你的空子。稍微有点儿破绽，跟进去，就给你一个兜屁股将！兄台，你想这个事情，原有关碍我的地方儿啊，若是把徹底子的主意告诉他，如何使得呢？你这么怪我，我不委屈么？

注：

1. 恭 kung¹，恭敬的，尊敬的。慢性子 man hsing-tzǔ，迟钝的不着急的人，无论好事坏事反应都不快。过不去 kuo pu ch'ü，没法儿过去；比如没有通道可以通过；这里是指对所讨论的令人不愉快的事情，感情上通不过，难以容忍。
2. 愚 yü¹²，蠢笨，指内心的；蠢 ch'un³，蠢笨，指外在的；二字都可以分开用：愚蠢 yü ch'un，既可以形容内心的愚蠢，也可以形容外在的愚蠢。险恶 hsien ⁿgo，奸诈邪恶；凶恶的，恶毒的。据 chü⁴，本义为握住；凭据 p'ing-chü，证据。勾 kou¹，钩住；勾引 kou yin，引诱。破绽 p'o chan⁴，破烂的和衣裳开缝处，衣服上的洞。兜屁股将 tou¹-p'i⁴-ku³-chiang¹，象棋中将死对方：兜 tou，夹带，好似餐巾里无意中裹了什么东西；又，从背后包抄获取；屁股 p'i-ku，臀部；将 chiang，将军的意思；即一位将军从背后获取对手。中国象棋中的"王"称为"将 chiang"。 徹 ch'ê⁴，严格地讲，应写成部首85，即"澈"，变清澈，如清除了水中的沉淀物；徹底子 ch'ê ti-tzǔ，清澈到底了。参见百章之六十一注4。

谈论篇百章之五十九
(Lesson LIX)

1. 咱们那个朋友，遭了甚么为难的事么？这幾天，看他那个愁容满面、无聊无赖的样儿，是有甚么缘故呢？

2. 不知道。他素来没一天不在街上,下雨下雪的日子,他纔在家裏。除此以外,是地方儿他就去逛。叫他在家裏白坐着,那'儿坐得住呢？这一向,因没出大门儿,竟在家裡呢,昨儿我去瞧他。
3. 啊,脸面儿还像先么？
4. 很瘦了,竟是坐不安、睡不宁似的。我瞧着很疑惑,纔要问他,可巧又来了一个亲戚,把话打住了。
5. 嗳呀,若依你这么说,大约是叫那件事绊住,心乱了。虽是那么说,然而有"经过大难、不怕小烦"的话啊！他那个人,从前甚么样儿的难事,都清清楚楚儿的办完了,这些细故,又算甚么要紧的呢？也值得那么忧愁么？

注：

1. 愁容 ch'ou jung, 悲哀的样子；满面 man mien, 满脸的：容 jung, 与"容 yung 易"的"容"是同一个字,但意思不同。聊 liao², 本义是依倚,依靠。赖 lai⁴, 跟"聊"大体相同,但更常用：无聊无赖的 wu-liao-wu-lai-ti, 无精打采百无聊赖的样子, 冷漠的样子；赖 lai, 又指赖账, 比如赖债, 或否认指控。
5. 然而 jan-'êrh, 读作 jaⁿ-'rh, 不过：然 jan, 如此, 是这样；而 êrh, 可是, 虽然。值得 chih tê, 的确有价值；忧愁 yu¹ ch'ou, 悲哀且不满。

谈论篇百章之六十
(Lesson LX)

1. 你太没有经过事,怯極了。有话为甚么放在心裏？直去和他讲明说开就完了。他也是个人罢咧,能彀不按着道理行么？说出缘故来,你就从头至尾的、一一的分解开了,怕他能彀把你怎么样么？怕杀呀？还是怕喫了你呢？
2. 况且别人都没动静儿,你来不来的先这么怕,这样儿那样儿的防备着,还有个汉子的味儿么？
3. 依我劝你,也放宽了心罢！他果然不依你,若和你见个高低儿,还给你留情么？你如今就是这么样儿的怕了,能彀乾乾净净儿没事儿么？我看起来,到而今也没个音信，想是他早已忘了。你若不信，悄悄的探听个信儿，管保你无妨无碍的呀！

注：
1. 怯 ch'ieh⁴，羞怯；没有"怕 p'a"那么强烈：发怯 fa ch'ieh，字面上是发出羞怯；忐忑不安的。动静 tung ching；字面上是拨动静止的东西：没动静 mei tung ching，不动，没有相关的迹象；来不来的 lai pu lai ti，有事儿没事地。
2. 味儿 wei⁴-'êrh，读作 wê⁴-'rh，气味儿，这里指一个"汉子 han-tzǔ"，即一个中国人，也就是一个人，所应该具有的真正的品质。
3. 低 ti¹，矮；高低 kao ti，事物的高度，不过这里说的是比试高低：假若 [如一个摔跤者] 人家要跟你比比谁"高 kao"谁"低 ti"；想把对手摔输。而今 êrh chin，直到现在。北京人是这么说，但从另一个方言来看，"而 êrh"只有"如 ju"的意思（参见第三章 906.）；似是说，正是当前。探 t'an⁴，本义是把手伸到一定距离；查出：探子 t'an-tzǔ，密探；探听 t'an t'ing，搜寻信息。管保 guan pao，保证；"管"对"保"未增加任何分量。

谈论篇百章之六十一
(Lesson LXI)

1. [长者] 你们很相好啊！如今怎么了？总不登你的门槛儿了么？
2. [少者] 我不知道他。想是有谁得罪了他咯罢。不然，还有一说，从前我们还好好端端的来往着来着，就是因为一半句话上，也不犯记在心裏，恼了就不往我这儿来了！不来也没甚么要紧，怎么背地裡，还只说我这样儿不好、那样儿利害，所有遇见我认识的朋友们，当作话把儿蹧塌我，这是甚么心意呢？新近给我们孩子娶媳妇儿，我还脸上下不来，请他去来着，连一个狗也没打發来！我所遇见的朋友，都是这个薄情的，可叫我怎么再往後结交呢？
3. [长者] 那个人说话行事很假，信不得，我没说过么？那个时候儿，你还理论么，倒很有点儿不舒服我来着。
4. [少者] 原是俗语儿说的"知人知面不知心"。他心裏头的好歹，如何能彀知道得透澈呢？将来只得小心。

5. [长者] 那就是了。不分好歹，一概都说是很相好的，使得么？

注：
1. 登 têng¹，爬上，如爬梯子；登高，如爬上一个高地。
2. 好好端端 hao-hao-tuan-tuan，好而且正确：咱们确实是按常规往来的 [互相都是好的和正确的]。上 shang，在上，或在内：原因就在一句半句话 "上" 或 "内"。不犯 pu fan，这里指没关系或不涉及；不值得记挂。试比较 "犯不上 fan pu shang"，不值得去碰这个麻烦，或跟身份不相称。当作 tang tso，看待，对待：把我当作 "话把儿 hua pa⁴-'rh"，议论的把柄；"蹧塌 tsao t'a" 我即伤害我，这是什么心意 hsin-i（意图）？蹧塌 tsao¹ t'a，伤害，损坏：蹧 tsao，用脚来对待；塌 t'a，倾圮为废墟，房屋沉降倒塌。注意："把" 读 pa⁴，不读 pa³，字本作 "耙"。媳妇 hsi²-fu⁴-'rh，本指儿子的妻子，但通常指任何人的妻子。脸上 lien shang，必须看作一个名词，"下不来 hsia pu lai"（放不下，不放过）的主语，即，"脸上" 不是说 "脸"，而是关系到朋友的情面。往後 wang hou，以后，此后；结交 chieh chiao，交往，结识。
4. 透澈 t'ou⁴ ch'ê⁴，澈底。
5. 一概 i² kai⁴，全部包括在内，不论人还是事物。

谈论篇百章之六十二

(Lesson LXII)

1. [长者] 谁和他说长道短了么？本是他的话，逼着叫我说啊。瞒得住别人儿，瞒得住你么？自从过年以来，他还走了甚么差使么？今儿是在那儿喝了酒了，刚一进门儿来，就是 "嗳呀！我怎么纔瞧见你啊！" 若照他那么说，我不脱空儿的，整月家替他当差使，反倒不是了么？真使我的气就到了脖颈子上了！今儿且不必论，明儿再说罢。

2. [少者] 老兄，不用望他较量这个。和他一般一配的争竞做甚么？他一味好跟人耍个嘴皮子，你有甚么不知道的？想来又是喝醉了。你只当是没看见、没有听见，就结了。何必理他呢？

3. [长者] 老弟，你不知道，这样儿软的欺、硬的怕的东西跟前，若给他留点分儿,他更长了价儿了!他索性说,我是闹著玩儿,不知不觉的、话说冒失了,人家或者可以原谅罢咧,反倒满脸的怒气。谁还怕他不成?

4. [少者] 兄台,你别生气。我把这个酒鬼,带在僻静的地方儿,指著脸儿骂他一顿,给你出出气。

注:

1. 瞒 man², 蒙蔽, 诓骗。自从 tzǔ ts'ung, 由, 起于某一时间;"自从"的意味,跟分开的"自""从"没有什么不同。走了 tsou liao:他干了什么差使 ch'ai shih(公务职责)? 然而,对于在岗位上执行公务的,你不能说"走了差使 tsou liao ch'ai shih"。脱空 t'o³ k'ung, 退出 [为了享乐] 闲暇。注意"脱 t'o"的声调。颈 kêng³, 脖子的后部(译按:颈, 脖颈子, 就是脖子;其"后部"为"项"):脖颈子 po-kêng-tzǔ, 脖子的后部,说的是中国人怒火中升时,脖颈子就发硬。

2. 配 p'ei⁴, 配对, 使相称:一般 i pan, 一个样子;一配 i p'ei, 相称的一个;一般一配 i pan i p'ei, 把自己放在同一水平上看待;不配 pu p'ei, "犯不上 fan pu shang"的反义词(参见百章之六十一, 注2),不够好,地位升得还不够高(译按:"不配"与"犯不上"不构成反义词);"合适的伙伴", 参见百章之六十三, 1。竞 ching⁴, 力求, 争辩;口语里不单说,像这里的"争竞 chêng ching", 就是常说的。耍嘴皮子 shua tsui p'i-tzǔ, 字面意思是, 搪塞, 回避, 顶嘴(开玩笑或是认真的)。只当 chih tang, 只当作, 大大方方地当它就是如此。

3. 跟前 kên ch'ien, 在眼前:当你站在这种欺软怕硬的东西 tung-hsi 的面前时。长价 chang chia, 价格或价值上升;指物, 或像这里指自负自大。冒失 mao shih:因我的粗鲁无礼,或不体谅人而犯错误;道歉的客套话。谅 liang⁴, 本义是诚意, 信任;引申为, 接受其为事实:原谅 yüan liang 一词,表示宽恕, 这个双音词是从"原情谅事 yüan ch'ing liang shih"省略而来的,考虑到你的情况;即, 这是我的错儿, 算了罢。不成 pu ch'êng, 疑问句尾的通用形式, 特别是有"难道 nan tao"作先导的时候。

4. 僻 pi⁴, 本音 p'i⁴, 人迹罕到的, 偏僻而安静的。骂 ma⁴, 辱骂, 咒骂;指著 chih-cho, 用手指头指著他的脸。出出气 ch'u ch'u ch'i, 发泄怒气;这里指为别人。

谈论篇百章之六十三
(Lesson LXIII)

1. 坏了肠子咯,把我轻慢得了不得!我和你说话,都不配么?动不动儿的,就拏巧话儿讥诮我，把自己当成甚么咯？每日裡，鼻子脸子的，常在一块儿混混，我只不说罢咧，我若说出根子来，未免又说我揭短了。

2. 你的家乡，我的住处，谁不知道谁呢？你不受人家的揉挫，纔有幾天儿啊？如今贱货儿，这就和我作起足来了，是甚么意思呢？索性说失了言儿咯，那个还可以恕得过去；偏死扭着说你的话是了，一口咬定了，不肯认错，能不叫人更生气么？

3. 你太把我看轻咯！实在不知道你仗着甚么，能毃有这个样儿的举动儿？谁也不能杀了谁，谁还怕谁么？若果然要见个高低儿，很合我的式。若略打一个磴儿，也不是好汉子！

注：

1. 坏了 huai liao, 在这里是"肠子 ch'ang²-tzǔ"的定语（译按：此乃就西洋语法而言），肠子，借喻人的灵魂；烂了，或堕落了，指心地。讥诮 chi¹ ch'iao⁴, 窃窃私议；"讥"可以单说；"诮"必得跟"讥"连用。这个合成词可以用于指对人的外表或内心的批评，这种批评不是直率地讲出来的，而是用"俏话 ch'iao hua"（狡猾的言论）精巧地影射；"俏话 ch'iao hua"或"俏皮话 ch'iao p'i hua"的"俏 ch'iao"，不是上面的那个"诮"，而是"俏"。免 mien³, 避免：未免 wei mien, 不可避免地，必然；又 yu, 再次，你又该说了。揭 chieh¹, 打开，揭发：揭短 chieh tuan, 揭示短处。

2. 揉 jou², 在两掌间摩擦；两样东西自己摩擦；人和人之间，如本句，带上"挫 ts'o⁴"，一个同义动词，通常也只跟"揉"构词：揉挫 jou-ts'o, 欺凌。注意句法结构：[自从] 你不受 shou（遭受）别人的揉挫，才有几天呢？作足 tso tsu, 扮演一个自我满足的角色。注意助动词"起 ch'i"和"来 lai"所在的位置。恕 shu⁴, 原谅，宽恕。死扭 ssǔ niu, 决意把手上握着的东西拧紧：你已经错了，可是你"偏 p'ien"（尤其）是宁愿死也不改口；决心我行我素。一口 i k'ou, 抓住一句话就不改变；咬定 yao ting, 紧紧咬住，不肯依从。

3. 举动 chü tung, 举起和运动；行为，举止。磴 têng⁴, 原指楼梯，一段梯级，都是石头的：打一个磴儿 ta i ko têng-'rh（发音 tê'rrh）（译按：如是标音，全书唯一一处。又未作任何解释。têng儿化，主要元音ê当鼻化为ê~, tê'rrh只是元音ê鼻化+儿化的一种表述方式？），用于指阻止前进，好比有人正在爬梯子，不走滑溜的地面。译按："打一个磴儿"，实为"犹豫一下儿"的意思，如若"打一个磕绊儿"。

谈论篇百章之六十四
(Lesson LXIV)

1. 那是个没出息儿的东西，你怎么瞧上他来着呢？虽是个人身子，却是牲口肠子。总是躲着他些儿纔好呢。
2. 你把我这句话，搁在心上。他原是个无事生事的、混帐行子啊，心眼子又黑。常是听见风儿就是雨儿的。人家略有点儿细故，叫他听见，他就满处儿混嚼说，张扬个不堪啊！把这儿的事情传在那儿，把那儿的信儿告诉这儿，叫两下裏成了雠的时候儿，他可从中作好人儿。
3. 你若看我说的话信不得，你瞧，不但没有一个人儿，和他相好，若不指着他的脊梁骂他，那就是他的便宜了！
4. 嗳！他父母生下这种样儿的贱货儿来，讨人家的厌，也实在是没德行咯！

注：
2. 混帐 hun chang：字面上是，一笔糊涂账；是骂调皮捣蛋的相当厉害的话。行子 hang-tzǔ：字面上是，一类，一伙儿；但通常用于贬义。心眼 hsin yen，心或意识的眼睛，那是心智的源泉；心应该是红的。嚼说 chiao² shuo，饶舌，唠叨；前面加"混 hun"，强化了语气。参见问答章之八，注 79。不堪 pu k'an¹，不容忍，不可忍受。句法结构：他张扬 chang yang（大肆散播），使我不堪 pu k'an。从中作好人 ts'ung-chung tso hao jên，扮作和事佬；"说合 shuo ho"，是可接受的同义词。传 ch'uan²，传播，传说；读 chuan⁴，则指故事。
4. 德 tê²，美德；德行 tê hsing，有道德的品行。

谈论篇百章之六十五
(Lesson LXV)

1. [长者] 方纔我上衙门回来，从老远的轰得一群人，骑着马往这边来了。到了跟前儿，细认了一认，原是咱们旧街坊某人。穿的骑的，都很体面，真是肥马轻裘的，面貌儿也大胖了。他看见我，连理也没理，把脸往那们一扭，

望着天就过去了。彼时我就要叫住他、很很的羞辱他来着,後来我想了一想,
说:罢啊!做甚么?他理我,我就體面了么?谁那们大工夫,和他计较这些个?

2. [少者] 嗳!老兄你纳不记得么?三年以前,在咱们那儿住着的时候儿,那
是甚么样儿来着?很穷啊!喫了早起、巴结晚上的。天天儿游魂似的,忍
着饿各处儿张罗,拾着一根草,都是希罕的。一天至不济也到我家两三次,
不是寻这个,就是要那个。我的甚么他没喫过?筷子都咂明了!如今是求
不着人了。一旦之间,就变了性咯,忘了旧时候儿的景况了。也不是咱们
自己擡举自己,这种小人乍富的脾气,偺们很可以不理他,罢了。

注:

1. 轰 hung¹,本指车轮的轰隆声;雷电或大炮的轰鸣,任何喧闹的声音。句法分析:那边有
声音传来,是这么样的,像是有一大群人似的,等等。裘 ch'iu²,用毛皮做衬里有一定长
度的大衣,多称"皮袄 p'i ⁿᵍao³":"肥马轻裘 fei ma ch'ing ch'iu",肥壮的骏马和轻柔的
大氅(轻裘代表奢华),这是一句古语,仅以此表示富有。来著 lai-cho,助动词,注意:
要 yao,即将;不是要羞辱 hsiu ju 他:彼时 pi shih,当时我是想叫住他,等等。

2. 游 yu²,漫步:游魂 yu hun²,四处漫游的精灵。希罕(译按:百章之六十八作"稀罕")
hsi¹-han³,稀有珍贵的:拾着 shih-cho,即使捡到一根稻草,哪怕是一根稻草,都珍惜得很。
寻 hsün²,要、寻找;寻 hsin²,因为什么也没有而试图找到点儿东西。咂 tsa¹,含到嘴里,
用舌头品尝滋味儿。求不着人 ch'iu² pu chao jên,用不着再求人帮助他了;这里是,指用
钱帮助;应该是用他们的才能帮他;他已经独立了。旦 tan⁴,本指日出(时分):一旦 yi
tan,某一天。景况 ching k'uang,情况:况 k'uang,有很多义项,其古义为赠与;引申为,
事物的状况都是上帝赐予的。擡(抬)t'ai²,抬起;严格地讲,是指两个人用杠棒把东西
抬起来:擡举 t'ai chü,只用于比喻吹捧别人或自吹。

谈论篇百章之六十六
(Lesson LXVI)

1. [长者] 嗳,世上没有记性的人,再没有比你过逾的了!前儿我怎么嘱咐你
来着?这件事情,任凭他是谁,总不可叫人知道了。你到底儿洩漏了。咱们俩,

悄悄儿商量的话，如今吵嚷的，处处儿、没有人没听见过了！他们这些人，倘若羞恼变成怒，望咱们不依，动起手脚儿来，咱们得了甚么便宜了么？把好好儿的事情倒弄坏了，全都是你呀！

2. [少者] 老兄，像你这么样儿怪我，我真委屈。现在事情已经这样儿了，我纵然分辨个牙清口白的，你肯信么？我的心，就是老天爷看得真！是我说来着，不是我说来着，久而自明。依我的主意，你先不必抱怨，索性粧个不知道，看他们的动静。依呢就依了，如果不依的时候儿，再作道理，预备也不迟啊。

注：

1. 嘱 chu³, 嘱咐他人（同辈或下属）：嘱咐 chu-fu, 不像 "吩咐 fên-fu" 那样带强制性；吩咐，是上级命令式。泄漏 hsieh⁴-lou, 两个字都表示渗漏，而且分开来单用，也如它们字面的意义；这个合成词只用于比喻义。羞恼 hsiu-nao, 只用于下列短语中：羞 hsiu 变成恼 nao, 再羞恼变成怒 nu。动起 tung ch'i, 后随助动词 "来 lai"，使……开动，例如，"动起手脚儿来"= 胡闹；这里说手和脚，指放肆地寻衅。

2. 纵然 tsung⁴ jan, 承认如下情形：即使我分辨 fên pien（争辩）[直到] 牙清嘴白 [说明了情形]。注意 "牙 ya"，牙齿，用来代表讲话，与百章之六十九注 3 中的 "齿 ch'ih" 相同。清白 ch'ing pai, 清楚明白：即我一直争辩到我的话充分地解释了这件事。道理 tao-li, 这里是在理论、条理的意义上使用；再作道理，再作别的安排。

谈论篇百章之六十七
(Lesson LXVII)

1. [长者] 你啊，是个很好的人，心裡没有一点渣儿，就是嘴太直。知道了人家的是非，一点分儿也不肯留，必要直言奉上。虽然交朋友，有规过的道理，也当看他的为人，可劝再劝罢咧。若不这样儿，只说是个朋友，并不分亲疏就劝，那如何使得呢？方纔说的这些话，那不是好心么？他倒心裡很不舒服。瞪着眼，疑惑着说：嗳呀！要小心啊！保不定这是害我罢？

2. [少者] 兄台，你说的这些话，实在是给我治病的良药啊！我很信服。这原是我一生的毛病儿，我岂不知道么？就是遇见这样儿的事情，不由的嘴就痒痒，说出来。古人原有"不可与言而与之言，谓之失言"的话啊。从今儿起，我痛改前非罢，日后再要这么样儿多说话，纵使兄台往我脸上啐唾沫，我也甘心领受！

注：

1. 渣 cha³，糟粕，渣滓；这里指不纯洁，不道德的；本音 cha¹（译按：这个"渣 cha³"，可能当作"砟"。砟儿，碎块儿。没有一点儿一儿，是说为人完美、心地完好）。规过 kuei kuo，纠正他人的过错：规 kuei，本指圆规；过 kuo，犯错。亲疏 ch'in su¹（译按：shu¹ 之误。疏，并无 su¹ 的异读音），亲近的和疏远的。
2. 不由的 pu yu ti，不由人意的，无意识地；是"不禁不由的 pu chin pu yu ti"的缩写：不以个人的意志为转移。与言 yü yen，跟人说话：不可 pu k'o，跟不可与之说话的人说了话；而 êrh，却；跟他说了话，等等。痛改 t'ung kai，彻底改过；前非 ch'ien fei，我以前的错误：痛 t'ung，痛的，痛苦；道义上作为加强感受语意的前缀。纵使 tsung shih，即使；跟"纵然 tsung jan"没有什么不同（参见百章之六十六注2）。啐 ts'ui⁴，吐（唾沫）。沫 mo⁴，本指泡沫儿；唾 t'u，吐（唾沫）：唾沫 t'u-mo，又读 t'u-mi。领 ling³，本指衣领；引申为领导；或许是以点头表示接受：领受 ling shou，接受，特指即使不是唯一的也是一种伤害。

谈论篇百章之六十八
(Lesson LXVIII)

1. 好人再没有过於你的了！还不住口儿的称讚你那个朋友，太过於老实了！那混帐行子，有甚么大讲究头儿啊？断不可提他。
2. 他若有求烦人的事情，别人说甚么话，他就照样儿依着行；他的事情一完，把头一转，是人全不认得！
3. 他去年窄住的时候儿，求到我跟前。谁问他有甚么来着？他自己说他有好书，你纳要看，我送来。
4. 像这样儿的应许我，後来事情完了，书连提也不提了。日子久，没信儿，那一天我遇见他，说你许给我那部书，怎么样了？谁知当面儿一问，他脸上一红一白的，只是支吾，说不出甚么缘故来咯。
5. 这一部书，有甚么稀罕啊！给我不给我，也不要紧，竟是无故的哄人，未免太讨人嫌了！

注：

1. 称讚 ch'êng tsan⁴，赞扬：讚 tsan，本义是帮助，支持，应该区别于另一个同义的"赞 tsan"，不带"言"字旁（部首149）。
4. 吾 wu²，第一人称代词的古语形式：支吾 chih wu¹，严格点儿说两个字都应带"口"字旁（部首75），树起一道防御，用言语或行为，其实哪一种也不应该。
5. 稀罕 hsi¹-han³，珍贵的：这个短语跟百章之六十五注2那个完全相同，这个"稀 hsi"字也有珍贵的意思，广泛散布（不密）的意思；还有单薄或稀薄的意思，跟"稠 ch'ou"（参见百章之三十注6）相对。

谈论篇百章之六十九
(Lesson LXIX)

1. [少者] 兄台，你纳这么固辞我的东西，不肯留下，我十分不明白你的心意。还是因为我来迟了，故此纔这么样儿待我，还是因为别的呢？
2. 素常我尚且长长儿的来，老家儿的好日子，倒不来，那怎么是朋友呢？实在是知道晚了，若是先知道，应当早来纔是。
3. 虽说是有我不多、没我不少，替你纳待待客也好啊！若论你纳高亲贵友，送来的礼物还少么？想来是喫不了的。我这点子微物儿，又何足挂齿呢？然而也是我一点儿孝心。
4. 那‘儿敢必定请老人家喫呢？但只略嚐点儿，就是爱惜我了，使我的意思纔完了，但是决意不收下，我还是在这儿坐着啊，还是回去呢？实在叫我倒为了难了。

注：

1. 固 ku⁴，本义是使坚固；引申为十分坚固；引申为牢固的，坚不可摧的：固辞 ku tz'ǔ，明确地拒绝；固然 ku jan，之后跟的是事情的必然的结果。
2. 尚且 shang ch'ieh，强烈的肯定词；素常 su ch'ang，以往，我确是经常来的；[而这次更是]您双亲的寿辰，哪有不来之理，等等。译按：长长儿的，常常儿的。
3. 还少么 hai shao mo，它们真的少么？[不。一点儿也不少。]挂齿 kua ch'ih，挂在牙齿上；即，说道。
4. 嚼 ch'ang², 以食与饮来品尝滋味儿。决 chüêh²，另一个写法是"决"（参见问答章之三，123）。倒为了难 tao wei liao nan，[无论我怎么做，我的意图都是好的，]你却给我出了个难题儿。

谈论篇百章之七十
(Lesson LXX)

1. [少者] 大哥你听见了么？咱们那个馋嘴的东西，说是破败得很，困住了，褴褛成个花子样儿，战抖抖的，披着一块破被。
2. [长者] 那趁愿该死的！去年甚么罪儿他没受过？甚么苦儿他没喫过？但凡有一点儿志气，也改悔过来了。俗语儿说的"穷的伴富的，伴的没裤子"。这话是当真哪！既如此，就该当回过味儿来咯。还有甚么心肠，说这儿的酒好、那儿的菜好；和富贵人们，一般一配的，各处儿游玩？那时候儿我就说，等着到了上冬的时候儿，看他怎么样？再瞧罢咧。如今果然应了我的话了。
3. [少者] 老兄，话虽是这样儿说，现在他既落到这步田地上，可当真的瞧着叫他死么？我心裡想着，咱们大家略攒凑攒凑，弄点儿银子帮帮他纔好。
4. [长者] 若像这么样儿帮他银子，还不是主意。怎么说呢？他的脾气，你还不知道么？一到了手就完，连一点儿浮馀也不留，全花了！倒不如买一套衣裳给他，还有点儿益处。

注：
1. 馋 ch'an²，讲究饮食：馋嘴 ch'an tsui，贪吃，吃个没完；他馋 t'a ch'an²，他好吃。破败 p'o pai，被毁坏；说人，则指没钱了；没什么用了。褴褛 lan² lü³ ⁴，破破烂烂的；这两个字必须连在一起使用。花子 hua-tzǔ，乞丐，要饭的；解释为"好花钱之子 hao⁴ hua ch'ien

chih-tzǔ",只知道花钱的人。(译按:一说得名于衣着破烂,且由不同颜色的布等补缀而成。)战 chan⁴,本义是在战斗中搏斗;在这里,也是常用义,因寒冷或害怕而发抖:打冷战儿 ta lêng³ chan-'rh,冷得发抖;吓得打战儿 hsia⁴ ti ta chan-'rh,吓得发抖。颤 ch'an⁴,亦同义;例如,他颤起来了 t'a ch'an⁴ ch'i lai liao,他开始发抖了。抖 tou³,抖动,即如把你想要的东西上的灰尘抖搂掉;这里读 tou¹,战抖抖的 chan⁴-tou¹-tou¹-ti。披 p'ei¹,又音 p'i¹,遮盖身子:用破被 p'o pei(破烂的床罩)遮身。

2. 趁愿 ch'ên yüan⁴,实现了愿望,即坏的愿望,某人的愿望;该死的 kai-ssǔ-ti,该受死的;这两个表性质特征的形容词是完全独立的:愿 yüan 是"愿"的简体。志气 chih-ch'i,决心:他只要有一点儿决心。伴的 pan-ti,合伙人,朋友;在本句用作动词。回过味儿 hui kuo we-'rh,得益于经验:据说中国橄榄在吞下去之前是尝不出味儿的;它的味 wei,味道,(吞下去之后才)回过来 hui kuo lai,才返回来。心肠 hsin ch'ang,心脏和肠子;这里指心思;人在悲伤之中会说没"心肠 hsin ch'ang",即没心思去做这做那。游玩 yu wan,漫游与自娱。上冬 shang tung,入冬之初;上秋 shang ch'iu,秋季之始;但不说"上春""上夏"。

3. 可当 k'o tang,假如他该死的位置上用的是肯定语气,这里就不能用"可 k'o"(译按:疑此处"可"义同动词"能""能够",其句法结构是:可/当真的/……)。攒 ts'uan²,凑集到一起:攒凑 ts'uan ts'ou,以捐献的方式聚成一堆或一定数量。

4. 一套 i t'ao,整套的衣裳,即不超过一件袍子 p'ao-tzǔ 和一件褂子 kua-tzǔ;这里指一整套常用的衣着。

谈论篇百章之七十一

(Lesson LXXI)

1. [长者]这一向,你又往那'儿奔去了?遇见有空儿,何不到我这儿走走呢?怎么总不见你的面儿咯?

2. [少者]我早就要瞧您来着,不想叫一件旁不相干儿的事情绊住了,竟受了累了,整天家忙,那'儿有点儿空儿呢?我若不想法子,连今儿还不能觳脱身儿呢!今儿个摘脱,是说我有件要紧的事情,撒了个谎,刚刚儿的纔放我出来了。

3. [长者]你来的很好,我正闷得慌呢。想来你也可以抽点空儿么!咱们坐着,说一天的话儿。现成儿的饭喫了去,我也不另弄别的喫的咯。

4. [少者] 但只往这儿来了，无缘无故的，就这么样骚扰啊，我心裡也不安哪！因其这个，我就不敢常来。

5. [长者] 你怎么这么外道呢！咱们从幾儿分过彼此来着？若再隔幾天你不来，我还要预备点儿东西，特请你去呢！这一顿现成儿的空饭，又何足挂齿？况且你的甚么东西，我没喫过啊？你若这样儿的不实诚，竟是明明儿的、叫我再别往你家去的意思啊！

注：
1. 奔 pên^1，跑；读 pên^4 的时候，可以单说，口语里表示前往：奔哪儿 pên^4 na^3-'rh，你要去哪里？"奔 pên^1"有许多合成词。
2. 摘 chai^2，只在这个合成词中这么读；本音 chai^1（参见第三章 298.），取下，比如一个人的帽子，树上的水果，等等：摘脱 chai-t'o，走开，离开。放了 fang liao，让我离开，放我出来。
4. 骚 sao^1，本义是骚动，开始运动；烦躁不安，可以是主动的，也可以是被动的；这里读 tsao^1：骚扰 tsao^1 jao^3，使人烦躁，给人带来麻烦；骚人 sao jên，烦躁之人；文人雅士，诗人；即，用诗词吐露其"骚 sao"（哀伤之情）的人。
5. 外道 wai tao，一个人把自己当局外人来考虑问题：你怎么把自己当成个局外人？实诚 shih-ch'êng，实在的，可信赖的：不实诚 pu shih-ch'êng，虚情假意；在这里几乎可以说是"客套"（ceremoniously）。

谈论篇百章之七十二
(Lesson LXXII)

1. [少者] 老兄，你怎么纔来？我等了这么半天了，差一点儿没有睡着了！

2. [长者] 我告诉你说，我们纔要动身往这儿来，想不到遇见个讨人嫌的死肉，刺刺不休，又不要紧，这么长、那么短的，只是说不完。我若没有事，絮叨些儿何妨呢？只管由他说罢咧！但只怕你等急了，没法儿，我说我们有事，明儿再说罢。这纔把他的话拦住了，不然早来都坐烦了。

3. [少者] 别说太迟了，来的正是时候儿。来！谁在这儿呢？快放桌子！想必爷们都饿了，饭哪甚么的，都简决些儿！

4. [长者] 嗳，兄弟你这是怎么说呢？有刷的白肉就得了，又要这么许多的菜蔬作甚么？把我们当客待么？

5. [少者] 我这不过是一点儿心，也没有甚么好东西啊！诸位就着喫些儿。

6. [长者] 你这就不必过让了，太盛设了！我们自家喫呢，若不喫饱，也不肯放下筷子啊！

7. [少者] 若是那么着，我还有甚么说得呢？那就是爱惜我兄弟了。

注：

2. 死肉 ssǔ jou，死了的肉，没有活劲儿的人：谁要是不小心让人说是个"死肉 ssǔ jou"，谁就会遭人厌恶。刺 tz'ǔ⁴，本义是用尖儿扎；这里读 la¹；读 la²，则是用刀割（译按：读 la，字当作"剌"。二字不混。《现汉-5》有"刺刺 cìcì 不休"，无"剌剌 lala 不休"。）。休 hsiu¹，休息，停息：剌剌不休 la¹ la¹ pu hsiu，颠三倒四令人烦闷地说个不停。絮 hsü⁴，丝絮，柳絮，棉絮等等，可以纺出无限长的线来。叨 tao¹，口语指谈话；本音 t'ao¹，收到，得到，作主语，诸如仁慈，恩惠：絮叨 hsü t'ao¹，话多，长长的故事；叨叨 tao tao，挑剔，吹毛求疵。等急 têng chi，等得不耐烦了。坐烦 tso fan，坐了好长时间：烦 fan，在这里不必解释为疲劳，不论是客人还是他的主人。

3. 放桌子 fang cho-tzǔ，把桌子放置在房间或炕 k'ang 的中央；不是把桌子放倒。

4. 刷 p'ien⁴，切成薄片儿；白肉 pai jou，不加盐或佐料煮的肉。蔬 su¹，或 shu¹，本指野菜：菜蔬 ts'ai su，食物，盘装菜，通常想赞美厨师的时候可以这么说（"这许多菜蔬"）。当客 tang⁴ k'o，形容稀客：把我们当稀客待么？也可以删去"把 pa"，让"我们 wo-mên"作动词"待 tai"的宾语：当客待我们么？

5. 就着 chiu-cho；字面上是向前移动，开始，着手：加上某些东西跟白饭一起吃下去。

6. 盛 shêng⁴，盛大或丰盛的排场。设 shê⁴，本指有秩序地摆设，排成阵势；盛设 shêng shê，极丰盛的摆设；只用于像这里这种场合，指盘中餐；不必过让 kuo jang，所备超过客人饮食之量；菜蔬过于丰盛，等等。

7. 我兄弟 wo hsiung-ti，指"我"，兄弟我，您的弟弟。

谈论篇百章之七十三

(Lesson LXXIII)

1. [少者] 你纳往那'儿去来着？

2. [长者] 我往那边儿、一个亲戚家去来着。阁下顺便儿,到我们家裡坐坐儿罢。
3. [少者] 兄台,你纳在这左近住么?
4. [长者] 是啊!新近纔搬在这房子来的。
5. [少者] 若是这么着,咱们住的离着却不甚远啊。我若是知道府上在这儿,就早过来瞧来了。老兄先走。
6. [长者] 岂有此理?这是我的家啊。你纳请上坐!
7. [少者] 我这儿坐着舒服。
8. [长者] 你纳这么坐了,叫我怎么坐呢?
9. [少者] 我已经坐下了,这儿有个靠头儿。
10. [长者] 来!拏火来!
11. [少者] 老兄,我不喫煙,嘴裡长了口疮了。
12. [长者] 若是这么着,快倒茶来!
13. [少者] 兄台请喫茶。
14. [长者] 老弟请。看饭去,把现成儿的先拏了来!
15. [少者] 兄台别费心。我还要往别处儿去呢。
16. [长者] 怎么了?现成儿的东西,又不是为你纳预备的。随便儿,将就着喫点儿罢。
17. [少者] 兄台,我还是外人吗?已经认得府上了,改日再来,咱们坐着说一天的话儿。今儿实在没空儿,告假了!

注:
1. 来着(译按:中文课文作"来着",英文注释作"来著",此种情况下文多见。这个词,本书使用与出注频率都很高,却未见可意的释义。《现汉-5》:助表示曾经发生过什么事情。)lai-cho,来到:来此之前您去了什么地方儿?
2. 顺便 shun pien,是"顺着你的便道 shun-cho ni-ti pien tao"的省略,阁下停一下,顺 shun,按照,便道 pien tao,对您来说最方便的路。
6. 上坐 shang tso,坐上首座位;一般指主人左边(上首)的座位,虽说有些情况下指房间的右首座位,离门或离外墙最远的,那是受尊敬的位置。

9. 靠头 k'ao t'ou，倚靠的地方；未必就是椅子背儿。
11. 疮 ch'uang¹，大疖子或痛疽：口疮 k'ou ch'uang，可以指口腔内任何脓疱；疖子通常叫"疙瘩 ko¹ ta¹"，疙瘩又有绳结之义。
16. 将就 chiang chiu，作出努力（译按：似为勉强适应）；即，饭虽不好，但还得吃。

谈论篇百章之七十四
(Lesson LXXIV)

1. [长者] 昨儿往谁家去来着？回来的那么晚！
2. [少者] 我是瞧咱们朋友去来着，他家住得太远，在西城根儿底下呢！又搭着留我喫了一顿饭，故此回来的略迟些儿。
3. [长者] 我有一件要事，和你纳商量，打發了幾次人去请去，你纳那儿家下人们说，坐了车出去了，也没留下话。我算计着，你纳去的地方儿很少，不过是咱们圈儿内的、这幾个朋友们罢咧；瞧完了，一定到我家裡来。谁知道等到日平西，也不见来，算是白等了一天哪！
4. [少者] 兄台打發找我的人，没到以前，我已经早出了门了；回家的时候儿，小子们告诉说，老兄这儿，打發了两三次人来叫我；彼时就要来来着，因为太晚了，又恐怕关了栅栏儿，所以今儿纔来。

注：
3. 圈儿内 ch'üan¹-'rh nei，在圆圈里头；即，我们的朋友；圆，数学术语，叫作"圆圈儿 yüan-ch'üan-'rh"。
4. 小子们 hsiao-tzǔ-mên，这里指奴仆，不是家里的男孩子们。栅栏 cha⁴-lan，木制屏障或大街的闸门，夜里都关闭：栅 cha，本指构成屏障的直立的木杆；栏 lan，指与立杆联结的横杆；lan-tzǔ 栏子，就变成了关押罪犯的栅栏式的监仓。比较：栏杆 lan kan¹，围栏，栏杆柱；杆 kan¹，指柱子或檐（桅杆）。

谈论篇百章之七十五

(Lesson LXXV)

1. 你前儿往莊子上，上坟去来着么？
2. 是啊。
3. 怎么今儿纔回来？
4. 我们坟地离得很远哪！所以当天去，不能回来，又在那儿歇了两夜。前儿个，顶城门儿就起了身，直走到晚上，纔到了坟上。昨儿个供了饭、奠了酒，又歇了一夜，今儿东方亮儿，就起身往回裡走，道儿上除了打尖，也总没有敢歇着，刚刚儿的赶掩城门儿的时候儿，纔进来了。
5. 在远地方儿立坟，虽说是好，若是到了子孙们，没有力量儿，就难按着时候儿上坟了。
6. 可不是么？旧茔地裡倒离得很近，因为没有地方儿葬埋人口，请了看风水的人瞧，照他们说是那一块地好，故此在那儿立了坟咯。远是远些儿，总而言之，咱们有是有的道理，没有是没有的道理，无论是怎么样儿的窄，不能彀坐车，连步行儿去，也要到坟上奠一锺酒啊。若到了子孙们，就难定了，只看他们有出息儿、没出息儿就是咯。若是个没有出息儿、不惦念上坟的子孙，就是他们住得、离着坟地很近，还未必能彀烧一张纸钱呢！

注：

1. 莊子 chuang-tzǔ，小村子；如同我们所说的村庄；注意"来着 lai-cho"，同于百章之七十三，1，表示所说的那人刚回来。
4. 当天 tang⁴ t'ien，同一天。注意：任何情况下不能说"当天 tang¹ t'ien"，而"当日 tang¹ jih"和"当日 tang⁴ jih"都说，只是用法不同，例如："当¹日上通州去遇见大风"和"上通州当⁴日回不来"。"当¹日"指那一天，某一天；"当⁴日"是"不超过一天"或"在一天且同一天之内"。试比较下面的例句："当¹日上通州当⁴日回不来。顶城门儿 ting ch'êng mêⁿ-'rh，如说城门还没开，我的脑袋已经"顶 ting"（碰上了）。供 kung⁴（参见第三章 1020.）；这里是摆设牺牲供品；读 kung¹ 的时候，指犯罪的证据或证言。打尖 ta chien，旅途上的简短用餐（吃些点心点补点补）。参见第三章 808."尖 chien"；"尖"用于此无法解释。

6. 茔 ying², 坟场。埋 mai², 掩埋;葬 tsang, 埋死人。风水 fêng-shui, 风与水;考察环境几何方位的术语:看风水的 k'an-fêng-shui-ti, 卜师。纸钱 chih ch'ien, 纸做的钱, 外形像铜钱, 烧了给死者的。

谈论篇百章之七十六
(Lesson LXXVI)

1. 他们家裡谁不在了?大前儿我从那儿过,看见他家裡的人们,都穿着孝呢。因为忙着来该班儿,也没得问一问,刚纔听见说,是他叔叔不在了,是他亲叔叔么?
2. 不错,是他亲叔叔。
3. 你弔丧去来没有?
4. 昨儿念经,我在那儿坐了一整天呢。
5. 多喒出殡啊?知道不知道?
6. 说是月底呢。
7. 他们的茔地在那'儿?
8. 离我们家的坟地很近。
9. 嗳,若是这么着,道儿很远哪,至少说着,也有四五十里地。如果你再去见了他,先替我道恼啊;等下了班儿,再同着你去看看他,给他道烦恼。出殡之前,还请你千万给我个信儿,就不能送到他坟上去,也必送到城外头了。平素间,我们虽没有甚么大来往,每逢遇见的时候儿,说起话儿来,就很亲热;况且人生在世,那'个不是朋友呢?他这样儿的丧事,我尽个人情,想来也没有人说我赶着他走动的话罢。

注:

1. 不在 pu tsai, 不存在,指死亡;南方话不这么用,南方说"不在",是指不在家。穿孝 ch'uan hsiao, 戴孝;穿孝服以表示"孝 hsiao", 晚辈的孝顺,或指广义的家人的感情。该班 kai pan, 按照花名册轮到某人当班执勤。参见第三章414."班 pan"。

第五章　谈论篇　375

3. 丧 sang¹，死，死亡；区别于"丧 sang⁴"，丧命，或不可弥补的，损毁（参见百章之五十二注1）；吊 tiao，字面上是悬挂，即吊起人们送来的殡仪纸钱。纸钱，参见百章之七十五注6；吊丧 tiao sang，向死去亲人的人致哀；在北京，说"探丧 t'an sang"更普遍，探 t'an，参见百章之六十注3。
5. 殡 pin⁴，送灵柩到墓地：出殡 ch'u pin，指死者家人的送葬；送殡 sung pin，可以同样地指家人的送葬，或指到场的亲朋好友的送葬。
9. 道恼 tao nao，哀悼死者：道 tao，告诉，即我对您的"恼 nao"（烦恼，哀痛）表示慰问。参见下文的同义词"烦恼 fan nao"。信儿 hsiⁿ-'rh，如同我们所说的"通知 intimation"一词；书面、口语都可以用。走动 tsou tung，任何有规律的行动，从事某事；走不动 tsou pu tung，不能行动。使用"走动 tsou tung"一词时要小心，它还有别的意思。

谈论篇百章之七十七
(Lesson LXXVII)

1. 他来的时候儿，我在家裡正睡觉呢。猛然惊醒了，一听，上房裡来了客了，在那儿说话儿呢。想是谁来了呢？说话这么大嗓子，必是那个讨厌的来了罢？走进去一瞧，果然是他。直挺挺的坐着，议论不断的，自来了总没有住嘴儿，这样儿、那样儿的，直说了两顿饭的工夫儿，到了黄昏的时候儿，他纔走了。
2. 汉子家，又没有甚么事情，就在人家家裡，整天家坐着说话，这也受得么？他那个东西，不但把些陈穀子烂芝麻、人家讲究馊了的事情儘自说，听得人家的脑袋都疼了；还有一样可恶的，每逢他来，不拘甚么好啊歹啊的，还得'先藏起来，叫他瞧见不得。儻若叫他看见了，连问也不问，捞摸着拏着就走。
3. 实在他这一辈子，也没有甚么说头儿了，像这种样儿的杂碎都坏尽了，就是你这么爱便宜，能彀独自得么？

注：
1. 挺 t'ing³，笔直地竖起来，指人或物。黄昏 huang-hun，傍晚，只用于指下晚儿。
2. 穀 ku³，本指任一种穀物；穀子 ku-tzǔ，一般用于指带壳的稻、粟；陈 ch'ên，陈旧的，不新鲜的，这里指腐败了的；烂芝麻 lan chih-ma，坏了的芝麻。馊 sou¹，腐败的米饭：所说的事，别人都"讲究 chiang chiu"（议论）得即如腐饭烂芝麻，已经变"馊 sou"了。注意，

"把 pa"和"事情 shih-ch'ing"之间的部分,是"事情"的定语。听得 t'ing tê,[一个人]听着,直到他的头确实痛起来的程度,等等。恶 wu⁴,厌恶;跟读 o 或 ⁿgo 的同形字"恶"不同(参见第三章 1053.)。可恶 k'o-wu,可憎的,可恨的。捞摸 lao mo,本指从水中捞取;一般指捡起东西。

3. 说头 shuo t'ou,优点,或性格特征,可被称许的:他,这一辈子 chê i pei-tzǔ,这一生,还从未获得过这样的优点。杂碎 tsa sui,本指混杂的碎片儿;羊、猪等的内脏。

谈论篇百章之七十八
(Lesson LXXVIII)

1. 这是个甚么意思呢?甚么稀罕东西!每逢看见,就和人家寻,也不觉絮烦么?实在太不體面了罢。人家脸上过不去,也给过你好些次了,你心裡还不知足么?必定叫人家尽其所有的、都给了你,能彀么?

2. 况且给是人情、不给是本分,你反倒使性子摔搭人,那'儿有这个情理呢?比方是你的东西,人家爱惜,你自己倒不爱惜么?若是不由你作主,澈底儿都拏了去,你心裡头怎么样呢?

3. 昨儿因为是我,肯忍你那行子的性子罢咧;若除了我,不拘是谁,也肯让你么!好好儿的记着我这话,快快儿的改罢!

4. 你若是个没有一点儿能为的,那还又是一说;现在还是有喫有穿的,只是要占个小便宜,是个甚么缘故呢?也不怕人家背地裡说你眼皮子浅么?

注:
1. 絮烦 hsü fan,被反复无常的麻烦引起的烦恼。
2. 本分 pên fên,自己分内的职责。摔搭 shuai ta,随意抛掷东西;使性子 shih hsing-tzǔ,发脾气;摔搭人 shuai ta jên,以抛掷东西的方式向人发泄怒气;受摔搭 shou shuai ta,遭受冷酷粗暴的待遇。
3. 行子 hang-tzǔ,轻蔑地骂人的话,与上面百章之六十四注 2 中的相同。
4. 眼皮子浅 yen-p'i-tzǔ ch'ien,眼睑不厚;所以见了什么都想占有。(译按:形容目光短浅。)

谈论篇百章之七十九
(Lesson LXXIX)

1. 古语儿说的"幼不学,老何为?"这个话,是特意叫人勤学、不可懒惰的意思啊。说是不拘甚么样儿的人,学会了米粒儿大的一点儿能幹,就算得完全了一辈子的事情了,何况是好好儿的肯学,还有甚么不能幹的?何怕不作官呢?
2. 而且又是旗人,喫的不愁,穿的不愁,不用种地,不用挑担子,不用作手艺,坐着喫国家的粮米。有这些个便宜,自幼儿若不努力勤学,以着甚么本事给主子出力呢?拏着甚么报答上天生养的恩呢?

注:

2. 艺 i⁴,本指才能;手艺 shou-i,手工业工人的技术。努 nu³,尽力;努力 nu li,尽自己全部力量,勤学 ch'in hsio,勤奋学习。以著(译按:与百章之七十三注1情况相同,中文课文作"着",英文注释作"著"。下面还有多处,不再出注)i-cho,"以 i",用,使用的意思。

谈论篇百章之八十
(Lesson LXXX)

1. 作好事,是说人应该行孝悌忠信的道理。并不是竟会供神佛、斋僧道,就算作好事了。比方作恶的人们,任凭怎么样儿的修桥补路,焉能解了他的罪恶呢?就是神佛,也不能穀降福给他啊。
2. 那"喫斋的上天堂、喫肉的下地狱"这种样儿的话,都是和尚道士们借端餬口的,岂可深信得么?他们若不拏着这么长那么短的利害话吓唬人,怎么诓骗人的钱财呢?若叫他们尽遵着佛教,关着庙门儿,天天在裏头、静静儿的持斋念经,不出来化缘,要喫没有得喫、要穿没有得穿,叫谁养活他呢?他竟喝风过日子么?

注:

1. 悌 tʻi⁴，对兄弟尽本分，正如"孝 hsiao"是对父母尽本分。斋 chai，虔诚的，尊敬的；这里是用供养和尚对佛表示尊敬。解了 chieh liao，解除，宽恕他自己的"罪恶 tsui-ⁿgo"（不义行为）。

2. 喫斋 chʻih chai，忌食某些食物；与"喫素 chʻih su"同义（参见问答章之八，33），相对于"荤菜 hun tsʻai"而言（译按：指僧人不杀生而吃素）。狱 yü⁴，古义，监狱：地狱 ti yü，佛教的地狱；天堂 tʻien tʻang，佛教的极乐世界。借端 chieh tuan，借用某些方式或形式提出某些请求。餬 hu¹²，只用于"餬口 hu kʻou"一词，餬住嘴巴，即，只用很少的食物，仅够维持一个人的生命。唬 hu¹，吓唬；与"唬 hu³"相同（参见百章之三十五注5）。持 chʻih²，抓在手中：持斋 chʻih chai，虔诚地坚持斋戒之心并实行之。化缘 hua yüan，佛教徒的乞讨，他们公开的本职就是"化 hua"，使那些"有缘 yu yüan"的，即有份儿的，皈依佛教，就是说，如果他们都是前世有缘的话，现在由和尚乞讨施舍来报答他们的仁慈。

谈论篇百章之八十一

(Lesson LXXXI)

1. [少者] 我有一件事，特来求吾兄指教来咯。若要行，似乎略有点儿关系的地方儿；若是中止了不行，又很可惜了儿的。现成儿的、到了嘴裡的东西不喫，平白的让人，有这个理么？行又不是，止又不是，实在是叫我进退两难了，怎么能彀得一箇万全之计纔好啊？

2. [长者] 这个事情，是显而易见的。有甚么不得主意的地方儿呢？你若是不行，是你的造化。若是行了，你能彀堵得住谁的嘴啊？赶到吵嚷开了，人人都知道了，你那纔到了难处儿了呢！这点儿些微的小便宜儿，算甚么？那正是日後的祸苗呢！有利必定有害，喫了亏的时候儿，後悔就晚了。若照着我的主意，你别犹豫不决的，拏定主意不行，就完了。儻再迟疑不断的拉扯住了，那就"打不成米、连口袋都丢了"，要出个不像事的大醜呢！

注:

2. 显 hsien³，明亮，看得见的东西：此事清晰可见而且很容易看清楚。堵 tu³，堵塞洞穴，封闭通道。那纔 na tsʻai，"那个时候纔 na ko shih-hou tsʻai"的省略；纔 tsʻai，那么，于是，等等。拉扯住了 la ch'ê chu liao，把向前运动的东西往后拉住，凡此情形都可以这么说；说到人的时候，动词用"拉住 la chu"。这是个被动结构；似是说，如果耽搁了，犹豫不决地，你就会被牢牢地箝制住。醜 ch'ou³，相貌难看；这里，喻指道德丑恶。

谈论篇百章之八十二
(Lesson LXXXII)

1. [少者] 我有一件事，要託吾兄，只是怪难开口的。甚么缘故呢？实在求的事情太多了。但只是不求你纳，除你纳之外，再也没有能成全我这件事的人，因此我又烦琐你纳来咯。
2. [长者] 你不是为找姓张的那件事情来了么？
3. [少者] 是啊。你纳怎么知道了？
4. [长者] 今儿早起，你们令郎就和我说了。喫早饭的时候儿，我就去了一次，偏偏儿的遇见他不在家。纔交晌午，我又去了。刚一进院子，就听见上房裡头，说啊笑的声儿，我上了台阶儿，悄悄的把窗户纸儿舔破了，从窗户眼儿裡往裡一瞧，看见这个给那个斟酒、那个给这个回敬，正搅在一处儿喫喝热闹呢。我原想进去来着，因为有好些个不认识的朋友，冲散了人家喝酒的趣儿，怪不得人意儿的，我就抽身出来了。他们家下人看见，要告诉去。我急忙摆手儿拦住了。你可别忙，明儿我起个黑早，和他说妥当了，就完咯。

注：

1. 琐 so³，本指玉石的碎片；引申指细小的东西，细故小事：烦琐 fan so，给人添麻烦。
4. 纔交晌午 ts'ai chiao shang wu：刚好 [巳 ssǔ 时，九时至十一时] 接合"午 wu 时"[十一时至一时]。阶 chieh¹，石头或砖砌的楼梯的台阶："台阶 t'ai chieh"中的"台 t'ai"，平台，没有改变其词义。舔 t'ien³，舔舐，用舌头舔湿。搅在一处 chiao³ tsai i ch'u：字面上的意思是，搅和起来混在一起。冲散 ch'ung san：如果被我"冲 ch'ung"即闯入，使他们"散 san"了，聚会解散了，人们都退席了。得人意儿 tê jên i-'rh，让人高兴；怪 kuai，用在前面，是一个加强语意的词；让人极不愉快（译按：monstrously to displease，当对应"怪不得人意儿的"）。

谈论篇百章之八十三

(Lesson LXXXIII)

1. 谁情愿去管他的事情来着么！我是好好儿的在家裡坐着的人啊，不知道他在那'块儿打听得说我认识那个人，一连来了好幾次，和我说，兄台，我这件事，实实在在的仗着你纳了。求我疼他，一定替他说说。在屁股後头跟着，总不放我。
2. 我起根儿脸软，你是深知道的，人家这么样儿的着急，跪着哀求，怎么好意思叫他没趣儿回去呢？因为推脱不开，所以我纔应承了。
3. 把他的事情，明明白白儿的告诉了那个朋友咯，不承望，不是他一个人儿的事，说是人多掣肘，没肯应承。我还要看光景再说来着，後来想了一想，说：罢呀。看事情的样子，是不能挽回了，必定强压派着叫人家应允，使得么？
4. 故此我回来，告诉了他个信儿，倒说我坏了他的事咯！望着我撩脸子，好叫人亏心哪！早知道这么样，我何必说来着？这是图甚么呢？

注：
2. 跪 kuei⁴，跪下，跪着。推脱不开 t'ui t'o pu k'ai：虽然我"推 t'ui"（推辞），但"脱不开 t'o pu k'ai"（我无法摆脱他）。
3. 不承望 pu ch'êng wang，跟我所希望的正相反：满承望 man ch'êng wang，抱有最强烈的愿望。掣 ch'ê，拉住；肘 chou³，胳膊肘儿：掣肘 ch'ê chou，拉住胳膊（使无法施展）。挽 wan³，口语为用力使弯曲，即如挽满弓：挽回 wan hui，从业已发生的方向用力拉回来，扭转失策的一步。压派 ya p'ai；字面上的意思是，强迫命令，强力要求；派 p'ai，用于官府指令。允 yün³，许可，表示同意：应允 ying yün，承诺，赞同一项建议。
4. 撩 liao⁴，放下；用于一幅帘帷，例如：撩起来 liao² ch'i lai，拉起或卷起帘帷；而在本句，当然是读 liao⁴（译按：北京话音节总表上只有撩 liao¹，"撩起来"应是 liao¹ ch'i lai，本句"撩（脸子）"似应作"撂"）。图 t'u²，地图，计划；这里用作动词；期待，打算。

谈论篇百章之八十四
(Lesson LXXXIV)

1. 我原想你这件事情，和他说去很容易来着，谁想这种可恶的东西，竟这么样儿的口紧不依，倒闹得很费了事咯！
2. 我把咱们商量的话，告诉了他一遍，他倒沉下脸来，说我说的话是胡说。我一听这话，气就到了脖颈子上了。心裡说，要怎么样就怎么样罢！满心裡要惹他一惹。
3. 後来我想了一想，自己问着自己说：你错了，这来不是为自己的事，为的是朋友们，若是闹起来，不耽误了人家的事么？容让他些儿，又费了我甚么了呢？
4. 任凭他儘着量儿数落，我一声儿也没有哼，全都忍了，又坐了好一会子，看着他的光景，顺着他的气儿，慢慢儿的哀求他，刚刚儿的他纔点了头咯。
5. 你想一想，我的性子若是略急一点儿，你的事情就不妥了。

注：

2. 一遍 i pien，一回；这里无法按我们的语言习惯翻译。惹他 jê t'a，激怒他。
3. 为的 wei ti，目的；这个 "为" 读 wei⁴，因为。容让 jung jang，让步：容 jung，本义为有能力容纳；单说表示允许，让人说话或行动。
4. 数落 shu³ lo；字面上的意思，对所有各方面进行贬斥；只用于表示温和的责骂，像本句这样：我数落他一顿 wo shu lo t'a i tun，就像我们说的，我告诉他我对于他的行为的所有的看法。

谈论篇百章之八十五
(Lesson LXXXV)

1. [主人] 吾兄，今儿来有甚么见教？
2. [访者] 因为有缘，我们特来求亲来咯！我这个孩子，虽然没有超群的才貌、奇特的本事，但只是不喫酒、不赌钱，就是那些迷惑人的去处儿、胡游乱走的地方儿，一概也没到过。若不弃嫌，老爷们，就赏赐句疼爱的话儿。你往前些儿，咱们叩求。

3. [主人] 老爷们别！大家坐下，听我说一句话。咱们都是老亲，一个样儿的是骨肉，谁不知道谁呢？但只是作夫妻这件事，都是前世裹造定的缘分，由不得人的；为父母的，自己眼瞅着孩子们，原不过盼着能彀配个好对儿，纔把苦拔苦掖的心肠，也就完了。话虽是这么说，我还有长辈儿，没有瞧见令郎呢；再者来的太太们，把我们女孩儿也瞧瞧。

4. [访者] 是啊，老爷说得很有理。就请通知裹头太太们，把小儿带进去，给太太们瞧瞧。彼此都合了意的时候儿，再磕头也不迟啊。

注：

1. 吾兄 wu hsiung，我的兄弟。参见前面百章之六十八注4。见教 chien chiao，给以教导；见 chien，用于书信中各种表示敬意的短语，表"授予"，"赠给"的意义。
2. 有缘 yu yüan。参见百章之八十注2。求亲 ch'iu ch'in，请求[对方的女儿]作自己儿子的、弟弟的或其他晚辈的妻子。超 ch'ao¹，字面上是"跳过"：超群 ch'ao ch'ün，超越众人。迷 mi²，失去，迷路：迷糊 mi hu，或迷惑 mi huo，使迷惘或使不安稳；特指放荡。去处儿 ch'ü-ch'u-'rh，表示去的地方，可以用于任何上下文。弃 ch'i⁴，抛弃：弃嫌 ch'i hsien，因不喜爱而不予理睬。叩 k'ou⁴，磕头：叩求 k'ou ch'iu，郑重地请求恩准。
3. 掖 yeh⁴，本指用胳膊夹住：苦拔 k'u pa，急切拔出；苦掖 k'u yeh，急切地帮扶，即，事情将有助于孩子的幸福。

原有注脚： 上文不是普遍流行的定婚程序，但是是应该遵循的。

谈论篇百章之八十六
(Lesson LXXXVI)

1. [访者] 这不是给女婿做的衣裳么？
2. [主人] 是啊。
3. [访者] 这些人，是做甚么的？

4. [主人] 他们是雇了来的裁缝们。

5. [访者] 哎呀！咱们家裏的旧规矩儿，你们都忘了么？老时候儿的孩子们，都会做衣裳来着。就以做棉袄论罢，铺上棉花，合上裏儿，都是大家动手，翻过来的时候儿，这个缝大襟、那个打盪子，这个煞胳肢窝、那个上领条儿。缘袖口儿的缘袖口儿、钉钮襻儿的钉钮襻儿，不过一两天的空儿，就做完了。况且连帽子，都是家裏做来着。若是雇人做，或是买着穿，人家都从鼻子裡见笑啊！

6. [主人] 兄台的话，说得虽然有理，但你只知其一、不知其二。那个老时候儿，和如今一个样儿比得么？况且娶的日子，眼看着就到了，掐着指头儿算，刚刚儿的賸了十天的工夫，如今这么不留空儿的，叫裁缝连着夜儿做，赶得上赶不上，还不定呢。若是死守着旧规矩，那可是"旂杆底下误了操"了。大睁着眼儿耽误了，那成甚么事呢？

注：

1. 婿 hsü⁴，女儿的丈夫；口语里总是说"女婿 nü hsü"，不过，跟女方父母说起他的时候，要称之为"令婿 ling hsü"；婿，是"壻"的异体字。

5. 以 i，带几分古语意味；以 i，用于"论 lun"的宾语前面，其用法很像"把 pa"；袄 ao³，短上衣，穿在"马褂 ma-kua"的下面，当然，上面也可以不套马褂。襟 chin¹，中国服装交搭的部分，其纽扣在胸前或旁边。盪 t'ang⁴，用粉笔或墨水在衣服上划出的线，以便剪裁与缝纫。煞 sha¹，本与"杀 sha"同义，杀死；有时用如"很 hên"，非常；这里指"胳肢窝 ko-chih-wo"（腋窝）的收缝；这个"煞"不用于衣服的任何其他部位；在北京话里，说"煞裉 sha k'ên⁴"更普遍些。领条 ling t'iao，作上衣脖领的滚了边儿的条料儿。缘 yen²，又读作 yüan²，衣服上的边儿；这里指给袖口收边。钮 niu³，衣服的纽扣，布料做的，或金属的，等等；襻 p'an⁴，带状环儿或"绳环"，固定在衣服的一边，"钮 niu"则钉在另一边，"钮"不是缝到，而是穿过钉在衣服上类似"环"的"襻"。见笑 chien hsiao，嘲笑（参见"见 chien"，百章之八十五注 1）；人们可以在心里"见笑 chien hsiao"；这里是，没有放声地笑出来，而是从鼻孔里发出的轻蔑的冷笑。

6. 掐 ch'ia¹，用手指和拇指钳住；掐着指头 ch'ia-cho chih-t'ou，是精确计算的意思。旂杆 ch'i kan，旗杆，悬挂旗帜的立柱；在操场上误了操，即，遇事升旗以示警，旗子早已升起，人还在酣睡不醒（译按：此解不妥。旗杆在操场上，操练在操场上进行，而站立于旗杆下的人竟然误了出操！就是下句"大睁着眼儿耽误了"的意思）。旂 ch'i, 是"旗 ch'i"的异体（参见百章之七注5）。成事 ch'êng shih, 完成手头儿的事情；即，该做好的事：成甚么事 ch'êng shêⁿ-mo shih, 正不知还差多远呢，假使"大睁着 ta chêng-cho"，即睁大了眼睛，还"耽误 tan wu"了事情（那算甚么事呢？）。

谈论篇百章之八十七
(Lesson LXXXVII)

1. [少者] 兄台，你这位令郎，是第几个的？
2. [长者] 这是个老生儿子。
3. [少者] 出了花儿了没有？
4. [长者] 去年出得花儿。
5. [少者] 这些个，都是挨肩儿的么？
6. [长者] 都是挨肩的。生了九个，存了九个。
7. [少者] 哎，真是难得的！兄台，这不是我说句玩儿话，大嫂子真能干哪，久惯会养儿子，可以算得是个子孙娘娘了。实在是有福的人哪！
8. [长者] 甚么福啊！前生造的罪罢咧。大些儿的还好点儿，这几个小的儿，每天吱儿喳的，吵得我脑袋都疼了。
9. [少者] 世上的人，都是这么样。子孙富的人们，又嫌多了抱怨；像我们子孙稀少的人们，想有一个在那'儿呢？叫老天爷也难了。
10. [长者] 你们妞儿若不扔，如今也有十几岁了？
11. [少者] 七岁上没得。若有，今年十岁了。
12. [长者] 那纔真是个好孩子。到如今提起他来，我都替你伤心。那个相貌儿、言语儿，比别的孩子们，另外的不同。见了人的时候儿，身子端端正正儿的、安安详详儿的，上前问好，可怜见儿的！那个小嘴儿，甚么话儿都会说。若问他一件事情，倒像谁教给他的一个样，从头至尾的告诉，一句儿也落不下。像那个样儿的孩子，一个顶十个！养这许多没用的，作甚么！

注：

3. 出花 ch'u hua，出天花；字面上是，花朵开放，开花。
5. 挨肩 ⁿgai chien，肩膀挨着肩膀；这样说，就得照字面意义理解；这里是比喻义，表示连续，依序。
6. 存了 ts'un liao，保存了，存活。
7. 嫂 sao³，哥哥的妻子：大嫂子 ta sao-tzǔ，大哥的妻子；对人的尊称均依此例。
8. 吱 chih¹，和"喳 cha"一起，表示吵嚷的声音。
9. 老天爷 lao t'ien-yeh，天上的老爷，上帝。
10. 妞 niu¹，女孩儿；这个字（词？）据说来自高丽语（Corea），高丽语"妞"是个姓。扔 jêng¹，只用于孩子夭折这个意义上。
11. 没得 mei tê，她死了；字面上是，不在了，不存在了；一般读 mei ti。
12. 安详 ⁿgan-hsiang，可以用于举止安静 ⁿgan-ching、详细 hsiang hsi，细心。可怜 k'o lien。注意句法："儿 êrh"，使"可怜见 k'o lien chien"成为一个名词带有看上去温柔可亲的感觉，好像一见就能触摸到似的；儿 êrh，指人，把她直接看作活的人；"的 ti"，她是那一类的。顶十个 ting shih ko，"当十"的代用语：顶 ting，作"当 tang⁴"讲，适合，等于。

谈论篇百章之八十八

(Lesson LXXXVIII)

1. [来宾] 昨儿喫了祭神的肉，就是了，又叫送背镫的肉，作甚么？
2. [主人] 甚么话呢？老兄台咯，是该当送的，方纔还要叫人请您去来着，你纳是知道的，就是这幾个奴才们，宰猪的宰猪，收拾杂碎的收拾杂碎，那'个都不费手呢？因为这个，纔没有能彀打发人去请。
3. [来宾] 你的事情，没有人替手儿，我是知道的，还等着你请么？因此纔约会着朋友们，来喫大肉来了。我们还恐怕赶不上呢，谁想来的正是时候儿！众位别叫主人分心，咱们就序着齿一溜儿坐下喫！
4. [主人] 兄台们请喫肉！泡上汤喫！
5. [来宾] 哎呀！这是甚么话呢？错了。咱们当初有这个样儿的规矩来着么？这个肉啊，是祖宗的克食，有强让的礼么？况且亲友们来去，还不迎不送呢。

像这样儿让起来，使得么？

注：

1. 背镫（译按：中文课文作"镫"，英文注释作"燈"。音 têng¹ 照明灯义，镫、燈，互为异体） pei têng；字面意思是，在灯的背后，在黑暗中；只用于指满族祭品 (Manchu sacrifices)，把灯端走后，由妇女准备。他们"祭神 chi shên"，奉献 [猪排] 给神灵即他们的祖先，是在午夜过后不久。"背镫 pei têng"祭品，也是猪排，奉献于同一天晚上大约八点钟。这个字按习惯应该是"镫 têng⁴"，马镫，跟"燈 têng"可以互换，但作照明灯义则读 têng¹。
2. 宰 tsai³，用刀杀任何好吃的兽和鸟，虽然做游戏时或许有例外。
3. 大肉 ta jou，"祭神 chi shên"用过的肉，而且第二天将用来款待朋友。连续数日，有两份"祭神 chi shên"供品，各随有一份"背燈 pei têng"供品。序齿 hsü⁴ ch'ih，按咱们牙齿的次序，即按咱们年龄大小的顺序。一溜 i liu，像溪水不断流淌，年长者客套地谢绝上首座位。
4. 泡 p'ao⁴，本是水泡气泡的意思；这里以及其他地方是，灌注，或在液体中浸泡，如同在牛奶里泡面包，等等。
5. 克 k'o¹，古词"克 k'o⁴"，能够；在这里，没有意义，"克食 k'o-shih"是个满语词，"慷慨"的意思。称这些祭祀菜肴，较文雅的说法是"神馀 shên yü"，祖先神灵吃剩下的东西。

谈论篇百章之八十九

(Lesson LXXXIX)

1. 我们在关东的时候儿天天儿打围来着。这天我们打围去，在草裡跑出个麅子来。我赶紧的打马，拉开弓一射，略落了点儿後。回手拔箭的空儿，只见麅子的尾巴动啊动的，一转眼就跑过了山梁儿，奔山前，往上去。疾忙我紧跟着赶了去，又过了个山梁儿，往山後头去了。
2. 这么着么，就紧催着马，刚刚儿的赶上一射，箭又从他头上过去了。想不到从那边儿，来了一个鹿，纔过山梁儿往这们跑着，正中了我射的那枝箭，跌倒了。
3. 彩头儿好，实在可笑！正是人家说的想不到的倒得了。若把这个话，告诉别人儿说，好像是撒谎的似的。

注：
1. 关东 kuan-tung，山海关 Shan-hai Kuan 以东地区，把中国本土跟满洲里划分开的关隘。麅 p'ao²，一种小鹿，卫三畏 (Williams) 推测可能是"蓝牛 (nylghau)"，不过另一位权威人士断言是"狍 (roebuck)"。山前 shan ch'ien，指正在攀登的小山的前面、对面；跑过这边儿，那小东西"往上 wang shang"，登上了另一座小山。
2. 鹿 lu，显然不同于"麅 p'ao"，虽然并没有任何迹象显示那是一隻什么种类的鹿。

谈论篇百章之九十
(Lesson XC)

1. [长者] 这春天的时候儿，一点儿事没有，白闲着，竟在家裡坐着，很觉闷得慌呵。
2. [少者] 可不是么？昨儿我兄弟来了。往城外头游玩去，约会我出城，到了旷野的地方儿，远远的一瞧，春景儿，真令人可爱！河沿儿上的桃花儿是鲜红，柳枝儿是碧绿，而且树枝儿上，各样的雀鸟儿，在那儿叫唤的实在好听！一阵儿一阵儿的春风儿，颺得草香扑鼻。水上的小船儿，也是来来往往的不断，两岸上的游人，都是三五成群儿的逛。我们俩，从小道儿上，曲曲湾湾的，走到了树林子多的地方儿一看，也有弹的，也有唱的，也有卖茶卖酒的，而且卖活鱼活虾的都很贱。故此我们俩，足足的游玩了一天。兄台，可别怪我没有来约，不是瞒着你纳，只怕遇见和你纳有不对劲儿的人哪，所以没找你纳来。

注：
2. 旷 k'uang⁴，本义是，空的，空白的；这里指废弃不用的：旷野 k'uang yeh，本指荒凉而原始之地，不过用以指郊外，一般表示跟城镇截然不同。可爱 k'o ⁿgai。注意句法：景色确实使人"可 k'o"，有充分理由能够，"爱 ⁿgai"，喜爱它。沿 yen⁴，本音 yen²，海或河的岸；沿 yen²，沿着边线。桃 t'ao²，桃树。柳 liu³，柳树。碧 pi⁴，绿色的翡翠；引申为这种石头的颜色，可以是绿中带蓝或蓝中带绿。岸 an⁴，滩或岸；"岸"跟"沿 yen"（参见上面的注"沿"）不同，可以单说，例如，登上岸滩，可以说"上岸 shang an"，却不可以说

"上沿 shang yen"。弹 t'an², 用手指触动乐器的弦, 玩儿弹拨乐器; 又, 用手指轻击。虾 hsia¹, 河虾。

谈论篇百章之九十一
(Lesson XCI)

1. 前儿, 我们往西山裏逛去, 那个乐, 可说得是尽了兴了。白日裏游玩的乐啊, 那是不必说的了; 到了黑下的时候儿, 更畅快。
2. 我们幾个人喫了晚饭, 坐上船, 不大的工夫儿, 月亮就上来了, 照得如同白日一样。慢慢儿的撑着船, 顺着水儿往下走, 转过了山嘴儿一瞧, 那水和天的颜色儿上下一样, 浩浩如银, 竟无所分别, 实在是水清山静。
3. 赶撑到芦苇深的去处儿, 忽然听见庙裏的鐘声儿, 顺着风儿悠悠扬扬的来了, 那时候心裏头, 万虑皆空, 好像水洗了似的那么乾净, 就是出了世的神仙, 也不过是这么样儿乐罢咧! 我们幾个人更高了兴咯, 直喝到天亮, 也不觉醉, 也不觉乏。
4. 人生在世, 像这个样儿的风清月朗的景致, 能彀遇着幾回? 若是徒然虚度了, 岂不可惜了儿的么?

注:
1. 尽兴 chin hsing, 最大限度地令人愉快: 尽 chin, 竭尽; 兴 hsing, 即高兴 kao hsing, 精神兴奋。参见"高了兴 kao-liao-hsing", 本课第三段近结尾处。畅 ch'ang⁴, 本义是穿透; 生发, 增进: 畅快 ch'ang³ k'uai, 无忧无虑的快乐的感觉, 注意声调。
2. 撑 ch'êng¹, 用手把攻击者抵住; 用到船上, 像这里这样, 用撑篙推动, 用篙撑船: 撑破 ch'êng p'o, 胀破, 即如一个箱子装得太满了。浩 hao⁴, 如大片的水面: 浩浩 hao-hao, 大片大片的, 如银 ju yin, 像银子一样。
3. 芦苇 lu²-wei³, 芦苇, 灯芯草; 二字可独立使用, 例如在"芦花 lu hua""苇花 wei hua"中, 都指这种芦苇的花儿; 称其单数是"一根苇子 i kên wei-tzǔ"。悠 yu¹, 本义是悲哀的, 令人沮丧的; 又, 远的, 久远的: 悠悠扬扬 yu-yu yang-yang, 用于形容远处传来的声音萦绕空中。虑 lü⁴, 思考, 更多的、尤其是指担心将要发生的事; 担忧, 深谋远虑的; 引申为小心，担心，事先考虑。皆 chieh¹，全，都；口语里只用于有限的几个词语组合中。出世 ch'u shih，不是说谁死了，而是指他已经离开这个世界成了神仙了。

4. 朗 lang³，明亮。致 chih⁴，这是个多义词；书面上，最普遍的是"使发生 (to cause)"，这项词义在口语中存在于"以致 i chih"这个组合中，靠什么而引起什么样的结果；引申为结果，理由；但在这里指形态，或外貌；景 ching，参见百章之六十五注2：景致 ching-chih，风景，景色。徒 t'u²，原义是步行；引申为乞丐，无赖；又，空置的；引申为"徒然 t'u jan"，徒劳，白辛苦，没有意义；加"弟弟"的"弟 ti"，即"徒弟"，指初学手艺的，学生，或新入教者（译按：不加"弟"，也指学生等，如"师徒、收徒、学徒"等）。度 tu⁴，越过，穿过：虚度 hsü tu，毫无意义地度过；又，幽默地说明自己的年龄；虚度年华；这里，"徒然虚度 t'u jan hsü tu"，意思是，毫无建树地混日子。

谈论篇百章之九十二
(Lesson XCII)

1. 前儿，我们幾个人，甚么是逛来着，竟是受了罪咧！出了城儿，放着正经道儿不走，不知道绕到那'儿去了。沿着路儿问着、找着，刚刚儿的到了闸口的跟前儿。坐上船，彼此说着话儿，喝着酒，到了东花园儿，又赶回闸上来，早已就日平西了。
2. 纔喫完了饭，我就说：众位，偺们走罢！跟的人都是步行儿，家又离得很远。他们还说说笑笑的，儘自坐着，动也不动，後来看见日头快落了，这纔上了马，忙着往回来赶。
3. 到了关裏的时候儿，恍恍惚惚的，月亮都出来了，从城裏头出去的人们，都叫快走，说掩了一扇门咯。心裏更着了急，紧加鞭子催着马，赶到了跟前儿，末尾儿的，还是关在城外头了。
4. 实在是乘兴而往，扫兴而回！

注：
1. 受罪 shou tsui；字面上是，接受惩罚；这里是，受折磨，痛苦难熬。放著 fang-cho，我们放弃了"正经道 chêng-ching tao"，即规矩的，正规的道路。闸 cha²，运河的船闸，水闸：

闸口 cha-k'ou，河岸的水闸所在处；似乎是他们的码头。参见问答章之八，注 21。
2. 儘自 chin³ tzǔ，并非人们的爱好，却是他们之所为；他们坐着不动。
3. 恍惚 huang³ hu¹，严格地说，是思想上犹豫不决，或注意力不集中。这都是常见用法；不过，又经常如本句，指勉强透过云雾的阳光或月光。扇 shan¹，扇动；扇子 shan⁴-tzǔ，扇 shan⁴，一扇门，合叶的一半。加 chia¹，本义是加上；不过经常拿来当动词"用"来用，像这里。末尾 mo wei³，尾巴的末端。注意声调 wei³，不过 i³ 也可以说。
4. 乘 ch'êng⁴，本音 ch'êng²（参见问答章之十，注 25）；字面上是，骑乘；兴 hsing，愉快，使人兴奋：扫兴 sao⁴ hsing，扫去令人愉快的那种状态；注意"扫 sao"的声调。

谈论篇百章之九十三
(Lesson XCIII)

1. [来宾] 今儿好利害呀！自从立夏之後，可以说得起，是头一天儿的热咯！一点儿风丝儿也没有。所有的傢伙，都是烫手儿的热，越喝凉水越渴。没了法儿咯，我洗了个澡，在树底下乘了会凉儿，心裏头纔略好了些儿。嗐，这样儿的燥热天，别人儿都是光着脊梁坐着，还怕中暑呢，你怎么只是低着头写字？是甚么罪孽啊！不要命了么？

2. [主人] 你这都是没官差、白闲着、安闲惯了的话。譬如小买卖人儿们，挑着很重的担子，压着肩髈儿、伸着脖子，各处儿跑着吆喝、汗流如雨的，纔能赚得百数钱儿度命。若像我这个样儿的，喫现成儿的，从从容容的写字，他能彀么？况且冬冷夏热，是自古至今不易之理。索性静静儿的耐着，或者倒有爽快的时候儿。俗语儿说得：心定自然凉。若竟着会子急，还能脱了么？

注：
1. 立夏 li hsia，夏季的开端，中国一年二十四节气（每两周一个节气）之一。说得起 shuo tê ch'i，可以说，能够这么说。比较：买不起 mai pu ch'i，拿不出钱来买，负担不起。头一 t'ou i。句法：头号儿的热天，最热的一天。说话人的意思是，这是我们遇到的最热的一天，他还可以说"今天纔热 chin t'ien ts'ai² jê"（重读"纔 ts'ai"）。烫 t'ang⁴，灼热，烧烤；

火或热水的作用。越 yüeh⁴, 逾越, 超过, 越过; 引申为, 还要, 更。光著 kuang-cho, 赤裸, 无遮蔽的。暑 shu³, 暑热; 中 chung, 击中, 比如一个靶子: 中暑 chung shu, 患上了热病。孽 nieh⁴, 蔬菜最早发出来的芽儿: 罪孽 tsui nieh, 依照佛祖意思对前世罪行实施的惩罚。

2. 吆喝 yao¹ ho¹, 不能拆开来说; 大街上的叫卖, 等等; 又, 大声招呼以让人停下或走开; 车老板的用语, 吆喝 yao ho, 意思是"驾驶"。易 yi, 或音 i, 用在第三章 964. 的意思, 是容易; 这里, 是更改。还能脱了么 hai nêng t'o³ liao (mo)。注意"脱"的声调。

谈论篇百章之九十四
(Lesson XCIV)

1. [主人] 哎呀! 这个样儿的大雨, 你往那'儿去来着? 快进来罢!

2. [旅行者] 我的一个朋友不在咯, 送殡去来着。今儿早起, 天阴阴儿的, 虽然有要下雨的光景, 到了晌午, 又是響晴的天。往回裏走着的时候儿, 忽然一片一片的, 铺开了稠雲了! 我就和家裏人们说, 这天气不妥当, 快走罢! 不然, 咱们一定要着雨咯。正说着, 就涮涮的下起来咯。兄台, 你说在漫荒野地裏, 可往那'儿去躲呢? 雨衣毡褂子, 还没穿迭当, 浑身都湿透咯。

3. [主人] 无妨, 我有衣裳, 拏出来你先换上, 天也晚了, 明儿再进城罢。我们这个僻地方儿, 虽然没有甚么好东西, 家裏养的小猪儿、鸡, 宰一两隻给你喫。

4. [旅行者] 嗳, 喫还说甚么? 但得这个好地方儿棲身, 就是便宜了。不然, 还怕不冒着雨儿走么? 又有甚么法子呢?

注:

2. 響(响)hsiang³, 明亮; 又, 指声音, 这是某些权威的意见, 而这里的用法跟晴天敲击地面的声响有关; 不管作明亮讲还是作鸣响讲, 它都是加强"晴 ch'ing"(晴好)的语意。稠 ch'ou², 茂密, 如同庄稼长得挤在一起。涮 shua¹(译按:今作"唰唰"), 雨点落下的声音; 再没有其他意思; 涮 shua, 不能用来形容倾盆大雨非常猛烈的声音。漫 man⁴, 浩瀚的或泛滥的大水; 引申为任何空旷或广阔之所。毡 chan¹, 毡毯, 或任何像布一样的东西。

3. 猪 chu¹, 肥猪的猪, 又写作"豬"。

4. 楼 ch'i¹，像鸟儿一样地栖息：楼身 ch'i shên，让身体休息，躺下。冒著 mao-cho，硬顶着：还怕 hai p'a，我不冒雨前行，可能么？

谈论篇百章之九十五
(Lesson XCV)

1. 这许多日子的连阴雨，下得我心裡都熟咯！这儿也漏了，那儿也湿了，连个睡觉的地方儿都没有！
2. 而且又是蚊子、臭虫、虼蚤，叮得实在难受。翻来覆去的过了亮鐘，并没有困，把眼睛强闭着，又忍了一会儿，刚刚儿的恍恍惚惚的困上来咯，正似睡不睡的，忽然从西北上，就像山崩地裂的是一个样，响了一声，把我陡然间吓醒了。过了好一会子，身上还是打战儿，心裏还是突突的跳，睁开眼一瞧，屋裡所有的东西，都没有损坏一点儿，叫人出去一看，说是街坊家的山墙，叫雨淋透了倒咯。
3. 嗳呀，睡梦之中，那儿经得起那么大的响声儿震哪？

注：
1. 心熟 hsin shou，再也不新奇了；注意 "下得 hsia tê"，雨已经到达……，直下到……，等等。
2. 蚊 wên²，蚊子；臭虫 ch'ou ch'ung，有恶臭的昆虫，即英语所说的 *bugs*。虼蚤 ko⁴-tsao³，或读 tsao¹，蚤目昆虫：虼 ko，字典不承认的字；蚤 tsao，书面语单用。叮 ting¹，本义是刺入；口语指叮咬：叮我，叮得 tê 到了这步田地，实在忍受不了它们。咬 yao³，也可以解释为虫子叮。翻覆 fan¹ fu⁴，展转反侧：翻 fan，转过去；覆 fu，转回到原先的位置。译按：亮鐘，*morning bells*（天亮的钟声）。闭 pi⁴，关；经常跟"关 kuan"（参见第三章 63.）联用，意思几乎相同。忍了 jên liao，忍受它：强迫自己合上眼睛，忍受了一会儿的烦恼。崩 pêng¹，山崩的声音；古语指帝王之死。响 hsiang³，发出声音；本作"響"，见于百章之九十四注 1。陡 tou³，口语里指高处，峻峭，突然下降：陡然 tou-jan，突然地。突 t'u¹，严格地讲，是来个冷不防；迎头相撞；突突的 t'u t'u ti，笃，笃，像从泉眼冒出气泡来的样子；这里用以形容心脏的跳动。山墙 shan ch'iang，山形的墙，房屋（两端）的三角墙。（译按：人字形屋顶房屋两侧的墙叫山墙）淋 lin²，俗音 lün²，被滴下来的水浸湿或沾湿；又，用作被动地浸湿。

3. 震 chên⁴, 雷击, 或类似的撞击造成的震荡: 如何 "经得起 ching tê ch'i", 怎能经受那样撞击的声音?

谈论篇百章之九十六
(Lesson XCVI)

1. 昨儿清早儿起来，屋裡很黑，我疑惑是太阳还没出来。到院子裡一瞧，原来天是亮了，可阴的漆黑。我洗了脸，纔要上衙门，那天一星子半点儿的下起雨来了，略等了一会儿，涮涮的下响了，又坐了一坐儿，喝了盅茶的空儿，忽然打了个霹雷，这雨就倾盆似的下来了。我想着这不过是一阵儿暴雨罢咧，等过了再走。那儿知道，直下了一天一夜，总没有住，到了今儿早饭後，纔恍恍惚惚的，看见日头咯。却是应时的好雨啊！想来各处儿的田地，没有不透的咯。秋天的莊稼，岂有不收成的呢？

注:
1. 霹 p'i¹, 雷鸣声; 不单用。雷 lei², 雷电: 霹雷 p'i-lei, 结合了雷鸣的突然与响亮的意思。倾 ch'ing¹, 因翻倒而倾泻: 倾盆 ch'ing p'ên, 盆子倾覆。

谈论篇百章之九十七
(Lesson XCVII)

1. 前儿黑下，好冷啊！睡梦中把我冻醒了。天一亮，我急忙起来，开开房门，一瞧，原来是白亮亮地下了一地的雪！
2. 喫了早饭，小晌午的时候儿，那雪飘飘飘飘的，越發下起大片儿的来咯。我心裡想着，没有事，怎么能縠得一个朋友来，说说话儿也好啊。
3. 可巧家下人们进来说，有客来咯！我心裡很喜欢。一面儿就叫收拾下酒菜儿，一面儿又叫爉了一盆子炭火。赶着请了弟兄们来。把预备齐了的酒茶，端上来，慢慢儿的喝着酒，把帘子高高儿的捲起来，一瞧，那雪景儿！比甚么都清雅。纷纷的下着，山川树木都是雪白。看着更高了兴！拏过棋来，下了两盘；喫了晚饭，点上镫，纔散了。

注：
1. 冻 tung⁴, 大冷起来：夜里上冻 yeh li shang tung, 夜里天寒结冰。白亮亮 pai liang¹ liang¹, 闪耀着白色。注意"亮 liang"的声调。
2. 飘 p'iao¹, 像风一样地旋转。飙 yao², 同"飘 p'iao"，并只跟"飘"结合成词，不见他处。越發 yüeh fa, 越来越……参见百章之九十三注1。
3. 爖 lung², 生火炉子。又参见第三章 198.。词典不承认这个词。帘 lien², 门帘, 窗帘, 通常是用竹篾做的，不过也有用其他材料来做的。雅 ya³, 任何精致优美的东西；清雅 ch'ing ya, 可以用来形容风景，或房子的内部陈设，等等；雪景儿，跟任何东西相比，都是美的。纷 fên¹, 量大且乱；用来修饰雨跟修饰雪一样地好。注意：是雪白 hsüeh⁴ pai, 而不是 hsüeh³ pai。棋盘 ch'i²-p'an, 一个棋盘；一盘棋 i p'an ch'i, 一套棋子和棋盘；棋子儿 ch'i-tzǔ³-'rh, 棋子；下了一盘 hsia liao i p'an, 玩了一局。棋 ch'i², 还有另外两种写法。

谈论篇百章之九十八
(Lesson XCVIII)

1. 昨儿个，在衙门的时候儿，一点风儿都没有，很晴的好天来着。忽然变了，日头都惨淡了，这么着么，我就说：天气不妥，要颳大风，趁着没有颳，咱们快走罢。各人也怕是这么样，都散了。
2. 我刚到了家，就颳起来了。实在是大，树稍儿叫风摔得那个声儿真可怕！直颳到三更天，纔略住了些儿。
3. 今儿早起，往这么来的时候儿，看见道儿上的人们，都是站不住。个个儿是吸吸哈哈的跑。
4. 我先是顺着风儿走，还好些儿；後来迎着风儿走的时候儿，那脸啊、腮啊，就像针儿扎的似的，冻得疼。手指头拘挛了，连鞭子都拏不住，吐的唾沫没到地儿，也就冻成冰，一截儿一截儿的摔碎咯。
5. 噯呀，有生以来，谁经过这个样儿的冷呢？

注：

1. 惨淡 ts'an³ tan⁴，指天气，阴暗恶劣：惨 ts'an，指天空，黯淡；通常是，残忍，无人性的，或作形容词用，令人怜悯的，令人心碎的；淡 tan，指太阳光线微弱。
3. 吸 hsi¹，吸气的声音；哈 ha，这里指呼气的声音。
4. 挛 lien⁴，指手指僵直：拘挛 chü lien，僵硬到不能"拘 chü"即什么东西也抓不紧握不住。摔碎 shuai sui，落地时粉碎性破裂。

谈论篇百章之九十九
(Lesson XCIX)

1. 人是比万物最尊贵的。若不懂好歹，不明道理，与那畜牲何异啊？
2. 就是朋友们裡头，你我彼此，恭恭敬敬的，岂不好么？
3. 他如今来了的时候儿，动不动儿的就发豪横，信着嘴儿混骂人。算是自己的本事啊，还是怎么样呢？你们瞧瞧，长得那个嘴巴骨子，腆着个大肚子，直是个傻子，还自充懂文墨的，好叫人肉麻啊！再那说话的声儿，像狗叫啊似的，人家都厌烦得不听咯！
4. 这个人若略有一点儿人心的，也该知觉咯，还腆着脸不知耻，倒像是谁喜欢他呢！越发兴头起来咯，是怎么说呢？
5. 他老子一辈子，也是汉子来着。不知道怎么作了孽咯，养出这个贱货儿来。嗳，完了！福分都叫他老子享尽了。这就是他的结果了，再想要陞腾，如何能呢？

注：

1. 畜 ch'u⁴，又读作 hsü⁴；原指繁殖，饲养，驯养的动物：畜牲 ch'u shêng，动物，但不指野生动物；这里指野外的动物。
3. 豪 hao²，在诸多义项中，其一为因杰出、英勇而出名的；这里用的是贬义。横 hêng⁴（参见"横 hêng²"，第三章 1072.），这里指道义上的大发蛮横：豪横 hao² hêng²，恶霸品质。信著 hsin-cho，任凭；即是说，听任他的嘴巴，混骂 hun ma，胡乱地辱骂别人。嘴巴 tsui-pa，本指两片嘴唇构成的口部：嘴巴骨子 tsui-pa ku-tzǔ，腮骨；这里用以指整个脸，这个脸就是很难看的了。注意：嘴巴子 tsui-pa-tzǔ，指脸的下半部；嘴巴 tsui-pa，一巴掌打在脸上，一记耳光。臜 ku³，凸出，像糊墙纸般，等等；这里指人。傻 sha³，本指精明的家伙（译按：请参见《康熙字典》）；但口语所指却正好相反。肉麻 jou ma，起鸡皮疙瘩：麻 ma，"麻木 ma mu" 的缩写形式，麻籽与木头，用以指无生命的东西；引申为，脚发麻的感觉，或肢体麻痹，也叫 "麻木 ma mu"。

4. 腆 t'ien³，厚，物质的；这里，指脸皮厚：（做错事后）厚着脸皮干下去（或混下去），不知耻 pu chih ch'ih，不知道害羞。兴头 hsing-t'ou，愉快，满意：兴 hsing，同于 "高兴 kao hsing" 中的 "兴"（参见百章之九十一注 1）；人的 "兴头 hsing-t'ou" 可以说 "好 hao" 或 "不好 pu hao"；即满意或不满意。

5. 福分 fu fên，家人所能享受的幸福的份额，他父亲 "享尽 hsiang chin" 了，享受并耗尽了。结果 chieh kuo，他造成的后果；即，他作尽了恶事，他这一辈子也就完了。陞腾 shêng t'êng²，升起；即升官。

谈论篇百章之一百
(Lesson C)

1. 你这是怎么说呢？天天儿喫得饱饱儿的，竟抱着琵琶絃子弹，有甚么益处儿呢？要从此成名啊，还是要靠着这个过日子呢？
2. 咱们幸而是满洲，喫的是官米，月间有的是钱粮。一家子头顶着脚跐着，都是主子的。并不学正经本事，差使上也不巴结，只是在这上头钻着心儿学，真是玷辱了满洲咯！与其把有用的心思，费在这没用的地方儿，何不读书呢？
3. "人往高处儿走，水往低处儿流"。（译按："低"，原书作 "底"，今径改。）琵琶絃子上，任凭你学到怎么样儿的好，卑污下贱的名儿，总不能免。正经官场中，能彀把弹琵琶絃子，算得本事么？
4. 若说我的话不可信，大人们、官员们裡头，那 '一个是从弹琵琶絃子上出身的呀？你如今能指出来么？

注：
1. 琵琶 p'i²-pa¹，一种弦乐器。絃 hsien²，也是一种弦乐器；弹 t'an，弹奏，既可以说 "弹絃"，也可以说弹 "琵琶 p'i-pa"。参见百章之九十注 2。

2. 头顶 t'ou ting,头上顶着的东西,即自己的头顶;脚跐 chiao tz'ǔ³ 或 ch'ai³,脚下踩的东西,即自己的立足之地(译按:跐,《康熙字典》有 tz'ǔ³ 音而无 ch'ai³ 音)。钻著 tsuan-cho,钻入,深入;钻著心儿,即用心钻研。玷 tien⁴,小缺点,好比玉石上的瑕疵。读书 tu² shu,学习。
3. 卑污 pei¹ wu¹,卑贱且肮脏:卑 pei,低,低下;污 wu,肮脏下流。
4. 出身 ch'u shên,开始为官的生涯。

第六章　秀才求婚，或践约传
(THE GRADUATE'S WOOING, OR
THE STORY OF A PROMISE THAT WAS KEPT)

第一段
(CHAPTER I)

1. 唐朝的时候儿，有位退归林下的大人，姓崔，名珏，曾在蒲州盖了一座庙，名叫普救寺。
2. 过了幾年去世之後，他的夫人崔郑氏就搬在庙裏西边儿，独门独院儿的住着。
3. 他跟前有一儿一女。那儿名叫欢郎，女名叫莺莺。还带着一个丫头名叫红娘，跟着莺莺寸步不离。
4. 这莺莺正在妙龄的时候儿，长得眉清目秀，又典雅、又莊重，很有福气。
5. 而且是才貌双全。古往今来无所不知，真草隶篆四样儿的字全都会写。
6. 他小时候儿，早已许给崔老夫人的内姪郑恒做媳妇儿。可惜这郑恒偏是个没出息儿的人。成天家尽是耍排子摆架子，極会粧模做样的。还有一种习气，见人吃稀罕物儿、穿體面些儿的衣裳，他总要跟着学。真不是个东西。
7. 他本有万数两银子的家当儿，因此全抛费得乾乾净净儿的了，竟是一心的满处儿去搜罗。打听谁有银子放帐，就借来使，永远也不还，积年累月，该的利钱倒比本钱还多。又搭着他为人很险。嘴裏说好话、脚底下使绊子，不知不觉的就害了人了。眼皮子又浅，常爱个小便宜儿。见人家有钱，非骈就骗。实在是奸诈的了不得。
8. 所以人都瞧不起他，渐渐的撂着两个空拳头过日子，连一点儿进项都没有了，竟苦到这个地步儿上。

注：（译按：原著中注释词处理方式同第四章，见246页译按。）
1. 退归林下，返回私人的生活；特指官员退休；归 kuei，返回初始状态。崔 ts'ui¹，姓；珏 chio⁴，只用于名字。曾，注意，读 ts'êng 的时候，是表过去时态的副词，在故事开头表示"有那么一次"。蒲州 p'u² chou，山西（Shansi）的一个县。
2. 郑 chêng⁴，姓；也是周朝（公元前774—公元前500）的一个诸侯国名；郑重 chêng chung，认真严肃，当作重要的。氏 shih⁴，用于两个专用的姓之后，后一个是已婚妇女娘家的姓；崔郑氏（Madame Ts'ui, née Chêng），即娘家姓郑的崔夫人。
3. 莺 ying¹，金莺鸟；通常叫"黄莺 huang² ying¹"或"黄鹂 huang² li²"。丫头 ya¹ t'ou，侍女：丫 ya，叉子或树杈；丫头 ya t'ou，字面上是，头上分叉，源于女孩子头上扎两束或打两个花结的发式；父亲可以管自己的女儿叫"丫头"。
4. 妙龄 miao⁴ ling²，可爱的年纪；妙 miao，好，极好的；龄 ling，年龄，是"年 nien"的文雅的同义词。典雅，有高度教养的，她的"雅 ya³"，优秀；"典 tien³"，正统类型的，教育上中规合矩谓之"典"。
5. 双全：她的"貌 mao"，个人外表；"才 ts'ai"，才能，"双全 shuang ch'üan"，同时具备。真草隶篆 chên ts'ao li⁴ chuan⁴，汉字的四种书体：真 chên，真的，正体；草 ts'ao，草体，连续快写；隶 li，公元前短时期通用的一种书体；篆 chuan，通常认为是篆刻印章的字体。
6. 内侄，妻子的兄弟的儿子。妻族亲属中，男性的家人用"内"、女性的家人用"外"加以区别；因此，崔夫人的兄弟的孩子，是她的内侄儿 nei chih-'rh 和内侄女儿 nei chih nü-'rh，她姐妹的孩子就是她的外甥 wai shêng¹ 和外甥女儿 wai shêng¹ nü-'rh；在这种关系中，她的兄弟就是她丈夫的内兄 nei hsiung 和内弟 nei ti，她的姐妹的孩子就是她和她丈夫的外甥 wai shêng¹ 和外甥女 wai shêng¹ nü；丈夫的兄弟，兄是崔夫人的大伯 ta po²，弟就是她的小叔 hsiao shu，在北京，也有人叫大伯子 ta pai³-tzǔ 和小叔子 hsiao shu-tzǔ；崔夫人的姐妹，对于她丈夫来说就分别是大姨 ta i² 和小姨 hsiao i。恒，持久不变的，有规律的。要排子，排 p'ai²，依次排列，布置陈列；排子 p'ai²-tzŭ，铺张，炫耀；摆架子 pai³ chia-tzǔ，物品（如货物）上架，通常指没有意义的事。注意"尽"用于表示"仅、止"时，读 ching⁴。
7. 家当儿，财产：当儿 tang-'rh，供养家人费用的家产；家 chia，家庭。抛费，挥霍浪费。参见问答章之五注9。搜罗 sou¹ lo²，搜索，讨要：罗 lo，网子；四顾寻找，即搜 sou；见什么拿什么，即罗 lo。积年累月，一月又一月、一年又一年，岁月流逝：积 chi² 与累 lei³（注意声调）都是积聚的意思。又搭著（译按：中文课文作"着"），加上；参见第三章1076.。注意这个"又 yu"，有些近似副词，必位于"搭 ta"之前。使绊子，把你绊倒：绊子 pan-tzǔ¹（参见百章之二十二注1）本指绊马索；使上绊子，设置绊马索。眼皮子浅，贪婪；严格说来，"眼皮子浅"是指那种人：见得少，没经验，总是像小孩子那样垂涎每一样新东西。骈 pêng¹，诈取，骗取；本指拉弓；骈弓儿 pêng¹-kung-'rh，中国人把它固定在门上可使门自动关闭。

8. 拳头 ch'üan²-t'ou：搭拳头 tsuan ch'üan²-t'ou，握拳。

第二段
(CHAPTER II)

1. 合该，也是他命中有救。忽然想起来还有个朋友可以求他帮助，这个人姓田，行二，尽给人家拉篷扯繖。原是白手成家，到这个时候儿，可就發了大财了。他起初本不是个正经人，如今都收斂了。

2. 那郑恒因为自己没有本事，从前也跟他搭过伙计，两个人有些个勾搭连环的事情。

3. 这一天郑恒想著要去找这个朋友借点儿钱。忙着就穿上褂子，蓝不蓝绿不绿的旧得怪难看。一瞧，偏偏儿的又掉了俩钮襻儿，又得'拿针钉上，再看他那帽子也没有帽襻儿。怕耽误了时候儿，没有工夫收拾，就这样摇头搅脑的去了，到了田二家门口儿就叫门。

注：

1. 合该，读作 huo² kai，命里注定：合 ho，字面上是符合、一致的意思；该 kai，必定发生的。注意：合该 huo kai 不是"他活该，应得报应"的意思，而是不论命运好坏，都势将如此，预先注定。帮助 pang¹ chu⁴，援助，帮忙；"帮""助"二字完全同义。行二 hang² êrh，在家里排第二：行 hang，即排、列、线、系列；在名单里排第二（限於男孩子）。参见练习28.10；问答章之四，注73。拉篷扯繖 la¹ p'êng² ch'ê³ ch'ien⁴，为他人打杂儿；字面上是，升起风帆（篷 p'êng）并拉起繖绳。拉繖 la ch'ien，宾语常常置于二字之间，例如：拉房繖，即房产代理商。注意，绞升风帆，严格地说叫"打篷"。都收斂了，收斂 shou¹ lien⁴，改邪归正：斂 lien，聚集收拢到一起，例如把一大堆物品聚到一起；类似的词语如（收斂）"放荡"的坏脾气，等等，必因意思自明而省略。lien⁴，又读 lien³，如歙钱，歙帐。

2. 勾搭连环 kou¹ ta¹ lien² huan²，紧紧地连在一起；字面上是，加到一起并连接起来：环 huan，环状物；连环 lien huan，两个环串联在一起；比较：九连环，中国一种串环玩具。上面的词语只适用于可疑的情况。放一个连环：齐射。

3. 偏偏儿的，近似"故意地"。参见第三章 925.。摇头摆脑的 yao² t'ou huang⁴ nao ti，摇晃着脑袋：摇 yao，摆 huang，都是摆动，摇摆，或从一边晃到另一边的意思；后一个字，字典不承认（译按：摆，《康熙》未收），表示一种强烈的动作；这两个字经常作为单个儿动词连用。

第三段
(CHAPTER III)

1. 那田二出来，一抬头见是郑恒，就让进去了说，你打那'儿来？
2. 郑恒说兄弟是从家裏来，现时分文都没有，仗著甚么餬口呢？我有个亲戚是手艺人，原是叫我也跟他学。老兄想，我做得来么？
3. 那姓田的说不错，那个手艺行当儿我们这等人是万做不来的。
4. 郑恒说原是，我是受用惯了的人，那'儿能耍手艺呢？何况尊驾，比神仙还舒服，年又高、德又大。我十分羡慕得了不得。
5. 郑恒话是这么说，恰巧那姓田的爱戴高帽子。听他这样儿话就很喜欢。
6. 郑恒接着又说，我最爱體面扬气，你纳是知道的，竟是"一文钱瘚倒英雄汉"！这话正是我的景况啊！就剩了您这儿是我一线之路，实然是无可奈何了。今儿个来找阁下帮帮我，行不行都可以。
7. 那姓田的向来是只顾自己佔便宜、决不肯噢亏的手儿。一听说出这样儿的话来，不由得就著急说，你打算要寻甚么？郑恒说：不拘甚么都好，随便儿就是了。
8. 那姓田的立刻脸上就变了颜色儿说：你来的真不凑巧，我那买卖赔了，货物剩得也不多，甚么赚钱不赚钱，只好贱卖不赊的都卖了，目下生意也不做了。还有该人家的帐也没还清楚，又搭著莊稼被大水淹了，银子虽有一半点儿，不过仅毂我自己用的。还有一件，我原打著要捐官，又要买地。我自己还週转不开，你想想怎么能借给人呢？

注：

1. 抬头 t'ai² t'ou，扬头或举头：抬 t'ai，扬起或举起，又有由两个或更多的人用杠子抬起来；抬轿子的，轿夫。

2. 分文 fên¹ wên：分 fên，一两的百分之一；文 wên，现金的计算单位。餬口。参见百章之八十注 2。

4. 受用惯了的，习惯于舒适安逸：受用 shou yung，舒适惬意，省略说法；受 shou，指个人享受到或得到的，用 yung，指所利用的 [足以令人满意]；财力足以满足日常生活所需；换句话说，安逸的环境令人"舒服"（整体舒适）。何况 ho k'uang，更不必说（how much less? lit. how much more?）。羡慕 hsien⁴ mu⁴，钦佩；羡 hsien，赞美更高的地位；慕 mu，热衷于更高的地位。

6. 扬气 yang² ch'i，骄傲；字面意思是，神气高扬；不受压制的；正当的骄傲，或者说，是自尊，自爱。瘪倒 pieh¹ tao³，压倒：瘪 pieh，本指尚未胀破的溃疡或脓肿；引申为压抑的同义词，即感觉上的压抑，等等，例如"瘪气"，屏住呼吸，"瘪着一肚子气"，抑制住怒火；瘪倒 pieh tao，在本句的意思是，在重压之下倒下，应指因为贫穷；[缺少] 一文钱能毁灭一个人。无可奈何。参见问答章之四注 49。

7. 佔便宜 chan⁴ p'ien i，从任何事情中获取好处：佔 chan，字面上是，侵占；他只顾（只顾 chih ku；参见百章之四十二注 2）自己佔便宜 tzǔ-chi chan p'ien i，获取个人利益，发财的机会；手儿 shou-'rh，手：他绝 chüeh 不是肯蒙受损失的人。不由得，非自愿的，不由自主地。寻 hsin²，为温饱而寻求些东西（参见百章之六十五注 2）；读 hsün²，寻找。

8. 凑巧 ts'ou⁴ ch'iao，恰好，适时的；字面上是，幸运的配合 [指情况]。贱卖不赊 chien⁴ mai pu shê¹，降价出售而不赊欠：赊 shê，赊购或赊销货物；我赊给你 wo shê kei ni，我赊帐卖给你；我赊着 wo shê cho，我买下但欠着款。清楚，参见百章之三注 2。淹 yen¹，淹没，沉没；用于人或物，但用于人则配以"死"，如淹死 yen ssǔ。仅毂 chin³ kou，刚刚够：仅 chin，只有，刚刚，恰恰，一点儿也不多。打着，由"打算着"缩略而来。週转不开 chou¹ chuan pu k'ai¹，收支不相抵，出大于入：週、转，都是转动的意思；週转 chou chuan，指完整的循环；开 k'ai，必须用于已发生的或完成的时态，例如：走开 tsou k'ai，分不开 fên pu k'ai。开 k'ai，常有副词性词尾 -able（可，能）的意义，这也是许多其他汉语词的特性，诸如：着，得，完，等等。週转不开 chou chuan pu k'ai，周期或循环（即我的日常收支）不能实现 (be uncomplete-able)；存在障碍，因而不能被"开 k'ai"，即把（障碍）清除掉。

第四段
(CHAPTER IV)

1. 郑恒听了这个话就说：那个拏银子捐官尽是上档，买地倒罢了。请问你纳现在种着多少亩地？
2. 那姓田的猛然说：管我呢，不必狗拏耗子多管闲事了！那郑恒原是个胆儿小的人，不敢惹事，见他那朋友说著好话儿就翻脸，也就急著说：我不过合你借幾个钱罢咧，可行则行，可止则止，何必这样儿的光景呢？赶着站起来要走。
3. 姓田的那个人本是个滚刀筋。见他要走就转过笑脸儿来说：刚纔我不过是说玩儿话。俗语儿说得好："银钱如粪土，脸面值千金"。偺们俩从前是怎么样儿的相好来着？要让你白说了这句话，那不是前功尽弃了吗？
4. 默了一会儿又说：你的这件衣裳这么觑旧，这缝补的事你自己还会么？郑恒面红过耳说：缝缠补绽是各人的本分事，你别笑话人。
5. 姓田的说：那'儿的话呢？我送你一件新鲜的，好不好？
6. 说着就拏出一个半新不旧的包袱来，裹头包着许多衣裳，就在炕上打开了问：老兄要幾件？
7. 郑恒说难道你还肯给我多少么？在我是越多越好。
8. 姓田的说：我只给你一件。你随手儿拏罢，不用挑拣。
9. 郑恒听他这刻薄话并没理会，趁这空儿冷眼看见有件斩新的褂子，就拏出来故意儿说：这件不很好。
10. 田二嗤的一声笑说：你包含些儿罢，若是贪心不足就讨人厌了。你拏这一件去走你的罢，出了门儿可不管换。
11. 郑恒笑问：这会儿要换，行不行？
12. 姓田的说：依我看，你别三心二意的了，拏这个去就很好。
13. 郑恒谢了他说：我也回敬你点儿什么？
14. 姓田的说：留着你的罢！我不短什么，可是这口袋裏还有五十斤米，你也顺便儿带了去罢。

15. 郑恒说：那可过逾费心了！可就是分量太沉，我提溜不动，怎么好？

16. 姓田的说：我有匹大骒驴，借给你驼了去，底下可别再抛费了。

17. 郑恒切切实实的答应了，别了他那朋友走出来。

注：

1. 上档（译按：今作"上当"）shang tang⁴，落入圈套。参见百章之四十注1。倒罢了，行了，还好；有保留地认可。注意：罢了 pa liao，不带前缀"倒 tao⁴"意思是"行了"，"足够了"。亩 mu³，中国土地面积计量单位；6亩多相当于一英亩。

2. 狗拏耗子多管闲事 kou³ na hao⁴-tzǔ；耗子 hao-tzǔ，老鼠；用"大 ta"和"小 hsiao"区别：管闲事（跟自己没关系的事），逮耗子是猫的事，不是狗的事；"闲"，又写作"閒"（参见第三章983.）。耗子又叫"老鼠"（部首208），用"大 ta"和"小 hsiao"区别（译按：大老鼠，小老鼠）。

3. 滚刀筋 kun³ tao chin¹，使刀子卷刃的软骨，喻指难对付的家伙，难以影响的人；又指处变不惊的人：滚 kun，旋转，滚动；打滚儿，滚动，像狗或骡子在泥地上打滚儿；滚 kun，又有冒泡、沸腾的意思，例如说"滚水 kun shui"，开水，说"开水 k'ai shui"更普遍。粪 fên⁴,（牲畜的）粪便：粪土 fên t'u，土地需要的粪肥，例如扫大街归拢的垃圾，等等。前功尽弃 ch'ien kung¹ chin ch'i⁴，先前所做工作的功绩被彻底丢弃：弃 ch'i，丢掉，抛弃；至于"功 kung"，请参见第三章1042.。

4. 默了一会儿，短暂停顿之后。参见第三章练习 31.3。缝缝补绽：缝 fêng²，缝合；缝 lien²，缝口，如果没有"缝"就见不到缝口；绽 chan⁴，开了的缝儿，通常表示破旧物件，例如鞋帮跟鞋底之间裂开的口子，船板上裂开的口子，等等；本分事 pên fên shih，分内的事儿，应尽的责任，或履行责任。

6. 包袱 pao¹-fu⁴，包装物：袱 fu，一块方布，严格地说读 fu²。

9. 冷眼看见，眼睛看得明白：冷眼 lêng yen，没有成见：凭第一眼看待事物的眼光，或指不受亲近的人之所期待的影响；例如，某人病了，他邀请他的一位朋友，他并非经常往来并冷眼观察过，这位朋友告诉他，不论他的病情如何，他都会一如既往；当人们经常交往，互相尊重，看惯了对方（看熟了），他们便不可能从外表看出不同来。斩新 chan³ hsin¹，新制的，刚刚切下来的：湛 chan⁴，本书第一版用了这个字，卫三畏的字典（*Williams's Dictionary*）也收了这个字，但中国字典给的是前一个读音（译按：今作"崭"）。

10. 包含 pao¹ han²，容忍，保留自己的看法；通常用于涉及当前所提供的，或为一个错误而作的道歉，等等：他没有见过世面您包含着点儿罢，他没经验，请给予适当的体谅。注意：

世，读 shih² ，而非 shih⁴。
15. 提溜 ti¹ liu¹，用手提着，带在身边或从地上提起：本短语中"溜 liu"的涵义难以揭示；这或许是北方口语所特有的。注意：提 ti¹，不读 t'i²，同于问答章之二，36。
16. 騲驴 ts'ao³ lü，母驴：騲 ts'ao，雌性马科动物，不过口语只限于说驴，而且出于某些原因，只限于说家畜家禽，虽然一般不带"马"字旁。
17. 切切实实的：断然，明确地：切 ch'ieh⁴，深切（参见百章之五十五注 2）；又，表示重要，强调，或诚挚等语气的词缀。

第五段
(CHAPTER V)

1. 可惜他那脾气仍旧不改，一直的还是到那熟耍钱场儿上去了。那些个耍家儿都是没见过世面的人。知道郑恒近来并没有钱，忽然有这么一件褂子，真叫他们想不到。就有个人过来问说：这是甚么做的？我倒是近视眼看不清楚。郑恒就嗔着他说：这个与你甚么相干？你倒别说俏皮话儿，我现在饿了，你们替我把这个衣裳出脱了，买些个酒菜儿来大家伙儿吃，好不好？

2. 那些人听了，正中下怀，很喜欢，不大的工夫儿就把那衣裳卖了，买了好些东西来。

3. 就有人把肉燉上，燉得稀烂喷香；有忙著擩麪的，又有烙饼的。正预备着，还有人要想喫煮饽饽。真是各人的意见不同。

4. 你看，郑恒没有钱的时候儿，这些人都躲著他。他一有酒有肉，情面立时就掉过来了，都是同他喫喫喝喝开怀畅饮的。俗语儿说"酒肉朋友、柴米夫妻"，这话真真的不错啊。

5. 那耍钱的裏头有个秃子，是平日刁钻不过的。他看见郑恒有那些个米就见财起意，合他们三两个人在背地裏商量说。

6. 我早就学会了一样儿本事，今儿何妨试演试演呢？可有一样儿，我独自一个儿可做不来。你们帮著我弄了那东西来，大家均摊匀散的分，好不好？

7. 那些人驳他说：这种犯法的事万做不得，你别是要作死罢！那秃子那'儿理会这个，就唬嚇他们说：你们不肯合伙儿也可以，等我犯了事，叫官拏住，我若不把你们攀出来就叫我不得好死！

8. 那些人想了一想：这话不是玩儿的，"贼咬一口入骨三分"！不依著他也是白饶。就回过头来合郑恒说：酒还有这些个呢，我们大家儘著力儿的喝，较较量，好不好？郑恒推辞说：我的量可小啊，足已觳了。那秃子说：这是甚么话，拏酒灌他看他喝不喝？

9. 郑恒本是欺软怕硬的脾气，见他们出言不逊，怕大家伙儿都跟他闹糟糕。没法子，只好同他们儘量儿的喝。直喝到五更多天，濛濛亮儿的时候儿，都喝得东倒西歪的站不住了。

10. 郑恒倒不至於，喝得不过半醉。因为他早有点儿疑心，看见这样光景，便猜个八九不离十儿。趁他们不留神就悄悄儿的拉着驴前仰儿後合的家去了。

11. 赶到了家就大天亮了，可巧遇见那姓田的打發拉驴的人来，把驴拉回去了。

12. 郑恒进了门，先搁下米，後关上门，在炕上坐下，歇了一会儿就躺下睡着了。过了不大的工夫儿，正在睡得人事不知的时候儿，那秃子遮遮掩掩的来了，拏铁通条撬开门，把那米都偷了去了。

13. 郑恒直睡到晌午大错纔醒，就赶紧的先瞧米，那'儿还有一点儿呢？又见门也撬开了，就翻身下炕说：呀！怎么了？带着太阳就闹贼！嗳，我真是越穷越遭殃！就连哭带喊的嚷了半天，也是不中用了。

14. 那都是郑恒的根基本来不好。他父亲当初在外省做官，就知道受贿赂。那百姓的困苦他全不怜恤，不论鳏寡孤独的他都是一样儿的勒掯，遇事假公济私，又没有正经本事，到底被人参了。朝廷大發雷霆，叫他闭门思过。後来在家得了个瘫痪病，医治不好，就死了。

15. 这郑恒是他最疼的儿子，在小的时候儿常纵他撒野。这么说起来，家里既是根子先坏了，那郑恒自己怎么能好呢？真是"靛缸里拉不出白布来"。此刻他全家都败尽了，这纔是"天理昭彰，丝毫不爽"呢。

注:

1. 没见过世面。参见上文第四段，注10。近视眼 chin-shih⁴-yen：视 shih，注视，看，见到；花眼，远视。嗔。参见百章之五十四注1。俏皮话 ch'iao⁴ p'i hua：俏皮 ch'iao p'i，严格说来，是巧妙的，迷人的，有吸引力的，并经常用于这类情况；但说俏皮话的时候，只是拿别人并不具备的吸引力来打趣。出脱，脱手，既可以是典当，也可以是卖掉。

2. 正中下怀，刚好符合他们的想法或愿望；字面上是，正好投合[每个人]心中（或心底）的[愿望]。参见第三章302.。

3. 燉 tun⁴，长时间焖（或煮）直到它"稀 hsi¹"了，"烂 lan⁴"了。喷香 p'ên⁴ hsiang，发出香味儿：喷 p'ên，冒出，喷出，比如从嘴里。搋靭 ch'uai¹，重击或揉面以便做烤饼，这种烤饼或"饼 ping³"，在铁锅里烘烤即"烙 lao⁴"。饽饽 po¹-po¹，馒头；又指各种小的糕饼。

4. 情面，朋友间的情分：面 mien，"情 ch'ing"的面子（紧缩自"交情"），友情，掉过来 tiao kuo lai，转向他。开怀畅饮 k'ai huai² ch'ang⁴ yin³；字面上是，敞开心怀（不再拘谨忧虑）并快活地畅 ch'ang 饮 yin（喝）。比较："畅快"，开心，没有忧愁。

5. 秃子 t'u¹-tzǔ，秃顶的人：秃 t'u，又指中国画笔或毛笔的笔尖因为用久了而磨损。刁钻 tiao tsuan，不讲道德且耍阴谋到了无以复加（不过 pu kuo）的程度：刁 tiao，是对一般邪恶行径的一种修饰性表述。

6. 均摊匀散 chün¹ t'an¹ yün² san⁴，平均分担，平均分享：均 chün 与匀 yün，或均匀 chün yün，都是"平均、对等"的意思；摊 t'an，严格地讲，是出一份力、起一份作用的意思，但在这里跟"散 san"合为一体，是分发的意思。比较："均背拉一算"，算出平均数。

7. 犯了事，惹了麻烦；不是犯法，但这麻烦又属触犯法律；正如"犯人"是被逮着的罪犯，而不是犯了法却还没被逮着的人。把你们攀出来：攀 p'an¹，把你扯进来；字面上是把你拉出去。参见百章之十三注2。

8. 白饶 pai jao²，免费，不要钱；饶 jao，在这里的意思是，成交之后再白给一些；把这个饶给我，也是不要钱白给：白饶 pai jao，不要钱白给，绝对的免费赠送。量 liang⁴，参见第三章776.注②。灌 kuan⁴，用强力注入喉咙，强迫他喝下去：灌药 kuan yao⁴，让（病人）服药。

9. 出言不逊：逊 hsün⁴，措辞强硬，说骂人的话；逊 hsün，本指驯服，谦虚，恭顺；举止谦卑，彬彬有礼。大家伙儿跟他闹糟糕：糟糕 tsao¹ kao¹，普通吵架：大家伙儿 ta chia huo-'rh，即所有与他有关系的人，都跟他"闹 nao"，因为生气而闹"糟糕 tsao kao"；糟 tsao，指腐朽的或因浸泡而稀松的任何东西，参见百章之四十七注3；糕 kao，一种点心。比较："糟糕"，这里是一团糟的意思；可以用于任何灾难性的情形。濛濛亮儿的时候儿：濛濛亮儿 mêng¹ mêng¹ liang⁴-'rh，黎明；濛 mêng，本指薄雾笼罩的或模糊朦胧的意思。

12. 撬 ch'iao⁴，（用杠杆）撬动，猛然打开；通条 t'ung-t'iao，火钳；字面上是，用以穿透的棒条。

13. 遭殃 tsao¹ yang¹, 遭遇不幸或灾祸。比较：越渴越吃盐。
14. 根基 kên¹-chi¹, 根本：基 chi, 基础, 基本。（译按：原著根基 kên¹-chi¹, 误作根基 kên¹-chi², 今径改）受贿赂 shou hui⁴ lu⁴, 接受贿赂；有时"贿"可以单用而不必缀上"赂"；行贿，以贿赂收买人。鳏寡孤独 kuan¹ kua³ ku¹ tu², 鳏 kuan, 老而无妇者；寡 kua, 已寡的，单独的；这里指丧夫者（通常叫"寡妇"）；孤 ku, 本指死了父亲的, 不过这里指没了双亲的人；独 tu, 本指单身，但用来说老而无子的男人。勒掯 lo² k'ên³, 敲诈勒索, 勒索钱财；掯 k'ên, 还有强制扣留的意思。假公济私 chia³ kung¹ chi⁴ ssŭ¹, 将公共利益据为己有；假 chia, 在这里用的是它的第二个义项"借"：他借公家的 [他的职务给他提供的机会], 济 chi, 助长；私 ssŭ, 他私人的利益。参 ts'an¹, 又读 ts'ên¹（参见第三章 493. 和 576.), 向皇帝检举或告发。雷霆 lei² t'ing², 两个字都指雷, 用于指皇帝的震怒。瘫痪 t'an¹-huan⁴, 患麻痹病的, 麻痹：瘫 t'an, 瘫痪；痪 huan, 跟"瘫"同义又总是从来不跟"瘫"分开用的词。
15. 疼 t'êng², "疼爱 t'êng ai"的紧缩（参见第三章 453.）。纵他撒野 tsung⁴ t'a sa¹ yeh³, 任由他无法无天：纵 tsung, 使放松不受拘束；引申为纵容；撒 sa, 分散，播撒；引申为放纵，不受限制（比较："撒手 sa shou³", 放手不管）；野 yeh, 任性不驯服的样子。靛缸 tien⁴ kang¹, 染靛青的大缸：缸 kang, 一种陶制罐子或容器。全家败尽 ch'üan chia pai⁴ chin, 他全家彻底破产：败 pai, 毁坏或毁灭了；又, 失败了（参见百章之八注 3）。天理昭彰：昭彰 chao¹ chang¹, 公然表露 (the manifestation)；天理 t'ien¹ li³, 上天的真理；丝毫 ssŭ hao², 极细微的程度（参见百章之三十九注 2）；不爽 pu shuang, 不错, 不会有错儿；昭 chao¹, 明亮；彰 chang¹, 明亮的样子；爽 shuang³, 错了（参见第三章 823.）。

第六段
(CHAPTER VI)

1. 现在单提莺莺和他的丫头红娘，两个人名虽主仆、情同手足。那红娘原长得俏皮，幹事情麻利，说话又伶牙俐齿的。
2. 这一天莺莺在绣房裏合他说：我这幾天头昏脑闷的很难受，不知道是甚么缘故。
3. 红娘回答说：姑娘别是有件甚么心事罢。我白猜一猜，不是因为那郑恒吗？可是啊，我想他的岁数儿也不小了，不但白活了半辈子，还惹得旁人说长道短的，我不由的很嫌他。先前有人说他好，实在是骗了偺们了。我看姑娘做事这么没有心肠，想必也为这个，是不是？莺莺叹了一声说：嗐，你是怎么了？大清早起别混说。红娘说：那么著依姑娘想是幹甚么好？我奉陪就是咯。莺莺说：花园子裏那一天你种的那些个树，大概都發了芽儿了，你跟我去看一看，好不好？

注：

1. 单 tan¹，只，仅。参见第三章 308.。主仆 chu p'u²，主人和仆人。手足，可用于形容兄弟情义，也同样可用于形容姐妹之情。麻利 ma²-li，生气勃勃，手脚灵巧；"麻"可能是"马"之讹。
2. 绣房 hsiu⁴ fang，闺房或女子工作间：绣 hsiu，刺绣。
3. 芽 ya²，萌芽；不是籽芽，籽芽为"苗 miao²"（参见第三章 691.）。花的"芽"叫"咕朵儿"。

第七段

(CHAPTER VII)

1. 不说他们闲逛，单说彼时西洛地方有个秀才姓张，名珙，号叫君瑞。
2. 他们老人家也做过大官，早已告退还乡谢了世了。这秀才是个小汉仗儿，相貌倒很秀气，为人谦恭和霭，又是文武全才，真是没有人不佩服他。正在怀才欲试，恰巧遇着大比之年，这秀才决意要来京赶考，就带了一个底下人，名叫琴童。
3. 临走的头一天，张生合那琴童说：明儿天濛濛亮儿的时候儿就要起身，你预备的东西都齐截了么？
4. 琴童回禀说：小的都弄齐截了。第二天一清早他们主仆二人就起了身。走了幾天，到了一个地方儿，张生想起一个姓杜的来，住得离这儿不远，本同张生是患难朋友，情投意合，很像弟兄一样。
5. 他如今做了武官，带著兵住在蒲关防守。他的武艺超群，调度有法，人都称他为白马将军。
6. 张生惦记著他，想著何不抽空儿先去看看那朋友然後再上京，於事也无妨。就绕了两步道儿，到了蒲关，在关厢裏找个客店住下了。因为劳碌得很，要歇息歇息再出去遊逛。

7. 这么著歇了一会儿，就问店裏的伙计：这儿有甚么可去的地方？伙计说：有个普救寺离这儿不很远，那儿十分有趣儿。

8. 张生说：哦？是了。你先弄点儿东西我喫。我饿極了。

9. 那伙计就上街去买了个滷牲口来，又端了两碗滷麪。

10. 张生喫完了就吩咐店裏伙计们餧马，小心照应零碎东西，就带著琴童一齐出了店门。

注：

1. 洛 lo^4。珙 kung^{13}，宝石饰物；口语里不用。号 hao^4，某人的"称呼"，或只在朋友中使用的名字。参见第三章858。

2. 谢世 hsieh^4 shih^4，逝世；字面上是，从生活中退出。注意"谢hsieh"，在这里用的是它的本义，衰退，退出。比较："谢罪"，道歉，认错儿。和蔼 ho ai^3；友善的和让人愉快的；合在一起，表示谦恭有礼，友好。佩服 p'ei^4 fu^2，尊敬，敬重，信任：佩 p'ei，带在身上，衣服上；服佩 fu p'ei，佩带饰物。佩服 p'ei fu 一词源自一首古诗，（译按：唐·钱起《美杨侍御清文见示》），诗人在诗中说，他将写出富于哲理的诗句，抄在佩带上，并且永远带在身上：愿言书诸绅，可以为佩服。（又见《礼记》经文，第一卷，160 页，4。译按：似指《礼记·曲礼下》："立则磬折垂佩，主佩倚则臣佩垂，主佩垂则臣佩委"）。大比之年，字面上是，大比较的年头儿；在京师举行的"进士 chin-shih（文人的最高级别）"级考试，这种考试每三年举行一次。来京赶考：注意来 lai，表明故事的作者在京城；如果他人不在京城，"来 lai"就用错了。琴童 ch'in^2 t'ung^2：琴 ch'in，指中国的琵琶或古筝；童 t'ung，十五岁以下的男孩儿。

3. 齐截 ch'i^2 chieh^2，全准备好了；预备的 yü pei ti，准备的，齐截 ch'i chieh，已臻完成状态：截 chieh，切断；引申为到底。

4. 杜 tu^4，本指一种酸苹果，通常叫"杜黎儿"；又，关门，如：杜门谢客，把自己关在家里拒绝会客。患 huan^4，灾祸，不幸事件。情投意合，互相完全中意：他们的"情 ch'ing"，情意，投 t'ou^2，一致；他们的"意 i"，意见，合 ho，和谐，融洽。投 t'ou，还有其他好多意思。

5. 守 shou^3，保护，护卫；可以单说，或者像本句这样，加上"防 fang"，可参见百章之十六注 1。调度 tiao^4 tu^4；字面上是，调遣计划或安排；这里的"调 tiao"，特指调遣部队（调兵 tiao ping）；这个字还有别的意思，而且有时读 t'iao^2。将军 chiang^1-chün^1，领兵的司令；严格地讲，指满洲主帅 (Manchu General-in-chief)，或者如通常叫的 "鞑靼将军 (Tartar General)"；这也是对驻守长城的军事长官的称呼："军 chün" 的本义是指一个师团或一支部队；它也是"军事"的一个一般名词，如"军务"，军事事务；"军器"，战争用的军火。
6. 劳碌 lao² lu⁴，劳累，疲劳：劳 lao²，劳动，辛苦；碌 lu，本指凹凸不平又多石的地面。劳碌 lao lu，又可用以指艰苦的体力劳动。遛逛 yu² kuang⁴，散步，闲逛：遛 yu，漫步或闲逛；在北京，更常说的是"溜打 liu¹ ta¹"。译按：即溜达（蹓跶）。
9. 卤牲口 lu³ shêng¹-k'ou³，咸鸡肉：卤 lu，用盐水处理的，腌制食品；鸡，一般叫"小鸡子 hsiao chi-tzǔ"或"小鸡儿 hsiao chi-êrh"，很少说成"牲口 shêng-k'ou"；牲口，指动物，这是为避开说错的风险，因为"鸡 chi"加上一个普通词缀，就成为一个意思暧昧的词，稍不经意很可能就悄悄溜出来。

第八段
(CHAPTER VIII)

1. 这一天本是蒲关的庙会，路上的人真是川流不息的，很难走。
2. 琴童大声说：你们起开！别攢著道儿！那些人就让开了一条路，主僕二人纔过去了，一直的奔了普救寺。走了幾步儿，远远儿的看见这座庙真是威武得很。
3. 到了庙裏头，曲曲湾湾的走了半天，纔出来一个小和尚，名叫法聪，彼此通了名姓，就让到屋裏去喝茶。
4. 小沙弥端上茶来，法聪说：嗐！这茶忒淡了，彷彿白开水似的，快沏碗新的来！
5. 小沙弥赶著换了好茶，喝茶之後彼此在庙裏各处遊玩。张生猛然看见西边儿有个花园子，门是半掩半开的，裏头有一位姑娘，带著一个丫头也在那儿逛。
6. 那姑娘脸皮儿雪白，嘴唇儿鲜红，头髮又漆黑的，梳著个元宝鬐，头上插著清香的玫瑰花儿，耳朵上带着碧绿的耳环子，手腕子上还有一对焦黄的金镯子，身上穿的是翠蓝布大衫。加上佩著好些珠宝玉器都是金子镶成的，是人没他打扮的那么齐整。

7. 张生一见,心里惊异的了不得,连身子都不自主了。那姑娘在门里看见张生,唇红齿白,举止不凡,真不是个寻常人的样儿,恰与张生心意相同。张生就问法聪:你知道那姑娘是谁家的?

8. 法聪回答说:那是官宦人家崔大人的家眷。崔大人不在了之後,崔老太太带著姑娘寄居在此。手头儿上宽绰,真是逍遥快乐得很!

9. 张生暗想道:我普天下都走偏了,看见的女子也真不少,那'儿还有比这个好的呢?可惜了儿的,就是有一样儿,在这儿多住些日子未免悞了考期;若是去考试又怕错了这个机会,真叫我进退两难。心裏犹豫不决的,再一转念,有这样的好姑娘我甯可不去考试罢!

10. 就问法聪:这儿有房子没有?我也要搬到庙裏来住。

11. 法聪说:师傅没在家,我做不得主,请施主明天早点儿来商量罢。

12. 张生只得先回店裏来,无精打彩的,茶也不思,饭也不想,竟是惦记那崔姑娘,一夜都睡不著觉。

注:

2. 攩(挡)tang³,阻止,阻塞。威武 wei¹-wu³,庄严,壮观:威 wei,雄伟壮丽,令人敬畏;加上"武 wu",这个词本是讲军人之威的,不过也用于一般对象;威严,形容个人举止庄重严肃。

4. 沙弥 shami 或 shabi,佛教徒;梵语(Sanskrit)汉译音词(译按:梵语 Śrāmanera,指七至二十岁的受戒男子)。忒 tʻê⁴,这里是副词,相当于太(too),非常(very)。

6. 纂 tsuan³,女人的髮髻,顶髻。插 chʻa¹,刺或戳,如刀"插"入它的鞘,花儿"插"到头髮上,等等。玫瑰 mei² kuei¹⁴,蔷薇花之一种,红色而且非常香;每月开一次花的一般叫"月季花"。手腕子 shou wan⁴-tzǔ,腕关节;脚腕子,俗称"脚脖子",踝关节部。焦 chiao¹,被火烤焦或烧焦;做饭的时候把肉烤焦或烧焦之类的,叫"煳 hu²"。镯子 cho²,手镯。翠蓝 tsʻui⁴ lan²,翠鸟蓝:翠 tsʻui,也可以用来指绿色;翠雀儿,翠鸟儿。镶 hsiang¹,嵌入,装框子,加缘饰,安装。

7. 不凡 pu fan²,不一般:凡 fan,在这里就是普通、通俗的意思。参见第三章563。寻常,一般的,普通的:寻 hsün,是古代的一个计量单位,有"8 尺 chʻih"长;一"常 chʻang"是"2 寻 hsün":没有任何迹象显示它是怎样变成"一般的,普通的"。(译按:似由"寻常"的短、小义引申而来,如《左传·成公十二年》"诸侯贪冒,侵欲不尽,争寻常以尽其民",指小块土地。)

8. 官宦 kuan huan⁴，官员；宦 huan，带古语意味，跟"官 kuan"同义。家眷 chia chüan⁴，家庭成员；指女人和孩子，但一般只指女人；又，专指妻子：眷 chüan，关注，照顾，爱惜；引申为妻与子。宝眷，您的妻子（礼貌用语）。寄居 chi⁴ chü¹，暂时居住，寄宿：寄 chi，寄宿；又，暂时存放；比较："寄放"，寄存；寄 chi，又有"递送"的意思，如"寄一封信"。逍遥快乐 hsiao¹ yao² k'uai lo，无忧无虑，衣食富足；本地字典说"逍遥"等同于"消摇"，《康熙字典》解释如下：消 hsiao，冰冻消释，消意放散也；摇 yao，摇动，振动，像一艘船本身没坏也会在水上摇动。两字引申义相同，都是身体舒适，所处环境不觉得要耗费好大精力去奋斗；快乐 k'uai lo，更着重于精神上的舒适。

9. 走徧了 tsou pien⁴ liao，已经转了一圈儿了，或各处都走到了：徧（译按：今作"遍"）pien，各处，全部的，走完了一圈了。找徧了，各处儿都找过了。期 ch'i²⁴，定时间或时期；引申为规定的日子或季节。宁可不，更好些。参见第三章 625。

11. 施主 shih⁴ chu³，赞助人，捐助人：施 shih¹，义项之一是，施舍，施与，赠送，作为慈善事业。和尚管来访者一般称"施主"。注意"施 shih"的声调。

12. 无精打彩的，沮丧，情绪低落，打不起精神来：无精 wu ching（参见问答章之四，注56），没精神，而运气（彩 ts'ai，参见第三章 259。）被驱散了，即"打 ta"。译按：通常作"无精打采"。

第九段
(CHAPTER IX)

1. 到了第二天，张生一早儿起来，就到庙裏去，见了老和尚法本。
2. 彼此通了姓名之後，张生就说要租幾间房子。法本先问：尊驾府上是那'儿？
3. 张生说：我是外乡人，来这儿为的是办点儿事，在店裏住著不方便，火食也太贵，所以要搬开。瞧著宝刹很好，打算搬进来，还要挨着西边儿那家儿近些儿纔好。
4. 这都是张生为人樸实，向来说话不藏私，所以心裏有什么说什么。
5. 法本说：这倒巧咯，那边儿有两间西厢房，可是厨房烟熏火燎得很腌臜，我原要收拾来著，还没有动手呢。张生说：大可以募化重修，不知道这块地主是谁？

6. 法本说：这是崔家的家庙，他住的房子就在隔壁儿。你看那边儿地势高，隔著院墙就是他的住房。家私不是没有，可不知道这项钱他肯出不肯出。

7. 张生想：这个事情我不过劃著多花点儿银子罢咧。就说：你儘管修盖，若是不够，都在我身上，我帮著你，好不好？

8. 法本道谢说：好极了，多承施主美意！

9. 张生登时请他就打发人跟著取钱，就手儿找个木匠做那些应用的东西，又问法本修齐了得'多少日子。法本说大约十来天的工夫儿就完了。说完就分手找工人去了。

注：

2. 租 tsu¹，租借；租给；租子，土地租金；房租，房子的租金。

3. 刹 ch'a⁴，佛寺；宝 pao，用法如同第八段注8的"宝眷"。

4. 樸实 p'u² shih，坦率的，老实的：樸 p'u，字面上指未加修饰（打磨）的木头。

5. 烟熏火燎 yên¹ hsün¹ huo liao³，被烟黑被火烤焦：熏 hsün，被烟臭弄脏的，被烟染污的；燎 liao³（译按：原文误标去声，今径改），本指烧灼；这里指被烤焦污染。募化重修 mu⁴ hua⁴ ch'ung² hsiu¹，向人募捐以便重新整修（寺庙）：募 mu，雇用，招收；化 hua，改变，如："化"人心；唤起他们的同情心[并得到捐款]去"重 ch'ung"（重新）"修 hsiu"（修理）。

7. 劃著 huo¹-cho，冒着危险，如"劃著挨淋"，我宁愿被淋湿；"劃著碰钉子"，我愿冒着被断然拒绝的危险：劃 huo，字面上是，撕开或划破。

9. 登时 têng¹ shih，立刻：登 têng，字面是登高，上升，在这里与"当时"同义。应用 ying⁴ yung，预备着派上用场。注意声调。

第十段

(CHAPTER X)

1. 琴童在旁边儿听主人这样儿话，心裏想著：这个顾前不顾後的脾气可不行，就赶紧说，老爷带的银子不多，在这儿都花了到京裏怎么样呢？

2. 张生怒说：这是你该管的么？我甘心情愿替老师父出力与你何干呢！

3. 琴童心裏暗说：俗语有两句，"顺情说好话，耿直惹人嫌"，由他去罢，我也难管了。

4. 过了些日子张生又到庙裏问法本那房子得了没有。法本说：房子到（译按：倒）快完了，可惜那木匠太笨，傢伙做得不合式，纔叫他从新另做了。
5. 张生看这么耽搁日子心裏著急，就亲自找那个木匠去。
6. 告诉他说：那桌子椅子得'赶紧的做，你总要照我的话办，得'留点儿神纔好。
7. 木匠说：老爷通共要幾件？
8. 张生说：不是早告诉你要两张桌子五张椅子，俩搭五哇不是七个吗？就回头嘱咐琴童说：你也催著他们做，一时一刻都别耽搁。
9. 琴童问：限他幾天做得了呢？
10. 张生说：这个东西也不多，三五天儿总可以完了罢？
11. 那房子是早已修好了，不到五天儿桌椅也都齐备了。
12. 张生看了一遍就说还罢了，这桌腿子镟的都好，椅子也结实，这没有什么说的了。就告诉庙裏的人，这个是该搁在这儿的，这儿是该搁这个的，墙上再挂四幅画儿，叫他们小心些儿，别弄破了。这些个收拾完了，叫琴童马上就搬了行李来安排好了。

注：

3. 耿直 kêng³-chih², 坦率直言，毫无保留，一般用于褒义；耿 kêng，在这里用如 "介"（请参见本地字典），义为单独，一个人；引申为坚持原则的人；直 chih，正直。
8. 哇 a¹, 严格地说来是：wa¹, 本义呕吐，在这里是量词 "个 ko" 的讹变；它经常跟在数词四、五、六和七之后。（译按：此说意为：五个啊 wu³ ko⁴ a → wu³ wo⁴ a → wu³ wa¹。不过，实际上应该是 "啊 a¹" 在 -u 韵之后的同化音变）
12. 镟 hsüan⁴, 在镟床上镟。幅 fu², 一个卷轴；长而窄的纸的条幅，上面或者写字或者有画儿。

第十一段
(CHAPTER XI)

1. 主僕二人住下之後，过了幾天张生见个小姑娘带著小孩子出来问法本：给崔大人念经的事定了日子没有？法本说：日子是定了本月十五。
2. 张生看这小姑娘长得很俊，首饰都是镀金的，头儿梳的也端正。就扯了法本一下儿低声问道：这是崔府上什么人？
3. 法本说：他是崔姑娘的丫头，名叫红娘。那莺莺小姐本是才貌双全，这红娘跟著他自然是近硃者赤近墨者黑了。他们俩倒像一对双生儿，姑娘见他能言快语，说话做事痛快，脸上又很忸怩，诸事都靠他，倒是姑娘一个大帮手。
4. 张生听这一番话就掉过头来高声向法本说：从我父亲去了世我早要念经来著，趁这个機会託师傅捎带捎带，行不行？
5. 法本还没得回答，那红娘本是好心肠儿，又看见张生是个斯文人，就低声说：这位相公要在十五一齐念经有甚么不行的吗？
6. 张生一听就喜欢得眉开眼笑，那红娘就问法本：这位相公这么笑是什么缘故呢？
7. 那法本原是老江湖，什么事情也瞒不过他，那底细他早已看出来了。就说：倒没有甚么别的意思，这位不过是听见十五能彀一齐念经，心里乐极了。红娘听了这话就进客房裏略坐一坐儿，悄悄儿的问屋裏的和尚说：外头那一位姓什么？那和尚一五一十的都告诉了他，红娘出来要走，张生就趁势问道：姑娘是给谁办事？红娘说：我给我们老太太办，说著就扭头回去了。

注：
2. 俊 chün^4，相貌好看，智力和身体条件优越者；只适用于年轻男女；古语说，智过千人曰俊。首饰 shou^3 shih^1，头上的装饰品：饰 shih，装扮，修饰；首饰 shou shih，可指一般意义上的妇女装饰品。镀 tu^4，镀上金色。
3. 近硃（译按：通常作"朱"）者赤近墨者黑，一个人的伙伴是什么颜色，他也就带上了这种颜色；靠近硃砂（硃 chu^1）的会变红，靠近乌墨的会变黑。忸怩 mien^3 t'ien^3，害羞，忸怩，羞怯的；两个字同是举止窘迫的意思。
4. 一番话，番 fan^1，(一)圈，(一)回；一番 i fan，一次；在这里是"话 hua"的量词。捎带 shao^1 tai^4，让我进来，带我进去，让我参加：捎 shao，带着，拿着；比如一件行李被顺便送到。
5. 相公。见第十二段，注3。

7. 老江湖，由"老走江湖的"缩略而来，周游江湖的长者；引申为富于经验的人。趁势 ch'ên⁴ shih⁴，抓住机会，利用有利时机。

第十二段
(CHAPTER XII)

1. 自此之後，张生天天儿在院子裏遊玩，合红娘虽然遇见过幾次，总是羞口难开。
2. 这一天寔在是忍耐不住，就劚出来了，说：有件事情奉託姑娘，果能成全，我就感激不尽了；底下遇著姑娘有事，我也必然尽心帮助。姑娘是知道的，只要两个人齐心努力，甚么事不能成呢？可是你们老太太家法过严，託你在裏头周旋周旋，别偏著那边儿，总得'向著我这边儿纔好。
3. 红娘一听，心裏想著这话怎么这么冒失！就说：相公太懞懂咯！好歹都不知道了，满嘴裏胡说八道的！若叫多嘴多舌的人听见，告诉老太太，那还了得咯！
4. 张生说：哎，我拙嘴笨顋的不会说话，请你宽恕些儿，以后我多加谨慎就是了。红娘说：啊，原该如此纔好。别了张生回去。
5. 告诉莺莺说：那一天见著的那个秀才姑娘记得吗？敢情是个姓张的，纔刚又遇见了。就把彼此说的话一五一十的学说了一遍。
6. 莺莺想了一会儿就猜著张生的心思了，真叫他半惊半喜，忙说：你可别告诉老太太呀。
7. 红娘说：那可自然，当言则言，我怎么不知道呢？

注：

2. 周旋 chou¹-hsüan²：周 chou，转了一个圈子，环绕；参见第三段，注 8 的"週"，与"周 chou"同义；旋 hsüan，旋转，转回到同一点上；这两个字结为合成词，表示环绕着一个对象或圆圈打转转，目的是止于一个进入或进攻之地。周旋 chou-hsüan，又有关怀之意，如主人之于客人。

3. 懵懂 mêng²-tung³，失去了知觉，失礼了，不合时宜：懵 mêng，健忘的，愚笨的；懂 tung，亦有大体相同的意思；"懂 tung" 的第二个义项的意思是"理解、明白"，但不被本地字典所承认。相 hsiang⁴ 公，本是政府秘书的称号，但现在是不加区别地统指"年轻绅士"；父母对仆人说起他们的儿子叫"大相公 ta hsiang-kung"，"二相公 êrh hsiang-kung"，以分别老大老二；又见百章之十九注 6。

4. 拙嘴笨腮 cho² tsui³ pên⁴ sai¹，笨手笨脚的人，笨嘴笨腮不会说话的人；不是用来指嘴和腮，而是比喻不善于表达自己的意思：拙笨 cho pên（又读 chuo²）是指在大大小小的事情上都笨拙很。谨慎 chin³-shên⁴，小心，注意：谨 chin，严格地讲，是工作上庄重小心；慎 shên，也是殷勤小心的意思。

5. 敢情 kan³-ch'ing：要找一个跟它十分相当的英语词是极其困难的；一般用于表达对某些事情成为现实、而且在某种意义上说来是不期而获时的惊讶，虽然眼下这句话，似乎并不比我们所说的 "turns out（结果是，竟然是）" 力量更强些。比较下句：我原想是某人，敢情是你呀 (I thought it was So-and-So, but it turns out to be you instead.)。学说 hsiao² shuo，意指再现别人说话时的举止和姿态。注意：摹仿就是"学舌"。

第十三段

(CHAPTER XIII)

1. 且说那张生还在院子里一个人站著思来想去。心里说：这是我自己莽撞，难怪那丫头说话不饶人。想到这儿真不耐烦，就坐在一块石头上纳闷儿，等到傍晚儿的时候儿琴童打下房儿过来看见主人脸上发愁，吓了一跳说：哟！冰凉的石头，老爷坐在那儿不怕冰著么？嗐，这儿蝎子多，小心螫著了罢！

2. 张生厌烦说：这阴凉儿里坐著倒凉快，你干什么来了？琴童说：请老爷喫饭来了。

3. 张生说：我嗓子里嚥不下去，你们喫你们的罢。仍旧没动窝儿，直坐到半夜月明如昼，猛然听见墙那边儿有女子的声儿。

4. 张生蹑手蹑脚儿的爬上墙去偷著看，原来是莺莺在树底下烧香呢。

5. 树林子虽密，面貌还露得出一半点儿来。看他的模样儿倒像比从前越發俏

6. 莺莺烧完了香，那红娘指著那些棵小树儿说：这棵树的果子都熟了，那棵树上纔结，可惜树根子都叫蚂蚁蛀了。
7. 这种刺刺不休的话，张生都听得很清楚，心裏想：这些小树儿不如拔了去省得攩眼。可巧琴童出来，见他主人在半悬空裏爬著墙，急忙的叫说：老爷可别撒手，小心摔下来，可不是玩儿的啊！
8. 张生嘻说：怎么这么大惊小怪的，要叫人都知道么？

注：
1. 莽撞 mang³ chuang⁴，轻率、冲动、粗鲁：莽 mang，本指纷乱的，好比丛林，等等；撞 chuang，撞着、碰上。纳闷 na⁴ mên⁴，被吸引或卷入抑郁之中：纳 na，加入，接受，有许多意思，其中最常用的是缴纳，出钱，如税款或会费；纳闷 na mên，又有被难住了的意思。傍晚 pang⁴ wan，天快黑了：傍 pang，接近。冰凉 ping¹ liang，冰那样儿的冷。蝎 hsieh¹ 子。螫 chê⁴，蜜蜂、马蜂、蝎子的刺或叮；不是蜈蚣、蛇之类的咬。
3. 嚥 yên⁴，吞咽，吞下。没动窝儿，从未移动；字面上是，没移动他的窝儿；窝 wo¹，巢穴，窟穴，或住所。
4. 蹑手蹑脚，跐着脚走，偷偷儿地走：蹑 nieh⁴，踩，踏，走。爬 p'a²，爬行，匍匐而行，攀登；爬 pa¹，即如下面所见，在"爬著墙"，即趴在墙头上，用肘或手吊着；又，适当条件下，表示到达，抓住，得到（参见第三十四段 7：上不爬村儿下不爬店儿）。
6. 蚂蚁 ma³ i³，蚁类；蛀 chu⁴，蛀蚀，尤指昆虫在木头或纸里头之所为。"蚂 ma" 字还指黄蜂或蜜蜂（参见第十九段注 2）。

第十四段
(CHAPTER II)

1. 等了一会子莺莺家去了，张生回到屋裏来，琴童端过夜饭来。谁想，张生心裏是七上八下的，看什么都不合式，就靠著桌子尽找寻他们。
2. 说：这厨子做东西忒腌脏！米裏尽是沙子。淘的不净，为什么不拏筛子过一过？酒也这么凉，你怎么不烫？喝了一口又说：这个味儿也苦得很，快拏瓶子倒回去！
3. 琴童答应了，端上汤来，张生一嚐，更不对心思。急说：这汤怎么落上土了？快把浮头儿的撇了去，紧底下的也给倒了！
4. 琴童说：纔买了个石榴，不知道甜不甜，老爷嚐嚐。
5. 张生拏过来剥了皮，喫了一点儿说：这东西又酸又涩，狠不好！
6. 琴童见左不好右不好，没有法子。又想起厨子买了些嫩豆腐来，问主人说：有嫩豆腐您喫不喫？张生说：叫厨子煎点儿，下剩的煮罢。
7. 做了来，喫完了，又叨叨厨子说：今儿的菜都鹹得利害，又没有往常的香味儿。就吩咐琴童告诉他总要留神纔好。
8. 琴童答应了，歛了傢伙，端上茶来。那茶滚热的，喝不到嘴，张生等著凉一凉儿的时候儿就伸著一条腿踡著一条腿，左不过是生气。琴童只得忍气吞声，指望他主人气头儿过咯就好了。

注：
1. 七上八下的，他的均衡被打乱了。这个表达方式，来自一个民间俗语，说的是内心的困扰或犹豫不决：十五个柳罐打水，七个上来，八个下去；柳罐 liu³ kuan⁴，柳条编的井上打水的水桶或篓子。找寻他们，找毛病，试图把他们置于错误之地，寻找他们的 [不是]（*found fault, tried to put them in the wrong, looked for [their faulds]*）。
2. 淘 t'ao²，这里指洗米。筛 shai¹ 子，细筛子：过筛子 kuo shai-tzǔ，通过筛子；筛一筛 shai-i-shai，过一遍筛子。
3. 撇 p'ieh¹，从液体表面撇去（浮渣等）。
4. 石榴 shih²-liu。甜 t'ien²，甜的，令人愉快的味道。
5. 剥 pao¹，剥……的皮，削皮，去皮；不适用于不能用手指剥皮的水果，例如苹果，等等。酸 suan¹，酸味的；涩 sê⁴，表面粗糙的，"涩"使牙齿感到不舒服。
6. 豆腐 tou⁴-fu：腐 fu³，本指腐烂发臭的；不新鲜了。
7. 叨叨 tao¹。参见百章之七十二注 2。鹹 hsien²，盐味太重了。
8. 歛傢伙 chien³（或 lien³）chia¹-huo，收拾桌子。"歛"的两个读音都可采纳。踡 ch'üan²，胳膊或腿弯曲收紧。左不过 tso³ pu kuo，除此而外没别的，只是（生气）：左 tso，是"左右 tso yu"的缩略。

第十五段
(CHAPTER XV)

1. 谁想第二天还是照旧，到了第三天早起张生忽问今儿不是十五了么。琴童说：不错，是十五了。张生赶著打了打辫子，前边儿去问法本念经的事预备停当了没有。法本说：还没有妥当呢，也就快了。张生打怀裹掏出一块银子来双手奉上说：这是十足纹银一锭，作为香资，请收下罢。
2. 法本谢说：相公过於费心了，我应当效劳纔是。
3. 张生说：那'儿的话呢！他们正在这儿闲谈，崔老太太合莺莺在家裹已经斋戒沐浴完了，一齐过庙裹前院儿来，往客堂裹走。法本迎上前去打个问讯，指著张生告诉老太太说，我这位朋友也要在今儿个给他父亲念经。
4. 老太太见张生是个书生的样儿，就说：那也是好事，都在一天念也没甚么不可以的。说完了，在大殿上就做起佛事来。庙裹来看热闹儿的那些人也有老头儿，也有小伙子，看见莺莺都说这个姑娘纔好看呢。大家伙儿你言我语的，闹的和尚们都是心神不定，幹事也颠三倒四的了。法本见他们无心念经，嚷说：嗐！你们别草草了事，用点儿心纔好呢！
5. 那殿外有个小和尚在那儿歇著，法本吩咐他把那果子拏刀子刷了皮儿，切碎了。那小和尚答应了，一边儿切果子，一边儿也只顾着看莺莺，闹得他手指头就叫刀子刺破了。法本骂他不中用，好喫懒做的，不是东西。
6. 这都是莺莺相貌出众的缘故，不但是小和尚一个人儿失神，连厨房裹有个和尚天生的又聋又哑，在院子裹拏斧子劈劈柴，一个不留神，把斧子头儿也摔掉了。当时又有个和尚，是个一隻虎，也跑来看莺莺，不料被斧子头儿绊了个大趴虎儿。
7. 这么乱轰轰的真可笑，惹得法本又是气又是急，没有法子，只好掐著诵珠儿念咒，假粧著看不见。
8. 佛事完了，莺莺跟著老太太回去了。张生也磕了头回来，换了衣裳，脱了靴子。

9. 在那儿闷闷不乐，坐卧不安，趿拉著鞋满地走。

注：
1. 停当 t'ing² tang¹，就绪，符合要求：停 t'ing，在这里与"定"同义。掏出 t'ao¹ ch'u，抽出（从他上衣），交付。十足纹银，纯银：十足 shih tsu，字面上是十份都齐了；纹 wên²，字面上是条纹儿；特意打在金属表面以表明质量。（译按："纹银"为清代标准银两。）锭 ting⁴，条状铸块儿，或鞋状块银。香资，见问答章之六，注10。
2. 效劳 hsiao⁴ lao²，尽力，效力；效 hsiao，奉献；劳 lao，劳动，辛苦；效劳，无偿劳动。比较法律术语"效力赎罪"，以无偿劳动补偿罪过（赎 shu²）。
3. 斋戒沐浴 chai¹ chieh⁴ mu⁴ yü⁴，禁食（斋 chai），禁欲（戒 chieh），和洁身：沐 mu，洗手洗脸；浴 yü，洗澡。打个问讯 ta³ ko wên⁴ hsün，打个招呼；佛教徒打招呼是掌心相向十指对合（合掌）：讯 hsün⁴，问，即询问对方身体可好。俗人是"拱（kung³）手"，双手合抱表示问候。
4. 殿 tien⁴，庙里的主要建筑；又指官殿，大厅。
5. 刾（译按：原字误作"刺"）破 la² p'o。见百章之七十二注2。
6. 斧 fu³ 子，斧头。劈劈柴 p'i¹ p'i³-ch'ai²，劈柴火：劈 p'i¹，劈开；劈柴 p'i³-ch'ai，柴火；注意声调的变换。参见第三章348.。一隻虎，一隻眼是瞎的；北京俗语；可用以指"一隻眼的人"。趴虎儿 p'a¹ hu-'rh；字面上是，蹲伏着的老虎；俗语指跌倒摔扁了脸的人：趴 p'a，未被本地字典所承认。
7. 念咒 nien chou⁴，轻声念咒语：咒 chou，教徒口诵的祈祷或咒语；又，诅咒，希望降祸于某人。趿拉著鞋：趿 t'a¹ 或 sa¹，穿鞋不提后帮，后帮踩在脚下。题 t'i²，这里是议及，注意到的意思"提"字（见问答章之二，注36）也许更可取。译按：为了便于编排，英文课文第十五段第九节的最后一句"这且不题"，是把中文课文第十六段第一句提前。

第十六段
(CHAPTER XVI)

1. 这且不题，单说离此不远有一座山，内中有伙强盗，佔踞多年。寨主名叫孙飞虎，带领著偻儸约有一千多人，到处抢夺。
2. 他那一天也在普救寺看见莺莺烧香，回到寨裏合他手下人说：刚纔庙裏那女子长得十分好看，我意欲娶他做个压寨夫人，你们大家伙儿谁能立这个

第六章 秀才求婚，或践约传 423

头功？
3. 那伙伴儿裹头有个头目姓钱的回禀说：那到不难，可得'依我的主意纔行。
4. 那孙飞虎原不是言听计从的脾气，听这话就笑著问：尊驾能有甚么好法子吗？
5. 那钱头目明知是瞧不起他的话，假作谦恭回说：风闻有我们个同乡姓张的在那庙裏住著呢，容我去看看他，就可以顺便儿打听打听。
6. 孙飞虎听这话很对路，喜欢的受不得。就说：很好！办成之後重重有赏。
7. 这钱头目得了令不敢耽搁，就改作平常人的打扮，一直的往普救寺来。

注：
1. 强盗 ch'iang² tao⁴, 土匪, 盗贼：盗 tao, 公开劫掠者，跟"贼"即小偷相对。佔踞 chan⁴ chü⁴, 凭借武力占有：佔 chan, 侵占（参见百章之十五注1）；踞 chü, 霸占, 蹲伏。寨主 chai⁴ chu, 堡垒的首领：寨 chai, 用栅栏围起来的一块地方，或用原木筑起的堡垒，未必都是造反者或强盗的。偻儸 lou² lo², 造反者或强盗同伙儿的队伍。
2. 压寨夫人，只可用于本课课文这样的场合；作为引语使用。头功；字面上是，排第一（头 t'ou）的功劳（功 kung）。

第十七段
(CHAPTER XVII)

1. 见了张生，彼此道了久违，说了幾句客套话，那钱头目说：请问尊大人从前的病如今大好了么？
2. 张生谢说：承问，承问，家父早已去世了。
3. 这头目叹了一声说：啊，不在了吗？寔在是好人不长寿，真是可惜。
4. 隔了一会儿又问：阁下在此地住是单居呀，是搭伙呢？
5. 张生说：倒不是搭伙，这庙裏都是同居各爨。
6. 那头目答应说：啊，请问有个崔家原在前莊儿住，听说他们搬到这儿来了，真的么？
7. 张生听这话，怔了一怔，似乎记得那人从前在村儿裏不是安分守己的，越想越起疑，怕他这一来不怀好意，只好闸住这个话，就说：那我倒不知道，不关己事不劳神，您再问问别位罢。

8. 那姓钱的见一计不成，只好另打别的主意，住了两天不肯动身。

9. 张生见他不走，气不打一处来！喫饭的时候儿，借著找寻琴童又發作了，说：这些天的菜越發不好了！煮肉也没有煮透，烧肉也没有烧透，一回比一回不济，今儿这些东西更坏得利害咯！

10. 琴童说：这是小的做的。张生说：谁叫你做菜来着，必是那厨子又醉了，快叫他来！

11. 琴童出去一遍回来说：厨子来了。张生面红耳赤的直问他为什么尽喝酒，不好好儿的做菜？必得'罚你的工钱，看你以後留神不留神？

12. 那厨子原是个酒鬼，碰著这个势头儿心裏想：这纔是贴钱买罪受呢！不敢辩白，忍气吞声的出去了。

13. 张生又把错儿挪到琴童身上，问他：我屋裏的东西原是叫你看着的，怎么小刀子也不见了？砚台也常找不着，你管幹什么的？

14. 琴童说：这寔在不是小的的错儿，这些东西使完了都是搁在原地方儿。

注：

1. 久违 chiu wei², 好久不见：违 wei, 这里是离开，放弃；而"违背", 意思是违反，不服从，抵触，诸如规章、条约之类。犯，更多地用于指违反法律或禁令。客套话 kʻo tʻao⁴ hua, 表敬意的或礼貌的话、固定词组：字面上是，说起话来限于"套 tʻao", 习惯的限定语（套 tʻao, 字面是封套或套子；参见第三章 769.）, 跟陌生人会大量使用。

5. 同居各爨，一块儿住但分开吃：爨 tsʻuan⁴, 字面上是做饭用的炉子。

7. 怔了一怔 lêng⁴, 吓了一跳，吃了一惊：怔 lêng, 本应读作"怔 chêng", 不安的，害怕，焦虑，怔 lêng⁴, 又有使安静、暂停的意思，如下面第十八段 2. 闸住 cha³ chu, 中断、中止（谈话）；注意是 cha³, 不是 cha²；读 cha², 是指水闸或水门，如百章之九十二注 1。

11. 一遍 tʻang⁴,（译按：今作趟）一回，一趟；多跟在表动作的动词后面，如：我家去了一遍，去了三遍。遍 tʻang, 是次数、回数的量词，用于计算，等等。

12. 贴钱买罪受，花我的钱坏我的事；贴 tʻieh, 字面上是，粘贴，比如张贴一张告示：我付了我的钱买回来的是"罪 tsui", 用来惩罚［我自己］。

第十八段
(CHAPTER XVIII)

1. 那头目在旁边儿看这光景猜着八九分是为他在这儿的缘故，心裏很见笑，踏赸着问：老兄穿的油鞋狠好，不是从广东带来的么？
2. 张生满心是气，一语不發。姓钱的又冷笑着问琴童：你跟你们老爷倒不累得慌，月月儿可有多少工钱？琴童看主人的眼色儿，也不敢回答，大家怔了一会子，张生转脸儿合琴童要水烟袋。琴童一时找不着，张生又怒骂说：
3. 睁着眼儿的瞎子！摆在那儿看不见！琴童这纔瞧见了，赶紧拏过来。张生喫了两袋烟，扔下那姓钱的带着琴童出了庙门。
4. 可巧有好些个孩子在门外头玩儿呢，玩儿的太粗鲁。有哄狗豰猪的，有摔跤的，还有看小鸡儿对闘、赌输赢的，说这隻鸡闘不过那隻鸡。又有最小的在那儿分辩说：这些鸡公的母的怎么分得清呢？年纪长的告诉他们说：草鸡是下蛋，公鸡是打鸣儿。年幼的偏不服这个话。
5. 这些热闹儿上加着有个最小的孩子在人群儿裏穿，没有人管。张生过来看见，恐怕挤了他，很心疼，叫人赶紧抱了家去。
6. 又走了幾步瞧见有个人抱著小狗儿。那狗耳朵耷拉著很好看，打算要买，合他讲了半天的价儿，总没有停当，仍旧逛了一会子，又要进庙。
7. 那些孩子还在门外贪玩儿，不躲开道儿。张生皆因不高兴恼说：
8. 嗐！起开罢，让我过去！把那玩意儿搁开些儿，别佔这么宽地方儿！
9. 那孩子们吓得赶紧让了道儿，张生进了庙，见那钱头目老不走，就说：今儿您纳还不回家吗？
10. 原来这人早打听了莺莺的情节，正要去告诉他的寨主，就说：可不是吗？我正要走呢！骚扰老兄这幾天，实在是过意不去，改天再谢罢。

注：
1. 踏赸着 ta¹ shan¹-cho，在局促不安或缺乏自信的状态中。对于这个短语，有着各种不同的见解，而且包括字的写法都有不同：某权威坚决赞同上述写法；另一种则更喜欢写作"搭

讪", 并且认为这样意思表达更直接; 选择权已经给了第一种解释, 原因很简单, 就是因为那位权威更值得信赖些, 但接受这一点时必须小心; 另一种情况下, 似乎只是漫不经心的托词(参见第二十七段 1)。

2. 烟袋 yên^1-tai, 烟斗: 为什么用"袋 tai", 袋子, 很难说清楚。(译按: 不是因为有个盛烟末儿的袋子吗? 烟杆、烟袋是一套, 后以烟袋指全套, 甚至只指烟杆, 可谓词义转移。)

4. 粗鲁 ts'u^1 lu^3, 玩游戏什么的, 行为粗暴鲁莽; 指人粗俗愚蠢的样子: 在口语里"鲁 lu"跟"粗 ts'u"从不分离。齩 yao^3, 咬, 这是 yao 的正确字形, 参见百章之三十注 6。摔跤 shuai^1 chiao^1, 摔角: 跤 chiao, 字面上是指脚踝骨。输赢 shu^1 ying^2, 分开说, 一个输了, 一个赢了, 无论是赌博还是其他比赛: 胜 shêng^4 和败 pai^4, 指战争中的输和赢。下蛋, 生蛋: 蛋 tan^4, 卵。草鸡 ts'ao chi, 母鸡; 参见第四段, 注 16。打鸣儿 ta ming^2-'rh, 啼叫: 鸣 ming, 任何鸟儿或兽发出的声; 也表示其他声音; 打 ta, 充当动词。

6. 耷拉著 ta^1 la-cho, 垂下: 耷 ta, 垂下; 拉 la, 拖拉; 可用于任何悬垂之物, 诸如绳子, 窗帘, 等等。

第十九段
(CHAPTER XIX)

1. 说着就彼此分手。那头目不敢迟延, 立刻回到山上, 如此如彼的禀报了孙飞虎。

2. 孙飞虎大喜, 以为此去定能得胜。第二天带著可山的偻儸, 嘴裏吹著喇叭, 蜂拥的来了, 把那庙团团围住, 围的水泄不通, 口口声声要莺莺出来答话。

3. 法本知道了, 吓得慌慌张张, 就跑到老太太院子裏喊叫说: 老太太听见了吗? 外头来了一大股贼, 那贼头儿孙飞虎, 是个最凶(译按: 当作"兇")恶的强盗, 大不通情理, 常是图财害命, 带了那么整千整万的人来, 擩锣摇鼓, 大喊著要莺莺姑娘出去答话。哎呀! 这个祸事可从来没有经过呀!

4. 老太太听了这一番话, 喫这一惊非同小可, 赶紧的蹀蹀躞躞跑到莺莺屋裏, 告诉他。莺莺听了唬得謏唒恸哭, 一句话都说不出来了。那老太太年纪过大, 遇了事说话都很背晦, 就向和尚说: 哎! 我的亲戚本家没有什么人可倚靠, 就有一个娘家的哥哥, 又陞到苏州去了, 谁能快找他回来纔好!

5. 法本说：那话还提他干什么？只好替老太太问问庙裏住的那些人或者有退兵的法子，也不定。老太太说：好，巴不能彀儿的呢！你快去问罢。

6. 就转脸儿合莺莺说：若是把你送出去实在是丢人，不把你送出去我们的性命又不保。我想问庙裏的人有能杀贼救难的，就把你许给他，你肯不肯？

7. 莺莺见这件事太急，羞口难开的，无奈点了头。

8. 法本就出去对众人说了这番话。只见张生走进院子来说：老太太别怕、别怕，那贼我倒能降伏他们，但放宽心就是咯。

9. 老太太听了这话，很喜欢，说：你一个书生那'能用武呢？

10. 张生说：我固然不会动武，我可有个朋友是白马将军，他驻劄蒲关，那贼刚有信儿要来的时候儿，我就打發人知会他了，他必有计策来救。

11. 这个话不过是登时安慰老太太的意思。老太太一听越發乐的不可支了，真是心悦诚服，就说：事情办妥必当重报。莺莺心里也安稳了好些。

注：

2. 可山的偻儸，山上所有的匪徒。注意"可 k'o"的特殊用法，在这里相当于"全 ch'üan"，全部，或"满 man"，完全。比较下句："可著身上都不舒服"，全身不舒服；"可著京城的道儿都不好走"，京城每一条道儿都是坏的；"可屋子全得(tei³)糊"，整个儿房间都必须裱糊。喇叭 la³-pa¹，号角，长号。蜂拥的来了：蜂拥 fêng¹ yung²，像蜂群一样拥来了；蜂 fêng，指蜜蜂，马蜂，或黄蜂一类的昆虫；马蜂，蜜蜂，(参见第十三段，注6)；拥 yung，拥挤，群集，或相互推搡。

3. 摋锣擂鼓 shai¹ lo² lei³ ku³，敲锣打鼓：摋 shai，敲击，特指敲锣；擂 lei³，本应该读 lei²，捶击，特指击鼓。

4. 非同小可：并非一般；字面上是，[惊吓] 不 [非 fei]"同 t'ung"于小"可 k'o"；可 k'o，在这里是名词，通常不承担任何确定的词义，而且必须看作与"事"同义或更小的同类词。踩 tieh² 踩躞 hsieh⁴ 躞，跟跟跄跄，蹒跚而行，小跑；一般用来形容老年人拖着脚步的样子。两个字都是走路的意思，但从不分开来用。譹咷 hao² t'ao²，大声哭喊：譹(译按：今作"嚎") hao，哭出声来；咷 t'ao，字面上是，小孩子的嘔嘔之声；两个字的合成词只是大声哭闹的意思。

5. 巴不能彀，"巴不得能彀"的缩略。参见百章之一注5。

6. 丢人。注意：不是"丢了一个人"，而是丢了面子，丧失了做人的品质，人的特征；引申为，也是一般的意思，丢脸，不光彩。
8. 降伏 hsiang² fu²，制服，使屈服：降 hsiang，屈服，使屈从；伏 fu，匍伏，服从。参见百章之十九注 6。
10. 驻劄 chu⁴ cha²，居住，驻扎，被安置；一般指因公务；但战舰可用"驻 chu"，安置在指定的地方。计策 chi ts'ê⁴，计划，手段。
11. 乐的不可支，高兴得不能自持：支 chih，这里是经受住，忍受，支撑的意思。

第二十段
(CHAPTER XX)

1. 可是张生虽然这么劝慰，那贼兵还在庙外呐喊不止。张生既说了大话，不能不想个好法子以践其言，忙出来问道：谁能先送封信给孙飞虎去？法本说：这姓孙的是个粗鲁人，不通文理，写信是不中用的，不如传话倒简决。
2. 张生说：那么很好，你能去说一声儿吗？法本说：嗳，我不胜其任！这个大事谁敢承担呢？
3. 张生说：不用你做别的，就告诉孙飞虎说，此时姑娘唬得心惊肉跳呢，把兵退後一箭之地，等两三天姑娘定一定神儿就送出来，你快去罢，别發怯。
4. 法本原是胆怯，支吾了半天纔答应着出去，把这话传说了。孙飞虎先还不肯应允，再三的央告，他纔勉强答应说：到三天不送出人来，我可是杀个鸡犬不留！

注：
1. 以践其言，实现他的诺言：践 chien⁴，踏出、走出下一步；引申作"践言 chien yen"，实践其诺言，实现自己的承诺。这是个比较文的说法，但口语里没有更恰当的说法；最贴近的是"应 ying⁴ 他所说的"，但这话更近于某一论断的实现。
2. 不胜其任，不适合于承担这项使命、任务或职务：关于"胜 shêng¹"，参见百章之七注 3。承担 ch'êng² tan¹，接受；字面上是，接受并负担起来：担 tan¹，用扁担挑起来；担子 tan⁴-tzǔ，挑起来的东西。参见问答章之三，注 123。通常说"担待不起"。
4. 支吾。参见百章之六十八注 4。

第二十一段
(CHAPTER XXI)

1. 法本回来把这话告诉了张生。张生一听,说:既是那么着可别耽搁工夫了。就嚷着问:谁有胆子赶早儿送封信给白马将军去,紧催他飞速快来?
2. 那些和尚裏头没有一个人敢言语一声儿,倒是庙後院儿裏有个烧火的老和尚,名叫惠明,虽是个笨汉子,拳脚倒打得好,撺着拳头打人没有敢跟他还手的。法本忽然想起他来,就对张生说:打發惠明去满行,可有一样儿,他的脾气是软硬不喫,若是举荐他,他必不肯去,总要拏话激發他纔行呢。
3. 张生想了一想说:我有法子!就高声叫说:除了惠明,有敢给白马将军送信去的快来见我!那惠明听见这样儿话,急忙跑来闹著偏要去。张生索性再逗他两句说:那不是玩儿的事啊!别人还不能,何况你!若是惧了事,谁担这个不是呢?
4. 惠明扬扬得意的答说:馒头没有馅儿,我喫著怪没味儿的!等我砍死那贼头儿做肉馅子喫纔好!相公儘管把信交给我,可是那白马将军若是不来,为谁是问呢?
5. 张生说:那与你不相干。法本又加一句挤对他说:你再替我带著办件别的事罢。惠明急说:那可不行,一身不能当二役!
6. 张生见他志向无敌,就说:那么著你快去罢!
7. 惠明趾高气扬立刻告别,就单人独马的出门去了,一边儿跑一边儿嚷著说:你们谁来试试谁的劲儿大?儘著力儿试试看看谁强谁弱!
8. 原来这庙在顶高的趄坡子上,那马出了门,下坡儿容易,就撒开腿跑,连窜带跳的彷彿惊了一样。
9. 那贼就是追,步下那'儿追得上?惠明一气儿直跑到蒲关,打怀裏掏出信来当面呈给白马将军,把那情节一五一十都报明白了。

注：
1. 飞速 fei¹ su²；字面上是，飞一样的急速：速 su，快，迅速。
2. 惠 hui⁴，这里是个专名；本义是友善，仁慈，友好；很少单用的。软硬不吃，固执的，好话坏话都不听的，这人一定性情古怪。举荐 chü² chien⁴，推荐；字面上是，选取出来介绍：举 chü，举起，使升高（参见问答章之六，注 27）；荐 chien，引进，介绍；荐信，推荐信。注意这个词语中"举 chü"的声调。激發 chi fa，激怒，激起：激 chi¹，使振奋，刺激；發 fa，生發，發出，诸如能量，脾气，等等。
3. 逗 tou⁴，引起注意，使兴奋，激励（比较："逗孩子笑"，使孩子笑起来）；"逗"的本义是耽搁，闲逛，例如"道儿上逗遛"；索性 so hsing，参见百章之二十五注 2：虽然惠明 Hui Ming 已经准备去了，然而秀才认为不管怎么样，还得激他一激。
4. 馅 hsien⁴，麵团里包的肉或菜；馒头 man-t'ou，严格地讲，是蒸的面包，偶尔包有肉馅或糖馅。比较：肉馒头。
5. 挤对 chi³ tui，施加压力：对 tui，据说跟"试（尝试）"同义（比较：对一对）；挤 chi，逼迫他，并且"对 tui"即尝试 [他会不会屈从压力]。一身不能当二役；字面意思是，一个人 [指他自己] 不能承担两项差事。
7. 趾高气扬，脚步轻快（或高抬）神气飞扬：趾 chih³，脚。
8. 趄坡子 ch'ieh⁴ p'o-tzŭ，山肩：坡 p'o，斜的堤岸；趄 ch'ieh，这里指偏离垂直线；各字典里此字无此音，其本音读 tsu³ 或 ch'ü¹。窜 ts'uan¹，这里是明显地跳动。参见第三章 545.(ts'uan⁴)。注意：声调的变换。
9. 呈 ch'êng²，交给上级。呈子 ch'êng-tzŭ，请求书。译按：中文课文未出现"呈子"一词，英文注释中的"ch'êng-tzŭ, a petition."，可能是第一版的遗存。

第二十二段
(CHAPTER XXII)

1. 白马将军看了信，大喫一惊，嗜说：了不得！立时点动人马，摇旗纳喊的直奔普救寺来了。
2. 张生听见人马的声音彷彿天塌地陷一个样儿，就知道是救星来了。
3. 那孙飞虎遥望这个声势，心就忐忑起来了，只得把刀插在鞘子裏，直蹭到将军马跟前跪下，满嘴裏告饶儿。
4. 白马将军原知道这个贼是积年漏网的大盗，到手不拏岂不错了機会呢？

第六章 秀才求婚，或践约传

就传令把他就地正了法，那贼的手下人准他们改邪归正，听候安置纔可以宽恕。

注：

2. 天塌 t'a¹ 地陷，陷于崩溃；陷 hsien⁴，俗读 hsüan⁴，落入。注意这个"塌 t'a"，只用于指建筑物从顶倒下；口语说基础沉降的倒塌为"坍 t'an¹"。
3. 忐忑 t'an³ t'ê⁴，表述心跳的一个词。鞘 ch'iao⁴，刀剑的护套，刀鞘。蹭 ts'êng⁴，拖着脚步走；一般用于说老年人拖着脚步走；犹犹豫豫地或"娇弱不支"地走路的样子。
4. 正法 chêng⁴ fa，处死，处以极刑：字面上，正 chêng，执行，按特定方式实现；法 fa，法律。

第二十三段
(CHAPTER XXIII)

1. 事情平復之後，张生出来见了白马将军，拜谢他救命之恩。将军又赞张生的智略，彼此谦虚了幾句，将军随把大拇指头上一个鹿觭角的搬指儿摘下来送给张生说：
2. 俗们多年不见，把这个作为见面礼儿罢，老兄可别推却。
3. 张生双手接过来道了谢，夸讚这搬指儿做的精巧，问：这花样儿是做出来的么？将军说：这花样儿是长成的。他们这一席话难以尽述。
4. 张生留他住了两天，到第三天白马将军说：这两天骚扰得很了，明儿是我们营裏放饷的日子，众兵都去领饷，我只好告辞了。
5. 张生一听是公事在身，不敢很留，又切实的谢说：这一邊惊师动众，小弟实然於心不安。一边儿说着一边儿送将军出去，临别又再三的说：劳驾的很了。
6. 将军谦让说：那'儿的话呢？後会有期，请留步罢！说完就彼此拜别。

注：

1. 智略 chih⁴ lio⁴，才能。参见百章之三十注9。谦虚，参见问答章之十，注8。觭角 chi¹ chio，任何有角动物的角。搬指儿 pan¹ chih-'rh，拇指环儿，弓箭手戴在右手大拇指上的磨旧了的指环儿。"指 chih"在这儿无调，重音在"搬 pan"上。

2. 推却，拒绝，如拒绝礼物。参见第三章 678.。
3. 一席话，漫谈，随意的谈话。对于这一短语的出处，没有一个公认的令人满意的解释。（译按：范成大诗句"无才解赋珠簾雨，谁肯相赊一席风"，指一阵，一番。盖由"席"的计量单位引申而来？《宋史·食货志》："席，百一十六斤。"）述 shu⁴，讲述。
4. 营 ying²，军营，临时兵营，营房；通常叫"营盘"；又，一团官兵。饷 hsiang³，士兵的薪金。
5. 惊师动众：众师 chung shih，你所有的人马；惊动 ching tung，被打扰；师 shih，不是百章之二注 3"师傅"的"师"，而是指军团或部众，原本由 2,500 人组成。比较：普通客套话"惊动您纳"，对不起，打扰您了！

第二十四段
(CHAPTER XXIV)

1. 张生转身进来，看见红娘忙忙切切的打二门裏出来。
2. 就笑问他：今儿甚么风吹了你来？红娘就说：因为老太太要请相公搬到书房裏住，先请明儿过去喫早饭。
3. 张生说：哎，何必费事？我可不敢当！老太太既然叫我，我一定去奉扰。
4. 到第二天打扮得整整齐齐的。刚要戴帽子，琴童说：那是老样儿的帽子，不大兴时，何不换一顶时样儿的呢？
5. 张生换了帽子，衣冠齐楚，斯斯文文的就过那边儿去了。
6. 底下人赶紧掀起书房的帘子，张生进去看墙上挂着一张画儿，就是莺莺的行乐图，画得活脱儿合莺莺一个样，又精工、又细致。
7. 张生饱看了一顿，都目瞪口獃了。老太太过来一见，忙说了些感激的话。张生作揖谦让说：
8. 老太太过奖了！常言道：与人方便自己方便，这算得了什么功劳呢？

注：

1. 忙忙切切：忙 mang，匆忙；切 tao¹，字面上是，骚扰，使烦恼。
4. 兴时，或"时兴 shih hsing¹"，合于时尚：兴 hsing¹，符合需要，时髦的；例如："这会儿不兴窄袖口儿"，现在窄袖口不时髦。

5. 衣冠齐楚，严格地讲是指衣服：冠 kuan¹，帽子，特指古式帽子，除了道士，已经没人戴了；齐 ch'i，完整；楚 ch'u，有秩序；这个短语重点不在衣裳，就像本文这里所用的那样。斯文，绅士派头。这个词解释起来极其困难，而学生只要把握好"斯文 ssǔ wên"包含尊贵的有教养的意思即可；任何企图揭示该词如何获得这种词义的尝试，都会陷入一种更复杂的解释之中，都会超出本条注释想要抓住的内容之范围。比较"他是个斯文人"，一个文静的，尊贵的和有耐心的人。

6. 掀 hsien¹，提升，揭开，比如一个盘子盖儿，悬挂的帘子，或一张平铺的纸：掀一篇儿，翻过一页。行乐图，描绘一个在世的人的图画：图 t'u，图画，内容是一个人"行乐 hsing lo"（享乐），即忙于一些有趣的消遣或逗乐的事。行乐图 hsing lo t'u，一般是描绘个人忙于特别喜爱的消遣活动。在世时画的像儿以便死后祭奠用的画儿，叫做"喜容儿"，人死了之后它就改称"影"。"行乐图 hsing lo t'u"跟这两种画之不同在于，后者所画的人一般取一种刻板的坐姿，穿着官式礼袍。

第二十五段
(CHAPTER XXV)

1. 底下人登时摆上饭来，酒席肴馔样样儿讲究，乾果子鲜果子都有，席上的像伙都是古窑的瓷器，合纸那么薄。

2. 屋裏四面的书架子直到棚顶儿，满满儿的堆着都是书。摆饭的时候儿，张生不住的四下裏看。原来这书都是南边儿刷来初印的，纸板很好。

3. 老太太见张生眼光全在书架子上，就问：相公所讲究的书是什么样儿的？张生说：这书倒是越旧越好，就是一样儿，裏头容易生蠹鱼子，总不免蛀坏了。

4. 老太太说：这儿的书，经史子集样样儿都有，底下相公要看，儘管拏着看就是了。

5. 说着说着大菜都上齐了，管家请老太太让客。老太太拏筷子布了几样儿菜，就说：相公别客气纔好啊！我的牙都活动了，嚼不动这些东西。红娘，你去请姑娘来陪着罢。

6. 那莺莺平日是睡惯了早觉的，今儿知道请张相公喫饭，所以起来得极早，梳洗完了在绣房里闷坐。等了半天红娘来说：

7. 老太太请姑娘陪张相公喫饭呢！我想这么办喜事，老太太真是会省钱！从前那么大手大脚的花惯了，现在又打起算盘来了，真是大处不算小处算！

8. 莺莺说：你说话太敞咯！叫老太太听见怎么能不打你呢？总得收着点儿纔好。

9. 说着就带了红娘过来了。见了张生，拜了一拜，张生还了一揖，大家坐下。老太太细看他们二人郎才女貌，真是天生的一对儿佳偶，心里愁思想道：若不是女儿有了人家儿，叫他们成就婚姻岂不是好？如今是无可奈何了。只得合莺莺说：姑娘自今以後别把张相公当外人看待，你们俩兄妹相称，彼此友爱，我心裏也安了。

10. 莺莺听了这个话的意思，简直的是好了疤瘌忘了疼！心裏说：不好咯！妈妈怎么又变了卦了！於是愁眉不展的坐了一会子，告辞了张生就走了。

11. 红娘想：这事有点儿挠头！人说好事多磨，真真可惜！

12. 张生也想到：这是过河拆桥了！刚要开口，自觉著怪难启齿的。老太太猜着他的心意，就迎头说：有个缘故，相公不知道，小女是从小时候儿许了我内姪郑恒了，相公救了我们一家子，毫在是难以补报，今生今世怎么能忘相公的恩义呢？

13. 俗语儿说：眼不见嘴不馋，耳不听心不烦。张生虽是个老寔人，在危急之时挺身出力并没有望谢的心，今儿听老太太这样儿的话未免大失所望，一句话也回答不出来，揌离揌澀的身子都不能自主，满桌子美酒嘉肴白看着他，一点儿也喫不下去，不大的工夫儿，闷闷不乐的告辞了老太太就走了。

注：

1. 肴馔 yao² chuan⁴（译按：肴，原作 yao¹，音节总表音 yao²，据改）：肴 yao，美味可口的肉食；馔 chuan，宴会，一顿饭。窑 yao²，烧制瓷器的窑或炉子；又指矿井，如"煤窑"，煤矿；引申为"窑子 yao-tzǔ"，妓院。瓷器 tz'ǔ² ch'i⁴，瓷制品；字面上是，瓷质器皿。

2. 板 pan²，刻了字用于印刷的木板；又，木板，如"一块板"，或"板子 pan-tzǔ"。注意："板子 pan-tzǔ"单说而不加量词，指的是打屁股的刑械。

3. 蠹鱼子 tu⁴-yü-tzǔ，蛀书虫：蠹 tu，一种昆虫，外貌有些像鱼，专门毁坏书籍。

4. 经史子集 ching¹ shih³ tzǔ³ chi²：经 ching，经典著作（五经 wu ching）；史 shih，历史著作；子 tzǔ，哲学家们的著作，诸如《列子 Lieh-tzǔ》,《庄子 Chuang-tzǔ》，等等；集 chi，杂著。
8. 敞 ch'ang³，宽阔，开放，广大；说话敞 shuo-hua ch'ang，让人自由讲话，不加限制。
9. 佳偶 chia¹ ou³，令人赞美的配偶：偶 ou，一对儿，配偶：专用于已婚夫妇。成就婚姻，结婚：婚 hun¹，严格地说，指新郎；姻 yin¹，严格地讲，指新娘；引申为：婚姻 hun yin，即结婚。友爱，特指具有兄弟般的感情的那类关系。
10. 疤㾿 pa¹-la¹，伤痕：危险一过，老夫人就忘了她答应过的让莺莺 Ying Ying 嫁给她的救命恩人的诺言。变了卦，改变了他的打算或安排，转到另一条思路上去了：变 pien⁴，改变，转变；卦 kua¹，一些源于古代的线群符号，可以告诉人们中国哲学上的明确的指引，不过这里是口语借用占卜语言；好比说，原本占的好"卦"被改变了；比喻某些人说话不算数。至于八"卦"(eight kua)，学生可查阅梅辉立 (William Frederick Mayers)1874年出版的《中国词汇》(Chinese Reader's Manual:A Handbook of Biographical Historical, Mythological,and General Literary Reference,)333 页。愁眉不展，忧郁的或让人烦恼的凝滞的神态；字面上是，悲哀的眉毛皱在一起舒"展 chan³"不开。
11. 挠头 nao² t'ou；字面上是，抓搔头部：有"挠头"的事，让人陷入苦恼。好事多磨；字面上是，好事（享用美好的东西）实现之前，会遭遇许多麻烦：磨 mo²，研磨；用于指接连不断的烦恼。
13. 㤘离㤘盪 huang⁴ li² huang⁴ tang⁴，烦躁不安，摇摇摆摆：盪 tang，纷乱的样子；又见百章之八十六注 5，那个"盪 t'ang⁴"音义不同。嘉 chia¹，好，杰出的；与"佳"同义，参见本段注 9，但"嘉"不能单说。

第二十六段
(CHAPTER XXVI)

1. 红娘跟倒（译按："到"之误）他屋里去，看他的精神大不高兴，低声问道：相公为什么这么烦闷？
2. 张生说：我多喝了两盅。
3. 红娘抿着嘴儿笑说：你那'儿喝酒来着？没酒儿三分醉，只怕这个话有点儿不对罢？不如寔说了纔好呢。张生说：我尽是白费事，落不出好来！老太太言不应口，在他倒不要紧，可是叫我终身怎么受呢？

4. 红娘说：啊，我猜得就不错，你何不问我？我倒有个法子。

5. 张生忙问：事已如此，你有甚么着儿？

6. 红娘笑着说：各人的巧妙不同，我说出来管保叫你喜欢。相公不是最讲究琴吗？我们姑娘最爱听的是琴，你今儿晚上弹琴，看他听见说甚么。

7. 张生一听这话就跳起来说：是真的么？这么说倒对我的心了。那么我晚上就弹一套琴，托你在旁边儿看他的光景再来告诉我。

8. 红娘答应着去了，到晚上莺莺猛然听见琴声，很诧异。

9. 用心用意的听了半天，问红娘这是那'儿的琴韵悠扬，不知道甚么人弹呢。

10. 红娘说：这多半儿是张相公弹琴解闷儿呢，我看他席散之后很透忧闷，怕在这儿住不常了。

11. 莺莺一听，喫了一惊，如同坐在针毡上一样，勉强说：他不能这就走罢？你明儿听著街上有卖好果子的买点儿给他送去。

12. 红娘答应了，第二天就来告诉张生说：事情办的有点影子了。张生问怎么见得呢？

13. 红娘说：昨儿晚上他听著琴声儿直发怔，彷佛有什么心事似的，就叫我买果子送来给您纳，相公想，明人还用细讲么？

14. 张生说：很好！那么倒叫你费心了。正说著，忽然害起冷来了，浑身发抖。红娘唬了一跳，问是怎么了。

15. 张生说：我这两天发瘧子呢。红娘说：那么你就喫点儿药，安心静养罢。

16. 说著就上庙门口儿去，可巧有人挑著一挑子西瓜卖呢。红娘问他怎么卖。他要了一个价儿，红娘还了个价儿。他嘴裏说不敷本儿，手裏可擎著扁担不走，等著又添了点儿他纔卖了。

17. 红娘把西瓜就给张生送来，问他此刻好点儿吗？

18. 张生说：好些儿了。这东西送得很巧。看样子还可以。你不喫点儿吗？

19. 红娘说：多谢，多谢！西瓜我是喫怕了。张生喫了一点儿，叫琴童就收起来了。

20. 原来这屋裏蚊子多，张生儘自抓痒痒儿，整夜不能睡，此刻斜靠着炕桌子打盹儿，忽然看见琴桌儿上盘子裏有买下的桃，倒很好，就问红娘：你们姑娘爱喫桃不爱喫？烦你拏幾个去回敬他罢。

21. 红娘说：我们姑娘倒还爱喫。把好的拣了幾个，刚要走，张生又叫他等一等儿，说：我写把扇子，你一块儿带了去。

22. 红娘说扇子上可别落款，隄防着老太太看见，他疑心太重。

23. 张生想：这话有理，就研浓了墨、蘸饱了笔，一眨眼儿的工夫就写完了一首秃头儿的诗，递给红娘，嘱付说：姑娘看见，说甚么你可来告诉我。

注：

3. 抿著嘴儿 min³ cho tsui，合拢嘴唇；各字典不承认 "抿" 的这个意思。没酒三分醉，谚语，说人假装醉酒或者为肆意骂人或大發脾气而制造的借口。

5. 着儿（译按：英文注释原作 "著儿"），参见百章之五十四注 3。

9. 琴韵悠扬：韵 yün⁴，这里指音乐的和音或悦耳的音调；悠 yu¹，远而久；扬 yang²，升高，如声音高扬（参见百章之九十一注 3）。

15. 發瘧子，患疟疾：瘧 yao⁴，由疟疾引起的高烧。

16. 扁担 pien³ tan⁴，挑东西的杠棒；之所以叫 "扁担"，是因为这棒子做成扁平的，不致弄痛肩膀。

19. 喫怕了，我怕吃它们；先前的经验告诉我要避开它们。

20. 抓痒痒 chua¹ yang³ yang，搔痒；字面上是，搔一个痒 [处]：痒痒 yang yang，发痒；抓 chua，用指甲搔或挠；又，抓住，与第三章 448. 同。打盹儿 ta tun³-'rh，打瞌睡。

22. 落款 lao k'uan³，题上名字：款 k'uan，款式、条款、项目，好比条约中的；像本文这里加 "落 lao" 成为 "落款 lao k'uan"，是指赠扇人的名或字、或名与字，或者受赠者的名或字、或名与字（款又各分 "下 hsia" 和 "上 shang"），或赠受双方的都有。

23. 研墨 yên² mo⁴，在 "砚台 yên⁴-t'ai" 或墨水台上磨墨。蘸 chan⁴，浸，例如用笔蘸墨水，面包蘸酱汁，等等。秃头儿的诗：字面上是，秃顶的诗，即没有 "题目" 和落 "款" 的诗。

第二十七段

(CHAPTER XXVII)

1. 红娘就回去了，把桃送给莺莺，心里想：这扇子不好简直的给他，就搭赸着放在桌子上，不言不语的走开了。

2. 莺莺一眼看见，拏过来，咳说：这把扇子是那'儿来的？是谁写的？我看不出笔跡来，嗳，必定是那张生写的，怎么这么安心瞧不起我？不用说是你昨儿说了些两头儿不见面儿的话，你这么个丫头不怕对出光儿来么？我去告诉老太太，看你怎么样？

3. 红娘忙说：姑娘千万别生气，这个错儿不在我身上，主意我也不敢出，若是老太太问我，我如何敢说姑娘打發我送东西去呢？

4. 闹得莺莺是轻不好重不好，就问他：那相公病好了么？

5. 红娘说：没很好，劝他喫药那都是白说，问他必定要怎么纔好呢？他也不言语。

6. 莺莺忖度了半天，心裏有点儿抱惭，强说：那么我有写得了的一封信，你赶紧的送了去。

7. 红娘看这个翻来覆去的脾气，无法可治，不由得失笑说：

8. 哎，姑娘不怕他动心吗？叫他看见又要添病了。

9. 莺莺更羞恼变成怒了，赌气子把信摔在地下。

10. 红娘只得检起来，心裏纳著气儿细想：我低三儿下四的伺候他，怎么一动儿两动儿就生气？我替他们来回的送信，辛辛苦苦的图甚么？

11. 想了会子也无法，瘛着一肚子气直过张生那边去了。

12. 且说张生盼红娘不来，在屋裏蹜来蹜去要想个权儿找他，就叫琴童去合红娘要个针线来钉书，恰巧红娘正拏着信自言自语的来了。

13. 把信递给张生，张生打开一看，上头也是一首诗，念了半天纔揣摩出裏头的意思来，敢情莺莺很有心要合他会面！就喜出望外的告诉红娘说：

14. 我看他这诗裏头明露着约我今儿晚上相会，你替我想想怎么去呢？若是跳墙过去好不好？

15. 红娘假怒说：嘻，这是什么话！怎么尽造谣言说瞎话？不告诉老太太就便宜了你！这可是得一步儿进一步儿，贪心不足了。

16. 张生回说：我幹什么撒谎呢？的确是真的，丝毫不错！

17. 红娘暗想：小姐怎么竟有私约？这可是奇怪！他知道张生有病，彷彿不关心似的，谁想又有这番举动，实在是出人意料之外了！想完了辞别张生回去了。

注：
1. 搭赸着，参见第十八段，注1。
2. 笔跡 pi-chi², 字迹：跡 chi, 痕迹，足迹；又写作"迹"和"蹟"。
6. 忖度 ts'un³ to², 思考，细想：度 to, 在别处读 tu⁴, 为"度量 to liang"之缩略，也是考虑，计算，估量的意思。
9. 赌气子 tu³ ch'i-tzǔ, 生气了：赌 tu, 赌博，打赌；对触犯他的人大發脾气。
10. 检 chien³, 这里是捡起，拾起的意思。低三儿下四的伺候他，最大程度地履行仆人的义务，按奴婢的规矩伺候。比较"低三儿下四的奉承人"，献殷勤或拍马屁。
12. 踱来踱去，走过来走过去；踱 tu⁴, 本应读 to², 移步，踏步，走路。想个权儿 hsiang ko ch'a²-'rh, 找个机会或借口：权 ch'a², 本音 ch'a⁴, 树权子，或一桩意外。比较下句：那件事昨儿说停当了，今儿个又出了权 (ch'a⁴) 儿了。（译按：中文课文及英文注释皆作"想个权儿"，第二版校勘为"碴"，显然是原文、注文未作相应变动。）
16. 的确 ti² ch'io⁴, 绝对真实，非常真实；的 ti¹, 靶心（参见第三章 19.）；引申为明显的，明白的，清楚的；注意声调的变换；确 ch'io, 在此，是个副词，真正地，必定，当然。

第二十八段
(CHAPTER XXVIII)

1. 张生又把诗拏出来左思右想，越想越对，心裏巴不能彀儿的到了晚上纔好。往外看一看，纔晌午错，等了半天太阳平西了，回头听了听鐘，怎么不響？一看，站住了。就说了琴童一顿，问他为什么没上弦。琴童答应着就赶紧上上了。一会儿见快黑上来了，不大的工夫儿又掌上灯，喜欢的张生就去从墙上往那边儿张望，那'儿有个人影儿呢？只得又回屋裏来，直等到定更，似乎纔听见环珮声響，忙又上墙一看，果然是莺莺来了！张生轻手蹑脚儿的跳下墙去。

2. 莺莺一见，问是什么人？子细一看，原来是张生，就正颜厉色的说：我是光明正大的人，相公别错瞧了！只是因为你待我们有好处，我想情度理，不肯把那扇子给老太太看。就拏你有病说罢，我这些天叫红娘常来问候，也是尽我的心，还有别的话要叫红娘传说，又怕他说话含含糊糊的，传错了，所以想着是当面奉劝纔妥当。我的愚意，可是当今的老佛爷最重的是科甲，谁不知道吗？俗语儿说："宝剑赠与烈士，红粉赠与佳人"，你的文墨精通，怎么不立个独占鳌头的志向？将来建功立业，谁不尊重呢？若是这样儿的老不成材料儿，日後不过是个白丁儿，人就看得稀鬆平常了。

3. 这一片严词说完，转身就回去了。
4. 张生纔要说话，想他正在气头儿上，不便惹他，忍气吞声的依旧跳墙回来。
5. 心裏想：这个气真觉得难受，又捨不得走，竟是深不是浅不是，左右做人难。这么一来这病越發利害了，第二天法本听见恩客有病，忧闷得很，简直来告诉老太太。
6. 老太太听见，也是烦闷，就叫人请大夫，又吩咐红娘去看。
7. 红娘来问：这时候相公好些么？张生说：嗐，我从来酸鹹苦辣都没有受过，昨儿冤屈的了不得！俗语说："黄泉路上无老少"，怕是好不了咯！
8. 红娘听了这话心如刀割，假笑说：嗐，那'儿至於呢！你安心养病罢，我带了剂药来，是姑娘交给我的，你喫下去管保就好了。
9. 正说着大夫来了，看了病，说现在时令不好，上吐下泻的多，这位相公倒不是那么样，肚子有石头这么硬，嘴裏流黏涎子，这是夹气伤寒的来派。
10. 琴童在旁边儿插口说：相公还咳嗽呢！今儿喝水喝呛了，更加利害了。
11. 张生生气说：谁叫你混答言答语的？等问着你你再开口！
12. 大夫候了脉，就拏出个药包儿来说：这儿有两样儿药，搀和着喫，早晚分两次用，一两天必可以见效。
13. 红娘把那药细看了一回，问大夫这黑膏子也是药么？大夫合他说：丸散膏丹都是药，这医学裏深奥得很，那'儿能容易知道呢？
14. 随即辞了张生说：明儿後儿再来奉看罢！说完就走了。

注：

1. 上弦，上紧发条，即钟弦：弦 hsien², 弓弦或乐器的弦；"絃"字（参见百章之一百注1）是常用字，但是是个错字（译按：《康熙》系部"絃"下引《五经文字》：琴瑟弦亦用弦，字作絃者，非。〇按经典弦通作絃……《博雅》……凡弓弩琴瑟弦皆从弓。）；上 shang，使升高；弦 hsien，弓弦或钟表的弹簧。环珮 huan² p'ei⁴，指环和环形饰物；引申为妇女的珠宝饰物。

2. 子细 tzǔ³ hsi，全神贯注地，无微不至地。子，各字典没有给出这一解释，这个"子"有时写作"仔"。正颜厉色 chêng yen li⁴ sê，脸色严厉；字面上是，正确的（严格讲是校准）表情和严肃的神色；厉 li，本指磨刀石；引申为严厉，苛刻，严峻。当今的老佛爷，在位的皇帝；这是人们说到宫廷时的专用短语；单说"佛爷 fo yeh"也许更普遍些。科甲 k'ê¹ chia³：甲 chia，是"科 k'ê"中的第一等，第二等，或第三等，或科举考试的最高两级即"进士 chin-shih"或"举人 chü-jên"。"他是科甲出身"，他的仕途是从获得科举第一等或第二等开始；即，他获得官府录用是凭借他获得的文学学衔；而不是捐的或出兵得的。宝剑赠与烈士，红粉赠与佳人：宝剑 pao³ chien⁴，用宝石装饰的剑（剑 chien，严格地讲是双刃的刀）；赠 tsêng⁴，赠送；与 yü³，给；烈士 lieh⁴ shih，英姿抖擞（字面上是，烈焰熊熊）的勇士；红"粉 fên³"，香粉，借指标致漂亮的女子；佳 chia¹，好的，美的，指人或指物，但只用于比较古典的语词中。独占鳌头：(你为什么不"立 li"一个"志向 chih hsiang"）独占 tu chan，独自向前站在"鳌头 ao² t'ou"，鳌之首；鳌 ao，海中巨兽，落到谁的头上，就表示谁得到了神的保佑，保他高中。丁 ting，个人；本义是钉子，或针，但不这么用。稀松平常，平庸之人：稀 hsi，稀薄乏味的；鬆 sung，蓬松的，如同头发。

7. 酸咸苦辣 suan hsien k'u la，酸的，咸的，苦的，辣的或辛辣的东西；引申为，兴衰变迁或生活艰难。黄泉路上无老少，在步向坟墓的路上不分年老年少；在走向黄泉的旅途上不区分人们的年龄；泉 ch'üan²，泉水，一般叫"泉眼"。坟墓被比作黄土中有泉眼的洞穴。

8. 割 ko¹，切割，划开。

9. 上吐下泻，呕吐和腹泻：泻 hsieh⁴，拉肚子，腹泻。嘴里流黏涎子：黏 nien²，稠的，黏的，像糨糊一样的；涎 hsien²，本应读 yen²（译按：此话不知所据），病人或动物的唾液。夹气伤寒，伤风感冒（伤寒病 shang han ping，流行性感冒），病情加重或有增无减（夹 chia，在二者之间或插入；参见第三章309.），气 ch'i，刺激；夹气，受刺激。来派 lai p'ai，病状，症兆；派 p'ai，河流的分支：派 p'ai，病的支脉和范围显露出来（来 lai，来自，出于），是伤风感冒；换言之，他好像得了有热症的感冒。

10. 喝呛了 ho ch'iang¹ liao，喝水时嗆着了：呛 ch'iang，把掉进气管的东西咳出来。

12. 候脉 hou⁴（通常说 hao⁴）mo⁴，诊脉。又见百章之五十二注3。搀和著 ch'an¹ ho cho 吃，混合在一起。

13. 丸散膏丹 wan² san³ kao¹ tan¹，丸剂，粉剂，膏剂（或膏药）和药丸。"丸 wan"和"丹 tan"看上去小有区别。深奥 shên ao⁴，渊博奇妙的：奥 ao，幽僻，深刻，玄秘。
14. 这足以表明，中国大夫从不告诉他的病人他会再来访，据此可以推测病人病情恶化了。

第二十九段
(CHAPTER XXIX)

1. 红娘等大夫去远了，低声说：老太太合姑娘为相公的病忧闷的了不得，许了愿，那'一天相公的病好了，就宰牛祭天。
2. 张生说宰牛作什么？杀生害命的与我有什么益处？反倒添了罪了。
3. 红娘本是有情有义的人，他这种气话饶不理会，倒还煎汤熬药的伺候他，又叫琴童熬点儿粥，勤搅着点儿不要叫他煳了。
4. 张生身上觉得不爽快，止不住的荊撓，想能洗个澡纔舒服，就叫琴童把水温热了。那院子裏现成儿的井，井臺儿上有辘轳，琴童就慌手冒脚的跑到井上去打水，幾乎没跌个觔斗。红娘看他这么冒失，喊著说：
5. 嘻！那井是顶深的，小心些儿，失了脚可不是玩儿的。琴童笑嘻嘻的答应着打了水，温在火上。
6. 张生等水这个工夫儿，就同红娘在那儿说闲话儿，问他：你们姑娘此刻在家做甚么呢？红娘听见心裏好笑。
7. 假意说：我来的时候儿姑娘拏着钓鱼竿儿钓鱼呢。我们花园子裏原本有座小山子，底下都是泉眼，流到池子裏头，那水就有下巴颏儿这么深，水裏各种的鱼多着呢，等相公病好了可以请去逛逛。
8. 张生私下想：难为莺莺倒有心钓鱼！我这儿有意，他怎么反无情呢？
9. 红娘见他沉吟不语，刚转身要走，忽然一愣说：哟！我差一点儿忘了，姑娘还有个字帖儿叫我给相公的，快请看罢！
10. 张生一听这个话，转忧为喜，赶紧伸手接过来，拆开一看，就说：呀！怎么还是一首诗呢？详细看完了纔晃然大悟，说：光景是今儿晚上来看我的病。
11. 红娘说：是姑娘来看病么？他怎么没有合我提呢？怕不能罢。

第六章　秀才求婚，或践约传

12. 张生说：明明白白儿是真的！我想是老太太先叫我们结为兄妹，可是他尽兄妹的情分也许啊！
13. 说话之间，琴童回张生水温热了，澡盆也预备好了，红娘就告别回去了。张生洗了澡，觉得身上舒服了好些，刚要出来活动活动，忽然听见呦呦喳喳的響，回头看见猫拏住一个耗子，心裏想：这屋裏耗子多，小心莺莺来了害怕，就叫人把那些窟窿堵上。到院子裏又见地下坑坑窪窪的，也叫琴童拏土填平了。

注：

1. 许愿 hsü³ yüan⁴，许一个愿：许 hsü，承诺；愿 yüan（或作"愿"），希望、期待。短语省略：答应希望或愿望实现后送东西酬谢。
3. 饶不理会，不予理睬。注意"饶 jao²"的这个新用法，不像问答章之三之22（宽恕），或第五段之注8（白饶）那样，不是无端地做一些事情；这里用来表示克制：容忍他、不理他。煎汤，调制饮料；未必是菜汤。粥 chou¹，本读 chu¹，一种用大米或小米等熬成的薄糊或稀汤。关于"糊"，参见第八段，注6。
4. 莿挠 tz'ǔ³ nao²，刺痒或刺痛的感觉：莿 tz'ǔ，荆棘或棘刺；挠 nao，搔。莿 tz'ǔ，读强音。辘轳 lu⁴ lu²，卷扬机；安在"井台 ching t'ai"上，或对准井口的放下吊桶的木制装置上。前一个"辘 lu"读强音。跌觔斗 tsai kên tou。参见百章之二十四注2。注意"跌 tsai¹"，不读 tieh¹，不同于百章之五十四注3。至于"幾乎 chi hu"，参见百章之五十六注2。
7. 钓鱼竿：钓 tiao⁴，钓钩，垂钓；钓鱼竿 tiao⁴-yü² kan¹，钓鱼用的鱼竿；钓鱼 tiao-yü，垂钓。池 ch'ih² 子，水塘，水坑；花儿池子 hua-'rh ch'ih- tzǔ，花坛。译按：可能是第一版中文课文有"花儿池子"，第二版删改了，而英文小注未做相应处理。
9. 沉吟 ch'ên² yin²，嘀咕，低声说：沉 ch'ên，下沉，引申为在心底；吟 yin，哼着或诵读着诗歌之类。
10. 晃然大悟，晃然 huang³ jan，有如一剎那间，大悟 ta wu⁴，彻底领悟。光景是，很可能是，情况表明是。
13. 呦呦喳喳，呦喳 ch'i¹ ch'a¹，二字表示刮擦作响或瑟瑟之声。猫 mao¹，猫儿。坑坑窪窪，凹凸不平，到处是坑和洼地：坑 k'êng¹，深洼；窪 wa¹，洼地。填平了，填补使平坦，例如用土：填 t'ien²，填充或填补；平 p'ing，平整。

第三十段
(CHAPTER XXX)

1. 不提张生在这儿静候莺莺,且说红娘回去告诉莺莺,张生见天喫药总不见大好,那大夫说他怕是心病呢。
2. 莺莺叹了一声说:哎,我前思後想要亲自去看他,又觉得很为难。红娘说其寔也没有什么为难的,人家从前怎么救咱们呢?又有拜兄妹这一层,姑娘就是去看看病,也是应当尽心的。
3. 莺莺说:虽然老太太叫我们拜为兄妹,可是一样儿,老太太步步儿留心,若是知道我过去探病,那时候儿怎么好?红娘说:人不知鬼不觉的怕什么?只要做得機密就是咯。
4. 莺莺听了这话很可心,到了晚上带了红娘过张生这边儿来了。
5. 那红娘本不是个轻浮人,暂留姑娘在外,自己先走了两步,免得失礼,进了屋裏不好声张,怕病人心惊。见张生自然不便努嘴儿挤眼儿的,只好把手一招。张生就知道是莺莺来了,赶紧迎接出来问好。只见莺莺进了门,满脸通红,低头坐下。
6. 张生先说:愚兄贱恙较重,多亏贤妹叫人服侍,诸事慰憼,又劳贤妹亲来看视,心中实觉不安。
7. 莺莺含羞说:些须小事何足挂齿?日前一家大难临头,不是我兄独力救援,焉有今日?小妹此来,不避嫌疑,不过聊尽兄妹之情。
8. 二人言来语去更加敬爱,红娘在旁见夜深了,怕人知觉,说请姑娘回去罢,天不早了。莺莺深知有理,勉强起身,红娘纔搀扶着回去了。
9. 张生送到门外,直等着莺莺去远了,他还在院子裏獣獣的站着,心裏总是七上八下的,到快天亮纔回屋裏来。
10. 从此时常见面,两下裏真是如胶似漆的一般,张生的病一回比一回好上来了,渐渐的復了原儿了。

注：

4. 可心，完全符合她自己的心愿；中她的意，遂她的心。比较：可口儿，合口味；或者茶水之类的，温度正合适可饮；可脑袋的帽子，帽子戴在头上正合式。

6. 恙 yang⁴，疾病，小病儿；只用于礼貌用语：贵恙，您的病；贱恙 chien yang，我的病。贤 hsien²，高尚的，有德行的；对男子和女子的礼貌称呼。慇慇，殷勤地：慇 yin¹，细心地，小心的；慇 ch'in²，诚挚的，热心的。

7. 些须小事何足挂齿：些须 hsieh hsü，微不足道的；小事 hsiao shih，细小的事情；何 ho，怎么；足 tsu，足够，值得；挂齿 kua ch'ih，挂在牙齿上，即，说道。此短语不是口语的，但礼貌文雅之士谈话时常爱使用。援 yüan²，用手搀着或拉出：救援 chiu yüan，"营救"的文雅说法。不避嫌疑：字面上是，不怕（回避）轻蔑的（蔑视的，不友善的）猜疑。

10. 胶 chiao¹，树胶或鳔胶；鳔胶，一般称"鳔 piao⁴"，鱼鳔。

第三十一段
(CHAPTER XXXI)

1. 这且不提，再说崔欢郎原是别人家的儿子，过继给崔家来的。这孩子太不长进，钻头觅缝儿的尽打听事情。不知道他怎么瞧出他们的楞缝儿来了，就跑来说长道短的告诉了老太太。

2. 老太太听了诧异的了不得，说：怪不得你姐姐他们这些天幹事鬼鬼祟祟的，说话都透含糊，我就猜着是有缘故，你快去叫红娘来。

3. 欢郎去叫红娘，莺莺正合红娘做活计呢。听见老太太叫，都唬了一跳，莺莺递了个眼色儿，红娘会意，就同欢郎过来。

4. 老太太一见，就怒容满面的问红娘道：你们这阵子背着我做的都是些个什么事啊？我问你，姑娘到张生屋裏去，你怎么不回我？

5. 红娘回禀说：老太太问的是什么话？我全不懂得，这些天连张相公的面儿奴婢都没有见。

6. 老太太更加恼怒说：你们做这样儿的丑事，你还敢赖吗？你们黑更半夜的事欢郎都告诉我了，这件事不是你替他们传话，他们万不敢做，家门的羞耻都不顾了，如今闹得很不像样子了，这个罪魁不是你是谁呢？

7. 红娘转面合欢郎低声说：你这小少爷纔是三鼻子眼儿多出口气儿呢！梦见什么说什么，尽拉些个老婆舌头，太多嘴了罢！

8. 老太太说：你嘴裏合他嘟哝甚么？知道我耳朵聋听不清楚，这不是安心气我吗？

9. 红娘大声说：老太太知道啊，耳闻不如眼见！他小孩子家说话东拉西扯的，万也听不得。

10. 老太太厉色说：这事左不过是你一个人儿幹的，怎么是小孩子撒谎？他目睹眼见，你还敢嘴硬不认帐么？我告诉你，再要强嘴，那可是往身上找打咯！

11. 红娘为人最有权变，听这一番震嚇的话，搪塞不开，就知道是不能遮掩的了，随即陪笑说：

12. 我有话要说，又不便直言，老太太要恕我的罪我纔敢说呢。

13. 崔老太太说：你有什么真实的话都可以说，我不生气，可是再要撒谎我一定不饶。

14. 红娘笑说：论起来，这都是你老人家的不好！起初念经那一天带了姑娘去，那不是抛头露面惹祸招灾的吗？这纔叫孙飞虎知道姑娘的标緻了，带了兵来要抢姑娘，那时候儿老太太说过：有人解了围，就把姑娘许给他，是不是？後来张生化险为平，救了偺们一家子，怎么又反覆了，改做兄妹，那不成了过河儿拆桥么？这个爽约之错在谁身上呢？

15. 况且，虽係私会，奴婢敢保毫无劣跡，我又常在跟前儿，倘有甚么邪情，甘心领罪。

16. 加之婚嫁原是好事，俗语儿说："单丝不成线，独木不成林。"这就是天意人缘两相凑合。既然他们俩人都愿意，你老人家何苦讨人嫌呢？还不分青红皂白合我生气，那不是更背晦了吗？通长算起来，依我大胆劝，睁个眼儿闭个眼儿就完了。

注：

1. 过继：继 chi⁴，继续不断的繁衍；引申为，家族繁衍的血脉；过继 kuo chi，转给另一家族血脉，即被另一家庭收养；过继儿子 kuo chi êrh-tzǔ，收养一个儿子；他是过继的 t'a shih kuo chi ti，他是个养子。（译按：过继，又称过房，限于以兄弟或同家之子为后嗣，沈从文《从文自传》的一段话可以表明这种含义："祖父并无子息，我婆为住乡下的叔祖父沈洪芳要了个青年苗族姑娘，生了两个儿子，把老二过房作儿子。"）瞧出楞缝儿来；字面上是，发现角落和裂缝儿；楞缝儿 lêng²-fêng-'rh，体面行为中出现裂缝儿；小过失。

2. 诧异 ch'a⁴ i⁴，惊讶：诧 ch'a，本义似是自夸或说大话；异 i，不同的，特别的。鬼鬼祟祟，神秘的；像鬼和小精灵那样的所作所为。

3. 做活计，做针线活儿：活计 huo chi，字面上是，生活之计，即，谋生；做活 tso huo，在任何手工行业里工作。

4. 这阵子，这一段时间里。注意：阵 chên，一段时间，一般指短暂的间隔；跟问答章第四之注 63 的"阵"不同，那里指队列或纵列。

5. 奴婢 nu pei¹（译按：据音节总表，pei¹ 乃 pei⁴ 之误），仆人；婢，本读 pi⁴，未婚的使唤丫头；奴婢 nu pei¹，是"小的 hsiao³ ti"中的女性。

6. 赖 lai⁴，抵赖，否认。参见百章之五十九注 1。罪魁 tsui k'uei²，罪犯中的首要分子，罪犯的头儿。参见百章之二十四注 1。

7. 三鼻子眼儿多出口气儿，俗语，指爱管闲事或过分殷勤的人。注意："三"音 sa¹，不读 san（译按：英文注释 Note sa¹, not san. 今作"仨"）。尽拉些个老婆舌头，专好闲扯；字面上是，只[喜欢]拉[从此处到彼处]老女人的唠叨（字面上是，舌头）（译按：老婆舌头，此老婆，泛指女人，不限于"老女人"）。

8. 嘟哝 tu¹ nang¹，轻声低语：哝 nang，或音 nung（译按：音节总表无此异读，但《广韵》《集韵》皆有泥母冬、江二韵异读），发出意义含糊不清的声音；"嘟 tu"字不见于字典。

9. 东拉西扯，说个事情一会儿这儿一会儿那儿；字面上是，拉东边一把扯西边一把。

10. 瞅 tu³，看到，看见。

11. 权 ch'üan² 变，转变或权宜之计，特指临时性质：权 ch'üan，在这里是"临时"的意思；变 pien，变化，更改。塞 sai⁴，被阻塞，如塞住一个洞：塞子 sai-tzǔ，软木塞儿；塞上 sai shang，堵塞住；搪 t'ang²，避开，挡住。（译按："搪塞"之"塞"当音 se⁴，"塞子""塞上"当音 sai¹。）

14. 抛头露面 p'ao¹ t'ou lu⁴（或 lou）mien，作为一个女人，向外界展示自己：抛 p'ao，投，掷；露 lu 或 lou，动词，显露，让人看见。一个中国妇女没有必要地展现自己，被说成"抛头"[于公开]"露面"[不遮掩她的面容]。标緻 piao¹ chih⁴，好看，迷人的：标 piao，除了其他义项外，有"展示"的意思；緻 chih，精致，美好；标緻 piao chih，字面上是，美好的外表；

一般指涉及精美和美好之类的漂亮。

15. 劣跡 lieh⁴ chi²；字面上是，让人丢脸的行迹。（译按：迹当音 chi¹ 或 chi⁴，今径改 chi¹。）

第三十二段
(CHAPTER XXXII)

1. 老太太听了这番话，想了半天，如梦方醒，就叫红娘去请姑娘。
2. 红娘回屋裏来请，莺莺问：老太太叫你什么事。红娘说：再别提了！我们私下做的事老太太全知道了！
3. 莺莺惊问：怎么知道的？
4. 红娘说：可是若要人不知除非己莫为，姑娘想偺们家有这个欢郎还愁事不破吗？
5. 莺莺一听，唬的心惊胆战，急问：那么怎么好呢？
6. 红娘说：那道（译按：今作"倒"）不要紧，姑娘竟管去罢，老太太头裏是有气来着，叫我说了半天，他那气都消了，如今都没有事了。
7. 莺莺纔起身，一步两蹭的挪到老太太这边儿来，本来满肚子委曲说不出来，一见老太太，不由得低着头就哭起来了。
8. 崔老太太原是心慈面软的，看这个样子又是心疼又是可怜，倒和颜悦色的安慰说：
9. 孩儿别哭了。这件事是你娘办错了，放心罢，容我思索思索，必有个章程就是咯。
10. 莺莺听见，这一天的雲雾都散了，忙答应了一声，擦了眼泪，辞回绣房去了。
11. 可是老太太嘴里虽然这么安慰女儿，心里毫在万难佈置，皆因从前业已许过人家儿那一层，踌躇的了不得。
12. 谁想不巧不成书！恰到第二天接着娘家哥哥的一封信，打开一看，先不过问些寒暄的话，後头竟是叙内姪郑恒的一番结果。

注：

6. 消 hsiao¹，消散，缓和，消失，使消失。
7. 委曲 wei³ ch'ü¹，冤屈，不公正；又，使受委屈：委 wei，在这里是，承受，遭受（译按：委曲之委，与曲同义，曲折也。委曲，并列联合结构，而非述宾结构）；曲 ch'ü，扭曲的，错误的，冤枉。
8. 慈 tz'ǔ²，仁慈，即如母亲对她的儿女的感情。
9. 思索，思考，深思：索 so，在这里是，搜寻或观察。
11. 佈置 pu chih²，安排，放置到位："佈"与"布 pu"同义，分發；置 chih²（不读 chih⁴，如百章之十七注3），设立，安置，排列。业已，参见第三章634。踌躇 ch'ou² ch'u²，茫然不知所措，困惑，犹豫不决的；二字意思非常相近。
12. 寒暄 han² hsüan¹，冷与暖：暄 hsüan，阳光的温暖。此语中的二字，常用于书信中问过健康状况后表示正式的问候。

第三十三段

(CHAPTER XXXIII)

1. 原来郑恒那个东西，自从丢米之後，仍然两手空空，真是上天无路入地无门。俗语儿说："人急上房，狗急跳墙。"到这一天他想：除非做贼再没有活路儿了！

2.. 当天夜里出了门，顺着墙根儿溜，走了不远儿，撞见一伙子人，看见他虽不认识，也就猜着是同道的了，拉他合了伙，从此昼伏夜行，也倒足喫足喝的。那'儿知道，好运不到底，世间除了士农工商纔可以靠得住，那'儿有做贼能长远的呢？到这一天他们伙计犯了事，连郑恒也拏到官场去了，审问实了，定了罪名，都一齐刺字充军，各犯都上了镣铐，起解去了。郑恒身子本弱，不到两站就拖累死了。

3. 崔老太太看完了，想遭难的人虽是没出息儿，到底是他的内亲，不由得心酸了一阵，後一转念，倒是不幸中之大幸，於女儿合张生的亲事倒很相宜，忙叫人请张相公过来。

注：

2. 伏 fu², 潜伏；字面上是，使自己俯卧。充军 ch'ung chün¹, 在充军地服劳役；字面上是作为一个士兵服兵役，但只用于刑事罪犯被送往边远地区强迫服兵役，根据具体情况，他们臂上或脸上会被刺字。镣铐 liao⁴ k'ao⁴, 脚镣：镣 liao, 手铐，通常叫"手镯"（译按："手铐"与"手镯"大不同）；铐 k'ao, 铐在脚上的，通常叫"脚镣"；"铐"字，未被字典所承认（译按：《康熙字典》查无是字，《国音字典》：铐，考去，手铐，械手之刑具。）起解，解 chieh⁴, 递交，输送，传送：解 chieh³, 解开，如解开带子；使消散，如忧郁的情绪。站 chan⁴, 这里指旅途上的驿站。拖累死了，疲劳致死或忍受到精疲力竭：拖 t'o¹, 字面上是，拖曳；累 lei, 疲劳，受苦。

第三十四段
(CHAPTER XXXIV)

1. 张生正在屋裏看书，听见崔老太太请，不知道什么事，也是怀着鬼胎，怕那些天的事情發作了。

2. 赶紧过来见面，问了好，老太太说道：

3. 张相公，我原本有言在先，把我女儿许配给你，其所以没有就办的缘故，是因为我们家的女婿向来没有做秀才的，至不济也是翰林出身。你若能得个翰林，也壮壮我们的门风儿啊。

4. 张生答说：既是岳母如此吩咐，子婿自然要争这一口气的！事不宜迟，明早就起身上京。说完拜别，彼此各自分散。

5. 到了晚上，莺莺带着红娘过来给张生送行。红娘上前帮着琴童收拾行李，先把衣裳一件一件叠舒展了，装在箱子裏，见还有个包袱装不下去，想着必是太鬆了，就告诉琴童压紧点儿就好了。

6. 那屋裏犄角儿上有一大瓶酒，红娘叫琴童倒出一半儿来预备著喝，那一半儿灌在小瓶儿裏，把瓶口儿塞紧了，也装在箱子裏。

7. 床边脚凳儿上见有双新鞋，琴童说小了，恐怕穿着脚疼，红娘就去叫人拏楦头楦一楦。还没回来之先，莺莺问张生说：要点心不要？各式各样的都有，你到那上不爬村儿下不爬店儿的地方儿，好有得喫，比没有东西总强啊。

8. 张生谢说：很好，实在费心了！就包了些放在点心盒子裏。
9. 那人拿鞋回来，琴童看那箱子得'捆紧些儿纔好，就叫红娘：姐姐，请帮我绕结实这绳子，繫个活扣儿容易解。
10. 红娘帮着他都弄妥当了，张生向红娘道谢说：辛苦你了。後来行李一切都弄齐了，莺莺问张生要去多少日子。
11. 张生说：我考试一完，立刻就回来，顺心的事还能耽搁吗？
12. 他们二人悲欢离合的情肠，真是万语千言，多半夜也说不尽，正是诗上说的：世上万般愁苦事，无非死别与生离。

注：
1. 怀著鬼胎，心存不安，心里有鬼：胎 t'ai，本指胎儿；怀胎 huai t'ai，怀着胎儿。
3. 翰林：翰 han⁴，毛笔；翰林 Han-lin，皇家文学院 (the Imperial College of Literature)，或中国最高文学院 (great Literary Academy of China)。壮门风 chuang⁴ mên fêng，壮大家门的声望：壮 chuang，强壮，茁壮（见问答章之六，36）；引申为，使强壮；至于"风 fêng"，参见第三章878.，注②。
4. 岳母 yo⁴-mu，通常叫"丈母娘"。岳父 yo-fu，通常叫"丈人"。
5. 叠舒展了，折叠并弄平：叠 tieh，参见第三章686.；舒 shu，参见第三章825.。
6. 踦角儿 chi¹ chiao³-'rh，角落：角 chiao，角落，空间上的一点，几何上的一个角；踦 chi，本指动物头上的角；又指单个儿的，无伴的。
7. 楦头 hsüan⁴-t'ou，鞋楦：楦上 hsüan shang，把楦头置入（靴鞋）；楦 hsüan，本义是，把任何东西塞入使空间撑满。
8. 盒子 ho-tzǔ，或盒儿 ho-'rh，带盖儿的匣子，它的两半儿，严格地讲，应该尺寸相同。
9. 绳子，绳 shêng²，绳索或粗绳，不论大小，都叫绳子。繫活扣儿 chi huo k'ou⁴-'rh，繫一个活结：繫 chi，参见百章之三十三注3；扣 k'ou，不是"扣击"（如问答章第之六注9），而是结扣儿，繫环扣儿，打结。扣儿 k'ou⁴-'rh，是把绳子两端搭在一起打的结；而单根绳子上打的结，例如鞭梢儿上的结，那叫"疙瘩 ko¹ ta¹"；参见百章之七十三注11。
12. 悲欢离合：悲 pei¹，悲哀，或哀痛；离 li，分离；欢 huan，快乐；合 ho，会合。

第三十五段
(CHAPTER XXXV)

1. 到第二天太阳刚出来，琴童他们乱乱轰轰的把行李都搬到车上，张生就上车起身了。崔老太太那边儿，预备着三乘小轿儿，带着莺莺同红娘过来，三个人都坐上轿子，送了幾里地，到了河边儿靠船的地方儿，大家下了车轿，老太太先向张生说：相公路上诸事留心，水陆平安罢。
2. 话毕，就带着莺莺要上船相送，又腿脚软弱，单身走不动，等红娘先後搀着，母女这纔勉强上了跳板，过到船上。
3. 那些个船有下锚的，有繫缆的，张生雇的是一隻大橹船，船上三隻桅杆很高。
4. 他们过来见船家不少，船艄上坐着有柁工，还有好些拉縴的，蹲在船头上。
5. 张生就叫船家帮着琴童把那行李一半儿放在客舱裏，好随便用；一半不常用的，都繫到舱底下。
6. 他们两位堂客坐了一会儿，张生问幾时开船。船家说：老爷齐毕了就要开船了。莺莺听这句话，就流泪合张生说：相公进京，饮食起居常要格外留意，别心悬两地纔好。
7. 张生听这关切的话，回劝说：请放心，我自然诸事留神，小姐在家也要保重身體，无须我嘱咐。
8. 说完，彼此灑泪而别。莺莺就合红娘跟着老太太下船上岸，坐轿回去了。到了家中伺候老太太安歇，他们主僕二人进了屋子，莺莺泪流不止说：他走了，不由得我惦记着，日久天长怎么好呢？
9. 红娘说：姑娘别难受，万事起头儿难，过幾天就好了。

注：

1. 陆 lu^4，跟水相对的旱地。
2. 毕 pi^4，完成，终结。搀 ch'an^1，扶。又见第二十八段，注 12。
3. 锚 mao^2，船锚；启锚 ch'i^3 mao，起锚。缆 lan^4，系船、下锚用的粗绳。橹 lu^3，装在船尾或船舷后部的长桨。桅杆 wei^2 kan^1，船樯；也单称"桅 wei"。

4. 艄 shao⁴，大船或小船的船尾。柁工 to⁴ kung，舵手：柁 to，舵柄或船舵。蹲 tun¹，本音 tsun¹，蹲坐在脚后跟上。（译按：此处标音 tsu¹ 有误，本音当为 ts'un²。）
5. 舱 ts'ang¹，货舱或船上的舱房。繫 hsi⁴（注意其发音之变化。译按：此处当读 chi⁴），用绳子捆绑好放下。
7. 关切，同情，有同情心的：关 kuan，影响；切 ch'ieh，在这里是加强语意的词 (an intensive)。

第三十六段
(CHAPTER XXXVI)

1. 不提莺莺在家度日如年，且说张生在船上合琴童看岸上的景致儿。
2. 就问船家：幾时湾船？船家说：今儿站船要早些儿，前边儿河底下有个漩窝，这时候儿风颳得利害，小心些儿，到草桥我们就好湾船了。
3. 说着到了草桥，把缆拴在木桩子上，下了锚。到了傍晚的时候儿，张生喫了饭後，不大会儿就睡了觉了。
4. 刚似著不著、昏昏沉沉的时候儿，忽然看见莺莺来了说：今儿天气顶热，我心急腿慢，总赶不上你，走到半路又是粗风暴雨的天，虽然打着把雨伞，衣裳都淋透了，泥有脚面这么深，实在是难走，雨还没有住，我可怎么好呢？
5. 张生听这一番话，就跳起来一看，果然满屋裏精湿，连他也溅了一身水，没有别的法子，只好等了一会子太阳出来，正在把莺莺那衣裳打开在草上曬着，不料有一大群人来轰轰嚷嚷的，张生刚要不依他们，猛然惊醒，却是南柯一梦。他嗒了一声，就站起来到外头一看，原来是大天大亮的了。
6. 又过了两天，张生正在船上闲望，忽然眼前见一座高山，船靠了一个热闹的马头，有好些个人抬着大箱子上岸去，闹闹吵吵的说话呢。张生看那箱子彷彿装的是外国犯禁的货，只因那箱子的皮面儿不像从外国装来的，猜着必是从外省来的私货，张生暗叹：可见走私不止於外国，就是我们中国也在所不免，这不是尽知责人而不知责己吗？
7. 想着这个，忽然看见岸上远处有些奇形怪状的人。等来近些儿，听他们的言语，张生也不懂得，问琴童他们说的是那'儿的话，真合跑獬马的打扮无异！

8. 琴童说：他们是外洋的人。正在瞇他们的时候儿，这裏头有个人过船来，向张生作了一揖，用汉话问询。张生答了礼，这人又说：贵国的话我是学过幾句，可惜文字我不明白，这儿有个字帖儿，请阁下替我把这意思讲出来，行不行？

9. 张生赶紧接过字帖儿来，字字句句细细儿的都告诉了他。那人谢了他费心，谈论了一会儿，又请问：贵国使的铜钱上是甚么字？

10. 张生说：一面是汉字，是国家的年号，一面是篆字，连我也不大认得。

11. 二人言来语去的闲谈，那人又请教：

12. 他们纔说这边儿有"屠户"。那"屠户"是幹甚么的？

13. 张生说：屠户这两个字，原指的是宰猪宰羊的人，常说。凡是卖肉的，也都叫屠户。

14. 说完话，那人就拜谢而去，不大的工夫儿，打發人送了一筐子鸡蛋来。张生叫琴童都拏出来，把筐子还他，外给赏钱二百，回去替说道谢。

15. 那来人走了，船又开了，都是随事扯篷拉縴。

16. 快到第二个马头，又见岸上有幾个外国人肩髈儿上扛着鸟枪，好像打围的样子。张生纳罕问：他们是要做甚么的？船家说：那山上麋麀野鹿最多，各样儿都有。这是通商口子，洋行开得不少，那外国商人，每逢不做生意的时候儿，就上山打围。这山林子裏人说还有大熊呢，虎豹也有。

注：

2. 站船 chan³ ch'uan, 抛锚，进港停泊。注意"站 chan"的声调。这可能是北方话特有的表达方式。漩窝 hsüan⁴ wo¹, 旋涡；漩 hsüan, 旋转的水；窝 wo, 鸟、兽或爬虫的巢或穴。

3. 桩子，桩 chuang¹, 夯进地里的柱子。

4. 暴 pao⁴, 猛烈的，暴风雨般剧烈的。参见第三章 529。伞 san³, 雨伞：打伞 ta³ san³, 撑起雨伞。

5. 溅 chien⁴, 飞溅，溅湿；激起的水落到地上，等等。南柯一梦 nan k'o¹ i mêng, 一个梦，"毫无根据的幻想"，对此所作的解释，请参见梅辉立 (Mayers) 著《中国词汇》(Chinese

Reader's Manual)159 页，513。译按：参见第二十五段注 10。

6. 马头，做生意的地方；又，码头，船靠岸的地方，栈桥。此语出处无人知晓（译按：胡三省注《资治通鉴》唐穆宗长庆二年"又于黎阳筑马头，为度河之势"；"附河岸筑土植木夹之至水次，以便兵马入船，谓之马头"。明代以后多作"码头"）。在所不免，字面上是，在"所 so"之中，那 [也同样地] 难以避免。

7. 跑獬马的打扮（英文注释"扮"後多一"儿"字）：打扮 ta pan，装饰；跑獬马的 p'ao hsieh⁴ ma ti，马戏团的骑手；獬 hsieh，传说的独角兽一类的动物，据说跑得非常快；跟着马戏团跑江湖的，被称为"跑獬马的 p'ao hsieh ma ti"或"跑马獬 p'ao ma hsieh"，即马戏里跑腿的或骑手。

12. 屠 t'u²；看上下文。

14. 筐子：筐 k'uang¹，有把手的敞口篮子。

16. 扛 k'ang²，用肩膀来扛。麈麖野鹿：麈 chang¹，即麇；麖 p'ao²，即獐子；野鹿 yeh lu，泛指各种鹿。通商口子，通商口岸，为商业往来（通商 t'ung shang）而设的港口；专指中国（条约规定的）通商口岸，所谓"通"，通过或直达，即外国人跟中国人之间在这里可以直接做生意。望读者原谅"通商口岸"这个词出现在唐朝这个年代上的错误。熊 hsiung²，狗熊。

第三十七段

(CHAPTER XXXVII)

1. 他们正在叙谈，柁工嘻叫一声：快看！这不是羊角风吗？忽见河面搅乱，敢情是个大飑风飑起来了！那风吹胀了篷，船歪得利害，危险得很！那些水手，你跑我嚷的，都赶紧鬆绳下篷，幸亏不到半刻的工夫儿风就过去了，他们大家照常说笑，竟是张生一人暗中叹惜说：

2. 这别是凶兆罢？莫非莺莺死了，魂灵儿跟我来了吗？

3. 琴童揣摩出他的意思来，就想了个巧着儿安慰他说：老爷放心罢！吉人自有天相。俗语儿说的"逢凶化吉，遇难成祥"，那阵风还算得了什么呢？这且不说。

4. 那船到了地土，他们主仆二人就捨舟登车，晓行夜宿的过了些天，到了京裡。

5. 一进大城，听见街上乱轰轰吵嚷的，是前门大街走了水了，客店裡怕不便留客,就在城裡找了个庙住下了。

6. 那庙隔壁儿有个老教学的,也是从西洛地方儿来的,原合张生是穿房入屋的交情,听见张生来京,在那庙裡住着,心里念旧,理应前去拜望,就合学生们说:我去拜个朋友就回来,你们的书可得'念熟了啊!等我回来,若是背不上来,可隄防着罢。

7. 那裏头有个小学生,是先生偏疼的,要跟了去,问先生许我去么?先生说:可以去,竟管去,可不许淘气!他们师徒二人就过庙裏来。

8. 琴童通知他主人,张生见了那老知交的进来,就迎接上前,喜说:幾年不见了,好呀!老先生回说:托福!老兄府上都好啊?

9. 他们彼此谦逊了一番,老先生说:昔年曾记得老兄文才茂富,多时不见,一定更高了,此处可有什么笔墨赐我看一看?

10. 恰巧有莺莺那天叫红娘送来的那首诗,在桌子上搁著,那老先生瞧见是张字纸,一手就挈过来要看,谁知道那些字是蝇头小楷,他目力不及,就说:这屋裏黑一点儿,我眼睛模糊,怕看不真,让我把窗户开开罢。

11. 张生替他把窗户揸上,他把诗看完了,喜笑颜开赞不绝口,看了又看,爱不释手,那们着好半天,太阳晃得慌,眼睛都睁不开了,只得又把窗户放下来。

12. 张生想着:这诗的名望原是莺莺的,如此称扬我,我实受之有愧!想著要说别的话,正要开口,那老者颠三倒四的,总以出家当和尚为妙。这种样儿的话,张生更觉得不投机,只好勉强回答幾句,都不过逢场做戏应酬朋友罢咧。

13. 大家又坐了好半天,还是议论不断的,真叫张生心裏急躁,只怕这人没时候儿走。末後儿老先生告辞说:今天我有一家儿东家那边儿还有事,我得'回去了,改日再来领教罢。

14. 张生心觉畅快,正送他出门,走到院子裡,只见那小学生哭着跑来喊说:

15. 我叫蚂蜂螫着了!胳臂肘儿都肿了,疼的很利害!

16. 那先生就埋怨他说:谁叫你在外头疯跑呢!带你出来常不安顿,底下只好留在学房裏罢。说完就走了。

注：

1. 羊角风，旋风，因风旋转上升而得名；飚 hsüan⁴，正如下文所说，指旋转上升的风。
5. 走了水，大火灾的委婉说法，因灾难太大而不直接称说。
7. 淘气 t'ao² ch'i，顽皮的，轻佻的，调皮的：淘 t'ao，在这儿是动个不停，玩耍的意思。
9. 昔年 hsi² nien，过去的年代：昔 hsi，从前，古代，旧时。文才茂富，你的文学天资可谓"茂 mao⁴"，即茂盛，兴旺，或高度发展的，可谓"富 fu⁴"，即丰富充裕的。
10. 一手挲过来，漫不经心地拿过来：一手 i shou，"一伸手 i shên shou"的缩略，手伸一下，含有动作是漫不经心的和并非有意这样的意思。蝇 ying²，蝇子；通常叫"苍蝇 ts'ang ying"。
11. 释 shih⁴，放开，释放，解开。
12. 不投机 pu t'ou² chi，未击中目标，离题；字面上是，[交谈] 不"投 t'ou"，投出之时，[击中] 机 chi，动机：投 t'ou（参见第七段，注4），用以比喻投射，使人看到，忠诚，敌意，和更多的东西。逢场作戏应酬朋友罢咧，逐字直译：在公共场合遇到机会放纵自己，对朋友表示友善，而且仅此而已。逢 fêng，相遇；场 ch'ang²，本义是活动场所，在那里可以做各种事情；引申为，所做的那些事情，都是见机行事；戏 hsi，严格地讲，是演戏；作戏 tso hsi，做任何逗乐的事；听戏 t'ing¹ hsi，看戏；戏馆子，剧院；至于"应酬 ying ch'ou"，参见问答章之十，注1。
13. 急躁 chi² tsao⁴，性急的，急切的：躁 tsao，性急的，匆忙。
16. 埋怨 man yüan，抱怨，责备，委婉地非难。注意："埋"音 man²，而非 mai²（百章之七十五注6）。译按：mai 变 man，属语流音变。疯跑 fêng¹ p'ao，像疯子一样地狂奔：疯子 fêng-tzǔ，精神病患者；疯了 fêngliao，发疯了，或发狂。

第三十八段
(CHAPTER XXXVIII)

1. 等他们离门口儿远了，琴童就问主人：那老学究是谁？张生叹了一声说：他那位原是我家乡的老前辈，前半路儿很有名望，如今年纪大了，衰迈了好些，真是物理循环，在所不免！
2. 那琴童嗤了一声说：衰迈原是衰迈了，他说的那个话都是白水煮豆腐，一点儿味儿都没有！

3. 那孩子这种卤莽的话，若是每常，早挨上说了，这会儿张生闷得慌，所以都不大理会，直到街上走走。
4. 那街上来来往往、做买做卖的，热闹之极！有摇铃儿是卖线的，也有摇鼓儿的，又有擓篮子的，各式各样儿的都有。走到十字街儿，见有幾座药铺，忽想起旧病来了，进铺子问：这裏有常山没有？那些人说没有，左问没有，右问也没有，问来问去，白费了工夫，张生心裏骂他们不中用的东西，就回庙裏来歇息，不提。

注：
1. 学究 hsio chiu，文人；被称作"究 chiu"的人，是指深入研究对象钻研探究的人（参见问答章之十，注 2）。衰迈 shuai¹ mai⁴，逐渐衰老，精力衰竭：衰 shuai，衰败，耗尽的（参见第三章 600.）；迈 mai，渐渐变老，[健壮的日子] 正在远去，陷入衰老。循环 hsün² huan²，在圆形轨道上旋转，周而复始：循 hsün，周期性地出现；环 huan，环绕，绕行一周。
3. 卤莽 lu³ mang³，粗野地，粗鲁的：卤 lu，本指浸透了盐碱的贫瘠土地；莽 mang，丛林密草；引申为粗野的，与没有教养同义。挨上说了，快将被谴责了。参见问答章之三，56。
4. 摇铃儿 yao² ling²-'rh，摇动铃铛：铃 ling，小铃铛；这里尤指那种用线绳串着的小黄铜片，沿街叫卖的小贩扭动他们的手腕就使之作响；小铃儿通常叫"铃铛（tang¹）"。下文说到的拨浪鼓，也是扭动手腕使之作响，而且也是卖小百货的小贩使用的。擓篮 k'uai³ lan² 子，用胳膊挎着篮子梁儿或把手，如此等等：篮 lan，一般比"筐子"小点儿，虽然字典上说得正相反。（译按：《康熙字典》竹部：篮，《正韵》卢监切并音蓝，大筐筥也。）

第三十九段
(CHAPTER XXXIX)

1. 却说莺莺在家，这一天叫红娘拏镜子来照脸，见脸上焦黄，叹说：这都因为这些天没有见他的面儿！哎，这么牵肠挂肚的很难受。见天的叹息不绝。
2. 现在正是十冬腊月的天气，莺莺多穿了件棉袄，还不暖和。
3. 想着心上人在京裏住，这天寒火冷的时候儿，不知道他怎么过呢。
4. 就同红娘到张生先住的那屋子裏看了看，见那屋子关门闭户的很冷清，房

第六章　秀才求婚，或践约传　459

簷儿上都搭了蜘蛛网咯，隔窗一看，满地下尽是尘土。莺莺吩咐，叫人打扫乾净了，还在那儿老站着，又是發怔，又是忧闷。

5. 红娘劝说：我们走罢，在这冷清清的地方儿做甚么？

6. 莺莺刚转身要走，看见树稍儿上落下一个鸟儿，就止步一看，忽闻左近有女人哭的声儿，就问是什么人。红娘说：就是我们那隔壁儿住的，听见说他的丈夫新近出外有事，不定多少日子纔回来。

7. 莺莺叹了口气说：兔死狐悲物伤其类，我跟他真是同病相怜了。

8. 红娘跟着说：嗐！张生这一回走，那不都是那小孩子满嘴裡混说的，起祸的根苗就是他啊！莺莺说：罢呀，既往不咎，不用再提了。

9. 大家回屋裡闷坐，愁叹了好久，到了晚上，莺莺忽想要写封信给张生纔好。红娘挐过笔砚来，看那笔尖儿都秃了，换了管新的。

10. 说：姑娘这封信，带着送点儿甚么精緻的东西，比空信强啊。

11. 莺莺说：最好！我的意思就要送副钮子。

12. 红娘说：奴婢意见，那儿有块红绸绢子，比钮子好不好呢？

13. 莺莺想着：礼物成双成对的纔好，这两样儿都寄了去罢。

14. 说着，就铺上纸，挐起笔来写。红娘靠着桌子看，莺莺觉着那桌子动弹，疑惑是他，就说：你别摇揺，快把桌腿子垫稳了罢。接着要再写，抽冷子有个扑灯蛾儿飞来，把灯扑灭了，又从新点上，耽搁了许久的工夫儿，纔写完了。连东西一齐封好，打了图书，就叫人送到信局子裡去，嘱咐他就寄到京裡去，越快越好。

15. 可巧，信到的那一天，正是张生进场头一天，他接着拆开，从头至尾看了一遍，又看那两样儿东西，见绢子虽然落了点儿颜色儿，却是因为心上的人的一番美意，就宝而藏之，格外珍重，收在箱子裡了。

注：

2. 十冬腊 shih tung la⁴（译按："月 yüeh"不当省），指每年的十月及其随后的两个月；腊 la，祭品，口语即以此称十二月份，而且只适用于这个月份。

4. 房簷儿 fang yen²-'rh，房子的屋檐：簷 yen，房顶的边缘。蜘蛛网 chi¹ chu¹ wang，蜘蛛织

的网儿;蜘蛛又叫"蛛蛛"。尘土 ch'ên² t'u,灰尘:尘 ch'ên,口语不单说。
6. 丈夫 chang fu:丈 chang,老者或长者(参见第三十四段,注 4)。
7. 兔死狐悲物伤其类,兔 t'u⁴,兔子;狐 hu²,狐狸;兔子死了,狐狸很悲伤;物 wu⁴,上天创造的万物;伤 shang,心里哀伤;其 ch'i,他们的;类 lei⁴,种类,物种。野兔一般称"野猫";狐狸,狸音 li²。
11. 副 fu⁴,这里指(一)套或(一)对儿。
12. 绢子 chüan⁴,手帕,不论是用来围脖子还是放在衣兜儿里,都叫"绢子";放在衣兜儿里的手帕,通常叫"手绢儿 shou chüan-'rh"。
14. 垫稳 tien⁴ wên³ 了,放点儿东西在下面使之平稳:垫 tien,把一个东西塞到另一样东西的底下使之放平或放稳 wên。抽冷子,突然,冷不防:冷 lêng,形容突發情形(见百章之四十五注 1)。扑灯蛾儿,蛾;字面上是,碰撞油灯的飞蛾;泛指夜间出现的各种飞蛾。读者须谅解在仲冬引进了飞蛾。图书,一般指私章,相对于"印 yin⁴",公章。信局子,邮局:局 chü²,机构,委员会,工厂,补给站,事务所;还有其他义项。寄 chi¹,邮递。参见第八段,注 8。
15. 拆开 ch'ai¹ k'ai,打开:拆 ch'ai,施用强力打开。珍重,极重视或珍惜:重 chung,尊重;珍 chên,当作宝贵的珍宝(参见百章之十六注 2);珍重 chên chung,又有"保重"的意思,如说"珍重,珍重 chên chung,chên chung",你自己多保重,给启程上路的人的祝愿。

第四十段
(CHAPTER XL)

1. 这且不提。可惜,叙到此处,那原板《自迩集》内续散语一篇,俱已用完,撰成这《践约传》,於散语外加增的不少,无法再为铺张。

2. 第二天张生如何进场,出场後如何报喜高中,如何即日授了官职,如何衣锦还乡的,顺道儿回到普救寺来,莺莺见他脸上发福,十分喜动颜色,崔老太太也很高兴,以礼款待,就替他们二人张罗起喜事来,悬灯结彩、鼓乐喧阗。非常热闹,张生顶冠束带的,合莺莺拜了天地,陪着亲友喝了喜酒,众宾散去,夫妻入了洞房,这都不消说得。

3. 真是锦上添花的一般。要提他们夫妇和气、阖家欢乐、诸事吉祥,这种情节俱是自然而然的,笔下虽不註明,看官必可了然。

第六章　秀才求婚，或践约传　461

注：

1. 撰 chuan⁴，创作或编辑，例如创作一篇文学作品。
2. 授 shou，赠与，给与，交给。衣锦：锦 chin³，刺绣制品或织锦：衣 i⁴（注意声调），穿，戴，或穿着，锦 chin，漂亮衣服。款待 k'uan³ tai⁴，殷勤、慷慨地招待：款 k'uan，在这里是，真实，诚挚。又见第二十六段，注 22。张罗，做好准备工作，筹备：张 chang，展开；罗 lo，罗网（参见第一段，注 7）。喧阗 hsüan¹ t'ien²，喧哗嘈杂，噪音；专指乐器的喧闹声：喧 hsüan，喧闹声，吵嚷声；阗 t'ien，鼓乐声。洞房 tung⁴-fang，新婚房间：洞 tung，山洞，深龛。不消，不必：消 hsiao¹，这里是"需要""要求"的意思（又见第三十二段，注 6）。

第七章　声调练习
(THE TONE EXERCISES)

　　本章中文标题为《练习燕山平仄编》(编 pien，汇编；练习 lien hsi，实践；平仄 p'ing tsê[字面上是，平直的和弯曲的]，声调系统）。通行该声调系统的"顺天府 Shun-t'ien Fu"，古称"燕山 Yen Shan"。我们将看到，第一卷（中文课文）第 286 和 287 页的一段中文（译按：第二版译本 471—474 页《中文字表·表一》），以同样的顺序重复了第一卷第一章 10—17 页所给的表现口语发音的字表（译按：第二版译本 12—20 页《声韵配合表》），但为了练习，没有标出读音。随后，在第一卷第七章，可以见到一个中文字表（译按：原著 288—313 页，第二版译本 474—489 页《中文字表·表二》），表中每一纵列打头儿的，就是字音索引字，字下有词义注释；注释之下，有个四位序列，有的有字，有的空位，体现一组四声每个音节的发音及其可能的声调变换 *(changes of tone)*，这也许可以称之为"四声律 *(Tone Scale)*"。每一四声律，就是一个相应的简短的声调练习段。发音的顺序，自左而右，依顺序码排列。如果学生查找遇到困难，靠各字上方的数码，可求助于第一章的《声韵配合表》*(Sound Table)*。

　　标注字音解释意义的注释，其构成与中国的说明方法相一致。我们还不能急于考虑说明这种方法。在《序言》中我已强调其重要性。至于四声 *(Tone Scale)*，索引中一个音若同时具有四个不同声调，四声表中就按四声顺序举出四个汉字，其中一个就作为字音索引。各"音 yin"的声调顺序是：上平 (shang p'ing) 最上（译按：原为竖排，故称"最上"；今作横排，即成"最前"），下平 (hsia p'ing) 其次，依此类推；如果某一调位无字，四声序列中断处即用一个〇表示。

学生要细心倾听老师把各音节四声一个接一个地读下来，只要他耳朵没有缺陷，那么，用不了多久，就可以捕捉到声调的韵律；一经捉到，不久就会使自己习惯于一听到发音就能够确定任何"字"的声调。

每个练习段，都由符合该声调的字充当并构成四声，每个声调的字都配上一个或几个最常见的词语。该练习的正文再次出现于随后各页，附有正音（orthography）和调号（tone marks），以及小心谨慎的翻译。作为一个总体，第一章语音索引的每个音的中文解释，常常本身就是个练习，其意义要在译文中找寻。

至于如何使用这些练习或发挥其效用，不必多费口舌。不同的耳朵适应不同的方式。有的人，要较好地学习和理解声调规律，须从较长的句子开始，而不被这里的序列规则所限制。最简单的方法，就是在以汉语为母语的本地人帮助下，将第三章或第四章中的任意几个短句变为声调练习。如果没有以汉语为母语的本地人帮助，想学到声调是根本不可能的。

要让学生自己去体验独立于音节之上的声调的影响。为了这一特殊目的，四声律字表包含了语音表的全部音节。韵母系列附了一些注释，提供了一些限制性资料。学生将会发现，这种限制（更改、修饰、变音）经常如此，几乎全部如此。这些注释再现了某个音节受声调影响发生的变化。我们的音节表无法表现这种变化，而这种变化已存在于北京话音节总表（Peking Syllabary）中（译按：第二版译本651—831页）。现在应该将注意力转向一些由四声给定的规则的实行上，当音节不是独立的，而是作为双音节或更长组合的一部分、与其他音节连在一起的时候，音节的发音是这些规则支配的。

我们先从最后说起，学生应回忆一下第一卷第一章关于韵律的那几句话。让他翻到第五章的中文课文（第一卷，229页）（译按：第二版译本297页），请他的老师清晰而快速地念一念第一行下方的：

   头 一 宗儿 要 紧的 事 情
   t'ou i tsu^{ng}-'rh-yao-chin-ti shih-ch'ing

或第二行的：

各　处儿　各　处儿　的　乡谈
ko-ch'u-'rh - ko-ch'u-'rh-ti hsiang-t'an

学生会发现，无论怎样留心注意老师的发音，他也无法分清刚刚过去的这个或那个音节的四声；念出来的音节的声调，并不是它们作为独立音节所具备的完整的声调。不必拿这个来吓唬他。声调之于汉语音节，正如音量之于拉丁语单音节。我们将看到，其原本的或自然的状态会如何受到位置的影响，就是说，在某些情况下，位置的变化会造成声调的完全改变。可是，像上文所举的例子，在较长的组合里，特别是在形容词和副词性的结构中，存在一种合乎韵律的语音转换，而这种转换是四声所不能反映的，这只有通过实践才能教会，舍此别无他途；这也像在拉丁语词里一样，韵律学的条例只能告诉我们某一音长。在如下的词语中，例如：*Constantīnŏpŏlītānus, měmŏrābĭlĭă, văgābūndŭs* 如果没有韵律学明白规定的韵律强音的或多或少的变化，要念好它是不可能的。我们的元音韵律学是讲某些情况下的变化，而且，如在 *analysis* 与 *anlytical*，*meteorology* 与 *meteorological* 等词中，其元音音值的起伏变动，多少有点儿像我们正在讨论的汉语的音变。

虽然上文所强调的，假使该语言经探讨后，其多音节结构都被接纳时，记忆将很容易被唤起。单音节的发音要过关，按它的声调读出来，就像读拉丁语词的音节要读出其重音一样，而且别忘了经常请教音节表；不过，讲话的时候，学生应该努力复制任何超过一个双音节组合的语音，要严格按照它的声调——音量的组成部分，更要依准多音节整体的韵律重音。

单音词"字 tzǔ"(*monosyllabic word*) 的词义变化，有时会卷入"音 yin"(*syllabic sound*) 的变化，而有时"音 yin"保留而声调 (*the tone*) 则变了。在单音节的组合中，凡由两个独立音节的单音词形成的组合、又都属于同一个调类，其第一个音节或第二个音节的声调就被扰乱，有时是很细微的，有时则严重到必得把它归到另一个调类去。下面这些组合，大声儿念，就可以显示出在不同位置上四声在多大程度上受到影响：

(1) 山西 shan¹ hsi¹　　　　西山 hsi¹ shan¹
　　当差 tang¹ ch'ai¹　　　珍珠 chên¹ chu¹
(2) 湖南 hu² nan²　　　　　南湖 nan² hu²
　　衙门 ya² mên²　　　　　银钱 yin² ch'ien²
(3) 早起 tsao³ ch'i³　　　　洗脸 hsi³ lien³
　　小马 hsiao³ ma³　　　　马小 ma³ hsiao³
(4) 日月 jih⁴ yuêh⁴　　　　数目 shu⁴ mu⁴
　　算计 suan⁴ chi⁴　　　　志向 chih⁴ hsiang⁴

　　第一声的，我认为，"山西 shan hsi"的第二个音节降了，但在"西山 hsi shan"里，"西 hsi"又比"山 shan"降低了；"当差 tang ch'ai"的第二个音节升了，而"珍珠 chên chu"的第二个音节则降了。

　　第二声的，发音的陡然终止，我认为后一个音节比第一个音节明显多了。但是，本地教师对上述声调的变化是一样儿也不承认。

　　第三声的，声调的变化更加显著：第一个音节变得接近甚至变同第二声 (the first syllable is changed nearly, if not quite, to the 2nd tone)，而且，对个别元音还有尤其明显的限制。如果你造一个自然的回文："小马 hsiao³ ma³，马小 ma³ hsiao³"，反复念上一会儿，你就会发现，发音的升降好像是被明显地变成了"学妈 hsiao² ma¹，妈笑 ma¹ hsiao⁴"。有三个字的时候，如"五斗米 wu³ tou³ mi³"，只有最后一个音节发一个完全的第三声；"早起洗脸 tsao³ ch'i³ hsi³ lien³"，"起 ch'i"的声调跟"早 tsao"刚好相异，而"脸 lien"是这四个音节中唯一保存第三声的词。

　　第四声的，第二个音节也下降，只是不如第三声的那么明显。不同的例子可以再次显示出，这种变调跟某些元音有关系；而"算计 suan-chi"中的"算 suan⁴"重叠，你会发现"算算 suan-suan"中的第二个"算 suan"，其基调低于第一个，虽说在四声中找不到它变成了哪一种。限于我们的语言能力，从自然语言中仅归纳出以上四条。

　　名词词缀"子 tzǔ""儿 êrh"，名词和动词词缀"的 ti"，还有讹变为 la 和 lo 的"了 liao"，也用于动词之后，不过更经常地用在句子末尾，当它们作为非

重读后接成分 (enclitic) 跟其他词语发生关系时，其声调就不属于四声中的任何一种；然而，当它们不充当这种非重读后接成分的时候，就恢复了它们的身份，例如：子孙 tzŭ³ sun¹，儿马 êrh² ma³，的确 ti² ch'io⁴，了事 liao³ shih⁴。着 cho²，作非重读后接成分时，就变为 cho⁴。

关于声调影响韵母的条例的注释
(Notes on the Tone Rules Affecting the Finals)

　　a.——在第一声即上平声里，a 的发音有点儿像 *ant*, *yarn*, *mast* 中的 a，发音非常缓慢。在第二声即下平声里，其发音便短促些，如 *artful*, *architect* 中的 a。在第三声即上声中，a 的发音开始时像上平声中的那样缓慢，逐渐下降又突然上升；在 a*ha*！*pa*pa 中，去掉斜体辅音，只发其中的元音，便能多少揣摩到这个声调作用于结尾的效果。在第四声即去声中，元音 a 的发音开始时高于上平声中的音阶，然后突然下降，但属于逐渐减弱，有如 A-A-A。

　　ai.——在第一声中，ai 中的两个元音几乎同时发出；若说稍有区别的话，后者比前者略快一点儿。在第二声中，当说话者突然喊出"*ay?*"以表示惊讶与怀疑时，i 音便较强而长些。在第三声中，a 的发音下降，到 i 再升起，发出来的元音有几分像 *careen* 中的元音 *a-ee*。在第四声中，a 的发音拖长，复元音的后一部分，在我就会用"非重读后接成分 (*enclitic*)"来表述它，似乎可以把它描写成 *áa-y*。

　　an.——关于 a 所说的话，大体上都适用于这个韵母，只是在第二声中例外，其元音的音变更明显，甚至变成了一个复元音。

　　ao.——在这个韵母里，a 和 o 在第一声里跟 ai 的情况完全相同，只是 a 的发音略长于 o。在第二声中，ao 的发音几乎就是 *áu* 或 *áoo*；在 ao 或 ngao 等词中，它的确近乎 *loud* 中的 *ou*。在第三声中，发 o 音时升高，该元音近于 *caul*, *brawd* 中的 *au*, *aw*。在第四声中，a 又要发得更长些，而 o 更得用"非重读后接成分"来描绘它，有如 *aa..ŏ*。

eh.——这个韵母仅见于 yeh 音节。在第一声中,它也许可以写作 ieh,而且其发音类似 ai 和 ao,甚至可以区分出复合元音的两部分;但在第二声中,y 毫无疑问是个辅音,而其音节简直就是 yet 中的 ye。在第三声中,如前所述,发出来的是二合元音,开始发的音虽然是 yea,可是迅即上升为 yet 中 e。在第四声中,发的音是一个拖长的降音 yea。也许,还可以描述为:Y-E-E-E。

ê 或 o.——在第二声中,ê 近似于 lot,top 中的 o。在其余声调中,则更接近 learn,sir,earth,terse 中的元音的发音。在第三、四声中明显地是该元音的重叠,例如,应该写作 lêê,l-ê-ê-ê。

ên.——在第三、第四声中元音重叠。试着给 upper 一词赋予第三声和第四声,再去掉其辅音,剩下来的 u-ê 就是所要的完美的发音。

êrh.——这个音完全没有上平声的字,然而在许多场合,当它作为某个非重读后接成分出现的时候,êrh 的元音发音或多或少地被该词元音的发音所同化。声调也被改变了。音节表编制者总爱称之为上平声,虽然他同意,严格说来,êrh 改变后的发音不属于四声中的任何一种。依我看,这种熔合 (the fusion) 不仅改变了 êrh 的声调自身,也改变了它所跟随的那个词。

i.——i 的独立发音经常是 yi,不过其中的 y 不是那么明显,只要出现,就不论第一声还是其他声调,都是一样的。学生须当心,在下平声中,i 会缩短为 ih。这个元音的发音长度,第一声跟第二声不同,略似 cheer 与 peep 中的元音(译按:[i] 与 [I:])的差别。在第三声中,i 发生曲折变化,升起如 ee-ih;在第四声中,有如 ee..e.e。

ia.——在第一声中,i 是清楚的,虽比不上 a 突出。在第二声中,a 更突出,chia^2 会发成 chya^2 音。在第三声中,chia^3 的音发成 cheeah;第四声的 chia^4,则近乎 chéyaa。

iang.——关于 ia 的描述,适用于 iang;只是 liang,niang 的音节中,i 在第一、三、四声中经常更接近 ey。在第二声中,i 几乎辅音化为 y: lyang^2,nyang^2。

iao.——对 ao,ia 和 iang 的声调影响的描述,适用于这个韵母。在第一、三和四声中,特别是在 liao,niao 两音节中,i 几乎变成 ey;在第二声中,它是 y,

而 ao 则变成了 aoo 与 ow 之间的一个音。

　　ieh.——跟 ia 的情况相同，第一个元音和第二个元音都发音清晰，区分明显，而且都近于重读。在第二声中，i 变成了 y；在第三、四声中，近乎 ey。因此，ch'ieh 的变化可以表述为：ch'yeh[1], ch'yeh[2], ch'eyeh[3], ch'eyeh[4]。在 lieh, mieh, nieh 里，除了第二声之外，习惯上似乎是非常任意的；同一个 i 的发音，此时似 ee，彼时又像 ey。

　　ien.——对于 ieh 中的 i 的观察，也完全适用于 ien 中的 i。en 的发音不确定，有近似于 üan 中的 an，在第三声中变成一个清晰的 an，而在第四声中变成更为清晰。

　　ih.——i 的发音，第一声跟第二声之不同，略似 *children* 和 *chip* 中的同一元音发音之不同。在另外两个声调中，其音变如同 a, ê 等；开始时像 *cheek* 中的 ee，继而陡升至 *ill* 中的 i；在第四声中是逐渐下降。去掉 *limit* 一词中的斜体字母，并拖长后一个元音的发音，就形成跟韵母 ih[4] 很相近的发音了。

　　in.——类似于 ih。抽取 *thin*, *thick* 中的元音，即接近第一声、第二声中的 in 中的 i；第三声中的 i，有如 *initial* 的头两个音节中的元音的结合；第四声中，则如 *incident* 的头两个音节中的元音的结合。

　　io.——出现在 hs 和 l 之后，这个韵母 io 在北京话里经常念作 üo 或 üeh；在 n 之后，则偶尔如此。在第三声中，lio 念作 li-ó；在第四声中，nio 更确切地说是 nyó-ó-ó。

　　iu.——在第一声中念作 ee 加 oo，即 iu 复合化了，清晰而均匀，如同 ai, ao, ia。在第二声中，iu 近乎 yew，但更短促些，似乎可以写作 yewh。在第三声，发 ee 音时下降、到 ooh 时疾升；第四声中，发音持续于 ee 而突然止于略低些的 oo。

　　iung.——该韵只见于第一声和第二声。元音 i 不像 ia, ieh 中的那么清晰；在第一声和第二声中，i 近似于 y；念 hsiung[2]，听上去几乎是 hsyung。u 或 oo 的发音，在第一声中趋近于 *home* 中的 ó，而在第二声中则是 oo，而且发音短促，最后的 g 近似于 k，或者法语的鼻音。

o.——在第一声中，o 的发音近于 *roll* 中的 *o*；第二声中较短些，如同 *shot* 中的 *o*，后随一个弱重叠元音，有点儿像 *oóh*。在第三声中，可感知 o 后有第二个元音，很像是个 á。在第四声，可觉察到元音发生极轻微的变化，主音是 o，一个渐弱的长音。念单个的 o 或 ngo 时，出的是个鼻音，更多的是改变元音音色，而不是影响声调。

ou.——在第一声，ou 更像 *round* 中的 *ou*；第二声中，变短了，似 *lout* 中的 *ou*，但肯定发生了曲折，很像 owoo 或 owuh。这种情况，在第三、第四声中更清楚，可以表述为 où-óo³，oú-oo⁴。

ü.——在第一声，ü 有如法语 *pureté* 中的 *u*；第二声，有如法语 *tut*, *salut* 中的 *u*。在第三、第四声，可以觉察到发生了我们在 a, i, o 中所见到的那种元音的重叠和曲折，即如 ü³ 是 ü-üh，ü⁴ 是 ü-ü--ü。

üan.——描述这个韵母，跟描述 ien 同样困难，就是因为涉及元音 a。在第一声中，a 的开口度加大；若在以 an 收尾的音节中，a 变平，有时即变同 *mat* 中的 *a*，而有时变得更接近 *then* 中的 *e*，马礼逊或其他正音法 uen 中的 e。我的本地老师，他发第一声，跟第二声总是有些微不同，发 an 音，就像英语 *can*, *mantle* 中的 *an*。第三声，a 跟 e 之间的不确定，更甚于第四声；在第四声中，更倾向于 a。三、四声中的元音，其差异更像 ia, ieh 中 a 与 e 的差别，更像 üan³, üaan⁴ 的不同。

üeh.——第一声发音时，ü 和 eh 均匀地延长，最后一个元音如同 *sentry* 中的 *e*。在第二声中，eh 如同 *set* 中的 *e*，且比 ü 清晰多了。在第三声中，跟第一声相比，eh 的发音延长了，而 ü 则缩短了。在第四声中，ü 听上去突出多了，且是重音所在，而 eh 则拖得很长。

ün.——ün¹ 同于法语的 *une*；在 ün² 中，元音的发音类似法语 *lutte* 中的元音，在 ü 和 n 之间，有轻微的曲折音变，类似 i 的曲折变化，发音非常微弱且陡急。在第三、四声中，有如前述之元音重叠。

u.——u¹ 的发音类似于 *coon* 中的 *oo*；u² 则如 *cook* 中的 *oo*。在 u³, u⁴ 中，元音重叠如前所述之 a, i, o；u³，像 ù-úh；u⁴，像 ú-uh 或 oo-ooh。

ua. —— 在第一声,ua 十分接近 ŏā;在第二声,o 几乎消失而变为 oo,u,或 w;在第三声,o 又显而易见,且使 a 或 ah 突起,不过很短。在第四声,其元音的发音似乎视其辅音声母而定:shua[4] 发音是 shóaa,而 hua[4] 则是 húaa。

uai. —— ua 的情形多少适用于 uai,这跟 u 有关;不过,在第一声,u 跟双元音 ai 之间是分开的;在第二声,u 辅音化,ai 变短了;发第三声时,u 音下降,a 音短升,到韵尾时 i 就是一个非重读后接成分了;在第四声,u 音升而 ai 音衰减,在前一元音 a 上停留长些。在第一、二、四声,u 或许经常是 o,而在第二声经常是 w。

uan. —— 发音时元音之间的间隔有如 ua。在第三声,这个韵母几乎是 ówán;在第四声中,发 óan 音,有如 *awning* 中的 *awn*,或德语 *ohne* 中的 *ohn*。

uei. —— 在第一声,发音近乎 oowei;在第二声,近于 wey;在第三声,近乎 oò-w.é.i;在第四声,近似于 óo-w.e.i,i 倾向于音缀化的 e。kuei 音节的全部四声发音,其 u 比在 hui 中更接近于 w。

uên, un. —— 在所有四声中,其元音都可以写成双元音,只是在第三、四声中更明显而已。在第一声,u 或 oo 的发音很明显,拖长得像 *pool, moon* 中的 *oo*;在第二声,u 接近于 *put, foot* 中的元音;而在第三声,元音的发音明显分离,有如 oo-ún 或 ù-ên;在第四声,则似 óo-ǔn 或 ú-ên;后一种通常衰减如 ū-ê-n。

ui. —— 参见 uei 条所述,uei 跟 ui 有不同。在 hui 音节中最容易觉察到,而且是在第二声中;在其他三声,ui 如果不是十足的 uei,也是很相近的。在 chui 音节中,或许可以另写作 chōō-ēy[1], chooy[2], choo-éy[3], chóoey[4]。你会发现,发这个音,同一位本地人不同时候发的音都有不同。

un. —— 在第一声,可以觉察到元音 u 有曲折,只是比 huên, kuên 的曲折微弱些。在第二声,接近于意大利语 *punto* 中的 *un*,发音较快,然而仍能觉察到有元音重叠。在第三、四声,这种曲折依声调而异,正如前述 an 和其他韵母所表现的。

ung.——关于 un 的描述，大体适用于 ung；但在第二声，元音的曲折不那么明显。第二声韵尾的 g 弱化了，ung² 确似法语 long 和 longe 二者尾音之间的一个什么音。发 yung 音时，与其说是 u，不如说是 o。

uo.——这个韵母，我只用于三个音节的记音，即 huo, kuo, shuo。我必须声明，这是 u 最后一次作为元音出现；在其他场合，它都表现为 w。音节 shuo，各声调或可表述为：shūōh¹, shwǒh², shuó³, shú-óh⁴。

ǔ.——这个韵母发音时因声调而发生的可觉察的曲折音变，如在其他韵母那里已考定的。这里的困难是如何描述这个元音的发音。sy-rup，如果去掉斜体辅音，或可表述为 szǔ¹，相应地，第二声可以是 szǔ²；第三第四声可另写作 szǔ-ǔh, szǔ-ǔ-h；可是，我们的字母表在这里帮不了多少忙，描写得不能像表中其他音那么细致。

还余下几个未加注释的韵母，不过，它们均未超出前面所述之声调影响条例。在 an 条下所说的那些，已足够说明 ang 和 êng 的了；ai 条之于 ei, eh 条之于 en, ih 与 in 条之于 ing, üeh 条之于 üo，以及 ua 和 uan 条之于 uang，也都是同一道理。

练习燕山平仄编
(Lien Hsi Yen Shan P'ing Tsê Pien)

《中文字表》（表一）

A	1 阿	2 爱	3 安	4 昂	5 傲		
CH	6 乍	7 茶	8 窄	9 柴	10 斩	11 产	12 章	13 唱
	14 兆	15 吵	16 这	17 车	18 这	19 真	20 臣	21 正
	22 成	23 吉	24 奇	25 家	26 恰	27 楷	28 江	29 抢
	30 交	31 巧	32 街	33 且	34 见	35 欠	36 知	37 尺
	38 斤	39 亲	40 井	41 轻	42 角	43 卻	44 酒	45 秋
	46 窘	47 穷	48 卓	49 绰	50 昼	51 抽	52 句	53 取
	54 捐	55 全	56 绝	57 缺	58 君	59 群	60 爵	61 卻

	62 主	63 出	64 抓	65 欻	66 拽	67 揣	68 专	69 穿
	70 壮	71 牀	72 追	73 吹	74 准	75 春	76 中	77 充
	78 擉							
NGÊ	79 额	80 恩	81 哼	82 儿				
F	83 法	84 反	85 方	86 非	87 分	88 风	89 佛	90 否
	91 夫							
H	92 哈	93 害	94 寒	95 碎	96 好	97 黑	98 很	99 恒
	100 河	101 後	102 户	103 花	104 坏	105 换	106 黄	107 回
	108 混	109 红	110 火					
HS	111 西	112 夏	113 向	114 小	115 些	116 先	117 心	118 性
	119 学	120 修	121 兄	122 须	123 喧	124 雪	125 巡	126 学
I	127 衣							
J	128 染	129 嚷	130 绕	131 热	132 人	133 扔	134 日	135 若
	136 肉	137 如	138 顿	139 瑞	140 润	141 绒		
K	142 嘎	143 卡	144 改	145 开	146 甘	147 看	148 刚	149 炕
	150 告	151 考	152 给	153 刻	154 根	155 肯	156 更	157 坑
	158 各	159 可	160 狗	161 口	162 古	163 苦	164 瓜	165 跨
	166 怪	167 快	168 官	169 宽	170 光	171 况	172 规	173 愧
	174 棍	175 困	176 工	177 孔	178 果	179 阔		
L	180 拉	181 来	182 懒	183 浪	184 老	185 勒	186 累	187 冷
	188 立	189 俩	190 两	191 了	192 裂	193 连	194 林	195 另
	196 略	197 留	198 骆	199 陋	200 律	201 恋	202 略	203 抡
	204 略	205 路	206 乱	207 论	208 龙			
M	209 马	210 买	211 慢	212 忙	213 毛	214 美	215 门	216 梦
	217 米	218 苗	219 灭	220 面	221 民	222 名	223 谬	224 末
	225 谋	226 木						
N	227 那	228 奶	229 男	230 囊	231 闹	232 内	233 嫩	234 能
	235 你	236 娘	237 鸟	238 捏	239 念	240 您	241 宁	242 虐

第七章 声调练习 473

	243 牛	244 挪	245 耨	246 女	247 虐	248 虐	249 奴	250 暖
	251 嫩	252 浓						
ᴺᴳO	253 讹	254 偶						
P	255 罢	256 怕	257 拜	258 派	259 半	260 盼	261 帮	262 旁
	263 包	264 跑	265 北	266 陪	267 本	268 盆	269 迸	270 朋
	271 必	272 皮	273 表	274 票	275 别	276 撇	277 扁	278 片
	279 宾	280 贫	281 兵	282 凭	283 波	284 破	285 不	286 剖
	287 不	288 普						
S	289 撒	290 赛	291 散	292 桑	293 扫	294 啬	295 森	296 僧
	297 索	298 搜	299 素	300 算	301 碎	302 孙	303 送	
SH	304 杀	305 曬	306 山	307 赏	308 少	309 舌	310 身	311 生
	312 事	313 手	314 书	315 刷	316 衰	317 拴	318 双	319 水
	320 顺	321 说						
SS	322 丝							
T	323 大	324 他	325 歹	326 太	327 单	328 炭	329 当	330 汤
	331 道	332 逃	333 得	334 特	335 得'	336 等	337 疼	338 低
	339 替	340 丢	341 挑	342 叠	343 贴	344 店	345 天	346 定
	347 听	348 丢	349 多	350 妥	351 豆	352 头	353 肚	354 土
	355 短	356 团	357 对	358 退	359 敦	360 吞	361 冬	362 同
TS	363 杂	364 擦	365 在	366 才	367 赞	368 惭	369 葬	370 仓
	371 早	372 草	373 则	374 策	375 贼	376 怎	377 参	378 增
	379 层	380 作	381 错	382 走	383 凑	384 祖	385 粗	386 揝
	387 窜	388 嘴	389 催	390 尊	391 寸	392 宗	393 葱	
TZ	394 子	395 次						
W	396 瓦	397 外	398 完	399 往	400 为	401 文	402 翁	403 我
	404 武							
Y	405 牙	406 涯	407 羊	408 要	409 夜	410 言	411 益	412 音
	413 迎	414 约	415 鱼	416 原	417 月	418 雲	419 有	420 用

译按：本表（表一）之字与下面的《中文字表》（表二）各列打头儿的"字音索引字"有5个不一致，但无关对错：118 性/姓，138 輭/軟，141 绒/荣，192 裂/列，198 骆/骡，353 肚/妒。

《中文字表》（表二）

1	阿	是阿哥之阿	阿〇阿阿	是阿	〇	阿甚么	阿哥
2	爱	是爱惜之爱	哀埃矮爱	哀求	尘埃	高矮	爱惜
3	安	是平安之安	安〇俺岸	平安	〇	俺们	河岸
4	昂	是低昂之昂	腌昂〇〇	腌脏	昂贵	〇	〇
5	傲	是狂傲之傲	熬熬袄傲	熬菜	熬夜	绵袄	狂傲
6	乍	是乍见乍冷乍热之乍	渣劄拃乍	渣滓	劄文	一拃	乍见
7	茶	是茶酒之茶	叉茶扠杈	叉手	茶酒	扠腰	树杈
8	窄	是宽窄之窄	斋宅窄债	斋戒	住宅	宽窄	欠债
9	柴	是柴炭之柴	拆柴册〇	拆毁	柴炭	样册子	〇
10	斩	是斩绞之斩	沾〇盏站	沾染	〇	一盏灯	驿站
11	产	是产业生产之产	搀馋产忏	搀杂	嘴馋	产业	忏悔
12	章	是章程之章	章〇长账	章程	〇	生长	帐目
13	唱	是歌唱之唱	娼长廠唱	娼妓	长短	木廠	歌唱
14	兆	是先兆之兆	招著找兆	招呼	著急	察找	先兆
15	吵	是吵嚷之吵	吵巢炒钞	吵嘴	窝巢	煎炒	钱钞
16	这	是这个那个之这	遮摺者这	遮掩	摺奏	再者	这个
17	车	是车马之车	车〇扯撤	车马	〇	拉扯	裁撤
18	这	是这块之这	〇〇〇这	〇	〇	〇	这块儿
19	真	是真假之真	真〇枕震	真假	〇	枕头	地震
20	臣	是君臣之臣	嗔臣碜趁	嗔怪	君臣	砢碜	趁着
21	正	是邪正之正	正〇整正	正月	〇	整齐	邪正
22	成	是成败之成	称成惩秤	称呼	成败	惩办	斗秤
23	吉	是吉凶之吉	鸡吉己记	鸡犬	吉凶	自己	记载

24 奇	是奇怪之奇	七奇起气	七八	奇怪	起初	气血
25 家	是住家之家	家夹甲价	住家	夹带	盔甲	价钱
26 恰	是恰巧之恰	掐〇卡恰	掐花	〇	卡子	恰巧
27 楷	是楷书之楷	〇〇楷〇	〇	〇	楷书	〇
28 江	是大江之江	江〇讲匠	大江	〇	讲究	匠人
29 抢	是抢夺之抢	腔墙抢戗	腔调	墙壁	抢夺	戗木
30 交	是交代之交	交嚼脚叫	交代	嚼过	手脚	叫喊
31 巧	是巧妙之巧	敲桥巧俏	敲打	桥梁	巧妙	俏皮
32 街	是街道之街	街结解借	街道	完结	解开	借贷
33 且	是况且之且	切茄且妾	切肉	茄子	况且	姬妾
34 见	是见面之见	奸〇减见	奸臣	〇	裁减	见面
35 欠	是该欠之欠	千钱浅欠	千万	钱财	深浅	该欠
36 知	是知道之知	知值指志	知道	值班	指点	志向
37 尺	是尺寸之尺	赤迟尺翅	红赤赤	迟误	尺寸	翅髈
38 斤	是斤两之斤	斤〇锦近	斤两	〇	锦绣	远近
39 亲	是亲戚之亲	亲勤寝唚	亲戚	勤俭	寝食	狗唚
40 井	是井泉之井	睛〇井静	眼睛	〇	井泉	安静
41 轻	是轻重之轻	轻晴请庆	轻重	阴晴	请安	庆弔
42 角	是角色之角	〇角〇〇	〇	角色	〇	〇
43 却	是推却之却	〇〇〇却	〇	〇	〇	推却
44 酒	是酒肉之酒	究〇酒救	究办	〇	酒肉	救护
45 秋	是春秋之秋	秋求糗〇	春秋	央求	饭糗了	〇
46 窘	是窘迫之窘	〇〇窘〇	〇	〇	窘迫	〇
47 穷	是贫穷之穷	〇穷〇〇	〇	贫穷	〇	〇
48 卓	是桌椅之桌	卓浊〇〇	桌椅	清浊	〇	〇
49 绰	是宽绰之绰	掯〇〇绰	掯碰	〇	〇	宽绰
50 昼	是昼夜之昼	週轴肘昼	週围	车轴	臂肘	昼夜
51 抽	是抽查之抽	抽绸醜臭	抽查	绸缎	醜俊	香臭

52	句	是句段之句	居局举句	居处	赌局	保举	句段
53	取	是取送之取	屈渠取去	冤屈	沟渠	取送	来去
54	捐	是捐纳之捐	捐〇捲眷	捐纳	〇	舒捲	家眷
55	全	是齐全之全	圈全犬劝	圈点	齐全	犬吠	劝戒
56	绝	是断绝之绝	噘绝蹶倔	噘嘴	断绝	马撩蹶子	倔丧
57	缺	是补缺之缺	缺瘸〇确	补缺	瘸骸	〇	确然
58	君	是君王之君	君〇菌俊	君王	〇	菌子	俊秀
59	群	是成群之群	〇群〇〇	〇	成群	〇	〇
60	爵	是爵位之爵	〇爵〇〇	〇	爵位	〇	〇
61	卻	见上43	〇〇〇卻	〇	〇	〇	卻然
62	主	是宾主之主	猪竹主住	猪羊	竹子	宾主	住处
63	出	是出外之出	出厨处处	出外	厨房	处分	住处
64	抓	是抓住抓破之抓	抓〇爪〇	抓破	〇	鸡爪子	〇
65	欻	是欻一声之欻	欻〇〇〇	欻一声	〇	〇	〇
66	拽	是拉拽之拽	拽〇跩拽	拽泥	〇	鸭跩	拉拽
67	揣	是揣摩之揣	揣〇揣踹	怀揣	〇	揣摩	蹬踹
68	专	是专门之专	专〇转传	专门	〇	转移	经传
69	穿	是穿戴之穿	穿船喘串	穿戴	车船	痰喘	串通
70	壮	是健壮之壮	装〇奘壮	装载	〇	粗奘	壮健
71	牀	是牀铺之牀	窗牀闯创	窗户	牀铺	闯入	创始
72	追	是追赶之追	追〇〇坠	追赶	〇	〇	废坠
73	吹	是吹打之吹	吹垂〇〇	吹打	垂手	〇	〇
74	准	是准驳之准	〇〇准〇	〇	〇	准驳	〇
75	春	是春夏之春	春纯蠢〇	春夏	纯厚	蠢笨	〇
76	中	是中外之中	中〇肿重	中外	〇	肿痛	轻重
77	充	是充当之充	充虫宠铳	充当	虫蚁	宠爱	铁铳子
78	撱	是撱撌之撱	撱〇〇〇	撱撌	〇	〇	〇
79	额	是额数之额	阿额我恶	太阿	额数	尔我	善恶

80 恩	是恩典之恩	恩〇〇搵	恩典	〇	〇	搵倒
81 哼	是哼阿之哼	哼〇〇〇	哼阿	〇	〇	〇
82 儿	是儿女之儿	〇儿耳二	〇	儿女	耳朵	二三
83 法	是法子之法	發法髮法	發遣	法子	头髮	法门
84 反	是反倒之反	翻烦反饭	翻腾	烦恼	反倒	喫饭
85 方	是方圆之方	方房访放	方圆	房屋	访查	放肆
86 非	是是非之非	非肥匪费	是非	肥瘦	贼匪	使费
87 分	是分开之分	分坟粉分	分开	坟墓	脂粉	职分
88 风	是风雨之风	风缝〇奉	风雨	裁缝	〇	供奉
89 佛	是佛老之佛	〇佛〇〇	〇	佛老	〇	〇
90 否	是然否之否	〇浮否埠	〇	浮沉	然否	埠口
91 夫	是夫妻之夫	夫扶斧父	夫妻	扶持	斧鉞	父母
92 哈	是哈哈笑之哈	哈蝦哈哈	哈哈笑	蝦蟆	哈巴狗	哈什马
93 害	是利害之害	咳孩海害	咳声	孩子	江海	利害
94 寒	是寒凉之寒	顸寒喊汉	颟顸	寒凉	叫喊	满汉
95 碎	是打碎之碎	碎行〇项	打碎	各行	〇	项圈
96 好	是好歹之好	蒿毫好好	蒿草	丝毫	好不好	好喜
97 黑	是黑白之黑	黑〇黑〇	黑白	〇	黑豆	〇
98 很	是很好之很	〇痕很恨	〇	伤痕	好得很	恨怨
99 恒	是恒久之恒	哼恒〇横	哼哈	恒久	〇	兕横
100 河	是江河之河	喝河〇贺	喫喝	江河	〇	贺喜
101 後	是前後之後	齁侯吼後	齁咸	公侯	牛吼	前後
102 户	是户口之户	忽壶虎户	忽然	茶壶	龙虎榜	户口
103 花	是花草之花	花滑话话	花草	泥滑	话败人	说话
104 坏	是损坏之坏	〇怀〇坏	〇	怀想	〇	损坏
105 换	是更换之换	欢环缓换	欢喜	连环	鬆缓	更换
106 黄	是青黄之黄	荒黄谎晃	荒乱	青黄	撒谎	一晃儿
107 回	是回去回来之回	灰回悔贿	石灰	回去	後悔	贿赂

108	混	是混乱之混	昏魂浑混	昏暗	鬼魂	浑厚	混乱
109	红	是红绿之红	烘红哄汞	烘烤	红绿	欺哄	炼汞
110	火	是水火之火	劐活火货	劐口子	死活	水火	货物
111	西	是东西之西	西席喜细	东西	酒席	喜欢	粗细
112	夏	是春夏之夏	瞎霞〇夏	瞎子	雲霞	〇	春夏
113	向	是方向之向	香详想向	香臭	详细	思想	方向
114	小	是大小之小	消学小笑	消灭	学徒	大小	谈笑
115	些	是些微之些	些鞋血谢	些微	靴鞋	流血	谢恩
116	先	是先後之先	先閒险限	先後	清閒	危险	限期
117	心	是心性之心	心寻〇信	心性	寻东西	〇	书信
118	姓	是姓名之姓	星行醒姓	星宿	行为	睡醒	姓名
119	学	是学问之学	〇学〇〇	〇	学问	〇	〇
120	修	是修理之修	修〇朽袖	修理	〇	糟朽	领袖
121	兄	是兄弟之兄	兄熊〇〇	兄弟	狗熊	〇	〇
122	须	是必须之须	须徐许续	必须	徐图	应许	接续
123	喧	是喧嚷之喧	喧悬选选	喧嚷	悬挂	拣选	候选
124	雪	是雨雪之雪	靴穴雪穴	靴鞋	穴道	雨雪	钻穴
125	巡	是巡察之巡	熏巡〇汛	熏蒸	巡察	〇	营汛
126	学	是学生之学	〇学〇〇	〇	学生	〇	〇
127	衣	是衣裳之衣	衣一尾易	衣裳	一个	尾巴	容易
128	染	是沾染之染	〇然染	〇	然否	沾染	〇
129	嚷	是嚷闹之嚷	嚷瓢嚷让	嚷嚷	瓢子	嚷闹	谦让
130	绕	是围绕之绕	〇饶绕绕	〇	饶裕	围绕	绕住
131	热	是冷热之热	〇〇惹热	〇	〇	惹事	冷热
132	人	是人物之人	〇人忍任	〇	人物	容忍	责任
133	扔	是扔弃之扔	扔〇〇〇	扔弃	〇	〇	〇
134	日	是日月之日	〇〇〇日	〇	〇	〇	日月
135	若	是若论之若	〇〇〇若	〇	〇	〇	若论

第七章　声调练习

136	肉	是骨肉之肉	揉柔〇肉	揉的一声	刚柔	〇	骨肉
137	如	是如若之如	如如入入	如贴	如若	强入	出入
138	软	是软弱之软	〇〇软〇	〇	〇	软弱	〇
139	瑞	是祥瑞之瑞	〇〇蕊瑞	〇	〇	花蕊	祥瑞
140	润	是润泽之润	〇〇〇润	〇	〇	〇	润泽
141	荣	是荣耀之荣	〇荣氄〇	〇	荣耀	氄毛	〇
142	嘎	是嘎嘎笑的声儿	嘎嘎嘎嘎	嘎嘎的笑	打嘎儿	嘎杂子	鸡嘎嘎蛋儿
143	卡	是卡伦之卡	卡〇卡〇	卡伦	〇	卡①	〇
144	改	是改变之改	该〇改概	该当	〇	改变	大概
145	开	是开闭之开	开〇慨〇	开闭	〇	慷慨	〇
146	甘	是甘苦之甘	甘〇赶幹	甘苦	〇	追赶	才幹
147	看	是看见之看	看〇砍看	看守	〇	刀砍	看见
148	刚	是刚纔之刚	刚刚堈杠	刚纔	刚刚儿	土堈子	抬杠
149	炕	是火炕之炕	康扛慷炕	康健	扛抬	慷慨	火炕
150	告	是告诉之告	高〇稿告	高低	〇	稿案	告诉
151	考	是考察之考	尻〇考靠	尻骨	〇	考察	依靠
152	给	是放给之给	〇〇给〇	〇	〇	放给	〇
153	刻	是刻搜之刻	刻〇〇〇	刻搜	〇	〇	〇
154	根	是根本之根	根哏〇艮	根本	鬭哏	〇	艮卦
155	肯	是肯不肯之肯	〇〇肯掯	〇	〇	肯不肯	一掯子
156	更	是更多更少之更	更〇埂更	更改	〇	道埂子	更多
157	坑	是坑坎之坑	坑〇〇〇	坑坎	〇	〇	〇
158	各	是各人之各	哥格各个	哥哥	影格	各自各儿	幾个
159	可	是可否之可	磕瞌渴客	磕头	瞌睡	饥渴	宾客
160	狗	是猪狗之狗	沟狗狗彀	沟渠	小狗儿的	猪狗	足彀
161	口	是口舌之口	抠〇口叩	抠破了	〇	口舌	叩头

---

① 译按：据今译本522 页"143 卡 kʻa, chʻia, 关卡"增补上声"卡"。

162	古	是古今之古	估骨古固	料估	骨头	古今	坚固
163	苦	是苦甜之苦	窟〇苦裤	窟窿	〇	甜苦	裤子
164	瓜	是瓜果之瓜	瓜〇寡挂	瓜果	〇	多寡	悬挂
165	跨	是跨马之跨	夸〇侉跨	夸奖	〇	侉子	跨马
166	怪	是怪道之怪	乖〇拐怪	乖张	〇	拐骗	怪道
167	快	是快慢之快	〇〇擓快	〇	〇	擓痒痒	快慢
168	官	是官员之官	官〇管惯	官员	〇	管理	习惯
169	宽	是宽窄之宽	宽〇款〇	宽窄	〇	款项	〇
170	光	是光明之光	光〇广逛	光明	〇	广大	逛
171	况	是况且之况	诓狂〇况	诓骗	狂妄	〇	况且
172	规	是规矩之规	规〇诡贵	规矩	〇	诡诈	富贵
173	愧	是惭愧之愧	亏葵傀愧	亏欠	葵花	傀儡	惭愧
174	棍	是棍棒之棍	〇〇滚棍	〇	〇	翻滚	棍子棒子
175	困	是乏困之困	坤〇阃困	坤道	〇	闺阃	乏困
176	工	是工夫之工	工〇礦共	工夫	〇	金礦	通共
177	孔	是面孔之孔	空〇孔空	空虚	〇	面孔	閒空
178	果	是结果之果	锅国果过	饭锅	国家	结果	过去
179	阔	是宽阔之阔	〇〇〇阔	〇	〇	〇	宽阔
180	拉	是拉扯之拉	拉邋喇臘	拉扯	邋遢	喇叭	蜡烛
181	来	是来去之来	〇来〇赖	〇	来去	〇	倚赖
182	懒	是懒惰之懒	壏婪懒烂	壏婪	贪婪	懒惰	灿烂
183	浪	是波浪之浪	榔狼朗浪	槟榔	狼虎	光朗	波浪
184	老	是老幼之老	捞劳老涝	打捞	劳苦	老幼	旱涝
185	勒	是勒索之勒	勒〇〇乐	勒索	〇	〇	欢乐
186	累	是连累之累	勒雷累类	勒死	雷电	累次	族类
187	冷	是冷热之冷	〇稜冷愣	稜角	〇	冷热	发愣
188	立	是站立之立	璃离礼立	玻璃	分离	礼貌	站立
189	俩	是俩三之俩	〇〇俩〇	〇	〇	俩三	〇

190	两	是斤两之两	量凉两谅	商量	凉热	斤两	原谅
191	了	是了断之了	○聊了料	○	无聊	了断	材料
192	列	是摆列之列	咧咧咧列	罢咧	瞎咧咧	咧嘴	摆列
193	连	是接连之连	连怜脸练	连上	怜恤	脸面	练习
194	林	是树林之林	淋林檩赁	淋拉起来	树林子	房檩	租赁
195	另	是另外之另	○零领另	○	零碎	领袖	另外
196	略	是谋略之略	○○○略	○	○	○	谋略
197	留	是收留之留	遛留柳六	遛打	收留	杨柳	五六
198	骡	是骡马之骡	捋骡裸骆	捋起袖子	骡马	裸身	骆驼
199	陋	是鄙陋之陋	搂楼篓陋	搂衣裳	楼房	酒篓	鄙陋
200	律	是律例之律	○驴屡律	○	驴马	屡次	律例
201	恋	是依恋之恋	○○○恋	○	○	○	依恋
202	略	是忽略之略	○○○略	○	○	○	忽略
203	抡	是混抡之抡	抡淋○○①	混抡	淋湿	○	○
204	略	是大略之略	○○○略	○	○	○	大略
205	路	是道路之路	噜炉橹路	嘟噜	炉灶	船橹	道路
206	乱	是杂乱之乱	○○○乱	○	○	○	杂乱
207	论	是谈论之论	○轮囵论	○	车轮	囫囵	无论
208	龙	是龙虎之龙	窿龙陇弄	窟窿	龙虎榜	瓦陇	胡弄局
209	马	是马匹之马	妈麻马骂	爹妈	麻木	马鞍	打骂
210	买	是买卖之买	○埋买卖	○	葬埋	收买	發卖
211	慢	是快慢之慢	颟瞒满慢	颟顸	隐瞒	丰满	快慢
212	忙	是急忙之忙	茫忙莽○	白茫茫	急忙	卤莽	○
213	毛	是羽毛之毛	猫毛卯貌	猫狗	羽毛	卯刻	相貌
214	美	是美貌之美	○煤美昧	○	煤炭	美貌	愚昧
215	门	是门扇之门	扪门○闷	扪掾	门扇	○	忧闷

---

① 译按：《北京话声韵配合表》和《北京话音节总表》"203"四声皆有字（抡伦图论）。

216	梦	是睡梦之梦	蒙盟猛梦	蒙了去	结盟	勇猛	睡梦
217	米	是米粮之米	眯迷米密	眯缝眼	迷惑	米粮	機密
218	苗	是禾苗之苗	喵苗藐庙	喵喵的猫叫	禾苗	藐小	庙宇
219	灭	是灭火之灭	咩○○灭	咩咩的羊叫	○	○	灭火
220	面	是脸面之面	○绵勉面	○	绵花	勉力	脸面
221	民	是民人之民	○民悯○	○	民人	怜悯	○
222	名	是姓名之名	○名○命	○	姓名	○	性命
223	谬	是谬妄之谬	○○○谬	○	○	○	谬妄
224	末	是始末之末	摩蘑抹末	摩不著	蘑菇	涂抹	始末
225	谋	是图谋之谋	○谋某○	○	图谋	某人	○
226	木	是草木之木	○模母木	○	模样	父母	草木
227	那	是问人那'个之那'①	那拏那'那	在这儿那	拏贼	那'个	那里
228	奶	是牛奶之奶	○○奶耐	○	○	牛奶	耐时
229	男	是男妇之男	喃男○难	喃喃呓语	男妇	○	灾难
230	囊	是囊袋之囊	嚷囊攮齉	嘟嚷	囊袋	攮了一刀子	齉鼻子
231	闹	是热闹之闹	挠铙恼闹	挠着	铙钹	烦恼	热闹
232	内	是内外之内	○○馁内	○	○	冻馁	内外
233	嫩	是老嫩之嫩	○○○嫩	○	○	○	老嫩
234	能	是才能之能	○能○泞	○	才能	○	道儿泞②
235	你	是你我之你	○泥拟匿	○	泥土	拟议	藏匿
236	娘	是爹娘之娘	○娘○酿	○	爹娘	○	蕴酿③
237	鸟	是鸟兽之鸟	喿○鸟尿	喿喿的猫叫	○	鸟兽	屎尿
238	捏	是捏弄之捏	捏呆○孽	捏弄	呆獃	○	罪孽
239	念	是想念之念	拈年捻念	拈花	年月	捻匪	念诵

---

① 原作"是问人那个之那",当作"是问人那'个之那'";第三声"那个"当作"那'个"。今径改。
② 原著表二去声无字,然声调练习之"234 能"有字"濘",即"泞"的繁体异体。今径补"泞"。
③ 蕴酿,当作"醖酿"。

240	您	是京城称呼人的话	○您○○		○	您纳	○	○
241	宁	是安宁之宁	○宁拧佞		○	安宁	拧坏	佞口
242	虐	是暴虐之虐	○○○虐		○	○	○	暴虐
243	牛	是牛马之牛	妞牛钮拗		妞儿	牛马	钮扣	拗不过来
244	挪	是挪移之挪	○挪○懦		○	挪移	○	懦弱
245	耨	是耕耨之耨	○○○耨		○	○	○	耕耨
246	女	是男女之女	○○女○		○	○	男女	○
247	虐	见上 242	○○○虐		○	○	○	暴虐
248	虐	见上 242、247	○○○虐		○	○	○	暴虐
249	奴	是奴仆之奴	○奴努怒		○	奴仆	努力	喜怒
250	暖	是暖和之暖	○○暖○		○	○	暖和	○
251	嫩	是老嫩之嫩	○○○嫩		○	○	○	老嫩
252	浓	是浓淡之浓	○浓○弄		○	浓淡	○	摆弄
253	讹	是讹错之讹	哦讹○恶		哦一声	讹错	○	善恶
254	偶	是偶然之偶	殴○偶呕		殴打	○	偶然	呕气
255	罢	是罢了之罢	八拔把罢		八九	提拔	把持	罢了
256	怕	是恐怕之怕	趴扒○怕		趴下	扒桿儿	○	恐怕
257	拜	是拜客之拜	掰白摆拜		掰开	黑白	摆列	拜客
258	派	是分派之派	拍牌𤫩①派		拍打	木牌	一屁股𤫩下	分派
259	半	是整半之半	班○板半		轮班	○	板片	整半
260	盼	是盼望之盼	攀盘○盼		高攀	盘查	○	盼望
261	帮	是帮助之帮	帮○绑谤		帮助	○	捆绑	毁谤
262	旁	是旁边之旁	胖旁嗙胖		胖肿	旁边	吹嗙	胖瘦
263	包	是包裹之包	包薄保抱		包裹	厚薄	保护	怀抱

---

① 译按：这个字，到目前为止，我们仅见于《语言自迩集》。它写的是个异体：𤫩，犹"派"之有"派"，𤫩亦有𤫩。是字从坐辰声，完全符合形声造字规范。《语言自迩集》证明，这个词在北京话里存在过，而且有过一个写法，可谓曾经定形定音定义。不独北京话，当今有些方言（如胶东话）里仍能听到这个词。

264	跑	是跑脱之跑	抛袍跑炮	抛弃	袍褂	跑脱	枪炮
265	北	是南北之北	背〇北背	背负	〇	南北	向背
266	陪	是陪伴之陪	披陪〇配	披衣	陪伴	〇	配偶
267	本	是根本之本	奔〇本奔	奔忙	〇	根本	投奔
268	盆	是木盆之盆	喷盆〇喷	喷水	盆罐	〇	喷香
269	迸	是迸跳之迸	绷〇蚌迸	绷紧	〇	老蚌生珠	迸跳
270	朋	是朋友之朋	烹朋捧碰	割烹	朋友	手捧	碰破
271	必	是务必之必	逼鼻笔必	逼迫	口鼻	笔墨	务必
272	皮	是皮毛之皮	批皮癖屁	批评	皮毛	癖好	屁股
273	表	是表裏之表	标〇表鏢	标文书	〇	表裏	鏢胶
274	票	是钱票之票	漂嫖漂票	漂没	嫖赌	漂布	钱票子
275	别	是分别之别	憋别瘪彆	憋闷	分别	瘪嘴子	彆拗
276	撇	是撇开之撇	擎〇撇〇	擎开	〇	撇了	〇
277	扁	是圆扁之扁	边〇扁便	边沿	〇	圆扁	方便
278	片	是片段之片	偏便谝片	偏正	便宜	爱谝	片段
279	宾	是宾主之宾	宾〇〇殡	宾主	〇	〇	殡葬
280	贫	是贫穷之贫	摒贫品牝	摒命	贫穷	品级	牝牡
281	兵	是兵丁之兵	兵〇禀病	兵丁	〇	禀报	疾病
282	凭	是凭据之凭	砰凭〇聘	砰磅	凭据	〇	聘嫁
283	波	是水波之波	波驳簸簸	水波	准驳	簸米	簸箕
284	破	是破碎之破	坡婆笸破	土坡	老婆子	笸箩	破碎
285	不	不 pou¹①	不〇〇〇	不	〇	〇	〇
286	剖	是剖开之剖	掊〇剖〇	掊剋	〇	剖开	〇
287	不	是是不是之不	不不补不	我不	不是	补缺	不可
288	普	是普遍之普	铺葡普铺	铺盖	葡萄	普遍	铺子
289	洒灑	是洒扫之洒	撒撒洒萨	撒手	一眼瞰著	洒扫	姓萨

---

① 发音上平声 pou¹ 的 "不"，仅用于作诗。

290 赛	是赌赛之赛	腮〇〇赛	腮颊	〇	〇	〇	赌赛
291 散	是散放之散	三〇伞散	三四	〇	〇	雨伞	散放
292 桑	是桑梓之桑	桑〇嗓丧	桑梓	〇	〇	嗓子	丧气
293 扫	是扫地之扫	骚〇扫扫	骚扰	〇	〇	扫地	扫兴①
294 啬	是吝啬之啬	〇〇〇啬	〇	〇	〇	〇	吝啬
295 森	是森严之森	森〇〇〇	森严	〇	〇	〇	〇
296 僧	是僧道之僧	僧〇〇〇	僧道	〇	〇	〇	〇
297 索	是勒索之索	蓑〇锁缩	蓑衣	〇	〇	锁上	缩手
298 搜	是搜察之搜	搜〇叟嗽	搜察	〇	〇	老叟	咳嗽
299 素	是平素之素	苏速〇素	苏州	迅速	〇	〇	平素
300 算	是算计之算	酸〇〇算	酸的咸的	〇	〇	〇	算计
301 碎	是零碎之碎	虽随髓碎	虽然	跟随	〇	骨髓	零碎
302 孙	是子孙之孙	孙〇损〇	子孙	〇	〇	损益	〇
303 送	是迎送之送	松〇悚送	松树	〇	〇	毛骨悚然	迎送
304 杀	是杀死之杀	杀〇傻剎	杀死	〇	〇	痴傻	拏剪子剎一点
305 晒	是晒乾之晒	筛〇骰晒	筛子	〇	〇	骰子	晒乾
306 山	是山川之山	山〇闪善	山川	〇	〇	雷闪	善恶
307 赏	是赏赐之赏	商晌赏上	商量	晌午	〇	赏赐	上下
308 少	是多少之少	烧勺少少	火烧	刀勺	〇	多少	老少
309 舌	是唇舌之舌	赊舌捨射	赊欠	唇舌	〇	弃捨	射箭
310 身	是身體之身	身神审甚	身體	神仙	〇	审问	甚是
311 生	是生长之生	生绳省賸	生长	绳子	〇	各省	賸下
312 事	是事情之事	失十使事	失落	九十	〇	使唤	事情
313 手	是手足之手	收熟手兽	收拾	生熟	〇	手足	禽兽
314 书	是诗书之书	书赎数数	诗书	〇	赎罪	数钱	数目
315 刷	是刷洗之刷	刷〇耍〇	刷洗	〇	〇	耍笑	〇

---

① 译按：扫兴，今为第三声。第四声的是"扫帚"。

316	衰	是衰败之衰	衰〇摔率	衰败	〇	摔东西	草率
317	拴	是拴捆之拴	拴〇〇涮	拴捆	〇	〇	涮涮
318	双	是成双之双	双〇爽双	成双	〇	爽快	双生
319	水	是山水之水	〇谁水睡	谁的	山水	睡觉
320	顺	是顺当之顺	〇〇隼顺	〇	〇	鹰隼	顺当
321	说	是说话之说	说〇〇朔	说话	〇	〇	朔望
322	丝	是丝线之丝	丝〇死四	丝线	〇	死生	四五
323	大	是大小之大	答搭打大	答应	搭救	殴打	大小
324	他	是他人之他	他〇塔榻	他人	〇	佛塔	床榻
325	歹	是好歹之歹	獃〇歹代	獃呆	〇	好歹	交代
326	太	是太甚之太	胎抬〇太	怀胎	扛抬	〇	太甚
327	单	是单双之单	单〇胆蛋	单双	〇	胆子大	鸡蛋
328	炭	是柴炭之炭	贪谈坦炭	贪赃	谈论	平坦	柴炭
329	当	是应当之当	当〇攩当	应当	〇	攩住	典当
330	汤	是喝汤之汤	汤糖躺烫	喝汤	白糖	躺卧	烫手
331	道	是道理之道	刀擣倒道	刀枪	擣线	颠倒	道理
332	逃	是逃跑之逃	叨逃讨套	叨恩	逃跑	讨要	圈套
333	得	是得失之得	叨得〇〇	话叨叨	得失	〇	〇
334	特	是特意之特	忑〇〇特	忐忑	〇	〇	特意
335	得'	是必得'之得'	镝〇得'〇	小锣儿镝镝的声儿	〇	必得'	〇
336	等	是等第等候之等	灯〇等镫	灯烛	〇	等候	马镫
337	疼	是疼痛之疼	鼕疼〇凳	鼕鼕的鼓声儿	疼痛	〇	板凳
338	低	是低头之低	低敌底地	低头	仇敌	到底	天地
339	替	是替工之替	梯提體替	楼梯	提拔	體量	替工
340	弔	是弔死之弔	貂〇〇弔	貂皮	〇	〇	弔死
341	挑	是挑选之挑	挑条挑跳	挑选	条陈	挑着	跳跃

342 叠	是重重叠叠之叠	爹叠〇〇	爹娘	重叠	〇	〇
343 贴	是體贴之贴	贴〇铁帖	體贴	〇	铜铁	牙帖
344 店	是客店之店	掂〇点店	掂量	〇	圈点	客店
345 天	是天地之天	天田舔搽	天地	莊田	挈舌头舔	搽笔
346 定	是定规之定	钉〇顶定	钉子	〇	顶戴	定规
347 听	是听见之听	听停梃听	听见	停止	树梃	听其自然
348 丢	是丢失之丢	丢〇〇〇	丢失	〇	〇	〇
349 多	是多少之多	多夺朵惰	多少	抢夺	花朵儿	懒惰
350 妥	是妥当之妥	託驼妥唾	託情	驼鸟	妥当	唾沫
351 豆	是绿豆之豆	兜〇斗豆	兜底子	〇	升斗	绿豆
352 头	是头脸之头	偷头〇透	偷盗	头脸	〇	透澈
353 妒	是嫉妒之妒	督毒赌妒	督抚	毒害	赌博	嫉妒
354 土	是尘土之土	禿塗土唾	秃子	塗抹	尘土	唾沫
355 短	是长短之短	端〇短断	端正	〇	长短	断绝
356 团	是团圆之团	〇团〇〇	〇	团圆	〇	〇
357 对	是对面之对	堆〇〇对	堆积	〇	〇	对面
358 退	是进退之退	推〇骰退	推诿	〇	骰快	进退
359 敦	是敦厚之敦	敦〇盹钝	敦厚	〇	打盹儿	迟钝
360 吞	是吞吐之吞	吞屯〇褪	吞吞吐吐	屯田	〇	褪手
361 冬	是冬夏之冬	冬〇懂动	冬夏	〇	懂得	动静
362 同	是会同之同	通同统痛	通达	会同	统帅	疼痛
363 杂	是杂乱之杂	臜杂咱〇	腌臜	杂乱	咱的	〇
364 擦	是擦抹之擦	擦〇〇〇	擦抹	〇	〇	〇
365 在	是在家在外之在	栽〇宰在	栽种	〇	宰杀	在家
366 才	是才幹之才	猜才彩菜	猜想	才幹	五彩	菜饭
367 赞	是参赞之赞	簪偺攒赞	簪子	偺们	攒钱	参赞
368 惭	是惭愧之惭	参惭惨傪	参考	惭愧	悽惨	傪头①

---

① 译按：傪头，今作"孱头"。

369	葬	是葬埋之葬	赃〇〇葬	贪赃	〇	〇	葬埋
370	仓	是仓库之仓	仓藏〇〇	仓库	瞒藏	〇	〇
371	早	是早晚之早	遭凿早造	遇遭	穿凿	来得早	造化
372	草	是草木之草	操槽草〇	操练	马槽	草木	〇
373	则	是则例之则	〇则〇〇	〇	则例	〇	〇
374	策	是计策之策	〇〇〇策	〇	〇	〇	计策
375	贼	是贼匪之贼	〇贼〇〇	〇	贼匪	〇	〇
376	怎	是怎么之怎	〇〇怎〇	〇	〇	怎么	〇
377	参	是参差之参	参〇〇〇	参差	〇	〇	〇
378	增	是增减之增	增〇〇赠	增减	〇	〇	馈赠
379	层	是层次之层	蹭层〇蹭	蹭一声上了房	层次	〇	蹭蹬
380	作	是作为之作	作昨左坐	作房	昨日	左右	坐卧
381	错	是错失之错	搓矬〇错	揉搓	矬子	〇	错失
382	走	是行走之走	〇〇走奏	〇	〇	行走	奏事
383	凑	是凑合之凑	〇〇〇凑	〇	〇	〇	凑合
384	祖	是祖宗之祖	租足祖〇	租赁	手足	祖宗	〇
385	粗	是粗细之粗	粗〇〇醋	粗细	〇	〇	喫醋
386	揝	是揝住之揝	钻〇纂揝	钻幹	〇	纂修	揝住
387	窜	是逃窜之窜	骤攒〇窜	马骤	攒凑	〇	逃窜
388	嘴	是嘴唇之嘴	堆〇嘴罪	一堆	〇	嘴唇	犯罪
389	催	是催逼之催	催随〇萃	催逼	随他去	〇	萃集
390	尊	是尊重之尊	尊〇撙〇	尊重	〇	撙节	〇
391	寸	是尺寸之寸	村存忖寸	村莊	存亡	忖量	尺寸
392	宗	是大宗之宗	宗〇总纵	大宗	〇	总名	纵容
393	葱	是葱蒜之葱	葱从〇〇	葱蒜	依从	〇	〇
394	子	是子孙之子	资〇子字	资格	〇	子孙	写字
395	次	是次序之次	龇瓷此次	龇著牙儿笑	瓷器	彼此	次序

396	瓦	是砖瓦之瓦	挖娃瓦袜	刨挖	娃娃	砖瓦	鞋袜
397	外	是内外之外	歪〇舀外	歪正	〇	舀水	内外
398	完	是完全之完	湾完晚萬	水湾儿	完全	早晚	千萬
399	往	是来往之往	汪王往忘	汪洋	王公	来往	忘记
400	为	是行为之为	微为委位	微弱	行为	委员	爵位
401	文	是文武之文	温文稳问	温和	文武	安稳	问答
402	翁	是老翁之翁	翁〇〇瓮	老翁	〇	〇	水瓮
403	我	是你我之我	窝〇我卧	窝巢	〇	你我	坐卧
404	武	是文武之武	屋无武物	房屋	有无	文武	萬物
405	牙	是牙齿之牙	丫牙雅压	丫头	牙齿	文雅	压倒
406	涯	是天涯之涯	〇涯〇〇	〇	天涯	〇	〇
407	羊	是牛羊之羊	央羊养样	央求	牛羊	养活	各样
408	要	是讨要之要	腰遥咬要	腰骸	遥远	咬一口	讨要
409	夜	是半夜之夜	噎爷野夜	噎住	老爷	野地	半夜
410	言	是言语之言	煙言眼沿	喫煙	言语	眼睛	河沿儿
411	益	是损益之益	揖益〇易	作揖	益处	〇	易经
412	音	是声音之音	音银引印	声音	金银	勾引	用印
413	迎	是迎接之迎	应迎影应	应该	迎接	没影儿	报应
414	约	是约会之约	约〇〇乐	约会	〇	〇	音乐
415	鱼	是鱼虾之鱼	愚鱼雨预	愚浊	鱼虾	风雨	预备
416	原	是原来之原	冤原远願	冤屈	原来	远近	願意
417	月	是年月之月	曰哕〇月	子曰	哕哕	〇	年月
418	雲	是雲彩之雲	晕雲允运	头晕	雲彩	应允	气运
419	有	是有无之有	忧油有右	忧愁	香油	有无	左右
420	用	是使用之用	庸容永用	平庸	容易	永远	使用

声调练习

(Exercises in the Tones)

我们已经看到,第一卷(中文课文)第286和287页(译按:第二版译本471—474页《中文字表·表一》),以同样的顺序重复了第一卷第一章10—17页所给的表现口语发音的字表(译按:第二版译本12—20页《声韵配合表》),但为了练习,没有标出读音。随后,在第一卷第七章,可以见到一个中文字表(译按:原著288—313页,第二版译本474—489页《中文字表·表二》)。本节《声调练习》(*Exercises in the Tones*),比前面两个表相应地增加了更多的字,并给了常用义的解释。所附简略的例子,实际上,都是重复《练习》中的,且是字面上的解释。

(译按:本节译自《自迩集》第二卷第七章第427—477页英文版 *Exercises in the Tones* (声调练习)。上面这段文字是它的提要。它比《中文字表》表一和表二,增加了读音标音、词义解释及许多有意义的例子和其他语言、文化资料,对于了解当时的北京话具有不可多得的认识价值。)

1 阿 a,小品词,有时表肯定,有时表感叹;用在句末,有时表疑问。

  是阿哥之阿   阿〇阿阿

  是阿 shih^4 a^1 ……的确如此。

  阿!甚么?a^3 shê^{n2} mo^2 ……啊!什么?

  阿哥 a^4 ko^1 ……(满语 *a-gê*)哥哥。皇上的儿子称 *ako*;老大叫"大阿哥 ta *ako*",老二叫"二阿哥 êrh *ako*",依此类推。

2 爱 ai, ^{ng}ai,喜爱。

  是爱惜之爱   哀埃矮爱

  哀求 ai^1 ch'iu^2 ……哀求;哭着哀伤地乞求。

  尘埃 ch'ên^2 ^{ng}ai^2 ……尘土。

  高矮 kao^1 ^{ng}ai^3 ……高的和矮的;说物,是高与低。

  爱惜 ai^4 hsi^4 ……喜爱。

3 安 an, ⁿgan, 和平；舒适；健康；幸福。

   是平安之安   安〇俺岸

  平安 p'ing² an¹   ……和平；摆脱了麻烦。

  俺们 an³ mên¹   ……我们，外省的乡下音。

  河岸 ho² ⁿgan⁴

4 昂 ang, ⁿgang, 高；升。

   是低昂之昂   腌昂〇〇

  腌脏 ang¹ tsang¹   ……不干净。

  昂贵 ang² kuei⁴   ……价儿高。

5 傲 ao, ⁿgao, 傲慢。（译按：此处字头作"傲"，但解释为 to boil "熬"，且强调 not used alone in speaking "不单说"。今 to boil 径改为"傲慢"）

   是狂傲之傲   熬熬袄傲

  熬菜 ao¹ ts'ai⁴   ……煮肉、蔬菜，等等。

  熬夜 ao² yeh⁴   ……夜间工作；挑灯工作到半夜。

  绵袄 mien² ao³   ……絮了棉花的"袄"（一种保暖服装，男女都穿；可长可短）。

  狂傲 k'uang² ao⁴   ……自高自大，目空一切；傲慢。

6 乍 cha, 突然；意外地。

   是乍见乍冷乍热之乍 渣劄拃乍

  渣滓 cha¹ tzǔ³   ……残渣；吃、喝剩下的东西。

  劄文 cha² wên²   ……下发的公文。（译按：奏事公文亦称劄子）

  一拃 yi⁴ cha³   ……一拃宽。

  乍见 cha⁴ chien⁴   ……意外地看见或遇见。

7 茶 ch'a, 茶叶。

   是茶酒之茶   叉茶扠杈

  叉手 ch'a¹ shou³   ……两手扣紧。

  茶酒 ch'a² chiu³   ……茶和酒；为客人准备的饭菜。

  叉腰 ch'a³ yao¹   …… 双手叉在腰部；双手叉腰站着。

  树杈 shu⁴ ch'a⁴   …… 从主干上长出来的枝杈。

8 窄 chai，不宽。

    是宽窄之窄   斋宅窄债

  斋戒 chai¹ chieh⁴   …… 禁食，吃斋。

  住宅 chu⁴ chai²   …… [说别人的] 住处。

  宽窄 k'uan¹ chai³   …… 宽和窄；宽度。

  欠债 ch'ien⁴ chai⁴   …… 负债。

9 柴 ch'ai，燃料；草木或任何类似的可烧火的。

    是柴炭之柴   拆柴册〇

  拆毁 ch'ai¹ hui³   …… 拆房子、毁坏家具等等。

  柴炭 ch'ai² t'an⁴   …… 柴火和木炭。

  样册子 yang⁴ ch'ai³ tzǔ   …… 样书，诸如女帽设计者所用的。

10 斩 chan，斩首；"斩绞"中的"斩"，以杀头或绞杀 [处以极刑]。注意："斩"单音 chan³，但"斩绞"连读，一个第三声的词就变成了第二声的 chan²。第三声的例子，是用灯的量词"盏 chan³"替代。

    是斩绞之斩   沾〇盏站

  沾染 chan¹ jan³   …… 浸染；浸透；引申为道德上玷污。

  一盏灯 yi⁴ chan³ têng¹   …… 一盏灯。

  驿站 yi⁴ chan⁴   …… 官府邮政驿站；信使办事处。

11 产 ch'an，生产，如妇女产子，土地产粮，等等。

    是产业生产之产 搀馋产忏

  搀杂 ch'an¹ tsa²   …… 使混合不能区分；不论液体还是固体；亦用于比喻。

  嘴馋 tsui³ ch'an²   …… 贪吃的。

  产业 ch'an³ yeh⁴   …… 财产；本指创造收益的。

  忏悔 ch'an⁴ hui³   …… 改过（中性）；字面上是，改正和检查自己的过错。

12 章 chang，章程；法令。

   是章程之章   章〇长账

  章程 chang¹ ch'êng² ……规章。

  生长 shêng¹ chang³ ……出生并成长。

  帐目 chang⁴ mu⁴ ……账单；债务。帐、账，二字形皆可接受。

13 唱 ch'ang，歌唱。

   是歌唱之唱   娼长厰唱

  娼妓 ch'ang¹ chi⁴ ……妓女。

  长短 ch'ang² tuan³ ……长与短；长度。

  木厰 mu⁴ ch'ang³ ……堆木场。

  歌唱 ko¹ ch'ang⁴ ……唱歌。

14 兆 chao，预兆。

   是先兆之兆   招著找兆

  招呼 chao¹ hu¹ ……打招呼；传唤。

  着急 chao² chi² ……热切渴望，褒义的；又，过分期待，急切的。

  察找 ch'a² chao³ ……搜寻。

  先兆 hsien¹ chao⁴ ……预兆；预示。

15 吵 ch'ao，争吵（两个或更多的人）。

   是吵嚷之吵   吵巢炒钞

  吵嚷 ch'ao¹ jang³ ……大声喧哗；"嚷"在这里是无重读音节。

  窝巢 wo¹ ch'ao² ……鸟窝；兽穴；贼窝。

  煎炒 chien¹ ch'ao³ ……油煎，用油脂等处理。

  钱钞 ch'ien² ch'ao⁴ ……现金和纸币；或，支票，但更常称为"钱票 ch'ien-p'iao"。

16 这 chê, 代词 "这"(*the pronoun this*)。

  是这个那个之这　　遮摺者这

 遮掩 chê¹ yen³　　　　……掩盖，包庇（当别人出错儿的时候）。

 摺奏 chê² tsou⁴　　　　……写在"摺"上给皇上的报告（请求、备忘录等）。

 再者 tsai⁴ chê³　　　　……另一方面（辩论中）；另外，进一步；更有甚者，而且。

 这个 chê⁴ ko⁴　　　　……这一个。

17 车 ch'ê, 大车，马车，等等。

  是车马之车　　　　车〇扯撤

 车马 ch'ê¹ ma³　　　　……车与马。

 拉扯 la¹ ch'ê³　　　　……拖，拉；又，牵连。

 裁撤 ts'ai² ch'ê⁴　　　　……撤销；撤职；废除法令，等等。

18 这 chei, 这儿。

  是这块之这　　　　〇〇〇这

 这块儿 chei⁴ k'uai⁴ êrh　　……这儿，在这里；"这 chei"是"这一 chê yi"的紧缩。"块儿 k'uai-êrh"，发音为 k'uairh⁴。

19 真 chên, 真实的。

  是真假之真　　　　真〇枕震

 真假 chên¹ chia³　　　　……真的和假的；真实性。

 枕头 chên³ t'ou²　　　　……枕子；字面上是，枕着脑袋。

 地震 ti⁴ chên⁴　　　　……地动。

20 臣 ch'ên, 君主手下的臣子；除了较高级的国家官吏之外，不适用于其他上下级关系。

  是君臣之臣　　　　嗔臣碜趁

 嗔怪 ch'ên¹ kuai⁴　　　　……严厉地指责；严肃地非难，不论是当面

　　　　　　　　　　　　　　　　　　……还是背后。
　　君臣 chün¹ ch'ên²　　　　　　……君主和臣子。
　　砢碜 k'o¹ ch'ên³　　　　　　　……丑陋的；非常难看的；指人或物。
　　趁著 ch'ên⁴ cho⁴　　　　　　　……趁机利用（诸如环境、机会，等等）。

21 正 chêng，正直的。
　　　是邪正之正　　　　　　正〇整正
　　正月 chêng¹ yüeh⁴　　　　　　……每年的第一个月（chêng¹）。
　　整齐 chêng³ ch'i²　　　　　　……匀称有规则；对称有序。
　　邪正 hsieh² chêng⁴　　　　　　……线或路等笔直无岔；引申为，比喻道德高尚与堕落、正统与异端。

22 成 ch'êng，成功，"失败"的反义词。
　　　是成败之成　　　　　　称成惩秤
　　称呼 ch'êng¹ hu¹　　　　　　 ……称呼或提及某人（用这样或那样含敬意的词语）。
　　成败 ch'êng² pai⁴　　　　　　……成功或失败。
　　惩办 ch'êng³ pan⁴　　　　　　……惩治罪恶。
　　斗秤 tou³ ch'êng⁴　　　　　　……量具和衡器；谷斗和提秤。

23 吉 chi，好兆头。
　　　是吉凶之吉　　　　　　鸡吉己记
　　鸡犬 chi¹ ch'üan³　　　　　　……家禽和狗；"鸡犬不留"。
　　吉凶 chi² hsiung¹　　　　　　……吉祥的和不祥的。
　　自己 tzǔ⁴ chi³　　　　　　　……自身。
　　记载 chi⁴ tsai³　　　　　　　……记于历史、文字等等。

24 奇 ch'i，奇特。
　　　是奇怪之奇　　　　　　七奇起气
　　七八 ch'i¹ pa¹　　　　　　　……七,八。
　　奇怪 ch'i² kuai⁴　　　　　　……奇特；稀奇古怪的；好奇怪呀。

起初 ch'i³ ch'u¹　　　……开始，初始时。
气血 ch'i⁴ hsüeh³ ⁴　　……体质；字面上是，气和血。

25 家 chia，房子，住家，家庭。
　　是住家之家　　　　　家夹甲价
　　住家 chu⁴ chia¹　　　……住在家里。
　　夹带 chia² tai⁴　　　……私下携带；字面上是，夹在腋下。
　　盔甲 k'uei¹ chia³　　 ……头盔和戎装；铠甲。
　　价钱 chia⁴ ch'ien²　　……价格。

26 恰 ch'ia，刚好重合。
　　是恰巧之恰　　　　　掐〇卡恰
　　掐花 ch'ia¹ hua¹　　　……从枝子上摘下花朵。
　　卡子 ch'ia³ tzǔ　　　……海关关卡；又，夹子，皮带钩儿。
　　恰巧 ch'ia⁴ ch'iao³　　……正是时候；刚好相符。

27 楷 ch'iai（又音 k'ai），草茎。
　　是楷书之楷　　　　　〇〇楷〇
　　楷书 ch'iai³ shu¹　　 ……抄写公文用的书体；就是说，笔迹圆润。

28 江 chiang，河；指较大的水流。
　　是大江之江　　　　　江〇讲匠
　　大江 ta⁴ chiang¹　　　……大河；如，扬子江（长江）。
　　讲究 chiang³ chiu¹　　……看得特别仔细、认真；引申为如此专注的结果；比如说，某人对他的房间特别讲究，就可以说"他的房间很讲究"。
　　匠人 chiang⁴ jên²　　 ……工人；手艺人。

29 抢 ch'iang，凭暴力夺取。
　　是抢夺之抢　　　　　腔墙抢戗
　　腔调 ch'iang¹ tiao⁴　　……和谐的声音；说话或唱歌的调子；又喻指事物。

墙壁 ch'iang² pi⁴ ……本指隔墙，但用于指房子的任何墙体。
抢夺 ch'iang³ to² ……劫掠；侵占。
戗木 ch'iang⁴ mu⁴ ……用于支撑的木头。

30 交 chiao，互换，交叉。

  是交代之交   交嚼脚叫

交代 chiao¹ tai⁴ ……公事上跟继任人交接；给仆人或下级下达命令。

嚼过 chiao² kuo⁴（译按：多作"嚼穀"，如李家瑞《北平风俗类征》"诗词文采，混个嚼穀"。） ……生计；字面上是，吃，= 食物，糊口过日子，= 生活，或日常所需。

手脚 shou³ chiao³ ……手和脚。shou³ 在 chiao³ 之前变得近于 shou²。

叫喊 chiao⁴ han³ ……大声呼唤；传唤某人。

31 巧 ch'iao，巧妙；也指人灵巧；或东西精巧。

  是巧妙之巧   敲桥巧俏

敲打 ch'iao¹ ta³ ……敲击，如打鼓，敲钟，等等；敲门。
桥梁 ch'iao² liang² ……桥；字面上是，桥之横梁。
巧妙 ch'iao³ miao⁴ ……说人，灵巧；说制造，精巧。
俏皮 ch'iao⁴ p'i² ……漂亮，只用于说女人；又指穿得好看；用于暗喻挑剔。

32 街 chieh，街道。

  是街道之街   街结解借

街道 chieh¹ tao⁴ ……公用道路。
完结 wan² chieh² ……完成；结束。
解开 chieh³ k'ai¹ ……打开；解释。比较；解决 (*solvere*)。
借贷 chieh⁴ tai⁴ ……借用。

33 且 ch'ieh，而且。

  是况且之且   切茄且妾
  切肉 ch'ieh¹ jou⁴   ……把肉切成薄片，竖向切割。
  茄子 ch'ieh² tzǔ   ……茄子。
  况且 k'uang⁴ ch'ieh³   ……而且；再者。
  姬妾 chi¹ ch'ieh⁴   ……小老婆们；单指一人就只说"妾"而不带"姬"。

34 见 chien，看见。

  是见面之见   奸○减见
  奸臣 chien¹ ch'ên²   ……奸诈或不忠的臣子。
  裁减 ts'ai² chien³   ……削减数量或分量。
  见面 chien⁴ mien⁴   ……会面；自始至终面对面。

35 欠 ch'ien，该欠；不足。

  是该欠之欠   千钱浅欠
  千万 ch'ien¹ wan⁴   ……千千万万 = 任意大的数量；用于否定，相当于决不。
  钱财 ch'ien² ts'ai²   ……钱；财产。
  深浅 shên¹ ch'ien³   ……深与浅；深度。
  该欠 kai¹ ch'ien⁴   ……欠债。

36 知 chih，知道。

  是知道之知   知值指志
  知道 chih¹ tao⁴   ……知晓。
  值班 chih² pan¹   ……轮流当班。
  指点 chih³ tien³   ……指出；指示。
  志向 chih⁴ hsiang⁴   ……抱负；字面上是，决心努力的方向或达到的目标。

37 尺 ch'ih，中国尺，大约等于 14 英寸。

    是尺寸之尺　　　　　　　　赤迟尺翅

    红赤赤 hung² ch'ih¹ ch'ih¹　　……红透了。

    迟误 ch'ih² wu⁴　　　　　　……因不准时而失败或毁灭。

    尺寸 ch'ih³ ts'un⁴　　　　　　……尺与寸；长度；发音一般是 ch'ih² ts'un⁴。

    翅膀 ch'ih⁴ pang³　　　　　　……鸟类的羽翼。

38 斤 chin，中国"磅"。

    是斤两之斤　　　　　　　　斤〇锦近

    斤两 chin¹ liang³　　　　　　……斤与两；参见第三章"中国的度量衡"。

    锦绣 chin³ hsiu³　　　　　　……刺绣制品，用金线、丝线等制作。

    远近 yüan³ chin⁴　　　　　　……远与近；距离。

39 亲 ch'in，关系密切，或联姻的。

    是亲戚之亲　　　　　　　　亲勤寝嗳

    亲戚 ch'in¹ ch'i⁴　　　　　　……联姻关系。

    勤俭 ch'in² chien³　　　　　　……又勤劳又节俭。

    寝食 ch'in³ shih²　　　　　　……睡觉与饮食；表内心不安的成语，扰乱了休息与胃口。

    狗嗳 kou³ ch'in⁴　　　　　　……狗在呕吐；狗的呕吐物。

40 井 ching，水井。

    是井泉之井　　　　　　　　睛〇井静

    眼睛 yen³ ching¹　　　　　　……眼；字面上是，眼的瞳孔。

    井泉 ching³ ch'üan²　　　　　……水井和泉源；加"水"，井水，泉水，区别于河水。

    安静 an¹ ching⁴　　　　　　……寂静；平静；可指心情、情景和事物的状态。

41 轻 ch'ing，重量小，跟"重"相对。

　　　　是轻重之轻　　　　　　轻晴请庆
　　　轻重 ch'ing¹ chung⁴　　……轻与重（精神的或物质的）；又，重量。
　　　阴晴 yin¹ ch'ing²　　　……（天）多云或天晴；雨天与晴天；天气。
　　　请安 ch'ing³ an¹　　　　……问候健康；引申为致意方式。
　　　庆吊 ch'ing⁴ tiao⁴　　　……祝贺与吊慰。

42 角 chio，兽角。

　　　　是角色之角　　　　　　〇角〇〇
　　　角色 chio² sê⁴　　　　　……一个人在所从事工作中的特殊职责；他
　　　　　　　　　　　　　　　　　所属的等级。你问，他是什么"角色"？
　　　　　　　　　　　　　　　　　"色"在这里是等级、种类的意思。

43 却 ch'io，突然停止。"卻"为异体，下面的"却"为正体。

　　　　是推卻之卻　　　　　　〇〇〇卻
　　　推却 t'ui¹ ch'io⁴　　　 ……谢绝；拒绝。

44 酒 chiu，中国酒或一般的酒。

　　　　是酒肉之酒　　　　　　究〇酒救
　　　究办 chiu¹ pan⁴　　　　……调查并惩办犯法行为。
　　　酒肉 chiu³ jou⁴　　　　……酒与肉；招待朋友的饭菜。这样的人是
　　　　　　　　　　　　　　　　　"酒肉"朋友；就是说，关系不亲密，或
　　　　　　　　　　　　　　　　　不是关系密切的朋友。
　　　救护 chiu⁴ hu⁴　　　　　……援救，当人们在贫困、危险之中。

45 秋 ch'iu，秋天。

　　　　是春秋之秋　　　　　　秋求糗〇
　　　春秋 ch'un¹ ch'iu¹　　　……春天与秋天；被认为是孔夫子所作一部
　　　　　　　　　　　　　　　　　史籍的书名。
　　　央求 yang¹ ch'iu²　　　 ……恳求；"央"强化了"求"，但不如"哀"
　　　　　　　　　　　　　　　　　强烈，见上。

饭糗了 fan⁴ ch'iu³ liao　　……饭煮成粥了;"了 liao"实际上变成 lo,
　　　　　　　　　　　　　　　接近于 lo⁴。

46 窘 chiung,窘迫困苦;空间上的或财产上的。
　　是窘迫之窘　　　　　　○○窘○
　　窘迫 chiung³ p'o⁴　　……因环境或缺乏财力等而紧迫。

47 穷 ch'iung,绝境;极远的边缘。
　　是贫穷之穷　　　　　　○穷○○
　　贫穷 p'in² ch'iung²　　……非常贫困;穷苦。

48 卓 cho,桌子。参见第三章 148.。
　　是桌椅之桌　　　　　　卓浊○○
　　桌凳 cho¹ têng⁴　　……桌子和方凳长凳。
　　清浊 ch'ing¹ cho²　　……清澈与浑浊;引申为明白与含糊。

49 绰 ch'o,宽敞;引申为舒适。
　　是宽绰之绰　　　　　　擉○○绰
　　擉碰 ch'o¹ p'êng⁴　　……戳击与碰撞;引申为一般的碰撞。
　　宽绰 k'uan¹ ch'o⁴　　……境况宽裕。

50 昼 chou,白天,区别于"夜"。
　　是昼夜之昼　　　　　　週轴肘昼
　　週围 chou¹ wei²　　……环境;四周。
　　车轴 ch'ê¹ chou²　　……轴干。
　　臂肘 pei⁴ chou³　　……手臂;字面上是,手臂的上部与下部。
　　昼夜 chou⁴ yeh⁴　　……白天与黑夜。

51 抽 ch'ou,拉拽。
　　是抽查之抽　　　　　　抽绸醜臭
　　抽查 ch'ou¹ ch'a²　　……从众多之中抽出一个查验。
　　绸缎 ch'ou² tuan⁴　　……绸子和缎子;丝织品。
　　醜俊 ch'ou³ chün⁴　　……丑陋的和英俊的。
　　香臭 hsiang¹ ch'ou⁴　　……好味儿与坏味儿。

52 句 chü，短的分句。

   是句段之句   居局举句

  居处 chü¹ ch'u⁴   ……住处；某人的寓所。注意这里的"处"本音 ch'u³。参见下面第 62 项。

  赌局 tu³ chü²   ……赌桌或赌场。

  保举 pao³ chü³   ……为提升而推荐。注意"保 pao³"在"举 chü³"前变成 pao²。

  句段 chü⁴ tuan⁴   ……从句和句子。

53 取 ch'ü，拿；跟"送"相对。

   是取送之取   屈渠取去

  冤屈 yüan¹ ch'ü¹   ……弄错了，冤枉；使苦恼。

  沟渠 kou¹ ch'ü²   ……明沟与水槽；一般的排水沟。

  取送 ch'ü³ sung⁴   ……拿来与送去。

  来去 lai² ch'ü⁴   ……来与去。

54 捐 chüan，为政府的救济所需而奉献的钱。

   是捐纳之捐   捐〇捲眷

  捐纳 chüan¹ na⁴   ……为政府的救济而捐钱；字面上是，捐款与赠送。

  舒捲 shu¹ chüan³   ……如手掌张开与拳头握紧；捲，卷缩。

  家眷 chia¹ chüan⁴   ……家属；或单指妻子，或包括妻子与孩子。

55 全 ch'üan，完全。

   是齐全之全   圈全犬劝

  圈点 ch'üan¹ tien³   ……圆圈与点；圈，表示句子；点，表示分句；或用圈强调。

  齐全 ch'i² ch'üan²   ……完整；字面上是，整齐完备。

  犬吠 ch'üan³ fei⁴   ……狗的叫声；狗叫。

  劝戒 ch'üan⁴ chieh⁴   ……告诫；字面上是，劝告与警告，针对坏事或坏习惯。

56 绝 chüeh,切断。

  是断绝之绝   噘绝蹶倔

  噘嘴 chüeh¹ tsui³ ……使嘴唇突出;撅嘴生气。

  断绝 tuan⁴ chüeh² ……切断。

  马撩蹶子 ma³ liao⁴ chüeh³ tzǔ ……马踢人;"撩",举起。

  倔丧 chüeh⁴ sang⁴ ……下贱的。

57 缺 ch'üeh,(职位上的)空缺;缺乏。

  是补缺之缺   缺瘸〇确

  补缺 pu³ ch'üeh¹ ……填补职位上的空缺。

  瘸腿 ch'üeh² t'ui³ ……跛的。

  确然 ch'üeh⁴ jan² ……确实如此。

58 君 chün,君主。

  是君王之君   君〇菌俊

  君王 chün¹ wang² ……君主;王,用其本义与古义。

  菌子 chün³ tzǔ ……大米带着谷壳。北京不懂这个词。(Rice with the husk on. The term is unknown in Peking.)①

  俊秀 chün⁴ hsiu⁴ ……优秀,指人或才能。

59 群 ch'ün,本指畜群,羊群;又指人群。

  是成群之群   〇群〇〇

  成群 ch'êng² ch'ün² ……聚为一组或一批。

60 爵 chüo,高贵;高职位。

  是爵位之爵   〇爵〇〇

  爵位 chüo² wei⁴ ……职位,在这些职位上的都是称为某爵的显贵。

---

① 译按:《语言自迩集》第一版此处词义解释即 Rice with the husk on. 带壳的米,称为"菌子",译者亦未见北京词汇中有该词。

61 卻 ch'üo，参见上面第 43 项 ch'io。

　　　　见上　　　　　　　　　　○○○卻

　　推卻 t'ui¹ ch'üo⁴

62 主 chu，地主；雇主；东道主。

　　　　是宾主之主　　　　　　猪竹主住

　　猪羊 chu¹ yang²　　　　　……猪和羊；农业家畜。

　　竹子 chu² tzǔ　　　　　　……竹子。

　　宾主 pin¹ chu³　　　　　　……客人与主人。

　　住处 chu⁴ ch'u⁴　　　　　……居住的地方；寓所。

63 出 ch'u，出来；出外。

　　　　是出外之出　　　　　　出厨处处

　　出外 ch'u¹ wai⁴　　　　　……离家外出到有一定距离的地方。

　　厨房 ch'u² fang²　　　　　……做饭的屋子。

　　处分 ch'u³ fên⁴　　　　　……官员因过失而受惩治；处 ch'u³，控制、调整；引申为吏治，对官员赏善罚恶。

　　住处 chu⁴ ch'u⁴　　　　　……居住的地方。

64 抓 chua，用手（爪子、脚爪）抓。

　　　　是抓住抓破之抓　　　　抓○爪○

　　抓破 chua¹ p'o⁴　　　　　……用手撕扯而开裂。

　　鸡爪子 chi¹ chua³ tzǔ　　　……鸡的脚爪子。

65 欻 ch'ua，某物快速运动通过空气产生的呼啸声。

　　　　是欻一声之欻　　　　　欻○○○

　　欻一声 ch'ua¹ i⁴ shêng¹　　……飕飕声，呼呼声，或任何突发的声响。

66 拽 chuai，本义是拖、拉，向着自己的方向用力。

　　　　是拉拽之拽　　　　　　拽○跩拽

　　拽泥 chuai¹ ni²　　　　　……泥浆飞溅；"拽 chuai¹"怎么有了飞溅义，无法解释。

鸭跩 ya¹ chuai³ ……鸭子摇摇摆摆地走；鸭子摇摇摆摆的步子。

拉拽 la¹ chuai⁴ ……拖或拉人，物，或动物。

67 揣 ch'uai，用手指感受。

是揣摩之揣 揣〇揣踹

怀揣 huai² ch'uai¹ ……（把东西）放进怀（胸前的衣服）里；放在怀里。

揣摩 ch'uai³ mo² ……用手来感受；或比喻沉思，推测。

蹬踹 têng¹ ch'ua⁴ ……连续地踢蹬。

68 专 chuan，专门的；单独的。

是专门之专 专〇转传

专门 chuan¹ mên² ……字面上是，唯一的入口；特殊事务；专攻一业。

转移 chuan³ yi² ……把东西从甲处移到乙处；当然是说，两处辖权一致。

经传 ching¹ chuan⁴ ……中国古代经典文献；字面上是传统。

69 穿 ch'uan，钻透；引申为穿衣裳。

是穿戴之穿 穿船喘串

穿戴 ch'uan¹ tai⁴ ……人身上穿的头上戴的；服饰。

车船 ch'ê¹ ch'uan² ……马车与帆船；指陆上与水上的运输。

痰喘 t'an² ch'uan³ ……喘病；"痰"，痰液；为费力咳出"痰"而"喘"。

串通 ch'uan⁴ t'ung¹ ……勾结，合谋。

70 壮 chuang，强壮的；健康的。

是健壮之壮 装〇奘壮

装载 chuang¹ tsai⁴ ……装运；装入；容纳。

粗奘 ts'u¹ chuang³ ……肥胖的人；或者简单地说，是大块头。

壮健 chuang⁴ chien⁴ ……茁壮强健的。

71 牀 ch'uang，眠牀。
   是牀铺之牀   窗牀闯创
   牕户 ch'uang^1 hu^4 ……窗子。"窗"字有好几种写法；这里的
              "牕"是俗体。
   牀铺 ch'uang^2 p'u^4 ……床和床上用品。
   闯入 ch'uang^3 ju^4 ……冲进。
   创始 ch'uang^4 shih^3 ……创办；创造；发起。
72 追 chui，追赶。
   是追赶之追   追○○坠
   追赶 chui^1 kan^3 ……追上，赶上。
   废坠 fei^4 chui^4 ……被破坏掉，陷于毁灭。
73 吹 ch'ui，吹气。
   是吹打之吹   吹垂○○
   吹打 ch'ui^1 ta^3 ……打鼓和吹喇叭。
   垂手 ch'ui^2 shou^3 ……让手臂下垂；手垂着。
74 准 chun，批准。
   是准驳之准   ○○准○
   准驳 chun^3 po^2 ……批准与驳回。
75 春 ch'un，春天。
   是春夏之春   春纯蠢○
   春夏 ch'un^1 hsia^4 ……春天与夏天。
   纯厚 ch'un^2 hou^4 ……道德上完好真挚。
   蠢笨 ch'un^3 pên^4 ……愚蠢的和笨拙的。
76 中 chung，中心的；内里的。
   是中外之中   中○肿重
   中外 chung^1 wai^4 ……内与外；京城与各省；本国的与外国的。
   肿痛 chung^3 t'ung^4 ……肿起的与疼痛的。
   轻重 ch'ing^1 chung^4 ……轻的与重的；重量。

77 充 ch'ung，扮演；担当。

　　　是充当之充　　　　　　　　充虫宠铳

　　充当 ch'ung¹ tang¹　　　　　……扮演；充任。
　　虫蚁 ch'ung² yi³　　　　　　……爬虫类；字面上是，虫子与蚂蚁。
　　宠爱 ch'ung³ ai⁴　　　　　　……特别地喜爱；溺爱。
　　铁铳子 t'ieh³ ch'ung⁴ tzǔ　　……一种炮仗；没有炮架的小铁炮。

78 擉 ch'uo，用尖物戳穿。

　　　是擉挬之擉　　　　　　　　擉○○○

　　擉挬 ch'uo¹ p'êng⁴　　　　　……泛指碰撞；字面上是，一点或一侧的碰撞。

79 额 ê，限度，如数量或分量。

　　　是额数之额　　　　　　　　阿额我恶

　　太阿 t'ai⁴ ê¹　　　　　　　　……一个已废弃不用的官衔；古剑名。
　　额数 ê² shu⁴　　　　　　　　……确定的数量。
　　尔我 êrh³ ê³　　　　　　　　……你与我（我 wo 的古音，是 ⁿᵍo 或 ⁿᵍê）。
　　善恶 shan⁴ ê⁴　　　　　　　……善良的与邪恶的。

80 恩 ên, ⁿᵍên，恩惠。

　　　是恩典之恩　　　　　　　　恩○○揾

　　恩典 ên¹ tien³　　　　　　　……恩赐；字面上是，关于恩赐的法典；最初指皇帝的恩赐。

　　揾倒 ên⁴ tao³　　　　　　　……用力将[人]压倒在地上。

81 哼 êng，声音；哼 (humph)!

　　　是哼阿之哼　　　　　　　　哼○○○

　　哼阿 êng¹ a¹　　　　　　　　……哼啊呃啊地。

82 儿 êrh，儿子。

  是儿女之儿   〇儿耳二

  儿女 êrh² nü³   ……儿子与女儿。

  耳朵 êrh³ to⁴   ……耳朵；to⁴，本音 to³。

  二三 êrh⁴ san¹   ……二或三。

83 法 fa，方法。

  是法子之法   發法髮法

  發遣 fa¹ ch'ien³   ……流放，充军。

  法子 fa² tzǔ   ……方法；计划；对策。

  头髮 t'ou² fa³   ……头上的毛发。

  法门 fa⁴ mên²   ……佛寺的大门。

84 反 fan，转到背面或翻过来。

  是反倒之反   翻烦反饭

  翻腾 fan¹ t'êng²   ……上下无序地滚动。

  烦恼 fan² nao³   ……内心苦恼。

  反倒 fan³ tao⁴   ……颠倒；翻转；正相反。

  喫饭 ch'ih¹ fan⁴   ……吃米饭；一般说来，吃任何膳食。

85 方 fang，方形。

  是方圆之方   方房访放

  方圆 fang¹ yüan²   ……方的和圆的。

  房屋 fang² wu¹   ……房子和房间；房子 [干净，干燥，等等]。

  访查 fang³ ch'a²   ……访问调查。

  放肆 fang⁴ ssǔ⁴   ……狂热激烈的行为、邪恶的激情；干些不合规矩的事。

86 非 fei，错误，与"正确"相对。

  是是非之非   非肥匪费

  是非 shih⁴ fei¹   ……对与错；又，闲言碎语，流言蜚语，伤害。

肥瘦 fei² shou⁴ ……肥与瘦。
贼匪 tsei² fei³ ……土匪，造反的，等等。
使费 shih³ fei⁴ ……花费；盘费，等等。

87 分 fên，划分。
  是分开之分   分坟粉分
 分开 fên¹ k'ai¹ ……分成份儿，分成几部分，等等。
 坟墓 fên² mu⁴ ……坟墓；坟地。
 脂粉 chih¹ fên³ ……红的和白的；一般的化妆品。
 职分 chih² fên⁴ ……官职分内之事。

88 风 fêng，刮风。
  是风雨之风   风缝〇奉
 风雨 fêng¹ yü³ ……风和雨。
 裁缝 ts'ai² fêng² ……剪裁与缝纫。注意：ts'ai²-fêng⁴，裁缝师傅。
 供奉 kung⁴ fêng⁴ ……例如在宫中；大臣们到皇帝面前，提供 [服务]，或向诸神顶礼谟拜；古时，还殷勤地奉献祭品。

89 佛 fo，佛佗。
  是佛老之佛   〇佛〇〇
 佛老 fo² lao³ ……佛和太上老君（Lao Chün）；后者为道家所创立。

90 否 fou，不是这样。
  是然否之否   〇浮否埠
 浮沉 fou² ch'ên² ……浮起来沉下去。
 然否 jan² fou³ ……是这样或不是这样。
 埠口 fou⁴ k'ou³ ……海或河岸上的任何码头。

91 夫 fu，男子；丈夫。

   是夫妻之夫   夫扶斧父

  夫妻 fu¹ ch'i¹   ……丈夫与妻子。

  扶持 fu² ch'ih²   ……扶住使自己不倒，如用拐杖；扶，用胳膊扶住；持，用手抓住。

  斧鉞 fu³ yüeh⁴   ……斧头；鉞，战斧。

  父母 fu⁴ mu³   ……父亲和母亲。

92 哈 ha，"ha"音。

   是哈哈笑之哈   哈蝦哈哈

  哈哈笑 ha¹ ha¹ xiao⁴   ……开心大笑。

  蝦蟆 ha² mo⁴   ……蛙；mo，一般音 ma。

  哈巴狗 ha³ pa¹ kou³   ……叭儿狗。

  哈什马 ha⁴ shih² ma³   ……蛙干，或类似可食的，产于满洲。

93 害 hai，道义上或实际上的严重伤害。

   是利害之害   咳孩海害

  咳声 hai¹ shêng¹   ……感叹词"咳！"

  孩子 hai² tzǔ   ……儿童。

  江海 chiang¹ hai³   ……水体；字面上是，江和海。

  利害 li⁴ hai⁴   ……强烈的，用于坏事比好事多；又，利与害。

94 寒 han，冷。

   是寒凉之寒   颟顸喊汉

  颟顸 man¹ han¹   ……拖拖拉拉，优柔寡断；两字从不分开用。

  寒凉 han² liang²   ……冷。

  叫喊 chiao⁴ han³   ……喊叫；呼唤。

  满汉 man³ han⁴   ……满族与汉人。

95 硪 hang，冲击砸实地面以便垒墙。

  是打硪之硪   硪行〇项

   打硪 ta³ hang¹ ……砸实地面以便垒墙。

   各行 ko⁴ hang² ……百行各业。

   项圈 hang⁴ chüan¹ ……小孩脖子上挂的项圈；项，本义脖子，但北方官话 (northern mandarin) 口语里不说。

96 好 hao，好的；喜好；醉心于；嗜好。

  是好歹之好   蒿毫好好

   蒿草 hao¹ ts'ao³ ……丛草；特指有香味的用于薰燃的野草；即艾草。

   丝毫 ssǔ¹ hao² ……蚕丝的乱绪；任何细微的东西；常用于否定：一点儿也不……

   好不好 hao³ pu⁴ hao³ ……好还是不好？（通常包含"正是"的意思）。

   好喜 hao⁴ hsi ……醉心于 [任何消遣，不论好坏]。注意：喜 hsi，无重读音 (atonic)。

97 黑 hê, hei，黑色。

  是黑白之黑   黑〇黑〇

   黑白 hei¹ pai² ……黑与白；跟我们英语一样也用于比喻；例如：他黑白不分 = 好坏不分。

   黑豆 hei³ tou⁴ ……黑色豆子。

98 很 hên，本义任性，好争讼的，但通常用于强调；经常写作"犭"旁（部首94）。

  是很好之很   〇痕很恨

   伤痕 shang¹ hên² ……伤疤。

   好得很 hao³ tê² hên³ ……确实好。

   恨怨 hên⁴ yüan⁴ ……愆恨；恨，本义是内心的愤怒；怨，发泄出来的怒气。

99 恒 hêng，经久不变的；持久的。

　　　　是恒久之恒　　　　　　哼恒〇横

　　哼哈 hêng¹ ha¹ 或 êng¹ a¹　……哼啊呃啊；庙门里的哼哈二将。
　　恒久 hêng² chiu³　……持续很长时间。
　　兇横 hsiung¹ hêng⁴　……凶恶；蛮横。

100 河 ho，河流。

　　　　是江河之河　　　　　　喝河〇贺

　　喫喝 ch'ih¹ ho¹　……吃与喝。
　　江河 chiang¹ ho²　……一般指江。
　　贺喜 ho⁴ hsi³　……祝贺。

101 後 hou，在……之后，不论时间还是场所。

　　　　是前後之後　　　　　　齁侯吼後

　　齁鹹 hou¹ hsien²　……很咸；咸得过分。
　　公侯 kung¹ hou²　……古代国民五等头衔的头两等，跟英帝国贵族截然不同：公，一般译作公爵 (*duke*)，包含两个级别；侯，一般译作侯爵 (*marquis*)。
　　牛吼 niu² hou³　……牛吼叫；吼，又指狮子吼叫。
　　前後 ch'ien² hou⁴　……之前与之后，不论时间与场所。

102 户 hu，门。

　　　　是户口之户　　　　　　忽壶虎户

　　忽然 hu¹ jan²　……突然。
　　茶壶 ch'a² hu²　……茶壶。
　　龙虎榜 lung² hu³ pang³　……榜，张贴的公告；龙虎榜，公布获得硕士或博士学位的毕业生名单。注意：虎 hu³，在榜 pang³ 前变为 hu²。
　　户口 hu⁴ k'ou³　……家庭；人口；字面上是，一家人的嘴。

103 花 hua，花朵。
  是花草之花   花滑话话
  花草 hua¹ ts'ao³   ……花卉与青草或药草；植物，植被。
  泥滑 ni² hua²   ……泥很滑。
  话败人 hua³ pai⁴ jên²   ……背后说人坏话，而不论这种指责是否该当。

  说话 shuo¹ hua⁴   ……说话；谈话。
104 坏 huai，严重地伤害；毁坏。
  是损坏之坏   〇怀〇坏
  怀想 huai² hsiang³   ……想；想念。
  损坏 sun³ huai⁴   ……糟蹋，被损坏，不论多少；用于事物。
105 换 huan，更换。
  是更换之换   欢环缓换
  欢喜 huan¹ hsi³   ……高兴；喜爱。
  连环 lien² huan²   ……[火枪和大炮的]连环发射；又，在一全模子里铸造的扣在一起的圆环；即，一环扣一环。
  鬆缓 sung¹ huan³   ……松弛，如热情、勤奋之松懈。
  更换 kêng¹ huan⁴   ……改换。
106 黄 huang，黄色。
  是青黄之黄   荒黄谎晃
  荒乱 huang¹ luan⁴   ……杂乱无序；即坏年头儿、土匪等所造成的。
  青黄 ch'ing¹ huang²   ……绿色的和黄色的；指正在成熟的庄稼。
  撒谎 sa¹ huang³   ……说谎。
  一晃儿 yi² huang⁴-'rh   ……一瞬间；其持续时间，= 片刻。

107 回 hui，返回。

  是回去回来之回　　　　　灰回悔贿

  石灰 shih² hui¹　　　　　……石灰。

  回去 hui² ch'ü⁴　　　　　……返回。注意"回"的两种写法（回囘）。

  後悔 hou⁴ hui³　　　　　……反悔。

  贿赂 hui⁴ lu⁴　　　　　　……用于行贿的钱物。

108 混 huên, hun，使混合、混乱。

  是混乱之混　　　　　　　昏魂浑混

  昏暗 hun¹ an⁴　　　　　　……黑暗，如多云天气；含糊，一个人的意欲不明确。

  鬼魂 kuei³ hun²　　　　　……人死之后的灵魂。

  浑厚 hun³ hou⁴　　　　　……字面上是，忠厚老实；这种人不愿看到别人的毛病；褒义词，不用于坏的方面。

  混乱 hun⁴ luan⁴　　　　　……大乱；东西乱作一团；也可用以指国家状况。

109 红 hung，红色。

  是红绿之红　　　　　　　烘红哄汞

  烘烤 hung¹ k'ao³　　　　……在火前加热。

  红绿 hung² lü⁴　　　　　……红色与绿色，如绿树红花；绿 lü⁴，又读 lu⁴。

  欺哄 ch'i¹ hung³　　　　……欺骗。

  炼汞 lien⁴ hung⁴　　　　……熔炼水银（汞）。（译按：汞，《广韵》胡孔切，丁声树、李荣《古今字音对照手册》于 gǒng、hǒng 音节两列。《国音字典》以ㄏㄨㄥ为又读。）

110 火 huo，燃烧的火。

　　是水火之火　　　　　　　　豁活火货

　　豁口子 huo¹ k'ou³ tzǔ　　……身体上的缺口，如兔唇；墙上的豁口；衣缝末端的开口。

　　死活 ssǔ³ huo²　　……死的和活的；不知他的死活。

　　水火 shui³ huo³　　……火与水；水火无情 wu² ch'ing²。注意：水 shui³ 在火 huo³ 前变为 shui²。

　　货物 huo⁴ wu⁴　　……商品。

111 西 hsi，西面。

　　是东西之西　　　　　　　　西席喜细

　　东西 tung¹ hsi¹　　……东面和西面；一件东西。

　　酒席 chiu³ hsi²　　……招待客人的正餐。

　　喜欢 hsi³ huan¹　　……喜爱；乐于。

　　粗细 ts'u¹ hsi⁴　　……粗糙与细致；任何东西在粗细方面的品位。

112 夏 hsia，夏天。

　　是春夏之夏　　　　　　　　瞎霞〇夏

　　瞎子 hsia¹ tzǔ　　……盲人；敬称是"先生 hsien shêng"。

　　雲霞 yün² hsia²　　……云彩与薄雾。

　　春夏 ch'un¹ hsia⁴　　……春天和夏天。

113 向 hsiang，朝向；趋向。

　　是方向之向　　　　　　　　香详想向

　　香臭 hsiang¹ ch'ou⁴　　……香味与臭味。

　　详细 hsiang² hsi⁴　　……细致；详尽地。

　　思想 ssǔ¹ hsiang³　　……思索；想你呀！

　　方向 fang¹ hsiang⁴　　……取向或转向。

114 小 hsiao，不大。
  是大小之小   消学小笑
  消减 hsiao¹ chien³   …… 缩减；减少。
  学徒 hsiao² t'u²   …… 艺徒。
  大小 ta⁴ hsiao³   …… 大与小；尺寸。
  谈笑 t'an² hsiao⁴   …… 聊天说笑。
115 些 hsieh，些许；一点儿。
  是些微之些   些鞋血谢
  些微 hsieh¹ wei¹   …… 少量；轻度。
  靴鞡 hsüeh¹ hsieh²   …… 靴子和鞋；鞡，通常写作"鞋"。
  流血 liu² hsieh³   …… 出血；流血的。
  谢恩 hsieh⁴ ên¹   …… 对所受恩惠表示感谢。
116 先 hsien，在前，指时间上。
  是先後之先   先閒险限
  先後 hsien¹ hou⁴   …… 先与後。
  清閒 ch'ing¹ hsien²   …… 安宁的；没有烦恼、噪音等的干扰。
  危险 wei² hsien³   …… 危险。
  限期 hsien⁴ ch'i¹   …… 一定的期间；有限的时期。
117 心 hsin，心脏；又指心思。
  是心性之心   心寻〇信
  心性 hsin¹ hsing⁴   …… 人心的本性；道义上的性质。
  寻东西 hsin² tung¹ hsi¹   …… 寻找东西又什么也没寻回来。
  书信 shu¹ hsin⁴   …… 便条；信件。
118 姓 hsing，家族的姓，姓氏。
  是姓名之姓   星行醒姓
  星宿 hsing¹ su⁴   …… 星星；字面上是，星座。
  行为 hsing² wei²   …… 品行；举止。

睡醒 shui⁴ hsing³　　……睡觉与醒来；醒了。
姓名 hsing⁴ ming²　　……姓与名。

119 学 hsio，学习。
　　　是学问之学　　　○学○○
　　　学问 hsio² wên⁴　　……学到的知识；知识；字面上是，学和问。

120 修 hsiu，修理；训练。
　　　是修理之修　　　修○朽袖
　　　修理 hsiu¹ li³　　……修复；例如，机械，道路，等等。
　　　糟朽 tsao¹ hsiu³　　……糟糕腐朽的。
　　　领袖 ling³ hsiu⁴　　……衣领和袖口，或袖子；又，喻称最好的行家、最好的管理人才。

121 兄 hsiung，哥哥。
　　　是兄弟之兄　　　兄熊○○
　　　兄弟 hsiung¹ ti⁴　　……家庭中年长的与年幼的。
　　　狗熊 kou³ hsiung²　　……熊；据说熊像狗。

122 须 hsü，必要；必须。
　　　是必须之须　　　须徐许续
　　　必须 pi⁴ hsü¹　　……必得；一定。
　　　徐图 hsü² t'u²　　……花些时间好好谋划；审慎地仔细考虑。
　　　应许 ying¹ hsü³　　……承诺。
　　　接续 chieh¹ hsü⁴　　……与先前有关或继续前事；字面上是，接受、拿起并继续。

123 喧 hsüan，众人吵闹声。
　　　是喧嚷之喧　　　喧悬选选
　　　喧嚷 hsüan¹ jang³　　……喧哗吵嚷。
　　　悬挂 hsüan² kua⁴　　……吊起来；如一盏吊灯，一块信号牌。
　　　拣选 chien³ hsüan³　　……挑选 [官员以便任用]。注意拣 chien³ 变为 chien²。

　　　　候选 hou⁴ hsüan⁴　　　　　　……[官员]等候拣选。
124 雪 hsüeh，雪。
　　　　是雨雪之雪　　　　　　　　靴穴雪穴
　　　　靴鞋 hsüeh¹ hsieh²　　　　……靴子和鞋。参见本章 115 下的鞢 hsieh²。
　　　　穴道 hsüeh² tao⁴　　　　　……在人体骨骼的关节处；在这些点上作针
　　　　　　　　　　　　　　　　　　灸治疗；也指泥土占卜的地面特征。
　　　　雨雪 yü³ hsüeh³　　　　　 ……雨和雪。注意雨 yü³ 变为 yü²。
　　　　钻穴 tsuan¹ hsüeh⁴　　　　……挖洞，如开矿；野兽挖洞躺在里头。
125 巡 hsün，巡回。
　　　　是巡察之巡　　　　　　　　熏巡〇汛
　　　　熏蒸 hsün¹ chêng¹　　　　 ……蒸汽蒸发（雨後，沼泽地，等等）。
　　　　巡察 hsün² ch'a²　　　　　……巡回察看，巡游，等等。
　　　　营汛 ying² hsün⁴　　　　　……军邮；军人共同的特殊驻地；字面上是，
　　　　　　　　　　　　　　　　　　军队，或营房和小驿站。（译按："营汛"
　　　　　　　　　　　　　　　　　　无军邮义。）
126 学 hsüo（又音，如 119 的 hsio；又音 hsüeh），学习。
　　　　是学生之学　　　　　　　　〇学〇〇
　　　　学生 hsüo² shêng¹　　　　……小学生，门生，弟子；大学生。
127 衣 i, yi，衣裳。
　　　　是衣裳之衣　　　　　　　　衣一尾易
　　　　衣裳 i¹ shang¹　　　　　　……普通衣服；原本"衣"指上衣，"裳"指
　　　　　　　　　　　　　　　　　　下身穿的。
　　　　一个 i² ko⁴　　　　　　　 ……参见第三章 8.。
　　　　尾巴 i³ pa¹　　　　　　　 ……兽尾，鱼尾，等等。注意"尾 i³"本音
　　　　　　　　　　　　　　　　　　wei³。
　　　　容易 yung² i⁴　　　　　　 ……不难。容 yung，又读 jung。

128 染 jan，染色。
  是沾染之染 　　　　　　　　〇然染〇
  然否 jan² fou³ 　　　　　　……是这样不是？
  沾染 chan¹ jan³ 　　　　　　……通体浸透；深深地染上；用于书面语，但也比喻恶习。

129 嚷 jang，交谈声过高；大声讲话。
  是嚷闹之嚷 　　　　　　　　嚷瓤嚷让
  嚷嚷 jang¹ jang¹ 　　　　　　……吵闹；泄密。
  瓤子 jang² tzǔ 　　　　　　　……瓜的内部，瓜肉，种子和果汁；又，钟表的工作部分。

  嚷闹 jang³ nao⁴ 　　　　　　……争吵；与人争辩；一个人或许多人吵嚷。
  谦让 ch'ien¹ jang⁴ 　　　　　……使表现低调；压低评价使与实际不相称。

130 绕 jao，环绕（主动语态、不及物动词）。
  是围绕之绕 　　　　　　　　〇饶绕绕
  饶裕 jao² yü⁴ 　　　　　　　……富裕；字面上是，吃的充裕且有多。
  围绕 wei² jao³ 　　　　　　　……环绕；盘绕；又，比喻包围。
  绕住 jao⁴ chu⁴ 　　　　　　　……被缠住以至于动弹不得；又，比喻事务缠身。比较：纠纷 (complication)；束缚手脚 (hand-tied)。

131 热 jê, jo，热。
  是冷热之热 　　　　　　　　〇〇惹热
  惹事 jê³ shih⁴ 　　　　　　　……制造或招惹麻烦。
  冷热 lêng³ jê⁴ 　　　　　　　……冷的与热的；冷与热；温度。参见第三章227。

132 人 jên，人们。
  是人物之人 　　　　　　　　〇人忍任
  人物 jên² wu⁴ 　　　　　　　……人和其他天然之物；又，一个"人"，褒义。

容忍 jung² jên³　　……宽容的；忍受的；容 jung，又读 yung。
　　责任 tsê² jên⁴　　……职责；字面上是，责备－忍受，责任－职责。

133 扔 jêng，抛，甩。
　　是扔弃之扔　　　　扔〇〇〇
　　扔弃 jêng¹ ch'i⁴　　……当作废物丢弃；在其他词组中，扔 jêng¹，又读 jêng³。

134 日 jih，太阳；日子。
　　是日月之日　　　　〇〇〇日
　　日月 jih⁴ yüeh⁴　　……日头和月亮；又，日子和月份。

135 若 jo，如果，如若。
　　是若论之若　　　　〇〇〇若
　　若论 jo⁴ lun⁴　　……如果争议的话；又，如果说到某个问题，至于，关于。

136 肉 jou，肉类；肉体。
　　是骨肉之肉　　　　揉柔〇肉
　　揉的一声 jou¹ ti¹ i⁴ shêng¹　　……突然嗖地一声，或类似的声响，声不高；揉，本义是两手摩擦。
　　刚柔 kang¹ jou²　　……刚直与柔和；道德上的，坚定与柔顺。
　　骨肉 ku³ jou⁴　　……骨头与肉体；又，比喻关系密切，亲如骨肉，但这时"骨"读 ku²。

137 如 ju，如果；好像；又，按照，依据。
　　是如若之如　　　　如如入入
　　如贴 ju¹ t'ieh¹　　……管理私人事务，令人满意；又，身体康健。
　　如若 ju² jo⁴　　……如果。
　　强入 ch'iang³ ju³　　……把货物硬推给顾客；把东西硬塞到家里；用力将某物塞进不够大的洞里。注意：强 ch'iang³，在入 ju³ 前变为 ch'iang²。

出入 ch'u¹ ju⁴ ……出去和进来；引申为，支出与收入；又，司法判决上以从宽为"出"，以从严为"入"。

138 輭 juan，柔和。
  是软弱之软   ○○輭○
  輭弱 juan³ jo⁴ ……柔而虚弱；虚弱无力的。

139 瑞 jui，祥瑞，上天赐福；幸运昌盛。
  是祥瑞之瑞   ○○蕊瑞
  花蕊 hua¹ jui³ ……花朵的雄蕊与雌蕊。
  祥瑞 hsiang² jui⁴ ……繁盛状态；指国家。

140 润 jun，潮湿。
  是润泽之润   ○○○润
  润泽 jun⁴ tsê² ……[天气]温和湿润；泽 tsê²，又音 tsê⁴。

141 荣 jung，本义为花草茂盛，区别于树木。
  是荣耀之荣   ○荣氄○
  荣耀 jung² yao⁴ ……光辉耀眼，例如，作为一个扈从，等等；更常用于指外观，但也用于指美德，才能等等；耀 yao⁴，又音 yo⁴。

  氄毛 jung³ mao² ……鸟儿羽毛下面的细毛；骆驼的短毛，等等。

142 嘎 ka，大笑时出的声音。
  是嘎嘎笑的声儿   嘎嘎嘎嘎
  嘎嘎的笑 ka¹ ka¹ ti¹ hsiao⁴ ……大笑声。
  打嘎儿 ta³ ka²-'rh ……玩球；嘎儿 ka-'rh，一种木球，用球棍击打。

嘎杂子 ka³ tsa² tzǔ ……脾气烦人的家伙；不可爱的；很重的骂人的话。

鸡嘎嘎蛋儿 chi¹ ka⁴ ka⁴ ta^n4-'rh ……母鸡下蛋时的叫声。

143 卡 k'a, ch'ia, 关卡。

是卡伦之卡 　　卡〇卡①〇

卡伦 k'a¹ lun² ……内陆海关或边防哨所；卡，又读 ch'ia³ 或 k'a³。

144 改 kai, 改变。

是改变之改 　　该〇改概

该当 kai¹ tang¹ ……完全应该。

改变 kai³ pien⁴ ……改变，如法令、式样等等；善与恶都可以用。

大概 ta⁴ kai⁴ ……大体；一般；或许。

145 开 k'ai, 开门。

是开闭之开 　　开〇慨〇

开闭 k'ai¹ pi⁴ ……打开和关上；例如，大门、商店等等。

慷慨 k'ang³ k'ai³ ……大方；富于同情心的。注意：慷 k'ang³ 在慨 k'ai³ 前面变得近乎 k'ang¹。（译按：慷，《广韵》苦朗切（上声）一音，《集韵》丘冈（平）、口朗（上）二音。）

146 甘 kan, 甜。

是甘苦之甘 　　甘〇赶幹

甘苦 kan¹ k'u³ ……甜的和苦的。

追赶 chui¹ kan³ ……追逐；追随。

才幹 ts'ai² kan⁴ ……才能。

---

① 译按：据本条原注文"卡，又读 ch'ia3 或 k'a3"增补。

147 看 k'an，看见；查看，考虑。

        是看见之看   看〇砍看

        看守 k'an¹ shou³   ……守卫。

        刀砍 tao¹ k'an³   ……用刀砍。

        看见 k'an⁴ chien⁴   ……看见。

148 刚 kang，坚硬；强壮；又，坚定。

        是刚纔之刚   刚刚堈杠

        刚纔 kang¹ ts'ai²   ……才刚；刚刚。有人认为"刚"字讹变于"将 chiang¹"。译按：《自迩集》似同意此说，然此说有待商榷。详见异读字表 28 CHIANG 注①。

        刚刚儿 kang¹ kang² êrh   ……刚才；刚好儿。

        土堈子 t'u³ kang³ tzǔ   ……高起的地面。注意：土 t'u³，在堈 kang³ 前变为 t'u²。

        抬杠 t'ai² kang⁴   ……抬棺材；俗语，争拗，生气地争辩。

149 炕 k'ang，热炕。

        是火炕之炕   康扛慷炕

        康健 k'ang¹ chien⁴   ……身心舒适，身体强壮。

        扛抬 k'ang² t'ai²   ……担负，如用肩膀扛 k'ang 行李；两个人用杠子就是"抬 t'ai"；或，一般地搬运。

        慷慨 k'ang³ k'ai³   ……见 145 下。

        火炕 huo³ k'ang⁴   ……中国北方的用砖砌的热炕。

150 告 kao，告诉。

        是告诉之告   高〇稿告

        高低 kao¹ ti¹   ……高与低；高度；又，人的地位或能力的不同。

        稿案 kao³ an⁴   ……官方文件；办事处的信件，档案。

        告诉 kao⁴ su⁴   ……通知；知会；诉 su，单说，本是"投诉"。

151 考 k'ao，考试，如科举考试，雇用职员考试，等等。
　　　　是考察之考　　　　　　尻○考靠
　　尻骨 k'ao¹ ku³　　　　　　……旧称尾骨。
　　考察 k'ao³ ch'a²　　　　　……细查；搜索。
　　依靠 i¹ k'ao⁴　　　　　　……依赖，如朋友之于朋友，或下属之于有
　　　　　　　　　　　　　　　　权的上司。

152 给 kei，本音 chi，给予；引申为，对 (to) 或为 (for)。
　　　　是放给之给　　　　　　○○给○
　　放给 fang⁴ kei³　　　　　……发放，诸如谷物、钱款、衣服等等发放
　　　　　　　　　　　　　　　　给穷人，给军队，等等。

153 刻 k'ei, k'ê，雕刻；只在"刻搜"中读 k'ei。
　　　　是刻搜之刻　　　　　　刻○○○
　　刻搜 k'ei¹ sou¹　　　　　……搅扰；使烦恼。

154 根 kên，树根。
　　　　是根本之根　　　　　　根哏○艮
　　根本 kên¹ pên³　　　　　……事件的源头；本义为树木下部的根，本
　　　　　　　　　　　　　　　　pên，指地面以上的部分。

　　斗哏 tou¹ kên²　　　　　……走江湖卖药的、说书的诙谐打趣。
　　艮卦 kên⁴ kua⁴　　　　　……（也许可以称之为中国哲学的绝对标志）
　　　　　　　　　　　　　　　　的第七卦；艮 kên，一般表示稳定不变；
　　　　　　　　　　　　　　　　坚固。

155 肯 k'ên，希望；愿意。
　　　　是肯不肯之肯　　　　　○○肯揹
　　肯不肯 k'ên³ pu⁴ k'ên³　……愿不愿意？字面上是，你愿意不愿意？
　　　　　　　　　　　　　　　　但实际上，语气没那么强。
　　一揹子 i² k'ên⁴ tzǔ　　　……一堆乱七八糟的东西，需要用双手捧起。

156 更 kêng, 更加；更改。

  是更多更少之更   更〇埂更

  更改 kêng¹ kai³   …… 改变；改动。

  道埂子 tao⁴ kêng³ tzǔ   …… 人行道左侧路边高起的部位。

  更多 kêng⁴ to¹   …… 更多；数量更大或分量更大。

157 坑 k'êng, 洼地；沟；深坑。

  是坑坎之坑   坑〇〇〇

  坑坎 k'êng¹ k'an³   …… 路上的沉降低洼处。

158 各 ko, kê, 各自的；每个的。

  是各人之各   哥格各个

  哥哥 ko¹ ko¹   …… 年长的兄弟。

  影格 ying³ ko²   …… 影印格子：影 ying, 影子；引申为，显露；格 ko, 这里指为引导而印下来的线。中国影格，是用线分隔汉字的排栏，学生练字时，把纸覆盖在影格上。

  各自各儿 ko² tzǔ⁴ ko³-'rh …… 自己。

  幾个 chi³ ko⁴   …… 一些；一定数量；多少？

159 可 k'o, k'ê, 正是；可能；跟形容词一起以及在定语结构中，很像意大利语的词尾 bilis。

  是可否之可   磕瞌渴客

  磕头 k'o¹ t'ou²   …… 叩头（*To kotow*）。

  瞌睡 k'o² shui⁴   …… 打盹儿。

  饥渴 chi¹ k'o³   …… 饥饿干渴。

  宾客 pin¹ k'o⁴   …… 客人。

160 狗 kou, 犬。

  是猪狗之狗   沟狗狗豰

  沟渠 kou¹ ch'ü²   …… 沟渠：沟 kou, 大的人工渠；渠 ch'ü, 小水沟；一般指城市排水沟。

       小狗儿的 hsiao³ kou²-'rh ti¹　　……（冲着孩子）你这小狗儿的！（并非辱骂）。

       猪狗 chu¹ kou³　　……猪和狗，指称肮脏的人；又，字面上＝泛指家畜。

       足彀 tsu² kou⁴　　……充足的。

161 口 k'ou，嘴。

       是口舌之口

       抠〇口叩

       抠破了 k'ou¹ p'o⁴ liao³　　……用手指挖开一个洞。注意：词缀"了 liao"，音近 lo⁴。

       口舌 k'ou³ shê²　　……争辩。

       叩头 k'ou⁴ t'ou²　　……头磕到地上；磕头（To kotow）。

162 古 ku，古代。

       是古今之古

       估骨古固

       料估 liao⁴ ku¹　　……估计，例如价值、成色。

       骨头 ku² t'ou⁴　　……骨；骨骼。"骨头"中的"骨"，本音 ku³，这里音 ku²；头 t'ou²，本音，这里音 t'ou⁴。

       古今 ku³ chin¹　　……古代与现代；过去与现在。

       坚固 chien¹ ku⁴　　……稳定，坚实，牢固，说墙、船等等。

163 苦 k'u，有苦味的。

       是苦甜之苦

       窟〇苦裤

       窟窿 k'u¹ lung¹　　……洞。

       甜苦 t'ien² k'u³　　……甜的和苦的；又，比喻生活中遭遇。

       裤子 k'u⁴ tzǔ　　……长裤。

164 瓜 kua，葫芦属植物。

  是瓜果之瓜   瓜〇寡挂

  瓜果 kua¹ kuo³   ……瓜类与水果；此类收获的集合名词。

  多寡 to¹ kua³   ……多与少；多少？数量。

  悬挂 hsüan² kua⁴   ……使悬空，挂起来，在空中。

165 跨 k'ua，（两腿分跨而）坐或骑。

  是跨马之跨   夸〇侉跨

  夸奖 k'ua¹ chiang¹   ……赞扬，对自己或对他人。注意：奖 chiang¹，本音 chiang³。

  侉子 k'ua³ tzǔ   ……指口音特别、衣着过时之类的人。

  跨马 k'ua⁴ ma³   ……骑马，双腿在同一侧。

166 怪 kuai，特异的，奇怪的，恐怖的。

  是怪道之怪   乖〇拐怪

  乖张 kuai¹ chang¹   ……我行我素；未能与他人很好地相处。

  拐骗 kuai³ p'ien⁴   ……骗取他人任何东西；诱骗（作为绑架者）孩子、奴隶，等等。

  怪道 kuai⁴ tao⁴   ……怪不得！难怪呢！省略句 (The sentence is elliptical.)。

167 快 k'uai，快速。

  是快慢之快   〇〇擓快

  擓痒痒 k'uai² yang³ yang ……抓挠痒处。注意：擓 k'uai，本音 k'uai³，在痒 yang³ 前变为 k'uai²，且第二个痒 yang 读轻声。

  快慢 k'uai⁴ man⁴   ……快与慢；速度。

168 官 kuan，官员。

  是官员之官   官〇管惯

  官员 kuan¹ yüan²   ……官吏；员 yüan，与官 kuan 同义。

管理 kuan³ li³ ……经管；照料。注意：管 kuan³ 在理 li³ 前变为 kuan²。

习惯 hsi² kuan⁴ ……训练；熟练于；很习惯于。

169 宽 k'uan, 广阔；宽敞。
  是宽窄之宽
  宽○款○

宽窄 k'uan¹ chai³ ……宽与窄；宽度。

款项 k'uan³ hsiang⁴ ……大大小小的条款；金钱费用。

170 光 kuang, 光泽；亮光。
  是光明之光
  光○广逛

光明 kuang¹ ming² ……光亮；聪明。

广大 kuang³ ta⁴ ……广阔。

遊逛 yu² kuang⁴ ……闲逛；运动；旅行者旅游。

171 况 k'uang, 况且。
  是况且之况
  诓狂○况

诓骗 k'uang¹ p'ien⁴ ……欺骗；欺诈；诈取。

狂妄 k'uang² wang⁴ ……傲慢且胡作非为；讲地位高的人。

况且 k'uang⁴ ch'ieh³ ……而且；另外。

172 规 kuei, 圆规。
  是规矩之规
  规○诡贵

规矩 kuei¹ chü⁴ ……正经的惯例与品行；字面上是，圆规与界尺，但作"界尺"时读 chü³。

诡诈 kuei³ cha⁴ ……狡诈；骗人的。

富贵 fu⁴ kuei⁴ ……富有；字面上是，富有且体面。

173 愧 k'uei, 感到羞惭。
  是惭愧之愧
  亏葵傀愧

亏欠 k'uei¹ ch'ien⁴ ……欠债。

葵花 k'uei² hua¹ ……向阳花，向日葵。

傀儡 k'uei³ lei³ ……木偶；字面上是，丑陋的玩偶。注意：傀 k'uei³ 在儡 lei³ 前变为 k'uei²。

惭愧 ts'an² k'uei⁴ ……羞愧。

174 棍 kuên, kun，棍棒。

　　是棍棒之棍　　〇〇滚棍

　　翻滚 fan¹ kuên³ ……颠倒，滚动，如东西在水滚开的壶里。

　　棍子棒子 kuên⁴ tzǔ pang⁴ tzǔ ……棍与棒，即如小孩耍用的或流氓打架用的。

175 困 k'uên, k'un，八卦之一。参见本章 154 下的"艮 kên"。

　　是乏困之困　　坤〇阃困

　　坤道 k'uên¹ tao⁴ ……土，或地上之物；妇道，区别于男子的。

　　闺阃 kuei¹ k'uên³ ……凡属女子之事；用得像英语短语"the sex（女人们）"。

　　乏困 fa² k'uên⁴ ……疲劳欲睡。

176 工 kung，劳作。

　　是工夫之工　　工〇矿共

　　工夫 kung¹ fu¹ ……劳作；又指占用的时间；引申为，空闲。

　　金矿 chin¹ kung³ ……金矿。

　　通共 t'ung¹ kung⁴ ……任何事物或数量的全部。

177 孔 k'ung，洞。

　　是面孔之孔　　空〇孔空

　　空虚 k'ung¹ hsü¹ ……精光殆尽；空洞的。

　　面孔 mien⁴ k'ung³ ……脸上的孔洞，眼睛、耳朵、鼻孔等等；泛指脸。

　　閒空 hsien² k'ung⁴ ……什么也不作；空闲。

178 果 kuo，水果。
　　　是结果之果　　　　　　　锅国果过
　　饭锅 fan⁴ kuo¹　　　　　　……做饭的锅。
　　国家 kuo² chia¹　　　　　　……国家；字面上是，国-家。
　　结果 chieh² kuo³　　　　　　……果子长成了；又，比喻成果；又，至高无上。
　　过去 kuo⁴ ch'ü⁴　　　　　　……经过。
179 阔 k'uo，宽广。
　　　是宽阔之阔　　　　　　　○○○阔
　　宽阔 k'uan¹ k'uo⁴　　　　　……广大；即如国土。
180 拉 la，拖，曳，牵引。
　　　是拉扯之拉　　　　　　　拉邋喇臘
　　拉扯 la¹ ch'ê³　　　　　　……拖曳，某人拖引；又，比喻牵连；又，某人与其亲属某些联系。

　　邋遢 la² t'a⁴　　　　　　……衣着不整洁；做事上，是"俐罗"的反义词；俐罗 li⁴ lo⁴，敏捷，果断（译按：今作"利落"）。

　　喇叭 la³ pa¹　　　　　　……小号。
　　蜡烛 la⁴ chu²　　　　　　……本指蜂蜡做的烛状物；但用于指所有的蜡烛。

181 来 lai，来了。
　　　是来去之来　　　　　　　○来○赖
　　来去 lai² ch'ü⁴　　　　　　……来和去。
　　倚赖 i³ lai⁴　　　　　　　……依仗。
182 懒 lan，懒惰。
　　　是懒惰之懒　　　　　　　鬙鬤懒烂
　　鬙鬤 lan¹ san¹　　　　　　……游手好闲；字面上是，头发散乱。

贪婪 t'an¹ lan² ……贪得 无厌。
懒惰 lan³ to⁴ ……懒惰。
灿烂 ts'an⁴ lan⁴ ……本义光明，有如火光；色彩斑斓。

183 浪 lang，波浪。

  是波浪之浪　　　　榔狼朗浪

 槟榔 ping¹ lang¹ ……槟榔子或槟榔果。

 狼虎 lang² hu³ ……狼与虎；比喻狼吞虎咽、暴食暴饮状，虎 hu 读轻声 (atonic)；又，喻指蛮勇。

 光朗 kuang¹ lang³ ……光明；无污点的；即如说好的珠宝商之所为。

 波浪 po¹ lang⁴ ……江波水浪。

184 老 lao，年高。

  是老幼之老　　　　捞劳老涝

 打捞 ta³ lao¹ ……从水中捞起，或试图捞起；无论人或物，看得见的或看不见的。

 劳苦 lao² k'u³ ……劳累，体力上的甚于精神上的。

 老幼 lao³ yu⁴ ……年老的和年轻的。

 旱涝 han⁴ lao⁴ ……干旱与洪涝。

185 勒 lê,（又音 lei, 参见本章 186 下），本义马嚼子；它还有其他意义，但口语不说，除非跟一个动词构成一个组合，如下面的例子。

  是勒索之勒　　　　勒〇〇乐

 勒索 lê¹ so³ ……榨取；敲诈；勒 lê¹，更普遍的是 lê²。

 欢乐 huan¹ lê⁴ ……高兴，尽情作乐，如举行大的联欢会。

186 累 lêi, lei, 连累；使为难。

  是连累之累　　　　勒雷累类

 勒死 lei¹ ssǔ³ ……绞死。

 雷电 lei² tien⁴ ……打雷与闪电。

累次 lei³ tz'ŭ⁴　　　　　　　……一次又一次。
族类 tsu² lei⁴　　　　　　　……亲属；即整个族属。

187 冷 lêng，寒冷。

　　是冷热之冷　　　　　　○棱冷愣

　　棱角 lêng² chio²⁴　　　　……字面上是，边棱与拐角；比喻绝境，即什么也抓不住；角 chio，又音 chiao³。

　　冷热 lêng³ jo⁴　　　　　　……冷与热；温度。
　　發愣 fa¹ lêng⁴　　　　　　……失神发呆；像傻子一样呆看；吃惊。

188 立 li，笔直地站立着。

　　是站立之立　　　　　　　璃离礼立

　　玻璃 po¹ li¹　　　　　　　……玻璃；璃 li¹ 本音 li²。
　　分离 fên¹ li²　　　　　　　……分隔开的，使家人离散。
　　礼貌 li³ mao⁴　　　　　　……殷勤文雅；礼貌规矩。
　　站立 chan⁴ li⁴　　　　　　……站立起来，如说人。

189 俩 lia，俗话说"两 liang"，两个。

　　是俩三之俩　　　　　　　○○俩○

　　俩三 lia³ sa¹　　　　　　　……两个或三个。（译按：此时"三 sa¹"似尚无"仨"的写法。）

190 两 liang，中国的"盎司"（ounce，英两）。

　　是斤两之两　　　　　　　量凉两谅

　　商量 shang¹ liang¹　　　　……一起磋商。
　　凉热 liang² jo⁴　　　　　　……冷与热。
　　斤两 chin¹ liang³　　　　　……斤与两。
　　原谅 yüan² liang⁴　　　　　……宽恕。

191 了 liao，了结，完成。

　　是了断之了　　　　　　　○聊了料

　　无聊 wu² liao²　　　　　　……在绝望中；字面上是，无助。

了断 liao³ tuan⁴ ……明确地决定，如法庭判案子；判定一个案件。

材料 ts'ai² liao⁴ ……物料；如建筑材料。

192 列 lieh，依序排列。（译按：此处字头原误作"裂"，今径改。）

  是摆列之列   咧咧咧列

罢咧 pa⁴ lieh¹ ……感叹词，通常用于句子末尾，=就这些罢咧。

瞎咧咧 hsia¹ lieh² lieh² ……小孩子哀诉；成年人伤感地哀诉，即如其酒後说的话；又，胡说八道。注意：第一个咧 lieh 要重读。[①]

咧嘴 lieh³ tsui³ ……拉下嘴角，以表示轻蔑或敌意。注意：咧 lieh 音近乎 lieh²。

摆列 pai³ lieh⁴ ……按一定距离排列；例如，一队士兵。

193 连 lien，连接。

  是接连之连   连怜脸练

连上 lien¹ shang ……联合；连接；接合。

怜恤 lien² hsü⁴ ……同情，怜悯。

脸面 lien³ mien⁴ ……脸。

练习 lien⁴ hsi² ……实习；训练。

194 林 lin，树林；树丛。

  是树林之林   淋林檩赁

淋拉起来 lin¹ la¹ ch'i³ lai² ……下起细雨了。

树林子 shu⁴ lin² tzǔ ……丛林。

房檩 fang² lin³ ……房顶上的横梁。

租赁 tsu¹ lin⁴ ……出租 [房间或房子]。

[①] 译按：今读第一声：瞎咧咧 hsia¹ lieh¹ lieh¹。

195 另 ling，另外。

   是另外之另   ○零领另

  零碎 ling² sui⁴   ……碎片；零星的东西。

  领袖 ling³ hsiu⁴   参见 120 下"袖 hsiu"。

  另外 ling⁴ wai⁴   ……分开；此外。

196 略 lio，本义是在地上布局，即战地都署。参见 lüeh（202），lüo（204）。

   是谋略之略   ○○○略

  谋略 mou² lio⁴   ……战略上的配合；作战计划。

197 留 liu，留住；保留。

   是收留之留   遛留柳六

  遛打 liu¹ ta   ……散步；打 ta，轻声 (atonic)。

  收留 shou¹ liu²   ……殷勤接待，且接待一段时间。

  杨柳 yang² liu³   ……柳树。

  五六 wu³ liu⁴   ……五或六。

198 骡 lo，骡子。

   是骡马之骡   捋骡裸骆

  捋起袖子 lo¹ ch'i³ hsiu⁴ tzǔ ……把衣袖卷起来。

  骡马 lo² ma³   ……骡子和马。

  裸身 lo³ shên¹   ……裸体，一丝不挂。

  骆驼 lo⁴ t'o²   ……骆驼。

199 陋 lou，丑陋，指精神或外貌；只用于词组。

   是鄙陋之陋   搂楼篓陋

  搂衣裳 lou¹ i¹ shang¹   ……提起长衫的下摆。

  楼房 lou² fang²   ……有楼上的房子。

  酒篓 chiu³ lou³   ……酒筐；酒罈子，外包柳编，并糊有油纸。

            注意：酒 chiu³ 在这里不变为 chiu²。

  鄙陋 pi⁴ lou⁴   ……卑鄙丑恶；粗俗卑劣；品行粗鄙。

200 律 lü，法令法规。

　　　是律例之律　　　　　　　○驴屡律

　　驴马 lü² ma³　　　　　　　……驴和马。

　　屡次 lü³ tz'ǔ⁴　　　　　　……多次；反复，再三地。

　　律例 lü⁴ li⁴　　　　　　　……法令及次一级的条例。

201 恋 lüan，对家人、故乡等的爱恋。

　　　是依恋之恋　　　　　　　○○○恋

　　依恋 i¹ lüan⁴ 或 lüen⁴　　……对家人、家庭、朋友等出于爱恋的依附。

202 略 lüeh。参见 lio（196）。这个字何时读 lüeh 何时读 lio，很难说。

　　　是忽略之略　　　　　　　○○○略

　　忽略 hu¹ lüeh⁴　　　　　　……没关心，不在乎。

203 抡 lün，抡圆了。

　　　是混抡之抡　　　　　　　抡淋囵○

　　混抡 hun⁴ lün¹　　　　　　……疯狂地挥舞着棍棒之类。

　　淋湿 lün² shih¹　　　　　　……被雨打湿。参见本章 194 下，lin。

　　囵子 lün³ tzǔ　　　　　　　……一个表示好运的普通词语。译按：原书此处只出语音未出汉字。卷一、卷三两个音节表，lün³ 位均列"囵"字；而《康熙字典》只见于"囫囵"。今暂作"囵子"。

204 略 lüo。参见 lio（196）和 lüeh（202）。

　　　是大略之略　　　　　　　○○○略

　　大略 ta⁴ lüo⁴　　　　　　　……大概其。

205 路 lu，道路。

　　　是道路之路　　　　　　　噜炉橹路

　　嘟噜 tu¹ lu¹　　　　　　　……一串葡萄、铜子儿、鲜鱼，等等；蒙古语有一个常用的音：turrh；后来，适用于指人们所说的含糊不清的话。

炉灶 lu² tsao⁴ ……厨房用的炉灶。
船橹 ch'uan² lu³ ……舢板船尾用的木桨，通常叫"yuloh（？）"。
道路 tao⁴ lu⁴ ……大道与小路。

206 乱 luan，混乱；杂乱。

是杂乱之乱 ○○○乱
杂乱 tsa² luan⁴ ……乱成一堆。

207 论 lun，谈及；商议某事。

是谈论之论 ○轮囵论
车轮 ch'ê¹ lun² ……车的轮子。
囫囵 hu² lun³ ……大量地，不分好坏地；整个儿地吞下一个水果；一般发音为 hu² lun。

无论 wu² lun⁴ ……更不用说＝把已经说过的放在一边儿。

208 龙 lung，神龙。

是龙虎之龙 窿龙陇弄
窟窿 k'u¹ lung¹ ……洞。
龙虎榜 lung² hu³ pang³ ……科举考试公布的芳名榜；字面上是，龙与虎的名册，或布告。参见 hu³（本章102）下的小注。

瓦陇 wa³ lung³ ……房顶上瓦铺成的行列，瓦楞。注意：瓦 wa³，近于 wa²。

胡弄局 hu⁴ lung⁴ chü² ……任何东西或事情，表面上好像都好，但实际上已被弄得毫无价值：胡弄 hu⁴ lung，用言语行为来骗人；局 chü，本指棋盘。

209 马 ma，马匹。

是马匹之马
　　爹妈 tieh¹ ma¹
　　麻木 ma² mu⁴
　　马鞍 ma³ ⁿgan¹
　　打骂 ta³ ma⁴
210 买 mai，购买。
　　是买卖之买
　　葬埋 tsang⁴ mai²
　　收买 shou¹ mai³
　　發卖 fa¹ mai⁴
211 慢 man，速度不快。
　　是快慢之慢
　　顢顸 man¹ han¹

　　隐瞒 yin³ man²

　　丰满 fêng¹ man³

　　快慢 k'uai⁴ man⁴
212 忙 mang，匆忙；急速。
　　是急忙之忙
　　白茫茫 pai² mang¹ mang¹

　　急忙 chi² mang²
　　卤莽 lu³ mang³

　　妈麻马骂
　　…… 爸爸和妈妈。
　　…… 失去感觉；例如脚麻了，肢体麻痹。
　　…… 马鞍子。
　　…… 殴打与辱骂；虐待。

　　〇埋买卖
　　…… 埋葬。
　　…… 为了出卖而买下东西。
　　…… 发售；销售或摆出来卖。

　　顢瞒满慢
　　…… 拖拖拉拉的；反义词是"简决 chien chüeh"，迅速果断地作出决定。
　　…… 隐秘，反义词是健谈多嘴、公开宣布。
　　…… 丰富的，如说一顿饭；丰足 fêng tsu，丰富充足，如说收成。
　　…… 快与慢；速度。

　　茫忙莽〇
　　…… 大片水面光亮的水色。比较：浩浩 hao hao，百章之九十一注2。
　　…… 急速（但非匆忙）；没有浪费时间。
　　…… 粗鲁杂乱的作风；一位古代哲学家用这

个词形容自己粗心大意就像个农民。①

上述卤 lu³ 在莽 mang³ 之前近乎 lu²。

213 毛 mao，毛髪。

  是羽毛之毛　　　　　　　猫毛卯貌

  猫狗 mao¹ kou³　　　　……猫和狗；这类字的字音跟它们的叫声相像。

  羽毛 yü³ mao²　　　　　……鸟羽；字面上是，鸟羽和毛发。

  卯刻 mao³ kʻê⁴　　　　　……中国计时每天 12 个时辰的第四个时辰；即上午 5 至 7 点钟。

  相貌 hsiang⁴ mao⁴　　　　……面相；面容。

214 美 mei，漂亮（女子的美貌）。

  是美貌之美　　　　　　　〇煤美昧

  煤炭 mei² tʻan⁴　　　　　……煤与木炭。

  美貌 mei³ mao⁴　　　　　……漂亮的容貌（女子的）。

  愚昧 yü² mei⁴　　　　　　……愚蠢的；谦恭地说自己的见解：愚见。

215 门 mên，大门；房门。

  是门扇之门　　　　　　　扪捫〇闷

  扪捫 mên¹ sun¹　　　　　……摸索，如在暗中；扪 mên，按在手下；捫 sun，移动，抚平或轻轻拍打使对象平滑。

  门扇 mên² shan⁴　　　　　……门，门扉，一扇门。

  忧闷 yu¹ mên⁴　　　　　　……悲哀；忧 yu，伤心；闷 mên，不开心。

---

① 译按：指《庄子·则阳》："居为政焉勿卤莽，治民焉勿灭裂。昔予为禾，耕则卤莽之，则其实亦卤莽而报予；芸而灭裂之，其实亦灭裂而报予。"陆德明《经典释文》引司马云："卤莽，犹麤粗也，谓浅耕稀种也。"

216 梦 mêng，作梦。

  是睡梦之梦　　　　　　　蒙盟猛梦

  蒙了去 mêng¹ liao ch'ü　　……携…而逃；骗取。
  结盟 chieh² mêng²　　　　……对天或对人发誓与人联盟。
  勇猛 yung³ mêng³　　　　　……热心于战斗、训练等等。注意：勇
  　　　　　　　　　　　　　　yung³ 在猛 mêng³ 前近乎 yung²。

  睡梦 shui⁴ mêng⁴　　　　　……做梦。

217 米 mi，稻穀去了殼儿就是米。

  是米粮之米　　　　　　　眯迷米密

  眯睡眼 mi¹ fêng² yen³　　　……眼睛天生的几乎合拢。
  迷惑 mi² huo⁴　　　　　　　……被坏念头蒙蔽而失去判断能力；摸不着
  　　　　　　　　　　　　　　头脑，就像人迷路一样。

  米粮 mi³ liang²　　　　　　……泛指食物；就像我们说"面包"一样。
  機密 chi¹ mi⁴　　　　　　　……不公开的言行。

218 苗 miao，五穀等的新芽。

  是禾苗之苗　　　　　　　喵苗藐庙

  喵喵的猫叫 miao¹ miao¹ ti mao¹ chiao⁴
  　　　　　　　　　　　　　……猫在叫。

  禾苗 ho² miao²　　　　　　……五穀的新芽。
  藐小 miao³ hsiao³　　　　　……小；尺寸极小，无足轻重；表示轻蔑与否。
  　　　　　　　　　　　　　　藐 miao³ 在小 hsiao³ 前几近 miao²。

  庙宇 miao⁴ yü¹　　　　　　……泛指寺庙；宇 yü¹，本音 yü³。

219 灭 mieh，熄灭。

  是灭火之灭　　　　　　　咩〇〇灭

  咩咩的羊叫 mieh¹ mieh¹ ti yang² chiao⁴
  　　　　　　　　　　　　　……羊叫声。

  灭火 mieh⁴ huo³　　　　　　……熄灯或消灭火种。

220 面 mien，脸。

　　是脸面之面　　　　　　　〇绵勉面
　　绵花 mien² hua¹　　　　　……棉花。
　　勉力 mien³ li⁴　　　　　　……尽全力。
　　脸面 lien³ mien⁴　　　　　……脸。

221 民 min，人民；民，与官相对。

　　是民人之民　　　　　　　〇民悯〇
　　民人 min² jên²　　　　　　……人民；与旗人 (the Bannermen) 相区别。
　　怜悯 lien² min³　　　　　……觉得同情；怜恤 lien hsü（怜 lien，在本章 193 之下），表示同情。

222 名 ming，名字。

　　是姓名之名　　　　　　　〇名〇命
　　姓名 hsing⁴ ming²　　　　……姓与名。
　　性命 hsing⁴ ming⁴　　　　……生命；这个词语，包括生存与死亡等。

223 谬 miu，违反常情。

　　是谬妄之谬　　　　　　　〇〇〇谬
　　谬妄 miu⁴ wang⁴　　　　　……恶劣与错误；例如，愿望与行为。

224 末 mo，末尾或末端。

　　是始末之末　　　　　　　摩蘑抹末
　　摩不著 mo¹ pu⁴ chao²　　……找不着或发现不了（摩 mo²，摸索）。
　　蘑菇 mo² ku¹　　　　　　……食用菌。
　　塗抹 t'u² mo³　　　　　　……塗去、抹掉（一个字）。
　　始末 shih³ mo⁴　　　　　……从开始到结束（一个故事）。

225 谋 mou，策划；计划。

　　是图谋之谋　　　　　　　〇谋某〇
　　图谋 t'u² mou²　　　　　……拟定计划，为做好事或为干坏事。
　　某人 mou³ jên²　　　　　……某一个人；某某人。

226 木 mu，树木。
  是草木之木   ○模母木
  模样 mu² yang⁴   ……样子，外貌，指人或物；模 mu² 单用，
            指模具。

  父母 fu⁴ mu³   ……父亲和母亲。
  草木 ts'ao³ mu⁴   ……青草与树木；植物类。

227 那 na，指示代词"那 (that)"。
  是问人那'个之那'   那拏那'那
  在这儿那 tsai⁴ chê⁴-'rh na¹   ……这儿；在这里。注意"那 na"只是个语
            助词 (an expletive)。

  拏贼 na² tsei²   ……逮住一个小偷儿。
  那'个 na³ ko⁴   ……哪一个？哪个？
  那裏 na⁴ li   ……那个地方；那边儿。注意：裏，在"裏头"
            读 li³，但在"那裏"近乎读 li⁴；又，在
            "那'裏 na³-li"（什么地方？），那'，仍
            读 na³。

228 奶 nai，奶汁。
  是牛奶之奶   ○○奶耐
  牛奶 niu² nai³   ……母牛的乳汁。
  耐时 nai⁴ shih²   ……经久耐用。

229 男 nan，男性；男子。
  是男妇之男   喃男○难
  喃喃呓语 nan¹ nan¹ i⁴ yü³   ……说梦话，梦中胡言乱语。
  男妇 nan² fu⁴   ……男人和女人；文雅地称呼蒙受任何灾难
            的男女民众。

  灾难 tsai¹ nan⁴   ……灾祸。注意：难 nan⁴，不同于读 nan² 的
            "难"。

230 囊 nang，袋子；钱包。

  是囊袋之囊   嚷囊攮齉

  嘟嚷 tu¹ nang¹   ……含糊地说话；咕咕哝哝地说；像咿呀学语的孩子说话。

  囊袋 nang² tai⁴   ……钱袋，或挂在腰间的钱包。

  攮了一刀子 nang³ liao i⁴ tao¹ tzǔ   ……把刀子刺入人体。注意：了 liao，轻声（enclitic，非重读后接成分）。

  齉鼻子 nang⁴ pi² tzǔ   ……形容带鼻音的话音，或受感冒影响的说话声儿。

231 闹 nao，本指嘈杂的声音；常用于指发怒；又，指不该发生而发生了的事情，即如战争、瘟疫，或小问题，如发皮疹。

  是热闹之闹   挠铙恼闹

  挠着 nao¹ cho   ……用手指抓；拨弄。

  铙钹 nao² po²   ……铙钹钗钹，有大有小。

  烦恼 fan² nao³   ……很苦恼很麻烦。

  热闹 jo⁴ nao⁴   ……喧闹，熙熙攘攘，如遇好事，在大街上，等等。

232 内 nei，里面。

  是内外之内   ○○馁内

  内外 nei⁴ wai⁴   ……在里边与在外边；里头与外头；本国的与外国的。

  冻馁 tung⁴ nei³   ……又冷又饿（接近饿死）。

233 嫩 nên，幼嫩，如嫩肉，嫩芽儿；小孩儿的骨头和肌肤就是"嫩 nên"。

  是老嫩之嫩   ○○○嫩

  老嫩 lao³ nên⁴   ……老得咬不动的和幼嫩的，说肉或草木枝芽。

234 能 nêng，能够。
   是才能之能   ○能○濘
   才能 ts'ai² nêng²   ……才智与能力。
   道儿濘 tao⁴ êrh nêng⁴ ……道路泥泞。
235 你 ni，汝，尔。
   是你我之你   ○泥拟匿
   泥土 ni² t'u³   ……尘土，如旅途上的仆仆风尘，久未打扫的房间落的土，如此之类。

   拟议 ni³ i⁴   ……建议；提议，或深思熟虑之后的提议。
   藏匿 ts'ang² ni⁴   ……为邪恶目的而藏起来（及物的与不及物的）。

236 娘 niang，母亲；作复数时，指妇女们。
   是爹娘之娘   ○娘○酿
   爹娘 tieh¹ niang²   ……爸爸和妈妈。
   蕴酿 yün⁴ niang⁴   ……即将发生，如一场风暴；使发酵，如酿酒。（译按：今作"醞酿"。）

237 鸟 niao，小鸟儿。
   是鸟兽之鸟   嚊○鸟尿
   嚊嚊的猫叫 niao¹ niao¹ ti mao¹ chiao⁴ ……猫的叫声。

   鸟兽 niao³ shou⁴   ……鸟类与兽类。
   屎尿 shih³ niao⁴   ……污物；字面上是，大便与小便。
238 捏 nieh，用手指夹。
   是捏弄之捏   捏呆○孽
   捏弄 nieh¹ nung⁴   ……如用模子做（泥塑像）；用手揉捏，如面团儿。

   呆獃 nieh² tai¹   ……蠢笨如小丑的；外表愚蠢。（译按：呆，未见 nieh² 音，北京话有"芥呆 niè dāi（欸）"，见《刘宝瑞表演单口相声选》。又，谚解《老乞大》有"真简呆人""这呆厮的钱"，其"呆"音 ie。

　　罪孽 tsui⁴ nieh⁴　　　……对于已发生的罪恶的惩罚 = 厄运。

239 念 nien, 想念；回忆；又，读。

　　是想念之念　　　　　拈年捻念
　　拈花 nien¹ hua¹　　　……采摘花朵。
　　年月 nien² yüeh⁴　　　……年头和月份。
　　捻匪 nien³ fei³　　　……捻匪，字面上是，小偷，出没于山东河南边界的盗匪。该词中的捻 nien³ 音近 nien²，因为后边跟着的是第三声的匪 fei³。
　　念诵 nien⁴ sung⁴　　　……背诵，如和尚念经。

240 您 nin, 北京话里第二人称的尊称。

　　是京城称呼人的话　　〇您〇〇
　　您纳 nin² na⁴　　　……与"您"同。

241 寍 ning, 安宁。该字正体作"寧"，因年号为"道光 Tao Kuang"的皇帝的名字"旻寧 Mien Ning（译按：旻当音 Min）"第二字是"寧"，依避讳法而改写作"寍"。下面的字体（甯）亦可采纳。

　　是安寍之寍　　　　　〇寍拧佞
　　安甯 an¹ ning²　　　……和平状态。
　　拧坏 ning³ huai⁴　　　……因瞎拨弄或猛扭乱扳而损坏。
　　佞口 ning⁴ k'ou³　　　……说话似是而非、油嘴滑舌的家伙；字面上是，善于雄辩的嘴巴，= 油腔滑调。

242 虐 nio, 专横残暴。

　　是暴虐之虐　　　　　〇〇〇虐
　　暴虐 pao⁴ nio⁴　　　……性情暴躁且专横残忍；残酷。

243 牛 niu，公牛母牛。
  是牛马之牛   妞牛钮拗
  妞儿 niu^1-' rh   …… 小女孩儿。
  牛马 niu^2 ma^3 …… 牛与马；家畜。
  钮扣 niu^3 k'ou^4 …… 中式服装上的纽扣；扣子 k'ou-tzǔ，严格地讲，是扁平的纽扣；钮子 niu-tzǔ，是圆的纽扣。
  拗不过来 niu^4 pu kuo^4 lai^2 …… 无法劝服或使之转变。

244 挪 no，从一处移至另一处。
  是挪移之挪   ○挪○懦
  挪移 no^2 i^2 …… 移动某人的住处；官府里，指挪用公款。
  懦弱 no^4 jo^4 …… 低能的；属于没有才干的。

245 耨 nou，除草。
  是耕耨之耨   ○○○耨
  耕耨 kêng^1 nou^4 …… 耕地与除草；农务。

246 女 nü，女人。
  是男女之女   ○○女○
  男女 nan^2 nü^3 …… 男性与女性；男人与女人；丈夫与妻子。

247 虐 nüeh。参见 nio（242）。

248 虐 nüo。参见 nio（242）。

249 奴 nu，奴隶；单用时不指女人。
  是奴仆之奴   ○奴努怒
  奴仆 nu^2 p'u^2 …… 奴隶；一般意义上的奴隶；又，佣人。
  努力 nu^3 li^4 …… 尽力。
  喜怒 hsi^3 nu^4 …… 脾气；喜怒不常（pu ch'ang），脾气多变。

250 暖 nuan（又音 nan），温暖，如说天气、衣服、房间等等。
　　　　是暖和之暖　　　　　　　〇〇暖〇
　　暖和 nuan³ ho²　　　　　　　……温暖；又读 nang³ huo⁴。

251 嫩 nun。参见 nên（233）。
　　　　是老嫩之嫩　　　　　　　〇〇〇嫩
　　老嫩 lao³ nun⁴　　　　　　　参见本章 233 之下 nên⁴。

252 浓 nung，液体的浓度；往往参照其颜色而确定。
　　　　是浓淡之浓　　　　　　　〇浓〇弄
　　浓淡 nung² tan⁴　　　　　　　……（颜色的）深与浅。
　　摆弄 pai³ nung⁴　　　　　　　……忙碌于自己的事，如整理花园等等；又，乱弄，瞎搞。

253 讹 o, ⁿᵍo, 骗（人）。
　　　　是讹错之讹　　　　　　　哦讹〇恶
　　哦一声 o¹ i shêng¹　　　　　……发出一声"哦 o"表示赞同。
　　讹错 o² ts'o⁴　　　　　　　　……错误（转述、抄写等）。
　　善恶 shan⁴ o⁴　　　　　　　　……善良与邪恶；有德行的与无德行的。

254 偶 ou, ⁿᵍou, 本义为偶像；引申为在时间上同时发生；偶然地。
　　　　是偶然之偶　　　　　　　殴〇偶呕
　　殴打 ou¹ ta³　　　　　　　　……打（人）。
　　偶然 ou³ jan²　　　　　　　　……偶尔；例如偶尔发生。
　　呕气 ou⁴ ch'i⁴　　　　　　　……用言语激怒让人生气；尖刻地咒骂 [皆因为] 愤怒。

255 罢 pa，使停止。
　　　　是罢了之罢　　　　　　　八拔把罢
　　八九 pa¹ chiu³　　　　　　　……八与九。
　　提拔 t'i² pa²　　　　　　　 ……提升，或给机会，让某人先于他人。

把持 pa³ ch'ih²　……独占权力、生意。有另一个词表示篡夺高层权力。

罢了 pa⁴ liao　……停止；或，仅此而已。

256 怕 p'a，害怕。

　　是恐怕之怕　　趴扒○怕

　　趴下 p'a¹ hsia　……蹲伏，像狗那样；双手双膝着地。

　　扒桿儿 p'a² ka^{n1}-'rh　……爬上桅杆或立柱。

　　恐怕 k'ung³ p'a⁴　……害怕。

257 拜 pai，行礼；引申为访问。

　　是拜客之拜　　掰白摆拜

　　掰开 pai¹ k'ai¹　……用双手使分裂开，如掰苹果等。

　　黑白 hei¹ pai²　……黑色与白色。参见本章 97 之下。

　　摆列 pai³ lieh⁴　……参见本章 192 之下。

　　拜客 pai⁴ k'o⁴　……访问某人；进行访问。

258 派 p'ai，分发；引申义，最常用的是派遣使团或差遣人办事。

　　是分派之派　　拍牌蚍派

　　拍打 p'ai¹ ta　……用手轻拍，稍重；例如看箱子是满的还是空的；掸去灰尘；打 ta，轻声 (atonic)。

　　木牌 mu⁴ p'ai²　……木板或匾额，如仪仗队列中所用的。

　　一屁股蚍[①] 下 i² p'i⁴ ku³ p'ai³ hsia　……突然坐下；说没教养的人未经邀请便坐下。

　　分派 fên¹ p'ai⁴　……分送给不同的方面；分配任务给不同的人。

259 半 pan，一半。

　　是整半之半　　班○板半

　　轮班 lun² pan¹　……轮流服役。参见第三章 414. "班 pan"。

[①] 译按：参见今译本 483 页《中文字表·表二》258 "派"注①。

板片 pan³ p'ien⁴　　……小块木板或木片儿；例如中国印刷业用的木刻板。

整半 chêng³ pan⁴　　……整体与一半。

260 盼 p'an，焦急地期待。
　　是盼望之盼　　　　　攀盘〇盼
　　高攀 kao¹ p'an¹　　……（谦逊地）有幸与他相识往来；攀 p'an，拉向自己方向，如想掰下一根树枝：高攀 kao p'an，拉着自己上高枝儿。

　　盘查 p'an² ch'a²　　……搜查，例如门卫、海关等所为；盘，碗钵、浴盆、容器。参见第三章练习 15.7 注④。

　　盼望 p'an⁴ wang⁴　　……期待；希望；例如盼一个人来、一件好事等等。

261 帮 pang，帮助。
　　是帮助之帮　　　　　帮〇绑谤
　　帮助 pang¹ chu⁴　　……帮扶。
　　捆绑 k'un³ pang³　　……用绳索捆住——人、动物、箱子等等。注意：捆 k'un³ 在绑 pang³ 前音近于 k'un²。

　　毁谤 hui³ pang⁴　　……背后中伤；用应得的或不应该的非难苛责使人名誉地位受损。

262 旁 p'ang，人或房子等的旁边。
　　是旁边之旁　　　　　胖旁唪胖
　　胖肿 p'ang¹ chung³　　……肿胀的，如身体、四肢、手指。
　　旁边 p'ang² pien　　……一旁；在一旁。
　　吹唪 ch'ui¹ p'ang³　　……吹牛皮，吹捧某人的才干、地位等。
　　胖瘦 p'ang⁴ shou⁴　　……胖与瘦；胖子 p'ang-tzǔ，肥胖的人。

第七章　声调练习　549

263 包 pao，裹起；裹住；引申为围住，围起来的。

　　　是包裹之包　　　　　　包薄保抱

　　包裹 pao¹ kuo³　　　　……包起来：包 pao，单说是裹起来，如用纸或衣服等；裹 kuo，环绕打结，如用围巾裹头；双音词包裹 pao kuo 可用于上述各动作，但后一种动作则单说"裹 kuo"。

　　厚薄 hou⁴ pao²　　　　……厚与薄；道义上的,情感的,人际关系的。
　　保护 pao³ hu⁴　　　　　……救援；照顾人或财产,他自己的或别人的。

　　怀抱 huai² pao⁴　　　　……抱到怀里，如孩子，物品。

264 跑 p'ao，奔跑。

　　　是跑脱之跑　　　　　　抛袍跑炮
　　抛弃 p'ao¹ ch'i⁴　　　　……扔掉任何用坏了的、没用的东西；又，钱财，货物。

　　袍褂 p'ao² kua⁴　　　　……袍 p'ao，长衫，穿在里面；褂 kua，长衫，穿在外面。

　　跑脱 p'ao³ t'o¹　　　　　……逃掉（如囚犯、狗，等等）。
　　枪炮 ch'iang¹ p'ao⁴　　　……轻兵器和大炮。

265 北 pei，北方。

　　　是南北之北　　　　　　背〇北背
　　背负 pei¹ fu⁴　　　　　　……背在背上（如孩子，包袱）。
　　南北 nan² pei³　　　　　……南方与北方。
　　向背 hsiang⁴ pei⁴　　　　……前面与后面，诸如人，房子；或我们说有"面儿 face"的那些用品，如钟表等。

266 陪 p'ei，陪同；陪伴。

  是陪伴之陪   披陪〇配

  披衣 p'ei^1 i^1 ……匆忙穿上或把衣服搭在身上，不扣纽扣不系衣带，等等。

  陪伴 p'ei^2 pan^4 ……作为同伴；陪同。

  配偶 p'ei^4 ou^3 ……配对；佳偶；指婚姻美满的一对夫妻。

267 本 pên，地面以上的树干部分。参见"根 kên"（154）。

  是根本之本   奔〇本奔

  奔忙 pên^1 mang^2 ……跑来跑去地忙着，如某人非常忙碌。

  根本 kên^1 pên^3 参见本章154之下。

  投奔 t'ou^2 pên^4 ……为避难而投靠某人或某地；又，投宿，如入住友人的住房。

268 盆 p'ên，盆钵；脸盆。

  是木盆之盆   喷盆〇喷

  喷水 p'ên^1 shui^3 ……从喷嘴儿喷出水来，如喷到布满灰尘的地板上，某些工序上裁缝把水喷到布料上，等等；喷壶 p'ên^1 hu^2，浇水用的水壶。

  盆礶 p'ên^2 kuan^4 ……瓦罐；字面上是盆子与罐子；礶 kuan，若是木制的，就是吊桶。

  喷香 p'ên^4 hsiang   ……散发出令人愉快的香气（如鲜花，美味可口的菜肴）。

269 迸 pêng，跳；跃。

  是迸跳之迸   绷〇蚌迸

  绷紧 pêng^1 chin^3 ……扣牢使扎实（如鼓面儿）；绷 pêng，用于任何类似用绳索、皮带等拉紧之处。

  老蚌生珠 lao^3 pêng^3 shêng^1 chu^1 ……老年得子；蚌 pêng^3，河蚌，北京音 pang^3。（译按：北京话音节总表pang（261）蚌，音 pang^4。北京今音 bèng、bàng。）

迸跳 pêng⁴ t'iao⁴ ……跳来跳去,像跳蚤、小狗等。
270 朋 p'êng,朋友。
　　是朋友之朋　　　　烹朋捧碰
　　割烹 ko¹ p'êng¹ ……烹饪;字面上是,割 ko,切肉;烹 p'êng,油煎。

　　朋友 p'êng² yu³ ……友人。参见第三章 636., 637.。
　　手捧 shou³ p'êng³ ……托于合在一起的双掌上。注意:手 shou³,音近 shou²。

　　碰破 p'êng⁴ p'o⁴ ……因猛烈的接触、碰撞而破裂。
271 必 pi,必然;必须。
　　是务必之必　　　　逼鼻笔必
　　逼迫 pi¹ p'o⁴ ……强制,适当地与不适当地;经常是后者。
　　口鼻 k'ou³ pi² ……相貌,脸面;字面上是,嘴和鼻子(好看的或难看的)。

　　笔墨 pi³ mo⁴ ……笔与墨;又,喻指文章,文学上的成就。
　　务必 wu⁴ pi⁴ ……绝对必要;必定。经常作 wu pi²。
272 皮 p'i,皮肤;皮革。
　　是皮毛之皮　　　　批皮癖屁
　　批评 p'i¹ p'ing² ……评论,详细讨论角色、文章等的成就。
　　皮毛 p'i² mao² ……动物的毛与皮。
　　癖好 p'i³ hao⁴ ……成为嗜好的消遣。
　　屁股 p'i⁴ ku ……臀部。
273 表 piao,外表;引申为,使明显;又,鐘表。
　　是表裏之表　　　　标○表鳔
　　标文书 piao¹ wên² shu¹ ……给官方文书注明日期并加标点(用红墨水)。

表裏 piao³ li³ ……外表与内里；衣服的面子和它的里子。
注意：表 piao³ 在里 li³ 前音近于 piao²。

鳔胶 piao⁴ chiao¹ ……用鱼鳔和鱼皮分别熬的胶。参见第六章第三十段注 10。

274 票 p'iao，本义为火光。①

是钱票之票　　　　　漂嫖漂票

漂没 p'iao¹ mo⁴ ……小船或任何物体在水中颠簸；即一会儿浮起，一会儿不见了。

嫖赌 p'iao² tu³ ……沉溺于女色与赌博；一般指放荡荒淫。

漂布 p'iao³ pu⁴ ……对亚麻布作漂白处理。

钱票子 ch'ien² p'iao⁴ tzǔ ……钞票，纸币。

275 别 pieh，区分；不同。

是分别之别　　　　　憋别瘪彆

憋闷 pieh¹ mên⁴ ……烦闷，当人身心处于抑郁状态时；憋 pieh，表示情况处于抑制状态；例如，水在软管里，脓水在脓包里，等等。

分别 fên¹ pieh² ……区分，区别（一个跟另一个）。

瘪嘴子 pieh³ tsui³ tzǔ ……没牙的人。注意：瘪 pieh³，在嘴 tsui³ 之前音近于 pieh²。

彆拗 pieh⁴ niu ……倔犟傲慢；无法使之改变，不听劝说。

276 撇 p'ieh，用手扫掉或拂到一边儿；比喻改变话题。

是撇开之撇　　　　　擗〇撇〇

擗开 p'ieh¹ k'ai¹ ……（见上。）"擗"字只是"撇 p'ieh³"的一个异体。

撇了 p'ieh³ liao ……丢掉，抛弃（朋友，任何东西）。注

---

① 译按：《康熙》：《集韵》卑遥切，音标。本作熛，省作票，今作熛。《说文》火飞也。述古堂影印宋钞本《集韵》：毗召切，劲疾皃。汉官有票鹞校尉。

意：了 liao³，轻声，并读作 la 或 lo；撒 p'ieh³，结果仍读 p'ieh³。

277 扁 pien，扁平的。
  是圆扁之扁   边〇扁便
  边沿 pien¹ yen²   ……边缘；沿着边缘。
  圆扁 yüan² pien³   ……圆的和扁的。
  方便 fang¹ pien⁴   ……便利，近便。

278 片 p'ien，一片儿，如木片、纸片，等等；分句，区别于句子。
  是片段之片   偏便谝片
  偏正 p'ien¹ chêng⁴   ……倾斜的与直立的；比喻公正的与不公正的。
  便宜 p'ien² i⁴   ……廉价的。注意：宜 i⁴，本音 i²。
  爱谝 ai⁴ p'ien³   ……指好吹牛；夸耀其才能、功绩、财富、地位，等等。
  片段 p'ien⁴ tuan⁴   ……字面上是，分句与句子；又类似于熟语集或文章，它们是连贯的、完整的。参见百章之二，2。

279 宾 pin，客人。
  是宾主之宾   宾〇〇殡
  宾主 pin¹ chu³   ……宾客与主人。
  殡葬 pin⁴ tsang⁴   ……举行葬礼；葬礼：殡，抬着并护送灵柩；葬，入土。

280 贫 p'in，贫穷。
  是贫穷之贫   拚贫品牝
  拚命 p'in¹ ming⁴   ……鲁莽到不顾自己的性命；以个人性命为赌注去跟他人作对；字面上是，用力地扔掉；拚 p'in，又读作 p'an⁴。

贫穷 p'in² ch'iung² ……参见本章 47 之下。

品级 p'in³ chi² ……官员的等级；字面上是，班级与梯级。

牝牡 p'in⁴ mu³ ……（文雅地）动物的雌雄；牡马 mu ma, 雄马；牝牛 p'in niu, 母牛。

281 兵 ping, 士兵。

是兵丁之兵　　　　　　兵〇禀病

兵丁 ping¹ ting¹ ……士兵；丁，本指成年男子，满十六岁的男子。

禀报 ping³ pao⁴ ……向上司报告或陈述；禀 ping, 依次提出申请；报 pao, 报告，提起注意。

疾病 chi² ping⁴ ……病情严重；身体很糟糕。

282 凭 p'ing, 倚，靠；倚仗；引申为，随意。

是凭据之凭　　　　　　砰凭〇聘

砰磅 p'ing¹ p'ang¹ ……物件碰撞的声音；例如，一个人大发脾气的时候，一所房子倒塌的时候，等等。

凭据 p'ing² chü⁴ ……证据；即人们借以依赖并持有的证明。

聘嫁 p'ing⁴ chia⁴ ……娶人家的女儿为妻；字面上是，订婚并出嫁；聘 p'ing, 北京话读 p'in⁴。

283 波 po, 海水或淡水的波浪。

是水波之波　　　　　　波驳簸箕

水波 shui³ po¹ ……水面上的细浪。

准驳 chun³ po² ……批准或驳回（不同意）一件事务或官方计划。

簸米 po³ mi³ ……簸扬谷物、使大米洁净，如使用"簸箕 po⁴-chi"。注意：簸 po³, 音近 po²。（译按："簸"，原书作"播"今径改。）

簸箕 po⁴ chi¹ ……一种浅的柳条编制的铲勺，用它可以把灰尘或泥沙聚到一起，跟谷物分离，等等；此物大约三英尺高，三面倾斜，前面敞口。

284 破 p'o，碰碎、摔破。

  是破碎之破   坡婆笸破

  土坡 t'u^3 p'o^1 …… 土堆或小土丘，自然的或人工的。

  老婆子 lao^3 p'o^2 tzǔ …… 老年妇女。

  笸箩 p'o^3 lo^1 …… 柳条编制的筐；例如，北方车老板喂牲口用的那种。

  破碎 p'o^4 sui^4 …… 破碎，碎成片了。

285 不 pou，"不 pu"的这个音，只用于诗歌。

286 剖 p'ou，划破剥开。

  是剖开之剖   掊〇剖〇

  掊剋 p'ou^1 k'o^4 …… 口语里只用于引语"掊剋在位 p'ou k'o tsai wei"，他是个贪官。(《孟子》 *Mencius*) 译按：语出《孟子·告子下》："遗老失贤，掊剋(贪官)在位，则有让(责罚)。"

  剖开 p'ou^3 k'ai^1 …… 切开一个瓜或任何大的水果。

287 不 pu，不；不是。

  是是不是之不   不不补不

  我不 wo^3 pu^1 …… 我拒绝，不同意。

  不是 pu^2 shih^4 …… 并非那样；不对，不正确；引申为，错误，过失。

  补缺 pu^3 ch'üeh^1 …… 填补空白、空缺(职位)。

  不可 pu^4 k'o^3 …… 不可接受的；[我，你，他] 不应该。

288 普 p'u，普遍。

  是普遍之普   铺葡普铺

 铺盖 p'u¹ kai⁴   ……床上用品。

 葡萄 p'u² t'ao   ……葡萄；萄 t'ao，轻声。

 普遍 p'u³ pien⁴   ……各种场合、各个方面。

 铺子 p'u⁴ tzǔ   ……商店；通常写作"舖"。

289 灑，洒 sa，喷淋。

  是洒扫之洒   撒瞥洒萨

 撒手 sa¹ shou³   ……松开了手；随它去；又，比喻松懈，不努力了。

 一眼瞥著 i⁴ yen³ sa² chao   ……突然看到。

 洒扫 sa³ sao³   ……喷水并清扫（地板等等）。注意：洒 sa³ 在扫 sao³ 前近乎 sa²。

 姓萨 hsing⁴ sa⁴   ……他姓萨（满族姓氏）。

290 赛 sai，竞争，比赛；让自己或别人进入对立、竞争。

  是赌赛之赛   腮〇〇赛

 腮颊 sai¹ chia   ……面颊；颊 chia，轻声。

 赌赛 tu³ sai⁴   ……对抗；打赌。

291 散 san，使疏散。

  是散放之散   三〇伞散

 三四 san¹ ssǔ⁴   ……三与四。

 雨伞 yü³ san³   ……雨具。

 散放 san⁴ fang⁴   ……分发，例如把救济金、食物分发给穷人或俘虏，支付薪金给军队、小雇工等等。

292 桑 sang，桑树。

  是桑梓之桑   桑〇嗓丧

 桑梓 sang¹ tzǔ³   ……桑树和梓树（雪松的一种？据卫三畏）；

在栽树的地方建起了村庄；引申指自己父辈的家。

嗓子 sang³ tzǔ　　……喉咙。

丧气 sang⁴ ch'i⁴　　……不吉祥的；气 ch'i，轻声。

293 扫 sao，清扫。

是扫地之扫　　骚〇扫扫

骚扰 sao¹ jao³　　……扰乱，例如一个压迫者之于人民，军队之于一个国家；在北京话里，嘈扰 tsao¹ jao³，指惹来麻烦（参见百章之七十一注4）。

扫地 sao³ ti⁴　　……清扫地面。

扫兴 sao⁴ hsing⁴　　……字面上是，扫掉了兴致、快乐；好运的反面；又，沮丧，情绪低落。

294 啬 sê，过分的爱；觊觎。

是吝啬之啬　　〇〇〇啬

吝啬 lin⁴ sê⁴　　……小气。

295 森 sên，密集的，例如树叶；引申为集中地，加强。

是森严之森　　森〇〇〇

森严 sên¹ yen²　　……非常严密。

296 僧 sêng，佛僧，和尚。

是僧道之僧　　僧〇〇〇

僧道 sêng¹ tao⁴　　……佛教与道教的教士。

297 索 so，本义绳子。

是勒索之索　　蓑〇锁缩

蓑衣 so¹ i¹　　……草编的雨衣。

锁上 so³ shang　　……加锁（如门、箱子等等）。

缩手 so⁴ shou³　　……打消念头；字面上是，把手抽回。

298 搜 sou，搜查，例如卫兵、警察等所为。

  是搜察之搜　　　　　　搜〇叟嗽

  搜察 sou¹ ch'a²　　　　　……搜寻与查验。

  老叟 lao³ sou³　　　　　……可尊敬的老先生（旧式称呼）。注意：老 lao³，音近于 lao²。

  咳嗽 k'ê² sou⁴　　　　　……咳，咳嗽。

299 素 su，本义樸素，未加修饰的。

  是平素之素　　　　　　苏速〇素

  苏州 su¹ chou¹　　　　　……苏州 Su-chou(*Soochow*) 府的名称，在江苏 *Kiangsu* 省省会的东面。

  迅速 hsün⁴ su²　　　　　……急速；尽可能地快。

  平素 p'ing² su⁴　　　　　……在此之前；字面上是，平静的、无色的；这里表示过去的未曾中断的时日。

300 算 suan，计算。

  是算计之算　　　　　　酸〇〇算

  酸的鹹的 suan¹ ti hsien² ti　……酸味的和咸味的；酸咸 suan hsien，用以比喻言语中能不能分清好与坏等等。比较：我们所说的 *taste*（咂摸出味儿来）。

  算计 suan⁴ chi⁴　　　　　……计算；又，测算结果、结局等。

301 碎 sui，破成碎片。

  是零碎之碎　　　　　　虽随髓碎

  虽然 sui¹ jan²　　　　　……尽管。

  跟随 kên¹ sui²　　　　　……跟着 [一个人]。

  骨髓 ku³ sui³　　　　　……骨头里的骨髓。注意：骨 ku³，在髓 sui³ 前音近 ku²。口语说 ku² sui⁴。

  零碎 ling² sui⁴　　　　　……碎片、碎屑、不连续的；杂乱的；零星的。

302 孙 sun，孙子。

  是子孙之孙   孙〇损〇

  子孙 tzǔ^3 sun^1 ……儿子和孙子；又泛指后代。

  损益 sun^3 yi^4 ……损害与增益；与利益相关；又，修改（如法规、习俗等）。

303 送 sung，送行，如陪着客人把他送到门口。

  是迎送之送   松〇竦送

  松树 sung^1 shu^4 ……松科常绿树。

  毛骨悚然 mao^2 ku^3 sung^3 jan^2 ……恐怖得让人发抖；字面上是，毛发与骨头都在战栗。注意：尽管后随悚 sung^3，骨 ku^3 的声调几乎没变（即使不是一点儿也没变）。

  迎送 ying^2 sung^4 ……欢迎 [来的客人] 和祝愿 [临别的客人] 一路平安。

304 杀 sha，杀害。

  是杀死之杀   杀〇傻刏

  杀死 sha^1 ssǔ^3 ……杀害，即人所为。

  痴傻 ch'ih^1 sha^3 ……愚笨的、小丑儿样的人。参见百章之九十九注3。

  拏剪子刏一点 na^2 chien^3 tzǔ sha^4 i^4 tien^3 ……剪去一点点儿。

305 曬 shai，太阳光所为。

  是曬乾之曬   筛〇骰曬

  筛子 shai^1 tzǔ   ……格筛，滤网。

  骰子 shai^3 tzǔ   ……小方形赌具。骰 shai，本音 t'ou^2。

  曬乾 shai^4 kan^1 ……让太阳暴晒使干燥，或已干燥了的。

306 山 shan，山岭。

　　是山川之山　　　　　　　　山〇闪善

　　山川 shan¹ ch'uan¹　　　　……山岭与河流。

　　雷闪 lei² shan³　　　　　　……打雷与闪电。

　　善恶 shan⁴ o⁴　　　　　　　参见本章 79、253 之下。

307 赏 shang，赠与，给与。

　　是赏赐之赏　　　　　　　　商晌赏上

　　商量 shang¹ liang¹　　　　……与人磋商。

　　晌午 shang² wu³　　　　　……正午。注意：晌本音 shang³，但在午 wu³ 前变为 shang²；参见第三章 246.。

　　赏赐 shang³ tz'ǔ⁴　　　　　……授予；赠与。

　　上下 shang⁴ hsia⁴　　　　　……上与下；又，接近，左右，大约。

308 少 shao，量小，不多。

　　是多少之少　　　　　　　　烧勺少少

　　火烧 huo³ shao¹　　　　　　……被火烧毁；又，一种烧饼的名字。

　　刀勺 tao¹ shao²　　　　　　……刀子和勺子；泛指厨房金属用具。

　　多少 to¹ shao³　　　　　　……多少？又，多少 to¹ shao⁴，好数儿，或，是个什么数儿？

　　老少 lao³ shao⁴　　　　　　……老年与少年。

309 舌 shê，舌头。

　　是唇舌之舌　　　　　　　　赊舌捨射

　　赊欠 shê¹ ch'ien⁴　　　　　……欠债欠钱；债务，欠款。

　　唇舌 ch'un² shê²　　　　　……嘴唇与舌头；在"费 fei"（耗费）之后 = 许多讨论。

　　弃捨 ch'i⁴ shê³　　　　　　……放弃（房子，东西）；抛弃朋友。

　　射箭 shê⁴ chien⁴　　　　　……搭弓射箭。

310 身 shên，身体。

  是身體之身　　　　　　身神审甚

  身體 shên¹ t'i³　　　……身子；"身体"用于许多短语，只比"身子 shên-tzǔ"文雅些。

  神仙 shên² hsien¹　　……神灵与仙人；"仙"比"神"低一个档次。

  审问 shên³ wên⁴　　　……审查（如当事人、证据），有民事的或刑事的。

  甚是 shên⁴ shih⁴　　　……确是真的；完全正确。

311 生 shêng，生育，如生孩子；生养。

  是生长之生　　　　　　生绳省賸

  生长 shêng¹ chang³　　……出生与成长。

  绳子 shêng² tzǔ　　　　……绳索。

  各省 ko⁴ shêng³　　　　……每一个省份。

  賸下 shêng⁴ hsia⁴　　　……剩有、余下 [结余、尾数、过剩、盈余，等等]。

312 事 shih，事务；事儿。

  是事情之事　　　　　　失十使事

  失落 shih¹ lo⁴　　　　　……丢失，丢了东西，不用于说人。

  九十 chiu³ shih²　　　　……90；又，九或十。

  使唤 shih³ huan⁴　　　　……雇用佣人；作为佣人被雇用。

  事情 shih⁴ ch'ing²　　　……事务；事儿。注意：情，本音 ch'ing²，但几乎弱化为 (modified almost to) ch'ing¹。

313 手 shou，双手之手。

  是手足之手　　　　　　收熟手兽

  收拾 shou¹ shih　　　　……修理；整理；又，提交处理，向他报复，让他受罚：收 shou，收起来；拾 shih，捡起来，读轻声。

生熟 shêng¹ shou²　　……生的和熟的，如水果等；对原始部落而言，"生熟"则指未开化的与已开化的。

手足 shou³ tsu²　　……手和脚＝团结得像亲兄弟。

禽兽 ch'in² shou⁴　　……野生的飞禽走兽。

314 书 shu，书本；书法。

是诗书之书　　　书赎数数

诗书 shih¹ shu¹　　……《书经 Shu Ching》（历史经典 Canon of History）和《诗经 Shih Ching》（诗歌经典 Canon of Poetry，俗称《颂 the Book of Odes》）；为受教育者必读。

赎罪 shu² tsui⁴　　……赎回，为一罪过而付赎金以求解赎。

数钱 shu³ ch'ien²　　……点算现金。

数目 shu⁴ mu⁴　　……数字；数量。

315 刷 shua，用刷子刷。

是刷洗之刷　　　刷○耍○

刷洗 shua¹ hsi³　　……擦刷并清洗。

耍笑 shua³ hsiao⁴　　……逗弄，善意地取笑，开玩笑。

316 衰 shuai，衰弱；衰微。

是衰败之衰　　　衰○摔率

衰败 shuai¹ pai⁴　　……衰落；倾颓，衰退。

摔东西 shuai³ tung¹ hsi¹　　……摆动或抛掷东西。

草率 ts'ao³ shuai⁴　　……粗心[处事]。

317 拴 shuan，打结系（繫）上。

是拴捆之拴　　　拴○○涮

拴捆 shuan¹ k'uên³　　……捆，绑：拴 shuan，拴牢；捆 k'uên，绑。

涮涮 shuan⁴ shuan⁴　　……轻洗。

318 双 shuang，一对。

  是成双之双 　　　　　　　双〇爽双

  成双 ch'êng² shuang¹ 　　　……配对儿，或一对儿。

  爽快 shuang³ k'uai⁴ 　　　……清爽轻快；坦诚。

  双生 shuang⁴ shêng¹ 　　　……双胞胎。

319 水 shui，水。

  是山水之水 　　　　　　　〇谁水睡

  谁的 shui² ti 　　　　　　……谁的？

  山水 shan¹ shui³ 　　　　　……风景。

  睡觉 shui⁴ chiao⁴ 　　　　　……入眠。

320 顺 shun，顺从的；顺流而下的。

  是顺当之顺 　　　　　　　〇〇隼顺

  鹰隼 ying¹ shun³ 　　　　　……猎鹰之类。（译按：隼，心母字，shun³ 当为 sun³ 之误。据北京话音节总表，shun³ 有"盾楯"，shun² 有"醇唇纯"等，皆无"隼"字。）

  顺当 shun⁴ tang 　　　　　……顺利的，有如习惯使然。

321 说 shuo，说话。

  是说话之说 　　　　　　　说〇〇朔

  说话 shuo¹ hua⁴ 　　　　　……说话。

  朔望 shuo⁴ wang⁴（朔或音 so⁴） 　　　……中国每月的初一与十五。

322 丝 ssǔ，蚕丝。

  是丝线之丝 　　　　　　　丝〇死四

  丝线 ssǔ¹ hsien⁴ 　　　　　……丝制的线；蚕丝线。

  死生 ssǔ³ shêng¹ 　　　　　……死亡与生存；例如，他死了还是活着？死生[有命]。

  四五 ssǔ⁴ wu³ 　　　　　　……四与五。

323 大 ta，硕大。

  是大小之大　　　　　　　答搭打大

  答应 ta¹ ying⁴　　　　　　……肯定的回答；同意。重音 (emphasise) 在"答 ta"。

  搭救 ta² chiu⁴　　　　　　……援救；搭 ta，指臂膀挽着臂膀。

  殴打 ou³ ta³　　　　　　　……动手打人，狂暴乱打，用手或武器。注意：殴 ou³，近于 ou²。

  大小 ta⁴ hsiao³　　　　　　……大与小；引申为，尺寸，长度，宽度，广度，程度。

324 他 tʻa，他。

  是他人之他　　　　　　　他〇塔榻

  他人 tʻa¹ jên²　　　　　　　……第三者。

  佛塔 fo² tʻa³　　　　　　　……佛门宝塔。

  床榻 chʻuang² tʻa⁴　　　　……床架；榻 tʻa，单说，与"床榻"同义，但属雅语，这就像我们用 couch（卧榻）代指 bed（床）一样。

325 歹 tai，坏，恶。

  是好歹之歹　　　　　　　歹〇歹代

  歹呆 tai¹ nieh²　　　　　　参见本章 238 之下。

  好歹 hao³ tai³　　　　　　……好与坏；说质量，品质。注意：好 hao³，近乎 hao²。

  交代 chiao¹ tai⁴　　　　　参见本章 30 之下。

326 太 tʻai，太多。

  是太甚之太　　　　　　　胎抬〇太

  怀胎 huai² tʻai¹　　　　　……怀孕；胎 tʻai，胎儿。

  扛抬 kʻang² tʻai²　　　　　参见本章 149 之下。

  太甚 tʻai⁴ shên⁴　　　　　……程度太大，过分。

327 单 tan，单个儿；单数的，不同于偶数。

  是单双之单   单○胆蛋

  单双 tan^1 shuang^1 ……单个儿的和成双的；单数与偶数。

  胆子大 tan^3 tzǔ ta^4 ……有胆量的，勇敢的；字面上是，肝脏 (liver) 大。

  鸡蛋 chi^1 tan^4 ……母鸡下的蛋。

328 炭 t'an，木炭。

  是柴炭之炭   贪谈坦炭

  贪赃 t'an^1 tsang^1 ……贪婪的（指官吏）。

  谈论 t'an^2 lun^4 ……交谈；聊天。

  平坦 p'ing^2 t'an^3 ……平的，如说道路平坦。

  柴炭 ch'ai^2 t'an^4 ……柴火（木头，草，等等）与木炭。

329 当 tang，正好，恰恰。

  是应当之当   当○攩当

  应当 ying^1 tang^1 ……恰当地，适当地；应该 [是或做]。

  攩住 tang^3 chu^4 ……阻拦去路而使停下。

  典当 tien^3 tang^4 ……典押或抵押；典 tien，在这里是抵押的意思；当 tang，典出。

330 汤 t'ang，清汤；羹汤。

  是喝汤之汤   汤糖躺烫

  喝汤 ho^1 t'ang^1 ……饮汤。

  白糖 pai^2 t'ang^2 ……白色的糖。

  躺卧 t'ang^3 wo^4 ……躺下；躺 t'ang，仰卧；卧 wo，侧卧。

  烫手 t'ang^4 shou^3 ……（沸水等）烫着了手。

331 道 tao，路；正道，正当途径。
　　　是道理之道　　　　　　　刀擣①倒道
　　　刀枪 tao¹ ch'iang¹　　　……刀与枪（火绳枪）。
　　　擣线 tao² hsien⁴　　　　……缫丝，收卷丝或线。
　　　颠倒 tien¹ tao³　　　　　……后面的变成前面的；上面的倒转成下面的。

　　　道理 tao⁴ li³　　　　　　……正确的原则；基本原理；又，一种信仰或哲学体系。注意：理 li，单说是 li³，但在这里近乎 li⁴；在其他复合词里，是清晰的 li³。

332 逃 t'ao，逃跑。
　　　是逃跑之逃　　　　　　　叨逃讨套
　　　叨恩 t'ao¹ ⁿgên¹　　　　……接受恩惠或赐与；字面上是，吃恩惠。
　　　逃跑 t'ao² p'ao³　　　　……逃走，如奴隶，囚犯，等等。
　　　讨要 t'ao³ yao⁴　　　　　……要求，迫切要求，催讨，无论有没有要求权。

　　　圈套 ch'üan¹ t'ao⁴　　　……陷阱；罗网；又用于比喻义。
333 得 tê，获得；成功。
　　　是得失之得　　　　　　　叨得〇〇
　　　话叨叨 hua⁴ tê¹ tê　　　……罗里罗索，冗长乏味的谈话。注意：第一个叨 tê 重读。

　　　得失 tê² shih¹　　　　　……获得与失去；成功与失败；可能超过。
334 特 t'ê，特别。
　　　是特意之特　　　　　　　忐〇〇特
　　　忐忑 t'an³ t'ê¹　　　　　……心里动摇，不坚定；少用，并且讹用为惮忄余 t'an t'u。

---

① 译按："擣"为"捣"的异体，tao² 今写作"捯"。

特意 t'ê⁴ i⁴　　　　　　　　　　……特别的意图;为了,故意地;有意(识)地。

335 得'tei(得要 tê yao 的讹用。译按:"得"之 tê²、tei³ 二音,来自中古多则切至近代入声消失过程中产生的文白异读。tei³,北京话本音;tê²,南方官话叠加音)必须;很可能,谅必。

　　是必得'之得'　　　　　　镝〇得'〇
　　小锣儿镝镝的声儿 hsiao³ lo²-'rh
　　　　tei¹tei¹ ti shêng¹-'rh　　　　……敲击小铜锣儿发出的声响。
　　必得'pi⁴ tei³　　　　　　……绝对必要。

336 等 têng,等级;某个系列中的等第级别;等待。

　　是等第等候之等　　　　　灯〇等镫
　　灯烛 têng¹ chu²　　　　　……灯,光源;字面上是,灯笼和蜡烛,或指蜡烛或灯笼的光亮。

　　等候 têng³ hou⁴　　　　　……等一会儿;等待。
　　马镫 ma³ têng⁴　　　　　……马鞍上的脚镫子。

337 疼 t'êng,疼痛;使痛的;又,温柔体贴的。

　　是疼痛之疼　　　　　　　鼕疼〇凳
　　鼕鼕的鼓声儿 t'êng¹ t'êng¹ ti ku³
　　　　　　shêng¹-'rh
　　　　　　　　　　　　　　……手鼓的声响。

　　疼痛 t'êng² t'ung⁴　　　　……作痛,觉得痛。
　　板凳 pan³ t'êng⁴　　　　　……木凳(长且矮);凳 t'êng,本音 têng。

338 低 ti,垂下或俯下。

　　是低头之低　　　　　　　低敌底地
　　低头 ti¹ t'ou²　　　　　　……低下脑袋。
　　仇敌 ch'ou² ti²　　　　　 ……敌人;仇 ch'ou,长期不和,有世仇;敌 ti,对立,如对手,对抗者,等等。

到底 tao⁴ ti³　　……到了底部；最后；又，客观地，终究，毕竟。
天地 t'ien¹ ti⁴　　……天与地；如我们所说的"自然(Nature)"。

339 替 t'i，代替；顶替。
　　　是替工之替　　　　梯提體替
　　楼梯 lou² t'i¹　　　……上楼的阶梯。
　　提拔 t'i² pa²　　　……因偏爱而优先选用某人。
　　體量 t'i³ liang⁴　　……体谅。
　　替工 t'i⁴ kung¹　　……顶替某人做工。

340 弔 tiao，悬挂。
　　　是弔死之弔　　　　貂〇〇弔
　　貂皮 tiao¹ p'i²　　……黑貂皮；貂的皮子。
　　弔死 tiao⁴ ssǔ³　　……上吊而死，他自己吊的或是别人吊的。

341 挑 t'iao，选出，拣出。
　　　是挑选之挑　　　　挑条挑跳
　　挑选 t'iao¹ hsüan³　……选择；拣选。
　　条陈 t'iao² ch'ên²　……向君王呈请或一项一项地报告。
　　挑着 t'iao³ cho　　　……用任一物的尖端支撑起。
　　跳跃 t'iao⁴ yao⁴ (或 yo⁴)　……蹦蹦跳跳，像小狗、马等等；指人身体上很活跃。

342 叠 tieh，褶；折迭。
　　　是重重叠叠之叠　　　爹叠〇〇
　　爹娘 tieh¹ niang²　……父亲和母亲。
　　重叠 ch'ung² tieh²　……重复，反复。注意："重"音 ch'ung²；若音 chung⁴，沉重。

343 贴 t'ieh，本义粘贴，即如布告贴在墙上；张贴。

   是體贴之贴   贴○铁帖

  體贴 t'i^3 t'ieh^1 …… 能迁就使满足；使适应；又，同情。

  铜铁 t'ung^2 t'ieh^3 …… 铜与铁。

  牙帖 ya^2 t'ieh^4 …… 某商号加入行会时获发的许可证；牙，本义一颗牙齿；表示一个位置。

344 店 tien，商店；旅店。

   是客店之店   掂○点店

  掂量 tien^1 liang^4 …… 掂估（物或事的）分量。

  圈点 ch'üan^1 tien^3 参见本章 55 之下。

  客店 k'o^4 tien^4 …… 小旅店。

345 天 t'ien，天空。

   是天地之天   天田舔捵

  天地 t'ien^1 ti^4 参见本章 338 之下。

  莊田 chuang^1 t'ien^2 …… 农舍与土地；农庄。

  拏舌头舔 na^2 shê^2 t'ou^2 t'ien^3 …… 用舌头尖触及。

  捵笔 t'ien^4 pi^3 …… 写字时[在砚台上]理顺毛笔。

346 定 ting，使固定；使静止；制定。

   是定规之定   钉○顶定

  钉子 ting^1 tzǔ   …… 钉子。

  顶戴 ting^3 tai^4 …… 官帽上区别穿戴者官衔等级的徽珠。

  定规 ting^4 kuei^1 …… 制定规章；确定规程；字面上是，设计圆规[的一条腿]。

347 听 t'ing，耳闻。

   是听见之听   听停梃听

  听见 t'ing^1 chien^4 …… 听到；听了并有所觉察。

  停止 t'ing^2 chih^3 …… 停息；使停息。

　　　　树梃 shu⁴ t'ing³　　　　……树木的枝干，比树枝 shu chih 大。
　　　　听其自然 t'ing⁴ ch'i² tzǔ⁴ jan²　　　　……让[他、它]顺着[他或它自己的]路发展下去。

348 丢 tiu，遗失。
　　　　是丢失之丢
　　　　丢失 tiu¹ shih¹　　　　丢〇咷〇
　　　　　　　　　　　　　　……遗失，如孩子被拐了或走失了，任何有生命或无生命的东西遗失了。
　　　　呀咷 ya⁴ tiu³　　　　……向已经历过某种失败的人发出的嘲弄的呼喊；例如：呵！你这聪明的家伙；你是个好人，真是呵。

349 多 to，许多。
　　　　是多少之多
　　　　多少 to¹ shao³　　　　多夺朵惰
　　　　抢夺 ch'iang³ to²　　　　参见本章 308 之下。
　　　　花朵儿 hua¹ to³-'rh　　　　参见本章 29 之下。
　　　　懒惰 lan³ to⁴　　　　……花苞。
　　　　　　　　　　　　　　参见本章 182 之下。

350 妥 t'o，可靠的；稳妥的。
　　　　是妥当之妥
　　　　託情 t'o¹ ch'ing²　　　　託驼妥唾
　　　　　　　　　　　　　　……请求他人的保护照顾，或寻求有权势的人的救护。
　　　　驼鸟 t'o² niao³　　　　……驼鸟。驼，又写作鸵。
　　　　妥当 t'o³ tang⁴　　　　……（事情）令人满意，有把握的。
　　　　唾沫 t'o⁴ mo⁴　　　　……吐唾沫：沫 mo，唾沫；唾 t'o⁴，又音 t'u⁴，吐（仅限唾液）。

351 豆 tou，泛指豆子。
　　　　是绿豆之豆
　　　　兜底子 tou¹ ti³ tzǔ　　　　兜〇斗豆
　　　　　　　　　　　　　　……比喻：[一件事]从头到尾；兜子 tou-

	tzǔ,一种特别的口袋,中国泥瓦匠用来盛灰浆;再小一点儿的袋子会做成长袍之类外衣的悬袋;兜底子 tou-ti-tzǔ,即从这类袋子的底部起。
升斗 shêng¹ tou³	……升 shêng,中国量具,干量具;1 斗 tou=10 升 shêng(据卫三畏)。
绿豆 lü⁴ tou⁴	……绿色的豆子,跟黑豆相区别。

352 头 tʻou,脑袋。

是头脸之头	偷头〇透
偷盗 tʻou¹ tao⁴	……窃取;盗窃。
头脸 tʻou² lien³	……头;字面上是,头和脸。
透澈 tʻou⁴ chʻê⁴	……看透,如对任一对象具有彻底的认识;又,非常聪明。

353 妒 tu,妒忌。(译按:原书第二卷第七章中文误作"肚";英文 jealous,不误。)

是嫉妒之妒	督毒赌妒
督抚 tu¹ fu³	……督 tu,即总督 tsung-tu,英国领地(或殖民地)总督的略称;抚 fu,巡抚 hsün-fu 即省长的略称。
毒害 tu² hai⁴	……放毒,使中毒。
赌博 tu³ po²	……打赌,聚赌。
嫉妒 chi⁴ tu⁴	……妒忌;羡慕;又,作及物动词,嫉妒(你)。

354 土 tʻu,土地;泥土。

是尘土之土	秃塗土唾
秃子 tʻu¹ tzǔ	……头秃没毛的人。
塗抹 tʻu² mo³	……抹去,擦掉,如写字的时候。
尘土 chʻên² tʻu³	……灰尘。
唾沫 tʻu⁴ mo⁴	参见本章 350 之下。

355 短 tuan，不长。
  是长短之短   端○短断
  端正 tuan¹ chêng⁴ ……周正的，如摆正；又指道德上的正直。
  长短 ch'ang² tuan³ ……长与短；长度；又指人的长处与不足之处，但特指其不足之处。
  断绝 tuan⁴ chüeh² ……切断，比如用刀子；又用于比喻义。

356 团 t'uan，球状物；泥球面团。
  是团圆之团   ○团○○
  团圆 t'uan² yüan² ……如球般圆；团聚，全体在一块儿，如一个家庭。

357 对 tui，对立。
  是对面之对   堆○○对
  堆积 tui¹ chi² ……累积成堆；积聚。
  对面 tui⁴ mien⁴ ……对立；对面儿。

358 退 t'ui，退却。
  是进退之退   推○骽退
  推诿 t'ui¹ wei³ ……把自己的工作推给别人；把自己的错误记到别人账上。
  骽快 t'ui³ k'uai⁴ ……走得快；善于走路的人。
  进退 chin⁴ t'ui⁴ ……前进与后退 [都困难；进退两难的困境]。

359 敦 tun，本义厚实。
  是敦厚之敦   敦○盹钝
  敦厚 tun¹ hou⁴ ……诚实；直率；忠诚。
  打盹儿 ta³ tunⁿ³-'rh ……打瞌睡；小睡。注意：打 ta，在盹 tun³ 之前近于 ta²；儿 êrh 并入、同化为 tu-'rh。
  迟钝 ch'ih² tun⁴ ……思维与行动反应慢；钝，本义是不锋利，如说刀子。

360 吞 t'un，咽下；囫囵吞下。

是吞吐之吞　　　　　　　　吞屯〇褪

吞吞吐吐 t'un¹ t'un¹ t'u³ t'u³　　……想说但又只说一半；吐 t'u，吐出（任何东西）。注意：第一个吐 t'u³ 近于 t'u²。

屯田 t'un² t'ien²　　……拨给士兵的土地；军事垦殖。

褪手 t'un⁴ shou³　　……把手缩进袖子里去，中国人为了暖和就会如此。

361 冬 tung，冬天。

是冬夏之冬　　　　　　　　冬〇懂动

冬夏 tung¹ hsia⁴　　……冬天与夏天。

懂得 tung³ tê　　……理解，晓得。

动静 tung⁴ ching⁴　　……活跃；运动；字面上是，运动与静止。

362 同 t'ung，同样的；和；加之；连同。

是会同之同　　　　　　　　通同统痛

通达 t'ung¹ ta²　　……渗透，如某种自然力；深入，如君王的意志或才智；又，知识广博。

会同 hui⁴ t'ung²　　……联合；到一起。

统帅 t'ung³ shuai⁴　　……总司令；在现代，指手中握有极大武装力量的人。

疼痛 t'êng² t'ung⁴　　……很痛。

363 杂 tsa，混杂的。

是杂乱之杂　　　　　　　　腌杂咱〇

腌臜 a¹ tsa¹　　……肮脏；又读 ang¹ tsang¹。

杂乱 tsa² luan⁴　　……杂凑；混乱。

咱的 tsa³ ti　　……为什么？为什么这样？（译按：今写作"咋"）

364 擦 ts'a，擦拭乾净。

   是擦抹之擦   擦〇〇〇

   擦抹 ts'a¹ mo³   ……擦拭与涂改，如用一块抹布。

365 在 tsai，存在；逗留，待在。

   是在家在外之在   栽〇宰在

   栽种 tsai¹ chung⁴   ……种植。注意：种，音 chung⁴，种植；音 chung³，种籽。

   宰杀 tsai³ sha¹   ……屠杀牲畜。

   在家 tsai⁴ chia¹   ……待在家里。

366 才 ts'ai，才幹。

   是才幹之才   猜才彩菜

   猜想 ts'ai¹ hsiang³   ……想象；推测。

   才幹 ts'ai² kan⁴   ……才能。

   五彩 wu³ ts'ai³   ……五色。

   菜饭 ts'ai⁴ fan⁴   ……食物；字面上是，米饭与其他菜肴。

367 赞 tsan，本义出主意帮忙。

   是参赞之赞   簪偺攒赞

   簪子 tsan¹ tzǔ   ……妇女头饰。

   偺们 tsan² mên¹   ……我们；更通行的音是 tsa² mên¹。

   攒钱 tsan³ ch'ien²   ……储蓄金钱以备用。

   参赞 ts'an¹ tsan⁴   ……官名。参见第三章494.。

368 惭 ts'an，本义为羞耻，如因丢脸而蒙羞。

   是惭愧之惭   参惭惨儳

   参考 ts'an¹ k'ao³   ……比较对照权威典籍。

   惭愧 ts'an² k'uei⁴   ……羞愧，自己做错事时的感受。

   悽惨 ch'i¹ ts'an³   ……痛苦悲惨。

傻头 ts'an⁴ t'ou　　　……（译按：傻，今写作"孱"）傻瓜；笨蛋；本指人无自信心；又指动物或外表可笑可怜的人，如说傻头妈 ts'an t'ou ma，即"吝啬鬼"。

369 葬 tsang，埋葬。
　　　是葬埋之葬　　　　赃○○葬
　　　贪赃 t'an¹ tsang¹　　……贪图（别人的钱财），如贪婪的官吏所为；赃 tsang，赠礼之类。

　　　葬埋 tsang⁴ mai²　　……埋葬 [尸体]。

370 仓 ts'ang，谷仓。
　　　是仓库之仓　　　　仓藏○○
　　　仓库 ts'ang¹ k'u⁴　　……谷仓和钱库。
　　　瞒藏 man² ts'ang²　　……不老实的隐藏 [人或物]。

371 早 tsao，早，早先。
　　　是早晚之早　　　　遭凿早造
　　　週遭 chou¹ tsao¹　　……四周；好似说，在遭遇的每一个点上。
　　　穿凿 ch'uan¹ tsao²　　……字面上是，用凿子凿穿 [如石头] 和切割；比喻在探究过程中开始入题。

　　　来得早 lai² tê tsao³　　……早就来了，来得早些。
　　　造化 tsao⁴ hua⁴　　……创造，如神之所为；造化 tsao⁴ hua，作名词用，一个人与生俱来的运气。

372 草 ts'ao，植物；特指青草。
　　　是草木之草　　　　操槽草○
　　　操练 ts'ao¹ lien⁴　　……训练；受训。
　　　马槽 ma³ ts'ao²　　……马的食槽，有木制可移动的，也有砖砌石凿的。

　　　草木 ts'ao³ mu⁴　　……参见本章 226 之下。

373 则 tsê，那么；因而，所以。
  是则例之则   ○则○○
  则例 tsê² li⁴   ……法令；规章；则，这里的意思是规则，法则。

374 策 ts'ê，计划；办法。
  是计策之策   ○○○策
  计策 chi⁴ ts'ê⁴   ……通常指各种计划；军事上指策略计谋。

375 贼 tsei，窃贼；盗贼；任何武装反对政府的人。
  是贼匪之贼   ○贼○○
  贼匪 tsei² fei³   ……土匪；歹徒；造反者。

376 怎 tsên，疑问虚词。
  是怎么之怎   ○○怎○
  怎么 tsê^{n3} mo   ……如何？为什么？什么？

377 参 ts'ên，凹凸不平，不整齐的。
  是参差之参   参○○○
  参差 ts'ên¹ tz'ǔ¹   ……凹凸不平；例如，簇叶，草本植物，等等；指行为不连贯。

378 增 tsêng，增加。
  是增减之增   增○○赠
  增减 tsêng¹ chien³   ……增长与减少；更改。
  馈赠 k'uei⁴ tsêng⁴   ……赠送（如食物，或任何东西）给朋友。

379 层 ts'êng，一层；楼层；一个系列中的一级。
  是层次之层   蹭层○蹭
  蹭一声上了房 ts'êng¹ i⁴ shêng¹
    shang⁴ liao fang²   ……一跳（字面上是，一跃发出的声响）他就上到房顶了。
  层次 ts'êng² tz'ǔ⁴   ……有系统的次序。

蹭蹬 ts'êng⁴ têng⁴ ……用于对人的不幸表示同情,其失败常常并非因其自己的失误: 蹭 ts'êng,走起来腿很吃力; 蹬 têng,无力移动; 意思是,一个人的日子几乎过不下去了。

380 作 tso,制作; 做; 在这个意义上经常读 tso⁴,不论单说还是在复合词里。

  是作为之作 作昨左坐

作房 tso¹ fang ……作坊或工廠; 店里(的东西)只做不卖。

昨日 tso² jih⁴ ……昨天。

左右 tso³ yu⁴ ……右边和左边; 说处所时指附近; 陪同上司的人。

坐卧 tso⁴ wo⁴ ……字面上是, 坐着与躺着, = 各种状况; 一般不用, 除非后面跟"不安 pu an"(不舒服, 不自在)。

381 错 ts'o,错误, 谬误。

  是错失之错 搓矬〇错

揉搓 jou² ts'o¹ ……双手摩擦; 激怒; 使烦恼。

矬子 ts'o² tzǔ ……矮子。

错失 ts'o⁴ shih¹ ……做事、抄写等错误, 弄错; 失 shih, 这里的意思是失败或错过、未达到。

382 走 tsou, 移动; 行走。

  是行走之走 〇〇走奏

行走 hsing² tsou³ ……部属, 下级职员, 受雇于政府部门。

奏事 tsou⁴ shih⁴ ……向皇上报告事情。

383 凑 ts'ou, 聚集; 被聚集到一起。

  是凑合之凑 〇〇〇凑

凑合 ts'ou⁴ ho ……人们集合到某处或一块儿干事业; 捐款到一定数量。

384 祖 tsu，祖父。

   是祖宗之祖   租足祖〇
  租赁 tsu¹ lin⁴   参见本章 194 之下。
  手足 shou³ tsu²   参见本章 313 之下。
  祖宗 tsu³ tsung¹   ……祖先。

385 粗 ts'u，粗糙。

   是粗细之粗   粗〇〇醋
  粗细 ts'u¹ hsi⁴   参见本章 111 之下。
  喫醋 ch'ih¹ ts'u⁴   ……好嫉妒的；特指装模作样的嫉妒；字面上是，吃醋。

386 揝 tsuan，紧握手中。

   是揝住之揝   钻〇纂揝
  钻幹 tsuan¹ kan   ……为一个目的拼命努力；钻 tsuan，钻孔，打洞；经常用于贬义，靠阴谋诡计以逞其奸。
  纂修 tsuan³ hsiu¹   ……修订，重新编辑（著作，法典）；纂 tsuan，本义是集中到一起；特指把合用的资料集中到一起。
  揝住 tsuan⁴ chu   ……紧抓在手中，即，抓住任何会滑掉的东西并用五指把它抓紧。

387 竄 ts'uan，像老鼠（耗子）逃进洞里。

   是逃竄之竄   驪攢〇竄
  马驪 ma³ ts'uan¹   ……马突然跳跃向前狂奔。
  攢凑 ts'uan² ts'ou⁴   ……拼凑一个装置或一大笔钱而东跑西竄。
  逃竄 t'ao² ts'uan⁴   ……（夸张地说造反者或任何敌人）逃到一个地方又夺路竄到另一个地方。

388 嘴 tsui，嘴唇。
  是嘴唇之嘴   堆〇嘴罪
  一堆 i⁴ tsui¹   ……一堆[任何物体]；一群[人]。
  嘴唇 tsui³ ch'un²   ……唇；口。
  犯罪 fan⁴ tsui⁴   ……犯法；字面上是，触犯刑罚。

389 催 ts'ui，催促。
  是催逼之催   催随〇萃
  催逼 ts'ui¹ pi¹   ……十分认真地督促（无论对与错）。
  随他去 ts'ui² t'a¹ ch'ü⁴ ……让他去，如果他愿意，或遂他的意；随 ts'ui²，其他地方读 sui²。
  萃集 ts'ui⁴ chi²   ……一大群有才干的或有德行的人，一大堆好东西。

390 尊 tsun，尊敬。
  是尊重之尊   尊〇撙〇
  尊重 tsun¹ chung⁴   ……尊敬、珍重；表示尊重。
  撙节 tsun³ chieh²   ……节省；本是古语；字面上是，实行节制。

391 寸 ts'un，一寸。
  是尺寸之寸   村存忖寸
  村莊 ts'un¹ chuang¹   ……乡村。
  存亡 ts'un² wang²   ……死与活；例如，父存母亡等等。
  忖量 ts'un³ liang   ……仔细考虑；深思，反省。
  尺寸 ch'ih² ts'un⁴   参见本章 37 之下。

392 宗 tsung，类；种；又，为数众多的一群。
  是大宗之宗   宗〇总纵
  大宗 ta⁴ tsung¹   ……较大的份额。
  总名 tsung³ ming²   ……一般名称。
  纵容 tsung⁴ yung 或 jung ……让……太自由了；默认其放肆。

393 葱 ts'ung，洋葱。
　　是葱蒜之葱　　　　　　葱从〇〇
　　葱蒜 ts'ung¹ suan⁴　　……葱和蒜。
　　依从 i¹ ts'ung²　　　　……依照；例如，依从他自己的意见、他的劝告等等。

394 子 tzǔ，儿子。
　　是子孙之子　　　　　　资〇子字
　　资格 tzǔ¹ ko²　　　　……服务时间的长短；官职地位：资，货物，财产；这里是支付；格，登记册上的栏格；即一个人花在读书上的时间。
　　子孙 tzǔ³ sun¹　　　　……儿子和孙子。
　　写字 hsieh³ tzǔ⁴　　　……书写。

395 次 tz'ǔ，一回；一阵。
　　是次序之次　　　　　　龇瓷此次
　　龇著牙儿笑 tz'ǔ¹ cho ya²-'rh hsiao⁴
　　　　　　　　　　　　……露齿而笑；笑的时候露出牙齿。
　　瓷器 tz'ǔ² ch'i⁴　　　……瓷制的；比陶器好，跟瓦 wa³ 不同。
　　彼此 pi³ tz'ǔ³　　　　……这和那；你和我；道义上的。注意：彼 pi³，近乎 pi²。
　　次序 tz'ǔ⁴ hsü⁴　　　　……有规则的顺序。

396 瓦 wa，瓦片；陶器。
　　是砖瓦之瓦　　　　　　挖娃瓦袜
　　刨挖 p'ao² wa¹　　　　……掘起或掘出。
　　娃娃 wa² wa²　　　　　……陶制的玩偶或模拟像。
　　砖瓦 chuan¹ wa³　　　……砖头与瓦片。
　　鞋袜 hsieh² wa⁴　　　……鞋和袜子。

397 外 wai，外头。

  是内外之外   歪○舀外

  歪正 wai^1 chêng^4 ……倾斜的与垂直的。

  舀水 wai^3 shui^3 ……用勺子取水。注意：舀 wai^3，近乎 wai^2；本音 yao^3。

  内外 nei^4 wai^4 ……内部与外部；又，本土与外国。

398 完 wan，结束，终止。

  是完全之完   湾完晚萬

  水湾儿 shui^3 wa^{n1}-'rh ……河湾，海湾。

  完全 wan^2 ch'üan^2 ……完整；一种完满状态。

  早晚 tsao^3 wan^3 ……早的与晚的；迟早。注意：tsao^3，音近于 tsao^2。

  千萬 ch'ien^1 wan^4 ……无数的；10 个百万；喻指任何数量。

399 往 wang，走去；引申为，朝，向。

  是来往之往   汪王往忘

  汪洋 wang^1 yang^2 ……辽阔的水面儿。

  王公 wang^2 kung^1 ……亲王与公爵。

  来往 lai^2 wang^3 ……来与去；交际。

  忘记 wang^4 chi^4 ……忘掉。

400 为 wei（音 wei^2），做；是；而读 wei^4 的时候，表"因为"。

  是行为之为   微为委位

  微弱 wei^1 jo^4 ……（人，植物或其他）病弱，虚弱。

  行为 hsing^2 wei^2 ……行动；举动。

  委员 wei^3 yüan^2 ……委派一个官员作代表；授权为代表的官员。

  爵位 chüo^2 wei^4 ……参见本章 60 之下。

401 文 wên，文饰；文学修养。

   是文武之文　　　　　温文稳问

  温和 wên^1 huo 或 ho　　……温暖。

  文武 wên^2 wu^3　　……民用的与军用的；文 wên = 受过教育的。

  安稳 an^1 wên^3　　……稳定，如说物体站得很稳；稳妥，指恢复了健康。

  问答 wên^4 ta^2　　……发问与回答；答 ta^2，在别处读 ta^1。

402 翁 wêng，上了年纪的男子。

   是老翁之翁　　　　　翁〇〇瓮

  老翁 lao^3 wêng^1　　……老头儿；对父亲的敬称。

  水瓮 shui^3 wêng^4　　……大水罐。

403 我 wo，第一人称代词 (the pronoun I)。

   是你我之我　　　　　窝〇我卧

  窝巢 wo^1 ch'ao^2　　参见本章 15 之下。

  你我 ni^3 wo^3　　……你和我。注意：你 ni^3，近于 ni^2。

  坐卧 tso^4 wo^4　　参见本章 380 之下。

404 武 wu，军事。

   是文武之武　　　　　屋无武物

  房屋 fang^2 wu^1　　……建筑；地产。

  有无 yu^3 wu^2　　……拥有与否；存在与否。

  文武 wên^2 wu^3　　参见本章 401 之下。

  万物 wan^4 wu^4　　……万千事物；宇宙中所有事物，天地万物。

405 牙 ya，牙齿。

   是牙齿之牙　　　　　丫牙雅压

  丫头 ya^1 t'ou^2　　……女佣人；丫，本指未婚女孩头上一边或两边扎的发髻。

  牙齿 ya^2 ch'ih^3　　……牙齿。

文雅 wên² ya³ ……有教养的；教养良好。
压倒 ya⁴ tao³ ……用重物压迫使倒下。
406 涯 yai，本义水边。
　　是天涯之涯　　　　○涯○○
　　天涯 t'ien¹ yai² ……地平线。
407 羊 yang，羔羊。
　　是牛羊之羊　　　　央羊养样
　　央求 yang¹ ch'iu² ……请求帮助；字面上是，百般乞求。
　　牛羊 niu² yang² ……羊和牛。
　　养活 yang³ huo ……供养他人；饲养，培植，如动物、鱼、花草等。
　　各样 ko⁴ yang⁴ ……各个种类。
408 要 yao，需要；想要；将要。
　　是讨要之要　　　　腰遥咬要
　　腰骽 yao¹ t'ui³ ……背部；字面上是，腰和腿；骽 t'ui，一般写作腿。
　　遥远 yao² yüan² ……非常远的。
　　咬一口 yao³ i k'ou³ ……咬上一口（少量）。
　　讨要 t'ao³ yao⁴ ……要求。
409 夜 yeh，夜晚。
　　是半夜之夜　　　　噎爷野夜
　　噎住 yeh¹ chu ……梗塞，喉咙被东西塞住了。
　　老爷 lao³ yeh² ……先生；一位有身份的人；字面上是，老年绅士；老爷儿 lao-yeh-'rh，太阳的俗称。
　　野地 yeh³ ti⁴ ……未开发的或无人居住的地带。
　　半夜 pan⁴ yeh⁴ ……午夜；夜晚过去一半。

410 言 yen，话，言语。

　　　是言语之言　　　　　　　　煙言眼沿

　　喫煙 ch'ih¹ yen¹　　　　　　……吸烟。

　　言语 yen² yü³　　　　　　　……话；言论；口头语言。

　　眼睛 yen³ ching¹　　　　　　参见本章 40 之下。

　　河沿儿 ho² ye^{n4}-'rh　　　……河边儿；沿着河边儿。

411 益 yi，利益；增加。

　　　是损益之益　　　　　　　　揖益〇易

　　作揖 tso¹ yi¹　　　　　　　……行一种中国礼。

　　益处 yi² ch'u　　　　　　　……利益，好处。注意：益，读 yi²，别处读 yi⁴。

　　易经 yi⁴ ching¹　　　　　　……《易经 Yi Ching》，讲变易的书 (Book of Permutations)；据说是最古老的中国经典。

412 音 yin，声音。

　　　是声音之音　　　　　　　　音银引印

　　声音 shêng¹ yin¹　　　　　　……任何种类的声音。

　　金银 chin¹ yin²　　　　　　……金子和银子。

　　勾引 kou¹ yin³　　　　　　　……诱骗；诱使（他人）做任何坏事。

　　用印 yung⁴ yin⁴　　　　　　……使用图章；盖官印。

413 迎 ying，欢迎。

　　　是迎接之迎　　　　　　　　应迎影应

　　应该 ying¹ kai¹　　　　　　……应当。

　　迎接 ying² chieh¹　　　　　……欢迎，比如一位客人。

　　没影儿 mei² ying³-'rh　　　……没有迹象；字面上是，没有影子，或诸如此类的东西。

　　报应 pao⁴ ying⁴　　　　　　……回报，上天的惩罚。

414 约 yo，约定；婚约，条约。
   是约会之约   约〇〇乐
  约会 yo^1 hui^4 ……与人约见会面。
  音乐 yin^1 yo^4 ……泛指乐器。

415 鱼 yü，鱼儿。
   是鱼虾之鱼   愚鱼雨预
  愚浊 yü^1 cho^2 或 chuo^2 ……糊里糊涂；愚蠢迟钝；浊 cho，混浊的。
  鱼虾 yü^2 hsia^1 ……泛指鱼；鱼和水生贝壳类动物。
  风雨 fêng^1 yü^3 参见本章 88 之下。
  预备 yü^4 pei^4 ……准备；做准备。

416 原 yüan，本义为起始。
   是原来之原   冤原远愿
  冤屈 yüan^1 ch'ü^1 ……搞错了，被不公正的行为或言语。
  原来 yüan^2 lai^2 ……事情之初；事实上。
  远近 yüan^3 chin^4 参见本章 38 之下。
  愿意 yüan^4 i^4 ……希望。

417 月 yüeh，月亮。
   是年月之月   曰哕〇月
  子曰 tzǔ^3 yüeh^1 ……"哲人说"。加在孔夫子所说的话即中国经典的前面。
  哕哕 yüeh^2 yüeh^2 ……大口大声地咀嚼。
  年月 nien^2 yüeh^4 ……年与月；过去的时间。

418 雲 yün，雲彩。
   是雲彩之雲   晕雲允运
  头晕 t'ou^2 yün^1 ……头昏，晕眩；晕 yün^1，他处音 yün^4。
  雲彩 yün^2 ts'ai   ……雲。

　　　　应允 ying¹ yün³　　　　　　……同意，答应。
　　　　气运 ch'i⁴ yün⁴　　　　　　……幸运；国家的气数；运气 yün ch'i，个人
　　　　　　　　　　　　　　　　　　的幸运。
419 有 yu，存在；持有；拥有。
　　　是有无之有　　　　　　　忧油有右
　　　　忧愁 yu¹ ch'ou²　　　　　　……悲哀（内心感受和面部表情）。
　　　　香油 hsiang¹ yu²　　　　　……芝麻籽榨的油。
　　　　有无 yu³ wu²　　　　　　　参见本章 404 之下。
　　　　左右 tso³ yu⁴　　　　　　　参见本章 380 之下。
420 用 yung，使用。
　　　是使用之用　　　　　　　庸容永用
　　　　平庸 p'ing² yung¹　　　　　……平凡的：平 p'ing，平的，=不在水平之上；
　　　　　　　　　　　　　　　　　　庸 yung，这里指缺乏才智。
　　　　容易 yung² i⁴　　　　　　　参见本章 127 之下。
　　　　永远 yung³ yüan³　　　　　……总是，没有终止。注意：永 yung³，音近
　　　　　　　　　　　　　　　　　　于 yung²。
　　　　使用 shih³ yung⁴　　　　　……运用，雇用。

第八章　词类章
(THE PARTS OF SPEECH)

[**译按**]：原书第二卷之第八章"词类章"与第一卷之第八章"言语例略"内容大体相同。后者为中文课文，分13段，无段名；前者为英语译文和注释，亦分13段，各有段名，借用西方语言学的概念，讨论当时北京话口语的语法。现将两章综合为一章，并将英译文中涉及词类和语法分析的注释译出置于中文课文相关的词、句、段下的括号内；汉语字词的注音，则紧跟相应的字词。

本章分为以下十三段：

1. 绪论 (*Introductory Observations*)
2. 名词与冠词 (*The Noun and the Article*)
3. 汉语的量词 (*The Chinese Numerative Noun*)
4. 数，单数与复数 (*Number, Singular and Plural*)
5. 格 (*Case*)
6. 性 (*Gender*)
7. 形容词及其比较级 (*The Adjective and its Degrees of Comparison*)
8. 代词（人称代词，关系代词，物主代词，指示代词，个体代词，不定代词）(*The Pronoun [Personal, Relative, Possessive, Demonstrative, Distributive, Indefinite]*)
9. 动词的情态、时态和语态修饰 (*The Verb as Modified by Mood, Tense, and Voice*)
10. 副词，表时间、处所、数量、程度、等等 (*The Adverb, of Time, Place, Number, Degree, etc.*)

11. 介词 (*The Preposition*)
12. 连词 (*The Conjunction*)
13. 叹词 (*The Interjection*)

§1　绪论
(*Introductory Observations*)

1.1 看贵国的人，学我们的汉话，都像是费事得很，却是甚么难处呢？

1.2 唉，那难处不止一样，有口音 (*pronunciation*) 的难处，有单字 (*individual words*) 的难处，更有文法 (*composition*) 的难处。

1.3 怎么呢？外国人各国互相学话，看着像不用很多的工夫，难道我们这汉话，合贵国的话，全是两样的么？

1.4 那到不必说，天下各国的话，没有全不相同的地方儿。是人心裏的意思發出来，随势自然分好些神气 (*character of expression:* 神气 shên ch'i, *gait, air, attitude*)。有直说有无，有问，有令，有願望，有惊讶各词。比方，"这人死了"，"那人没死"，那是直说有无的话。"那人死了没有？"是问人的话。"斩那人罢。"是令人的话。"巴不得那人好了。"（译按："巴"，原书作"把"，今径改。）是願望的话。"可惜了儿那人死了！"是惊讶的话。这是鄙意，先生明白不明白？

1.5 那'儿不明白？这就算得文字语言的总例 (*a general law which affects all language, written or spoken*)，是中外各国人情自然相同之理。

1.6 可不是么？就是论及单字 (*single words*) 的那个难处，惟汉文独异。怎么呢？就是除了中国之外，是有文各国，写字各有笔画的定数 (*a given number of characters*)；这些笔画，各有本音 (*each with a sound of its own*)；如果把数笔连在一块儿，不但变成整字，还有指定声音的用处。

1.7 那清文 (*Manchu method of writing*) 颇有几分相似。汉文虽不相同，写的却分八笔 (*eight particular strokes*)，合贵国的笔画 (*letters*) 还不同么？

1.8 用法大不相同。写汉字原有八个笔画，笔画虽有本音，一作成整字，其音与笔画本音，并不相谐。就以那数目裏的"十 shih"字儿论，写的是横竖两笔，那横的本音"一 yi"，竖的本音"滚 kuên"，这两笔合成就是"十"字。一看就知道是专管字形，於声音毫无干涉。这就是外国人学汉字以为最难的地方。

1.9 外国人定音，还有甚么好法子呢？

1.10 是这么着，外国写字，有二十多笔画 (characters)，把笔画连成整字的理，用不了多大的工夫儿，就能了然；学会之後，遇见甚么字，都能定得準那个音。至若汉字，并没有準能定音的地方儿，没念过就不能知道，必得'察一察，察过一次，日後再见了，还是保不住不忘。

1.11 那是不错的。"忘记"这一层，我们汉人们倒不理会，是因为从小儿先认得的是单字 (single words)。

1.12 就是了，我们外国人，既是没念过贵国的书，看书的时候儿，未免有那单字的难处，等到把单字连缀成文，那作文 (composition) 的难处，就比单字更甚万分了。

1.13 听见说，外国的文，较比我们中国的省事些儿。

1.14 不错，是省点儿事。原来外国作文，其单字皆有一定之类 (particular category)。若欲将单字连成句读（句子和分句：读 tou⁴, [注意，不是 tu²]，句子内的分句），专有指定句法明文的书，那学者一目了然。贵国并无这些指定句法的书。成句都是记得书上记载的字样，句既作成，就可以连句成文。至於那单字，统分"虚 hsü"(empty or unsubstantial words)"实 shih"(solid or substantial words) 两大宗，这个理是我考察过了多少回，至今总没能透澈。

1.15 本字裡有正义 (regular or bona fide signification) 的，统谓是"实字 shih tzǔ"(substantial words)，其中要看用法，还有"死 ssǔ"(dead words)"活 huo"(live words) 之分。"虚字 hsü tzǔ"较难细辨。比方，"你不要钱么 ni pu yao ch'ien mo？"那一句，那"么 mo"字，本无正义（即，无法翻译），用之不过是因为指明订问的口气，就是"虚字"(unsubstantial word)。其馀的那幾个

字裡头，那个"不 pu"字虽有实义 (substantive meaning)，汉文裡头还算是"虚字"。那"你 ni"字、"要 yao"字、"钱 ch'ien"字，都为"实字"。至於那个"死字""活字"不同，就是"你""钱"这两个字，是"死"的；那"要"字一个字是"活"的。然而那"要"字，纔说是"活字"，在此处固然是"活"的，别处也能敲当"死"的用。著比"其要在速 ch'i yao tsai su（要点是从速）"这一句，那"要 yao"字、"速 su"字可不是"死字"么？再问这一句裡头，"活字"没有么？就是那"在 tsai"字必算是"活字"。又考这些字裡"虚""实"之分，就是那"其 ch'i""在 tsai"这俩字，虽然各有正义，在这儿仍算是"虚字"。

1.16 看起这个来，就是"虚字""实字"这些个名目，大有随时随势、能敲互相变通的理。

1.17 变通，是全能敲变通的，甚至於有人说，不论甚么字，都可以做"半活"(half a live word) "半死"(half a dead word) 的用。

1.18 我们英国话文限制死些儿，没有汉字那么活动。且将英文分两大端论之：一为单字 (single words)，一为句法 (laws of sentences)。那单字共分九类 (nine categories, the Parts of Speech 九类，词类）。是为单字之一端。至於连字成句、连句成文，那就是句法之一端。

1.19 敝国向来作文章 (essays)，也有分股 (the ku, pairs of sentences even in length) 分段 (the tuan, odd sentences) 的规矩。阁下刚说这句法，或者是那么样罢？

1.20 那却不同。贵国作文讲究的是句法 chü fa，专管那个字句的长短；我们成句之理，就是无论何句，必须"纲 kang"(subject 主语) "目 mu"(predicate 谓语) 两分，方能成句。何为"纲"？凡句内所云人、物、事等字眼儿为"纲"；何为"目"？论人、物、事的是非、有无、动作、承受，这都为"目"。看起这个来，仅有"死字"，没有"活字"，难算成句；较比起来，仅说"人""雨""马"这三个字，不添"活字"，实属有头无尾，焉能算是话？若是仅有"活字"，没有"死字"，其理亦然，不待言矣。"那人是好"，"下雨"，"那马快"，这三句语无賸义 (intelligibility is complete 语义完整)，所以纔成句。

分其"纲""目",就是这头一句裡,那"人"字为"纲",论"人"的"好不好"是"目"。第二句"下雨","雨"字是"纲",论起"下雨不下"是"目"。第三句"马"字为"纲",论起"走得快"为"目"。

§2 名词与冠词
(The Noun and the Article)

2.21 句段分为"纲""目"一层,中国也不是总没有此说,但是阁下所说的,单字分有九类,那是从前总没听见提过的。

2.22 那却自然。单字分类之说,汉话向无此理。英文裡头,凡有人、物、事、势等字样,应归单字九类中之一类,名曰"名目 ming-mu"(nouns 名词)。即如人、书、病、年,这四个字,都是"名目"。英国不分作文说话,凡有遇用"名目"之时,常有将某字加於"名目"之先,以便指出所提"名目",是否已经提过。这种字样,汉语裡虽然没有分晰(译按:请参见问答章之三,注91)明白,然遇势亦有分别"虚""实"之法。譬如,说"有个人来 yu ko jên lai","有一个人来 yu yi ko jên lai"(A person is come),一听这两句话就知道所论的人,并不是从前提过的,那说话的人心裡,还茫无定向,并不知道是谁呢。设若说话的人说:"那个人来了 na ko jên lai liao"(The person, that person, is come),听了的就知道来的是从前提过的那个人。如此分清了界限,那就是确然指明了。

2.23 我们这些"那 na"字、"这 chê"字原是分别彼此 (this and that) 之用。

2.24 这可自然,那个且等後来再说,就是这第二十二段裡(本章2.22),专用"那个人 na ko jên"的"那 na"字,却没有彼此之分,就为指定 (the definite article 定冠词),不是泛论。

2.25 汉话裡用那个"其 ch'i"字,好像合英文裡指定的字眼儿 (the definite article 定冠词),有时相合,也不能以为成例。

2.26 不错。即如"其馀的 ch'i yü ti"那个"其 ch'i"字,原是指定除了已经开除之外，所剩的都在裡头。还有"其要在此 ch'i yao tsai tz'ǔ"那一句，是专指最要的地方儿。至於像他那个人"其心不可问 ch'i hsin pu k'o wên"这一句，那"其 ch'i"字，不过是当"他 t'a"字讲。"名目"之前加增指定的字样，两国的话裡均有可捨（译注：原著作"舍"，今径改）之处，即如"人是万物裡最灵的"(Man is the most intelligent of all created beings)，"金比银重"(Gold is heavier than silver)，这两句裡，那"人""金""银"等字，都是总名(generic denominations 通名)，可以直说，不必加增某字的 (can be used without any article 不用加任何冠词)，还有人姓、地名等字样 (proper names 专名)，也是这么着。

§3　汉语的量词
(The Chinese Numerative Noun)

3.27 汉话裡头那名目 (nouns 名词)，又有个专属 (peculiarity 专门属于，特殊性质)，是这么着，话裡凡有提起是人是物，在名目之先可加一个同类的名目 (an associate or attendant noun)，做为"陪衬"的字。即如"一个人""一位官""一匹马""一隻船"，这四句裡头，那"个"字、"位"字、"匹"字、"隻"字，就是陪衬人、官、马、船这些名目的。这些陪衬的字，不但竟能加之於先，也有加在名目以後之时。比方，泛说马、船，也能说"马匹""船隻"。

3.28 又有本名目 (the noun proper) 刚已提过、接着再说的，就可以把陪衬的字做为替换之用。设若有人买了牛，他告诉我说："我昨儿买了牛。"我问他："买了多少隻？"他说："买了十幾隻。"这就是"牛"字作为本名目 (the noun proper)，那"隻"字就是陪衬的 (the attendant noun 陪衬名词)，有陪衬的替换本名目，本名目就不必重复再提了。

3.29 这替换名目的字样，不止於话裏常用，连诗文内也有可用之时。

3.30 总之，细察那陪衬字 (the attendant noun) 的实用，像是把一切能分不能分的名目、明白指出的意思。何谓"不能分名目"？即如"皇天"之"天"、"后土"之"土"，是独一无二、不能分晰的专项，那'儿有陪衬的字样呢？至於那些有类能分的总名目，要分晰时，此陪衬字样，颇为得用。其用谓何？乃能指出所说的名目、为总类之那'一项。

3.31 如今把那些陪衬的字眼儿（译按：原书第二卷第八章3.31有交代：此"陪衬字"下文即径称"量词"[These attendant nouns, therefore, will be spoken of henceforth as Numeratives]），连正主的各名目，一并开列於左（译按：原文旧式竖排，由右往左，故谓"开列於左"），为学话的便用。

量词依字母顺序排列
[The Numeratives arranged in alphabetical order]

盏 chan [numerative of lamps, e.g., 灯的量词，例如] 拏一盏灯来我要看书。"灯笼"却论"个 ko"不论"盏"。那"盏"字也当"碗 wan"字用，"一盏茶""一碗茶"都可以说。

张 chang 凡桌、椅、床、凳、弓、纸、機、罗这些字，用"张"字做陪衬，是因为象形稍有宽大的样子。

阵 chên [阵雨、大风、骚乱等的量词，例如] 一阵大雨、一阵大风、一阵吵闹。这个"阵"字本意原是打仗，因就著那忽然的形势，故用为陪衬字，彷彿是来的很急，不能等著的神气。

乘 ch'êng 那"乘"字，本是乘船、乘车、乘马的"乘"字。轿子有说"一乘"的，又有说"一顶 ting"的。

剂 chi 一剂药，是合好些味药做汤喝的。若是把好些味药配成丸药，那称为：一料药 yi liao yo。

架 chia 一架炮、一架鹰、一架鐘、一架房柁。"两架房柁"也能说"一对 yi tui"。

间 chien 四根柱子的中间儿，就为"一间"，故当房子、屋子这些名目的陪衬，可也得'分别著用。人若说"我买了房子"，那是买了一"所 so"、一"处 ch'u"，必是包括著好些间房子。说"那个房子好"，那就是统一个大门裏都算上。或问"那房子裏有多少间？"那人回答："有三十多间。"那都是那所儿房子裏头，不分大小，按各间而说。王公府裏，大约北面都有楼，上下两层，各分五七间不等。人要是在楼外分其间数，说是"五七间房子"；要在楼裏头，就说是"五七间屋子"。"我们俩在一个屋裏住"，这句话，是那几间屋子连到一块儿，出入都是由一个门走。或说"我们俩住一间屋子"，那是四根柱子的中间儿，一个单间儿。"这一溜 liu 房子有多少间？"是问这横连着的房子有多少。

件 chien [本义: 分开; 枚举]，这陪衬衣裳的字，是专用"件"字。到了"一件事情""几件傢伙""几件文书"这宗字样，要换别的字陪衬也可以，比方，说"一桩 chuang 事情""几样 yang 傢伙""几套 tʻao 文书"，都使得。

只 chih [本指"半雙儿"]，那"只"字陪衬的，是鸡、鸭、鹅、牛、羊、虎、船、箱等字，又有鞋、靴、袜、胳臂、手、脚、眼睛，都是原来成双的，要指一半而说，所以纔用这个"只"字，即如"那双 shuang 鞋丢了一只"。

枝 chih [枝杈或细枝]；一枝蜡。一枝花儿，是好些朵花儿在一块儿长着。一枝笔、一枝笛，可以说，也没有"一管 kuan 笔""一管 kuan 笛"说得多。"枝子 chih-tzǔ"合"枝"不同用，论兵，说的是"一枝子兵""一枝子勇"。

轴 chou [本指车轴]。一轴画儿，是一张裱了的条幅，因为底下两头儿露出木头轴儿来，故此纔说。还有诰封论"几轴"，也是一样儿的意思。

句 chü 这"句"字，就是陪衬"话"字的，不论口说笔写都行。

卷 chüan [书、文件等的量词]；一卷册子、一卷书。还是说"一本 pên 册子"（册 tsʻê，又音 chʻai），"一本 pên 书"的时候儿多。

炷 chu [本指灯心]；一炷香，是单说一枝香，若是好些炷用纸束在一块儿，那为"一股 ku"；五股在一块儿，为"一封 fêng"。

处 chʻu (处所)，"处"就是地方儿的意思。说"买了一处房子"，是一个院墙之内所有的那些间房子都在裏头，连单间没院墙的也可以说。

串 chʻuan [用线穿在一起, 如] 一串珠子、一串诵珠、一串朝珠、一串钱。诵珠、朝珠，也说"一挂 kua"。一个珠子，是带"颗 kʻo"字陪衬。

桩 chuang (桩子)，地裏打下去的大木橛子（chüeh²-tzǔ）叫"桩"。话裏说"有一桩事情"，是在多少事情裹，单指出一样儿来。常说的可是"一件事"。

床 ch'uang（眠床），一床被、一床褥子、一床毯子，都说得。

方 fang（方块儿），这"方"字就是做碎砖碎石的陪衬字。

封 fêng [本义：封邑；後指"封条"；引申为"密封"]。这"封"字，是做书信等字的陪衬。因为这个字本有含而不露之意，所以说"一封书子（原著误作"书字"，今径改）""一封信"。

幅 fu² [本音 fu⁴，又音 fu³（见下），条幅，纸张的量词]。"幅"合"张 chang"不同，与"条 t'iao"字近些儿，但是宽窄 [宽度 width，汉话用两个字表示] 没甚分别。"一幅笺纸"，就是"一张笺纸"。论布可以说"一幅 fu³（布的长度）儿布"，论绸子也有说"一幅 fu³ 儿"的。

副 fu [某些成双成对的东西的量词；本义是把东西一分为二；引申为] 一副对子（译注：原著误作"对字"，今径改）、一副环子，都是"一对"的意思。"一副钮子"可是五个。

桿 kan [大树枝，其为量词，则] 一桿枪、一桿秤、一桿叉。若是长枪 ch'ang ch'iang（指长矛，不是步枪 musket），说"一条 t'iao"也使得，其馀的却不能用"条"。

根 kên [本指地下根]，这"根"字陪衬的就是桅杆、旗杆、棍子、杆子、灯草、木头、头髪、鬍子等名目，都是按着形像说的。一根棍子，说"一条棍子"也行。

个 ko [除了其他意义之外，本指个體]，这"个"字的用处最多，惟独"幾个人""这个理""这个东西"，更是常说的。别处用"个"字都是活用。

棵 k'o 这"棵"字，就是专做树的陪衬，并没有别的用法。

颗 k'o [本指小脑袋；引申作任何小而圆的东西的计量单位]，一颗珠子、一颗首级，都是按那名目形像说的。是圆的东西，多可以分一颗一颗的。

口 k'ou（嘴），一口锅、一口鐘、一口刀、一口缸、幾口人，都说得。虽然这"口"字是这些名目的陪衬，独论人还有分别。总说男女的人数儿，是论"口"，单说妇女也是论"口"，至於专论男人，就说多少"名 ming（名字）"、多少"个 ko（个體）"。"一口刀"，原是兵器，"一把 pa 刀"也可以说，屠户用的，也是"一把刀"。那"一口鐘"的"鐘 chung"，是庙裡挂的，鐘裡头没有舌，有人撞，纔有声儿。

股 ku [本指大腿部位;道路的量词之一]，一股道，就是"一条道"(ku= t'iao)，文话"一股路"也说得。

块 k'uai（一片，一段）一块洋钱、一块墨、一块砖、一块匾，都可以说。这"块"字的用处，也是最广的，即如"拏一块银子""买一块毡子"（或，[有人]买一块钱的毡子）。

管 kuan（管子），"管"是中间儿空的横长东西的陪衬字，即如一管笔、一管笛、一管箫，要说"一枝 chih"也是一样。

綑 k'uên [本指扎成一束]，一綑柴火、一綑草、一綑葱，这些个都是因为有束在一块儿的意思。

粒 li [本义是米粒]，一粒米、一粒丸药，都是指那东西的形像而论。

领 ling [本指脖子]，除了"一领席子""一领苇箔"之外，别处不用为陪衬。

面 mien（脸），这"面"字就是做锣、鼓、旗、镜的陪衬字。

把 pa [本义是用手把握]，是有把儿 pa⁴-'rh、手裡可以拏的东西，都论幾"把 pa³"。比方一把茶壶、两把刀子、一把铲子（厨房用具）、一把叉子、一把扇子、一把锁头等类都是。椅子说一把 pa、说一张 chang，都使得。

包 pao [本义:裹起]，凡是收裹起来的，都可以用"包"字做陪衬，即如一包糖、一包烟土等类。

本 pên [本义是树干]，一本书、一本帐，都说得。"一本书"还可以说"一卷 chüan 书"，帐却不能说"卷"字。

匹 p'i [在所有意义中,其本义是马的计量单位]，陪衬"马"字专用"匹"字，至於驴、骡，说"头 t'ou"说"匹"都行，说"一个 ko"也有能用的时候儿。骆驼常说是"幾个"。

疋 p'i [原本写作"匹"，一匹四十尺]，"疋"字，专做绸、缎、绫、罗、纱、布等项的陪衬，必是两头儿不缺（如我们所说的"*the piece*"，即按固定规格生产或发售的"匹"），纔说得。

篇 p'ien [原指竹简，纸张发明之前，是在竹片儿上写字]，一篇文章（有长度的散文）、一篇赋（讲究韵律的文章）、一篇论（分四段论的文章；译按：即起承转合），都是成章的意思，所以用"篇"做陪衬。说"这书有多少篇儿？"那是论"张（译按：页）"数儿，合"成章"有点儿分别。

铺 p'u（铺开），除了"一铺 p'u¹ 炕（暖床 stove-bed）"之外，没有什么别的用处，床（ch'uang, bed）总得（译注：其英译文 you always use，表明此"得"当音 tei³，此字当作"得"）说"一张 chang 床"。那"铺店 p'u-tien（商店）"之"铺 p'u⁴"，是同音 (syllabically the same) 不同声 (a different tone) 的。

所 so（处所）；"一所房子"合"一处房子"相同，都是总论一个大门之内的。

扇 shan，扇，本是驱暑（Drive away heat[shu]: 驱 ch'ü¹，本义是驱赶野兽；赶走"暑 shu"即热）招风（invit air: chao fêng 招致微风）的东西，因为彷彿门的样儿，故此说"扇"。"那房子门窗不齐，还短四五扇。"

首 shou [本义：脑袋；引申：开头；这裏是诗歌的计量单位 a stanza]。"首"字单是做诗纔用，彷彿"限定首尾"的意思。诗家做诗，看题（looking to what is propounded，题，题目 = t'i mu）随做 k'an t'i sui tso，诗首多寡不定，各首句数不同，或有四句，或有八句，最多十二句、十六句，都是"一首"。那首数儿不是一定必要双数儿，做三五首、做幾十首都行。

抬 t'ai"抬"本是两个人或是数人，共举一样儿东西。出殡的能有六十四抬（抬棺人 bearers）[引申为，抬起来的东西，送来的礼物]。嫁粧至少的八抬，富家一百多抬都许用。送礼物的"抬"，都是双数儿。

担 tan 担 tan⁴，是一个人拿扁担挑着（译注：原著"挑着"后有"的"，系衍文，今径删之）[担 tan¹，挑着] 东西。"他挑着一担柴火 t'a t'iao¹-cho i tan⁴ ch'ai-huo"，是他挑扁担，扁担两头儿挑着柴火。若仅有一捆柴火，那是用棍子挑 t'iao³ 着，扛 [是扛 k'ang，而不是挑 t'iao¹] 在肩膀儿上。

刀 tao（刀子），"刀"就是"一刀纸"这一句话裏用的。本是幾十张纸搁平了，搭在一块儿，用刀力切得开的意思。

道 tao（道路），一道河、一道桥、一道墙、一道口子、一道上谕，都是有"条

t'iao"字的意思。京城前门外头，那桥是个"三道桥 san tao ch'iao（一座桥上三条道儿，一条挨一条）"。

套 t'ao [本指封套，套子；而今多指书套]，一套书，是幾本书套在一块儿。许是一部全书，也许是一部书分为幾套。一套衣裳，是一袍一褂，先穿袍子後套褂子。一套酒杯，是十二个酒杯，一个比一个小，能觳套在一块儿的。

条 t'iao [本义：枝条]，一条线（如单股线）、一条绳子（单股绳子）、一条带子、一条锁练子、一条狗、一条虹、一条理（例如事物的情理或原理）、一条街、一条道，这些都是常说的。到了一条河，也说一道河。

贴 t'ieh [本义：粘贴]，除了"一贴膏药"没别的用处。"一贴金箔 (gold-leaf)"，是十张搭在一块儿。

顶 ting（头的顶部），这"顶"字，就是做轿子、帽子的陪衬。

朵 to [蓓蕾]，除了"一朵花"没别的用处。那花没开之先，俗名叫"咕朵 ku-to 儿"。

梁 to [古义：前堂；又，射埓，即靶子；此处为"堆"]，一梁木头、一梁砖，是好些个砖木，在一块儿摆得齐整。

头 t'ou（脑袋），一头牛、一头骡子、一头驴，说一个骡子、一个驴、一个牛，也使得。惟独羊是论"隻 chih"不论"头"。[头 t'ou，是其他许多名词的量词，诸如大蒜，头饰，帽饰，等等。]

堵 tu [古时墙长五十尺为一"堵"]。"堵"是做"墙"字的陪衬，用"堵"字"道 tao"字都是一样。

堆 tui "堆"字合"梁 to"字彷彿，也能说一堆木头、一堆砖、一堆土等类（等类 têng lei，同等的，同类的，同种类的，同质事物）。但"梁"是摆得整齐，"堆"是摆得杂乱。

顿 tun [原义：叩首至地；後来指一阵或一次；引申为一餐]，一顿饭、一顿打，用这个"顿"字做陪衬，似乎因为有些儿足了的意思。

座 tso [本义是床座；座位；瓶座，等等]，一座山、一座坟、一座庙、一座塔、一座城，都说得。

尊 tsun [本义是尊敬，尤其是对官员或父亲。注：大炮特受尊敬，某些情况下指献祭。参见下面的"位"], 一尊炮, 也说一位炮、一架炮。

尾 wei(尾巴), 一尾鱼, 还说一条 t'iao 鱼。

位 wei "位"字的本义, 无论是人是物, 或坐或立, 各归其所就是了。三位大人①、一位炮、幾位客。

文 wên [原指任何种类的条纹；後来指文字、文章], 那"文"字除了铜钱之外, 不当陪衬字样。一文钱, 常说是"一个大钱"。或问"这东西要幾文钱？"答的是"多少大钱"。用这"文"字的原由, 是出於周朝铸钱的时候②, 钱身加上文字的缘故。

眼 yen(眼睛), 就是说井, 用这个"眼"字作陪衬。

注：

① 三位大人：在德语、法语、意大利语, 以及其他语言中, 普通名词的散数形式多用另一适当的名词临时借代来表示, 英语更是如此, 用同位之名词, 而非通过量词, 例如说到贵族身份的长官, 他们会用 *messieurs les députés* 等等说法。法语会将"这一位炮"译作 *monsieur le dit canon*. 譯按："位"用于炮例, 见魏源《圣武纪》："购夷炮数位或十余位。"

② 周朝 Chou dynasty：三代的最后一朝, 据说大约在公元前 256 年被推翻, 起事的郡主平定了他的兄弟们的封邑并使自己成为全中国的君王。

§4 数, 单数与复数
(Number, Singular and Plural)

4.32 所有陪衬字眼儿, 既已讲毕, 今再论名目单数多数之分, 就是汉话分单数儿、总数儿, 有好些个法子, 有本名目不加数目字眼儿、可以当数目字用的, 有重用名目的字、可以当数目用的, 有用这"众、多、多少、好些个、都、均、全、大家、诸、凡、等"这些字的：

众 chung (*all, a multitude*); 均 chün (*all; specially, both*);

多 to (*many*); 全 ch'üan (*the whole, entire*);

多少 to¹ shao³ (*how many*)? 大家 ta chia (*all the persons*);

多少 to¹ shao (*a large number*); 　　　诸 chu (*all*);

好些个 hao hsieh ko (*a good many*); 　　凡 fan (*all whatever*);

都 tou (*all*); 　　　　　　　　　　　　等 têng (*a class, a sort*).

（译按：注意：“多少"有二，音义有异，一是问"多少？"一是强调数量大。）

到了要说名目的数儿，又有把数目字加在上头的，也有先提名目、後加上数目字的。

4.33 即如：

听见众人（chung jên，所有人，每个人）说，来的人很多（hên to，许多，数量很大）。

4.34 有多少？有好些个（hao hsieh ko，大大的数量）。

4.35 都 tou 是甚么人？均（chün，全，都）属良善。

注：“都 tou"显然表示主语是复数，否则没法儿翻译。（译按：此话是针对英译文句中的主语 They 说的。）良善 liang shan, 善良，好市民，反义词是"兇恶 hsiung ⁿo"，凶狠邪恶。

4.36 为甚么全（ch'üan，全部）来了？大家（ta chia，全部）有公事，求诸位（chu wei，您几位先生，各位尊敬的阁下）办理。

4.37 凡事（fan shih，所有事情）有个头绪。这些人等 jên têng，自然就回去了。

4.38 "来了多少人"那句话，也可以当"来了许多 hsü to 人"讲。

注：若"少"发音短 [*that is, if shao be not intonated*]（译按：即读轻声），就是"许多"的意思。

4.39 "有人来"这句话，不能定是一个人来。是多少人来？有两个人来，有三个人来，这都说得。三个人以上，常说得是"幾个人"。

4.40 说"好些个人（hao hsieh ko jên，相当多）"，是人数较多些儿（数量尚可。较 chiao, 比较；这里是，且常常是，相当于，颇，有点儿），似乎一看数不清。

4.41 他们家裏（那家的成员）那些人们 na hsieh jên-mên 狠不和睦（"不"在"和睦"前，相当于英语的 un 之于 unfriendly, dis 之于 disagreeable；同样的，太不雅 t'ai pu ya, 即非常粗鲁或不礼貌）。

4.42 话裏不提人，用不着"们 mên"字。

注：应该指出，"们 mên"可使大部分称人名词和人称代词成为复数。你可以说"那

些爷们 na hsieh yeh-mên""大人们 ta-jên-mên""客商们 k'ê-shang-mên";不过通常名词前要加指示代词或定冠词 (*a demonstrative pronoun or the definite article*)。"爷们 yeh-mên""娘儿们 niang-'rh-mên"既是单数又是复数 (*both as singular and plural*):"你们的爷们都散了么?""有个娘儿们来"。音节 mên 在 "这么着 chê-mo-cho""那么着 na-mo-cho"中变为 mê 或 mo,"着"cho,也许是讹用古代关系代词 (*classical relative*) "者 chê"。

4.43 "他来的是卖牛羊 t'a lai ti shih mai niu yang"这句话,必不是卖一隻牛一隻羊的意思。有人说他要"卖隻牛 mai chih niu""卖匹马 mai p'i ma",卖的一定是一隻牛、一匹马。

4.44 "这间房子 chê chien fang-tzǔ"是单说一间,"这房子 chê fang-tzǔ",是间数儿不定。[参见量词"间 chien"]

4.45 [以下例子说明复数形式之种种]

有人来了。(*There are some people come.*)

是幾个人?(*How many?*)

四个人。(*Four.*)

那些人做甚么来?(*What are they come about, those people?*)

他们是拉了幾匹马来。(*They have brought some horses here.*)

那幾匹马是谁要买的?(*Who is going to buy the horses?*)

不是都要卖的,买一匹也可以。(*They are not all going to be sold; one may be possibly bought.*)

我不大很要买马。(*I don't much care to buy horses.*)

§5 格
(Case)

5.46 英国用名目 (*noun*),限定三个式样 (*three distinct modes*),都是随势变用。汉话裏既是没有这个分别,只好对付着(tui fu cho, 权且, 临时凑合)分出三等 (*a series of three places*)。请看以下四段,就是分三等先後的榜样。

主格，回答"谁""甚么"和"哪一个"
[The Nominative, as answering the question Who, What, Which]

5.47 那茶碗是谁砸 tsa² 得？是那小孩子砸得。

> 注：注意，本句可变换为"砸得那茶碗是谁？"得，在言语中 tê 音不如 ti 音常用；最好把它视为紧跟动词的动词词缀，而随后两个例句的"写得"中都有"得"，不论你如何解释都行：*Who is it that wrote these words?* 或是 *Whose writing are these words?* 后一种说法，把"是"当作实在的动词，主语就是"字"，而在前一句里，则是视为宾语。

5.48 这个字是甚么人写得？是姓张的那个人写得。

> 注：注意"那个人 na ko jên"跟在"姓张的 hsing Chang ti"之后。"是那个姓张的 shih na ko hsing Chang ti"，既可以作句子的开头，也可以作句子的结尾。

5.49 畜生裏最灵的甚么？最灵的是狗。

> 注：畜生 ch'u⁴ shêng，动物，兽；又用以指人，是骂人的话，跟英语一样；畜，又音 hsü，饲养；六畜 liu ch'u，六种牲畜，即马、牛、羊、家禽、狗、猪。

宾格，回答"谁""甚么"和"哪一个"
[The Objective, as answering the question Whom, What, Which]

5.50 那小小子儿打得是谁？他打的是那妞儿。

5.51 那樵夫在那儿做甚么呢？他在那儿砍树枝子呢。

> 注：樵夫 ch'iao fu，打柴的人；樵 ch'iao²，采集柴火，即砍树枝子 k'an shu chih-tzǔ。

所有格，回答"谁的"或"甚么的"
[The Possessive, as answering the question Whose, or of What]

5.52 他把那本书丢了。丢得是谁的书？是我的那本书。

> 注：谁的书：的 tê，一般發音为 ti=一个，或那一个；例如，丢得那一本是谁的书？关于这个结构的正确解析，可能是这样：丢得 tiu-tê，丢失了的；[有人] 丢得 [一本书；那本书] 是谁的书。"谁的 shui ti"中的"的 ti"，显然 = 得 tê，获得，拥有；谁拥有的，被谁拥有，谁的书。比较回答：那是我——拥有的书，那本书属于我，= 我的。

5.53 你那本书不是送给他么？不是送给他的，是借给他的。

注："那本书 na pên shu" 前的 "你 ni" 充当物主代词 (the possessive pronoun)，而不是作 "送 sung" 的主语 (the subject)，在 "送" 前面引进另一个 "你 ni" 倒差不多。注意两个 "的 ti" 都 =tê，而且都充当如我们所说的分词屈折变化形式 (participial inflexion)，即如从 give 到 given、从 lend 到 lent。

5.54 你跟他要他的那本，补你的罢咧。他那一本合我的不一样。

5.55 你是那'一天借给他的？就是前天借给他的。

5.56 你为甚么借给他呢？他在街上遇见我拏着这本书。他合我借，我不肯。

5.57 你不肯，他怎么得拏了去呢？我说不肯，他打我手裡硬抢了去，说後天还我。

注：把 "拏了去 na liao ch'ü" 看作 =abstraho，而 "得 tê" 则看作是 abstraxi 的屈折变化形式；比较并行结构中语助词 avoir 和 avere。打 ta，从；他从我手裏，使劲儿抢夺去的；字面上是，不由分说，行为莽撞。

5.58 他实在可恶。你以後不可合他穿换。

注：穿换 ch'uan huan，私人交往；穿 ch'uan，通过，比如以线穿物；换 huan，交换。

下面是分三等的例
[The following show the three Cases]

5.59 "那贼匪烧过我们老人家的房子"这一句裏，按着英语的说法，"贼匪 tsei-fei（不法之徒）"是头等 (the first place in the series; the nominative case 主格)，"房子 fang tzŭ" 是二等 (the second; the objective case 宾格)，"老人家 lao jên chia" 是三等 (the third; the possessive case 所有格)。

注：我们老人家：我的父母，注意是用 "我们 wo-mên" 取代单数 (instead of the singular)；"我老人家 wo lao jên chia" 也不错，但在俗语裏它又指 "我自己"。说法 shuo fa，即语法 (grammar)，通常表示短语 (phrase)，表达方式 (mode of expression)。

5.60 怎么见得呢？一问一答就瞧出来了：

放火的是谁？是那贼匪。

烧的是甚么？是房子。

是谁的房子？是老人家的房子。

5.61 总之，那名目，不论甚么，是"行的"当为头等，是"受的"就当为二等，是"归为的"就当为三等。

注：行的 hsing ti, 动因 (agent), 發出动作的 (the one that acts); 受的 shou ti, 承受动作 (acted on), 使承受 (subjected), 接受动作的 (the one that receives); 归为的 kuei wei ti, 持有者 (possessor), [财产] 拥有者 (the one to whom [the property] belongs); 归 kuei, 返回 (to return); 比较"归属 (re-vert)"。

§6 性
(Gender)

6.62 人分得是男 nan (man) 女 nü (woman), 禽兽分得是公 kung (male) 母 mu (mother)。凡死物 (no inanimate thing 无生命的) 都不分阴阳。山、水、木、石，都算是死物。

注：阴 yin, 天然雌性的本性；阳 yang, 天然雄性的本性。注意"死物 ssǔ wu"这个词。

6.63 [性别有时有特殊标志，有时没有；例如] 那边儿坐着的一个爷们，一个娘儿们，是夫妇么？不是，是兄妹。

6.64 我买了七隻小鸡子，有两隻公的 (cocks), 五隻母的 (hens)。

6.65 儿马 êrh ma (stallion 雄马) 是公的，骒马 k'o ma (mare 牝马) 是母的。

6.66 犦牛是公牛，母牛是母牛。

注：犦 mang[1], 本指有黑白花斑的公牛或母牛；口语里不说。译按：英译文强调汉语"口语"说公牛 kung niu, 母牛 mu niu。

§7 形容词及其比较级
(The Adjective and its Degrees of Comparison)

7.67 那名目的实字 (nouns substantive) 若要分项定等，必得'加字眼儿'[①]。实字像是

[①] 译注：此句"得"字原书作"得"，今据原著第二卷 497 页英译文 (other words must be added to them) 径改。

为主似的，分项定等的字眼儿 (*its adjective*) 是辅助的 (*the auxiliary*)。

注：分项定等：修饰，限定 (*qualifying*)；分项 fên hsiang, 分出类别 (*dividing into sorts*)；定等 ting têng, 确定等级 (*determining ranks*)。辅助，支持与帮助，例如大臣对他的君主；辅 fu³, 本指上颌或面颊；引申为车两旁防止车轮脱落的木头夹板。

7.68 比方，单说"好"，一个字，是空说，没有着落；"好"字之外，必得'加上或人或物的名目，那"好"字纔有分项之用。

注：着落 cho lo, 探测见底了，任何东西的确切下落。一件事情令人满意地办妥了的时候，你可以说"有着落了"。

7.69 譬如，"这是个好人 (*This is a good man*)""那个人好 (*That man is good*)"这两句话，那"好"字是品评人 (*to characterise or describe the man*) 的字眼儿。

注：品评：描绘、刻画其特性。字面上是，辨识种类与素质。

7.70 "这个纸白，那个纸红"，这"红""白"两个字，是分纸项的 (*different kinds of paper*)。

7.71 "粗纸""细纸"，"这个纸粗，那个纸细"，这幾句话裹头那"粗""细"两个字，是分等的 (*distinguish the degree*)。

比较级

[*Degrees of Comparison*]

7.72 至於用那辅助的字眼儿，也得'分层次 ts'êng tz'ǔ (*gradation, succession of layers*), 看以下这一章就知道了。

7.73 他聪明。(*He is intelligent.*)

你更聪明。(*You are more intelligent.*)

你比他聪明。(*You are more intelligent than he.*)

这些人裹最聪明是他。(*He is the most intelligent of all these people.*)

他比他们那些人聪明。(*He is more intelligent than those people.*)

他比人都聪明。(*He is more intelligent than anyone.*)

他是天底下最聪明的人。(*He is the most intelligent man in the world.*)

7.74 那是做不来的。(That is impracticable.)

那更是做不来的。(That is more impracticable.)

注：更 kêng 与是 shih 的位置可以置换，或于 shih 之后加一"再 tsai"。

那越发做不来的。(That is more impracticable still.)

这些法子顶做不来的是那个。(Of [all] these methods the most impracticable is that.)

7.75 京城里头的房脊，顶高的是皇宫。(The highest roof in Peking is that of the Emperor's palace.)

7.76 他的钱比我的钱多。(He has more money than I. 或，His fortune is larger than mine.)

7.77 我比不起 pi pu ch'i 他的能干。(My abilities are not to be compared to his.)

7.78 他身量 shên liang⁴ 高，我的身量矮。(He is taller than I. 或，I am shorter than he.)

7.79 他们俩说官话，那'一个强？(Which of those two speaks the better mandarin?)

姓李的强些儿。(Li is rather the better speaker of the two.)

7.80 这三个人的学问 hsiao-wên，那'一个强？(Who is the most learned of these three?)

注：注意，形容词"强 ch'iang"在这里是"最强 (strongest)"，因为比较对象超过了两个；上一句里的是"较强 (stronger)"，因为只是两个人作比较。

还是姓李的强。(Also Li.)

§8 代词
(The Pronoun)

人称代词
[Personal Pronouns]

8.81 人说话时，称 ch'êng 自己为"我 wo"；"我"向谁 shui 说话，称谁为"你 ni"。你、我、偺们两个之外为"旁人 p'ang jên" (the third party)，你、我提起旁人，称为是"他 t'a"。

注：注意跟"称"相关的结构——我向谁 (whom, whomsoever,=anyone) 说话，称谁 ch'êng shui 为你。汉语总是按照这种关系，即对于其先行词 (their antecedents) 和

关联词语 (*the correlative conjunctions*) 来说是模糊不定的关系 (*indefinite relatives*) 来表述，正如这里被重复的，尤其是动词和代词；例如，你要多少，可以拿多少 (ni yao to-shao, k'o i na to-shao)；是人是物，随找随用 (shih jên shih wu, sui chao sui yung)；随 sui，这里的和常用义是按照 (*according to*)。比较：根据 (*sequor, secundum*)。

8.82 称的若不止一个人，为"我们 wo-mên (*we*)""偺们 tsa-mên (*we two, or, all of us concerned*)""你们 ni-mên (*ye*)""他们 t'a-mên (*they*)"。

8.83 汉话裡头提起禽兽来，"他 t'a"字可以说得，论死物 (*inanimate things*) 那"他"字不大常用。

8.84 提起狗来可以说"他 t'a 会看家"。问人"那桌子挈了去了么？"就答"挈了去了"，不能说"挈过他去了"。

  注：提起狗来：注意"来 lai"，助词 (*auxiliary*)，跟在"狗 kou"后面；"狗"，是"提起 t'i ch'i"的宾语 (*the object*)。

关系代词

[Relative Pronouns]

8.85 ——

1. 我去拜的那个人 (*whom*) 没在家。

2. 你去拜的是谁 (*whom*)？

3. 是从前教我说官话的一位先生。

  注：官话：政府使用的语言 (*mandarin*: kuan hua, *the spoken language of government*)。注意量词的位置，"位"前的"一"，= 不定冠词 a，在它前面而非后面，是由带"的 ti=tê"的词语构成的作定语的名词。译按：本句中文未出现关系代词，而英译文有引导分句的"who"。

4. 他姓甚么 (*what*)？

5. 姓张。

6. 是在虎皮衖衖住的那张家的么？（译按：本句中文未出现关系代词，而英译文有引导分句的"who"。）

7. 再说是甚么 (*what*) 衖衖？

8. 我说得是虎皮衚衕。在东大街南头儿路西裡、第四条的那个衚衕。

   注：南头儿第四条，字面上是，是那个衚衕 [由"在 tsai(to be, or, to be in or at)"和"的 ti/tê"之间所有的词所描述，用我们的话来说，就是使"在 tsai"发生屈折变化 (inflects tsai)。]

9. 那倒不是张先生住得衚衕。他住得是城外头。（译按：本句中文未出现关系代词，而英译文有引导分句的"which"。）

10. 他如今教的是谁 (whom)？

11. 他教的有俩人 (both)，都是我的亲戚。

12. 教他们甚么 (what) 功课呢？

    注：功课 kung k'o, 学业，作业；功 kung, 工作；课 k'o, 本义是考试。

13. 教那个大的办文书，小的念"四书"。

    注：文书 wên shu, 官式文件，区别于"文章 wên chang", 优美的作文。"四书 (The Four Books)"：注意，《大学》(Ta Hsio), 给成人学习的；《中庸 Chung Yung》, 中间，适度；《论语 Lun Yü》, 孔子语录；《孟子 Mêng Tzǔ》, 孟子的学说。

14. 他们俩那'一个 (which) 见长？

    注：见长 chien chang, 看得见的成长发展。

15. 我看那小的比大的强。

16. 你纳现在看的是甚么 (what) 书？（译按：你纳，= 您）

17. 还是你去年送给我的那 (that) 一本书。

8.86 说"谁 shui"字儿，就是提人纔用得。说"甚么 shêⁿ-mo"说"那'个 na ko", 这俩字眼儿，提人提东西都用得着。

   注：记住"na"表疑问 (interrrogative) 的时候是 na³, 表指示 (demonstrative) 的时候是 na⁴。

8.87 叫你来得是谁 shui？

   叫你来得是甚么人 shêⁿ-mo jên？

   叫你来得是那'个人 na ko jên？

   注：注意这三句里的"的 ti""得 tê"都一样常用 (ti is as often used as tê)。

8.88 你要甚么 (what) 来？

我要那茶碗来。

你在这儿做甚么 (what)？

我在这儿拾到屋子。（译按：拾到，今作"拾掇"）

8.89 "你爱喜是那'一个 (which) ni ai hsi shih na yi ko？" 说人说物都使得。

8.90 他在那儿办的是甚么事 (what)？

办的是甚么事 (what)，他还没告诉我说。

8.91 他实在要的是这们着 (this)。

复合关系代词

[Compound Relative Pronouns]

8.92 —

1. 所有 (whosoever or whatsoever) 犯法的总得'究办。

    注：所有 so yu，无论什么人无论什么事 (whosoever or whatsoever)；总 tsung，全部，得'tei，必须，审判与惩罚。

2. 无论是谁 (any persons) 犯了法，就得'究办。

    注：无论 wu lun 是谁，任何人 (any persons)；就 chiu，结果是，因此。

3. 无论是谁 (whosoever)，该赏，我必得'赏。

8.93 —

1. 那贼很兇，遇见谁 (everyone) 都杀。

    注：谁,（遇到的）每个人 (everyone)。

2. 凡 (whoever) 有进入内地，必得'领执照。

    注：凡，无论什么人 (whoever)。执照 chih chao，护照 (passport)；执 chih，拿在手中；照 chao，用于出示的证明。执照，是那种从官方领出的各种普通文件。在"内地 nei ti"之后，省略了"的人 ti jên"。注意：在中国，"内地 nei ti"又跟"外国 wai kuo"相对。

3. 那话是假的，凭 p'ing 谁 (who) 说都不可信。

4. 凭他保举是谁 (whoever)，都得'陞赏。

5. 他叫我办甚么 (whatever)，我必得'办甚么。

6. 我不是叫你把那边所有的 (whatever) 书都拏过来么？

7. 原是。还有 (any) 我没拏过来的么？（译按：本句中文未出现关系代词，而英译文有引导分句的"any that"。）

8. 立柜裡头 (that) 还落下了一本。

物主代词
[Possessive Pronouns]

8.94 —

1. 他不是你的 (your) 父亲么？

2. 不是。是我的 (my) 哥哥。

3. 哦，他的 (his) 岁数儿多大呢？

4. 比我 (mine) 大二十多。

5. 那一本书是你的 (yours)？是你借来的？

6. 是我本人的 (my own)。

7. 哦，是你託那姓张的给你买的么？

   注：注意：给你 kei ni = 我们所谓的 "与格 (the dative case)"；的 ti, 关系词 (relative)，表 "人 jên" 和 "书 shu" 的关系。

8. 不是。是我本人 wo pên jên (myself) 买的。

9. 你今儿上东花园儿逛逛罢？

10. 不行。我今儿有差使。

    注：不行 pu hsing, 是 "我不能行 wo pu nêng hsing" 的省略。

11. 交给我替你当，好不好？

    注：当 tang, 担当，承担。译按：替你当，英文 to take your duty, 有物主代词 your。

12. 费你纳的心。必得'我自己 (myself) 办的。

    注：费心 fei hsin, 如前所注。注意：得 tei = 得要 tê yao, 必须。办 pan, 迅速办理；的 ti, 那 [是必须由我自己办理的差事]。

13. 你 (*your*) 各自各儿办，合别人 (*anyone else's*) 办有甚么不一样？

    注：你各自各儿 = 你自己 (*you yourself*)。合 hai, 跟……比 (*compared with*)。一样 i yang, 一码事，相同。

14. 不但是我本人的 (*myself*) 责任，而且我自己各儿 (*myself*) 不办，必招上司的挑斥。

    注：注意：各自各儿 ko-tzǔ-ko^3-'rh= 自己各儿 tzǔ-chi-ko^3-'rh = 自己 (*self*)。挑斥 t'iao ch'ih, 大声斥责。

15. 谁告诉上司？

16. 不用人告诉他们。他们自己 (*themselves*) 就查得出来。

指示代词
[Demonstrative Pronouns]

8.95 —

1. 这两匹马那'一个好？（这）

2. 依我说这一匹好，那一匹不好。（这，那）

3. 那一道河的两岸，那'一边儿好？（那，哪）

4. 那一边儿有景致，这一边儿荒些个。（那一边儿，这一边儿）

    注：荒 huang, 荒芜，没有树木，或未经耕作的，或既无树木又未经耕作的。

5. 这些牛你都买了么？（这些）

6. 这三个黄的是我的，那幾个黑的是他买的。（这三个，那几个）

7. 你拏我这些东西作甚么？（这些）

    注："我 wo"不带"的 ti", 然而，在此，= 所有格 (*the possessive*)。

8. 不都是你的。（译按：本句中文未出现指示代词，但英译文 They are not all yours 表明句中有隐性指示代词"它们 (*they*)"复指上句的"这些东西"。）

9. 那'一个不是我的呢？（哪一个）

10. 这一样就不是你的。（这一样）

11. 就是了。这一个我可不要，那些个你搁下罢。（这一个，那些个）

    注：可 k'o, 在"不要 pu yao"前，减弱直接肯定的语气。

个体代词
[Distributive Pronouns]

8.96 —

1. 国家的百官各人有各人的差使。（各人）

    注："各人"音 ko^2 jên，而不是 ko^4 jên。

2. 他们俩人，各人有各人的办法。（各人）

3. 赌钱的，各自各儿下各自各儿的注。（各自各儿）

    注：注 chu，赌注；下注 hsia chu，放下自己的赌注。

4. 那两个主意都不好用。（译按：本句中文亦无个体代词，但英译文 Neither of those propositions is a good one，表明原编者认为有像英语里的"one"那样的个体代词。）

5. 那一天有两个人给他出主意听谁的都可以救他的命。可惜那两个主意他都没肯听。（译按：同上句，表明原编者认为有像英语里的"either"那样的个体代词。）

6. 他问我赁房子是长住是暂住。我说怎么着都可以。（译注：同上句，表明原编者认为有像英语里的"one"和"either"那样的个体代词。）

7. 这个单子，你们俩不论谁抄都可以。（译按：同上句，表明原编者认为有像英语里的"either"那样的个体代词。）

8. 他们俩每月三次回家，每次准一个人回去。（每次）

9. 明儿个怕有事，你们俩总得'留下一个人，不论谁都使得。（译按：同前，表明原编者认为有像英语里的"either"那样的个体代词。）

10. 他那一天喝醉了，遇见人就打。（译按：同上句，表明原编者认为有像英语里的"everyone"那样的个体代词。）

11. 你不是说那贼都是脑袋上缠着红布么？

    注："都 tou"使"贼 tsei"成复数。

12. 全缠不缠，我可不知道。我见的是个个缠着红布的。（个个）

    注：个个 ko^4 ko^4，每一个。

13. 他们俩人，你爱喜那'一个？（哪一个）
14. 不论那'一个我都不爱喜。（哪一个）
15. 你们这些人进来的时候儿，个个儿都得'带腰牌。（个个儿）

　　注：腰牌 yao p'ai，挂在腰上的徽牌；带 tai，特指如束腰带那样，但也自由地用作"携带""带领"。

16. 你看这两个那'一个好呢？（哪一个）
17. 那'一个都好。（哪一个）
18. 这两样儿玉器，你要那'一个？（哪一个）

　　注：两样儿玉器，这两个玉器是两个种类，造型不同，质量不同，或其他方面不同。

19. 两个都好。要叫我挑一个，那'一个都使得。（哪一个）

　　注：挑一个 t'iao i ko，如果要选一个，哪一个 na³ i ko，任何一个；使得 shih tê，好的，可行的。

不定代词
[Indefinite Pronouns]

8.97 —

1. 那瓷器，他要买那'一个呢？（哪一个）
2. 通共他都要买。
3. 你要买的是那'一件儿？（哪一件）
4. 我都不要买。（译按：本句英译文出现不定代词 *any*。）
5. 是你有理，是他有理呢？
6. 众人都说是我有理。（众人 *everybody*）
7. 他家裏那个病闹得利害。除了他一个人，其馀都死了。（其馀的）

　　注：注意，那个 na⁴ ko，用在"病"之前，虽然是译作"*the disorder*（这种疾病）"。

8. 那一件事是人都能明白。（是人）

　　注：是人，任何人 (*anyone*)。

9. 那件事他为甚么不找人打一个主意？（[找] 人 *someone*）

10. 没有人能替他打算。（[没有]人 one）

    注：替 t'i，替代，代理；打算 ta suan，进行思考。

11. 那'儿呢！这宗事情，是人都可以打算。大家都说这个人执拗，不肯听别人的主意。（是人，别人 anyone）

    注：执拗，固执，任性；执 chih，紧紧地抓住；拗 niu，拧，扭曲。

12. 他实在可怜，人人都不管。不但人家都不管，而且还有很恨他的。（人人，人家）

    注：管 kuan，感兴趣 (take an interest in)，照顾 (to look after)。

13. 啊！有幾个？数得出来么？（几个 how many）

14. 你算是幾个？（几个）

15. 我算着有五个人。

16. 我想不止五个人，还多得很呢。

17. 有人告诉你么？（有人 anyone）

18. 不错，有某人告诉我说，有某家幾个人，就很不喜欢他。（某 someone）

8.98 —

1. 哎呀，你买的这个煤是多少斤？（多少 how much）

2. 共总八百斤。

3. 怎么买这么多呢？（这么多 so much）

4. 你说的得'买好些个。（好些个）

5. 我说好些个，也不要这么多。（这么多）

6. 你不要这么些个，还可以转卖给别人。（这么些个）

7. 你是多少钱买得？（多少 how many）

8. 是四吊钱一百斤买的。

9. 哎！买得这么贵！是在那'一个铺子裏买的？（这么）

10. 是平安街泰兴煤铺。

11. 他这么贵，你为甚么不到别处去呢？（这么）

12. 离这儿左近，没有别的煤铺。（这儿）

    注：左近 tso chin，附近；左 tso，是"左右 tso yu"的省略。

13. 那'儿的话呢！我那一天上平安街，看见好几个煤铺呢。（好几个）

14. 往远些儿铺子是有，他们还是彼此通气儿。（远些儿）

15. 虽是通气儿，还可以还价儿，不能这儿要多少，那儿也是要多少，都是彼此相衬的意思。看煤也不见很好，这宗煤要卖四吊钱一百斤，实在是岂有此理！（多少）

16. 我彷彿记得去年这宗煤，还贵些儿。（些儿）

17. 别的不别的，这斤数儿太多，我可不能全买，凭你拨出幾成，转卖给别人罢。（几成）

18. 你不全要，到底要多少？（多少）

19. 留下个三四百斤就彀了。

20. 那煤价呢？你给不给？

21. 改日再给罢。（译按：改日，英译文作 another day）

§9 动词的情态、时态和语态修饰
(The Verb as Modified by Mood, Tense, and Voice)

9.99 英国无论人、物，所有议及是"为的 (being)"，是"做的 (doing)"，是"受的 (suffering or receiving)"，这宗字样，都归为那九项之一。汉文并没有这个限制，较难创出个专名子来，就是那"活字 huo tzǔ"这字样 tzǔ yang，虽不能算是儘对的，权用也无不可，容我把两国随用的那活字，有相对有相反的地方儿，勉强做个榜样。

注：所有 so yu，全部；议及 i chi，议论到；为 wei，是；做 tso，幹，作；受 shou，接受。创出 ch'uang ch'u，创造，发明；专名 (a special term)，专用名称。容我 jung wo，请允许我；勉强 mien ch'iang，努力；又用于谦逊地说自己能做什么；做个榜样 tso ko pang-yang，给出相对 hsiang-tui（相对应，一致 corresponding）的榜样（样板，模范 example）和相反 hsiang-fan（对比，形成反差 contrasting）的榜样，列出两国

的动词（活字 verb）。随用 sui yung，依其使用环境。

9.100 即如有汉人说"马跑 ma p'ao、鸟飞 niao fei、虫扒（译按：今写作"爬"）ch'ung p'a、鱼游 yü yu"这幾句话，既是这么接连着，所说的必是"马类都是跑的，鸟类都是飞的，虫类都是扒的，鱼类都是游的"这个意思。

9.101 或是偶尔听见旁人说"马跑 ma p'ao"那句话，必算他专指有匹马正在跑着，究竟常说的是"那个马跑 na ko ma p'ao"。（译按：原书中文第九段 101 作"那马跑"，英译文作"那个马跑"）

9.102 "他念书 t'a nien shu，我写字 wo hsieh tzǔ。"这两句所论，是现在我们俩正在那儿做这两件事，或是向来各人如此分课的意思。

9.103 有问的："你们俩在那儿都是睡觉么？"若一个人醒着一个人睡，其答法各有不同，

  如云：他睡我醒着 t'a shui wo hsing-cho。

    他睡觉我醒着 t'a shui-chiao wo hsing-cho。

    他是睡觉，我醒着 t'a shih shui-chiao, wo hsing-cho。

    我是醒着 wo shih hsing-cho。

——这些样子都无不可。

9.104 以上这幾句裏用活字 (the verb)，是作"为 (being [the verb substantive])"的光景多。那"行的 (the verb as active)""受的 (the verb as passive)"，暂且不提，先把那英文使用活字 (the English verb)、各有分定六个式样 (the six modes[Moods 语气])的例，略说一说。

陈述语气
[The Indicative Mood]

9.105 比方，"我爱他 wo ai t'a"，"你肯不肯 ni k'ên pu k'ên"，那"爱 ai"字、"肯 k'ên"字，各当直说、直问，指明准定的意思。

假设语气
[The Conditional Mood]

9.106 "他来 (*if he comes*) 我必见他",那是包含着未定准来的意思。

可能语气
[The Potential Mood]

9.107 "他可以做先生"那句话,就是指他能做先生,或指他愿做与否任其自便。

祈使语气
[The Imperative Mood]

9.108 叫人,用"来 lai"一个字,那是令人的话;"走罢 tsou pa (*go!*)" "跑阿 p'ao a (*be off!*)",是令人走、令人快走的话。

不定语气
[The Infinitive Mood]

9.109 "他爱看书 t'a ai k'an shu"那句话裡头,有"爱 ai"字"看 k'an"字,都是活字,其中那"爱 ai"字,既属"他 t'a"字所主,就按英文定例 (*English grammar*),是归为直说的式样 (*indicative mood*)。那"看 k'an"字,不属专主,就算为凡论的字。"看书好 (k'an shu hao *it is good to study*)" "看书是个好事 (k'an shu shih ko hao shih *it is a good thing to study*)",这俩"看"字,是无论看书的是谁。"他看书 t'a k'an shu",是专指某人是看书的,先後这两个说法的地方儿不同,一见就可以了然 liao jan。

分词
[The Participle]

9.110 以上英文活字,如何变换五样 (*five* Pien-huam),略已说明,还有一样较比着难讲些儿:

1. 当时 tang shih 姓张的那些孩子们，他最疼爱的 (best beloved) 那个，病了。
2. 那 (na, that=the) 汉帝最宠的 (most favoured) 臣子谋叛了 (mou p'an⁴ liao, conspired)。
3. 那炸炮炸开的时候儿，那些兵，站着的 (standing up) 打伤了，躺着的 (lying down) 都没打着。

    注：炸 cha⁴，是未被本地字典认可的字，由火 huo（火烛）乍 cha（突然）构成；炸炮 cha p'ao，炸弹；炸开，爆炸。

4. 我的骨头那么疼，躺着 (lying down)、站着 (standing)、坐着 (sitting)，都是不安。
5. 国势大乱，就彷彿墙要坍塌 (tottering) 似的。

    注：要坍塌，字面上是，墙快要倒塌了。注意，以上各例中的"的 ti"已成为代表分词的屈折变化形式 (to represent participial inflexion)，在英语里，它可以极为恰当地构成一个关系词 (a relative)：张先生最喜欢的孩子 (the child that Chang most loved)；汉帝最宠的臣子 (the minister that the Han Ti most favoured)，等等。

以上这幾句裡头，那"疼爱的 t'êng-ai-ti""宠的 ch'ung-ti""站着 chan-cho""躺着 t'ang-cho""坐着 tso-cho""要坍塌 yao t'an-t'a"各等字样，翻作英语，都算是归活字第六个式样儿 (modification of the verb)。细查那"的 ti"字"着 cho"字实用，彷彿是这么著，那活字单用的时候儿，所指的无论是"作 (doing)"是"为 (being)"，就是正意，再加上"的 ti"字"着 cho"字，那都是陪出个旁意 (a secondary meaning)，为补足那活字原指之事，或在当时，或在已往，或在将来 (the condition of whatever is, or is done, is one either of now being, of having been, or of being about to be)。

注："旁意"句，字面上的意思是，如果仔细考察"的 ti"字"着 cho"字的实际用法，就可以看到，那些动词，不管是表行为动作，还是表示存在，当它们单独使用的时候，就是"正意 chêng i"，即正确的或原本的意义；加上"的 ti"和"着 cho"便陪出 p'ei ch'u，即带出旁意 p'ang i，即从属的派生的意义，它们的作用是补足那些活字原来所指向的事物，而不论是在现在、过去还是将来。正意 chêng i，常用以表示某个词或语的平直的、原本的意义；旁意 p'ang i 的使用，从中国作品看，

很像我们所谓的主语和谓语 (subject and predicate)。例如，船载来旅客，比如一个汉人；船，是"纲 kang"（参见本章 1.20），关于它所说的话是"目 mu"；船，是"船"的正意 chêng i；而它载来旅客，是"船"的旁意 p'ang i。

时态
[The Tenses]

9.111 事情是"作的"是"为的"，所有时候不同，总不过分三等，是已经的，就是"过去的"(*The Past*)；是未有的，就是"将来的"(*The Future*)；是目下的，就是"现在的"(*The Present*)。这是三个大纲，还有得'分的细目。

注：Past：已经的：过去时；已 i，结束，停止；经 ching，经过。Future：未有的：将来时，字面上是，尚未发生的；未 wei，又是一个单纯否定词；例如：未必 wei pi，不是必然的，不是确定的。目下的：现在时，眼下。Subordinate distinctions：细目，次一级的区分：我在描述时态的时候，对简明英语语法已经作了一些介绍，在 9.112 节讲了主要时态，再细分，其例依次列在 9.113，例如：

1. "*Am writing,*" *present incomplete.*
   "写着，"现在未完成时。
2. "*Have bought,*" *present complete.*
   "买了，"现在完成时。
3. "*Was eating,*" *past incomplete;* "*had gone,*" *past complete.*
   "吃着，"过去未完成时；"走了，"过去完成时。
4. "*Shall be going,*" *future incomplete;* "*shall have settled,*" *future complete.*
   "正要走，"将来未完成时；"要定了，"将来完成时。
5. "*Have been writing,*" *progressive form of present complete.*
   "已经动笔了，"现在完成进行时。
6. "*Shall have been studying,*" *progressive form of future complete.*
   "将要学完，"将来完成进行时。
7. "*Do apply,*" *present emphatic;* "*did look out,*" *past emphatic.*
   "用，"现在强调语势；"看，"过去强调语势。

9.112 "我昨天上衙门 yamên，今天看书，明天再歇歇"，这三句，就是分时候三等的大宗。

9.113 那细目的式样在後：

1. 你办过那个文书没有？ (*Have you written*)

   我正在办着。 (*I am writing*)

2. 你买过那本书没有？ (*Have you bought*)

   买过了。 (*I have bought*)

3. 他早起来的时候儿，我正喫饭 (*I was eating*)；

   赶到晚上回来，我已经出门去了 (*I had gone out*)。

4. 你多喒可以过来么？

   我明儿晌午来，好不好？

   不行。你是晌午来，我正要上衙门去。 (*I shall be going to*)

   你倒放心罢，改日彼此相见，你那一件事，必是我给你先都办妥了。(*I shall have settled*)

5. 我是写信给京城裡，叫他们把我那些书，都打船上寄了来。 (*I am writing, or, I have written*)

   我这半天也是写信来着。 (*I have been writing*)

6. 到後天，我看的那个书，已经看了三个月了；到今天晚上，第八本就看完了。 (*I shall have been studying, I shall have finished*)

7. 你总得'用心罢。 (*You must apply*)

   用心，我是用心，我不是不用心。 (*I do apply*)

   买马的那时候儿，你为甚么不找个好的呢？ (*Why didn't you look out for*)

   找，是找来着，总没找着。 (*I did look out for*)

对话显示行为动词各种语态、时态之句法结构
[Dialogue showing the construction of the Active Verb in most of its Moods and Tenses]

9.114 —

1. 你在楼上坐着看甚么呢？

   What are you sitting looking at upstairs there?

2. 我坐着看那个人。

   At a man that there is over there.

3. 看他在那儿作甚么呢？

   What is he doing?

4. 我看他是打甚么呢。

   Beating something.

5. 那个人你认得不认得？

   Do you know the man?

6. 我从前没见过。

   No; I never saw him before.

7. 你在这儿坐着，看了有多大工夫儿呢？

   How long have you been sitting up there looking at him?

8. 不很大的工夫儿。

   Not very long.

9. 你看错了罢？没人打甚么。

   I think you are mistaken; nobody is beating anything.

10. 没错，到这时候我还看着呢。

    No, I am not mistaken; I am still looking at him.

11. 我还怕是你看错了，那儿没有人。

    I think you are mistaken though, and that there is no one there at all.

12. 那'儿没人？头裡说的时候儿，看是看，现在还是看。

    What do you mean by no one at all? I was looking at him (or, I saw him) when I first said I was, And I am still looking at him (or, I see him still).

13. 我没问你的时候儿，你看见过没有呢？

    Had you seen him before I put my first question to you?

14. 早我就看见了。

    Yes, long before.

    注：早就，之前好久了。注意，早 tsao，与 "就 chiu" 隔离，强调早 tsao。

15. 你刚纔说在这儿坐的工夫不大。

   You said just now that you had not been sitting here long.

16. 我那时候儿说的是实话。

   And what I said was the truth.

17. 我出去看一看，你那儿看的到底有人没有。

   I shall go and see if there is any man that you are looking at.

18. 很好。你到那儿就知道有没有。

   Very good; when you get to the spot you will be able to tell whether there is or not.

19. 你等我回来行不行？

   Can you wait till I come back?

20. 你快回来。我还在这儿坐着。

   If you are back soon I shall be still sitting here.

21. 你没有甚么事办么？

   Have you got nothing to do?

22. 事还有。到不了你回来，我就准办结了。

   Yes, I have; but I shall be sure to have done it all by the time you return.

   注：到不了 tao pu liao, [时间] 等不到你返回来；那时我就能结束我的事情了。

23. 到了那儿，果然是有人，回来我认错。

   If there is a man there when I get there, I'll apologize when I come back again.

24. 等你看明白了，至不济我先有三天的笑话不完。

   I shall have been laughing at you for at least three days before you find out the truth.

   注：为预防被闹糊涂，读者须明白，坐在楼上说话的人所看见的那个人，在谈话开始的时候已经走开了，但还看得见。至不济 chih pu chi, 参见谈论篇百章之三十四注5。逐字译出 (construe)：我等你看明白了 k'an ming pai liao, 看清楚、看完全了；[在你弄明白]之前，我至少有三天看不完的笑话，不完＝将笑上三天，三天之后还可笑 (shall have been laughing and shall still be laughing)。

25. 怎么"先有三天的笑话"呢？

   How do you mean laughing at me three days before I find it out?

26. 我说至不济，你得'等三天纔得问明。

   I say that it will be at least three days before you can satisfy yourself.

   注：问明 wên ming，自己证实，询问清楚；明 ming，跟查明 ch'a ming、看明 k'an ming 中的"明 ming"一样，含有动作完成的意思 (completing the act implied)。

27. 我就去看，怎么会耽误三天？

   How can I possibly have to wait three days if I go to look immeediately?

28. 你立刻去看，还赶不上呢。

   If you were to go to look this instant, you would be too late all the same.

29. 那'儿？你还看着那个人，我怎么赶不上呢？

   How is that possible if you can still see the man?

30. 叫我说他还在那儿，那就是撒谎。

   If I were to say that he was still there, I shouldn't be speaking the truth.

   注：叫 chiao，比较谈论篇百章之二注 2；似是，是什么原因使我说他还在原地。

31. 你这半天不是说正在看着的话么？

   Haven't you been saying all this time that you were looking at him?

   注：这些时候你都在说着"正在看着的 chêng-tsai-k'an-cho-ti"话，此"话"即你正在实际地注视着。

32. 当时正看着来着，未必此时还能赶上。

   I might have been looking at him when I said so, but it doesn't follow that you could overtake him now.

   注：当时 tang shih，即时，在那个时候；正看着 chêng k'an cho，[虽说我] 实际上正注视着，未必 wei pi，不是必然的，即现在你不一定能追上 [他]。

33. 你说他走了，是不是？

   You mean that he is gone, don't you?

34. 我若是说他走了，你还能驳我么？

    If I do, can you contradict me?

35. 驳与不驳没要紧。那时候儿你看见他动身，也可以告诉我。

    It doesn't matter whether I can or not; when you saw him moving you might have told me.

36. 那时候儿你上楼，自己就看得见了。

    If you had come upstairs, you might have seen him yourself.

37. 那时候儿你不许我上楼。这时候儿你许我上楼么？

    You would not let me come up then; will you let me now?

38. 随你爱上楼，爱找那个人去，都使得。

    You can either come up or go after the man, as you please.

    注：随你爱：只要你高兴；字面上是，你跟着你的感觉（喜欢）上去，跟着你的感觉（喜欢）去找那个人，都是可采纳的。

39. 找他干甚么？大概追他半天，也看不见。

    What would be the good of my going after him; I might be chasing him all the morning without finding him?

40. 嗳，别有气。

    There, there; don't be angry.

41. 我不是有气，就是不信你的话。

    I am not angry, but I don't believe what you say.

42. 嗳，你别这么着。从前就算是诳你，如今是真的。

    Now, don't go on in that way; supposing that I was trying to take you in when I spoke before, I am speaking the truth now.

43. 你诳了我这么半天了。

    You have been taking me in all this time.

44. 就算这么半天是诳你，与你何妨？

    And supposing I have, what harm?

45. 总而言之，你想我这会儿赶得上么？

    Well, in one word, do you think I could catch him up now?

46. 我头裏叫你去的时候儿你就走，还容易赶得上。

    You could easily have caught him up had you gone when I first told you to go.

47. 就是那会儿走，也未必准能按着他的道儿去。

    If I had gone then, it's not so certain that I should have taken the same road as he.

48. 你真矫情。你别去就得了。

    Well, don't go at all, if you're so full of objections.

    注：矫情 chiao ch'ing, 总是反对, 任性地我行我素。

49. 你到底叫我去不去？

    Am I to go?

50. 不去罢。这个人你不认得，不能找。我回去了。

    No; you couldn't find the man, for you don't know him; I shall go home.

51. 我如今上来了。你先指给我他往那'儿去了。

    Well, before you go, now I'm up here, show me what direction he took.

52. 指给不指给不要紧，还得'等三天，他纔能回来。

    It doesn't signify whether I show you or not; he can't be back again for the next three days.

53. 他这三天上那'儿去？

    Where will he be for the next three days?

54. 他上坟地裏监工去。

    He is gone to superintend something they are doing at the family cemetery.

    注：监工：监督，主管。监 chien, 查问, 担任管理。

55. 你说不认得，怎么知道是修坟地去？

    You say you didn't know the man; how do you know that he is repairing his cemetery?

56. 头裏我不认得，後来我看出来是王立。

    I did not recognise him at first, but I saw after wards that it was Wang Li.

57. 王立在这儿打人做什么？

　　What was Wang Li doing here beating anyone?

58. 我没提他打人。

　　I didn't say that he was beating anyone.

59. 他还是打马来着么？

　　Was he beating a horse then?

　　注：还 han，强变化的转折连词；即，他既然不是打人，那就是打马了？注意，附加的"来着 lai-cho"和"着 cho"的例句是 59，61 和 62，其省略形式见 57，58 和 60，而在我们（英语），动词的屈折变化 (the inflexion of our verb) 几乎是一致的。

60. 不是打马。是打骡子。

　　No, he was beating a mule.

61. 他骑着骡子，我那'儿赶得上呢？

　　How could I have caught him up if he was on a mule?

62. 他不是骑着是拉着。

　　He was not riding the mule; he was leading it.

63. 你满嘴裏的话都是哄我。我不再问了。

　　You do nothing but make a fool of me; I sha'n't ask you any more questions.

64. 咳，这是那'儿的话。你各自各儿起疑，不再问也好啊。

　　I like that; it is you who are suspicious; but don't ask any more if you don't like.

　　注：你各自各儿起疑：你各自各儿 ko-tzǔ-ko-'rh，你自己；起疑，发生怀疑。

动词被动语态举例
[Examples of the Passive Verb]

9.115 上头刚看的那个问答章，原意是作出英语用这活字的榜样 (the use of the verb in English)，就是因为那都是"行的"多，"受的 (the Passive Verb)"少。现在打算再添幾句，补足了那"受的"格局。

　　注："再添"句：字面上是，我们打算 ta suan（考虑）增加少许例句，补足 pu tsu，弥

补说明"受的 shou ti"即被动语态 (the passive)[与"行的 hsing ti"即主动语态 (the active) 相对]的"格局"。

9.116 "父母养儿女"那句话所提,是父母"行的"。"儿女为父母所养",这一句,是儿女"受的"。[译按:英译文中,是父母"行的":"父母"的谓语表明"他们是动作的发出者 (they are the agents of an act)";是"受的":"孩子"是动作的宾语 ("children" are the object of an act)。]

9.117 "你打我 ni ta wo"那字眼儿,是分定那"打 ta"是"你 ni""行的";"我被你打 wo pei ni ta",是那"打 ta"为"我 wo"所"受的 (the object or recipient)"。就是那"受甚么"的理,汉话论的,不止一样的字眼儿。

注:那"受什么"的理:字面上是,理 li,即遭受什么的道理,当它是被对待、处理的时候,汉语"字眼 tzǔ-yen"便不止一种。语法学家描述这种结构,如:is building, 或 is being built, 是用"叫 chiao"(使遭受)来表示,其确切的作用,难于解释,产生于所用的某些动词带的"接受""觉察"或"蒙受"的意思;它们将我们认定的主动语态的动词变为被动语态,实际上,(主语)变为宾语。

9.118 即如:

1. 那人实在可怜,从前在王大人那儿做门上,被人冤屈,说他私受银钱。因为这个,挨打很利害,就把他辞了。

   注:做门上:做守门人;被 pei 人冤屈:他是别人弄错的对象;私受银钱:私下收受金钱。挨打很利害:他被打,打得很厉害。就把他辞了:[他的主人]解雇了他。

2. 他回乡去,道儿上又碰见贼,把他掳到山中,不但甚么都抢乾净了,还受了很重的伤。不是有车从那儿过,有人把他扶起来,他一定要死了。

3. 等他回到本村,就知道他那住的地方,新近都是被贼扰乱,他父亲的房子也烧了,所有的产业,也都毁坏了。

   注:被贼扰乱:他自己的村子,他所居住的地区,都是贼匪骚扰的对象。

4. 他女人原是财主家裏的姑娘,贼闹的时候儿,叫儿子扔下跑了,那人找到他丈人家,求他们给他打算些儿。他们虽然是有钱,回答说:我们近来的买卖很不好,甚么都喫亏,万难相帮。

注：财主：富有的业主。姑娘：处女。叫儿子扔下跑了：[她]，是"叫 chiao"的宾语，她儿子抛弃 [她] 并逃跑了。他丈人家：他岳父家 (his father-in-law's family)。吃亏：遭受（字面上是"吃"）损失。万难：一万种（= 无限多，极大地）困难。

5. 你想，他起初叫人冤枉，挨骂挨打，後来是被抢受伤，并且家裏一无所有，他一身受了这些苦处，还叫他女人家裏见笑，像这样儿的苦难，从来还有人受得么？

注：第一句中的"叫 chiao"：他遭受；一无所有：家里什么都没有了；见笑 chien hsiao：被嘲笑，叫 chiao，被他妻子家嘲笑；从来：到现在为止，在此之前。注意"叫 chiao"，除了以下二途之一，别无解释：一是"叫 chiao"的讹用，二是"觉 chio"，然而，"觉"只在"睡觉 shui-chiao"中读 chiao[4]；或者，是"使遭受 (to cause)"，而且必须受一个省略了的非人称的力量所支配。这最后一种解释，可以用于"叫儿子扔下 chiao êrh-tzǔ jêng hsia（被她儿子抛弃，即某种原因使她儿子抛弃了她）"，但不能解释"叫他女人家里见笑 chiao t'a nü-jên chia li chien hsiao"；因为"见 chien"的宾语——见 chien：看见，觉察，被感觉到，其宾语——汉语发音相同的"t'a"——被省略了。实际上，"叫"的词源学上的要求，通常被最简单化地忽视了，并且把它翻译成"by"。值得注意的是，"受 shou"，接受 (to receive)，其本义却是"给 (to give；译按：《说文》：相付也）"；挨 ai，忍受 (to endure)，其本义却是"打，击 (to strike；译按：《说文》：击背也。《集韵》：击也）"；被 pei，遭受 (to suffer)，其本义却是"受"的主语——原本是"被子 (a coverlid)"，而后变为"覆盖 (to cover)"，"影响 (to affect)"。

§10　副词，表时间、处所、数量、程度等等
(The Adverb, of Time, Place, Number, Degree, etc.)

时间副词
[Adverbs of Time]

10.119 —

1. 您想那一个人今儿个来不来？怕今日不能来，许明儿个来。（译按：此处无注释，从英译文看，是把汉语的"今儿个""今日""明儿个"视为时间副词。下类同。）

2. 他昨儿个为甚么不来呢？他昨儿个是来了，来得晚。
3. 你来得早，他为甚么来得晚？我在衙门裏先散的，他後散的，常是这么着。

    注：注意"散 san"，本义是一群人分散开来，引申义，如下面的例 5，适用于一群雇员中的个人。常是这么着 ch'ang shih chê-mo-cho：总是这么样，惯常如此。

4. 他来是我没出门以前么？他来的时候儿，你纳先走了。
5. 你告诉他，明儿个一散衙门赶着来。恐怕不行。他明儿个来了，我纔可以见他。

    注：恐怕不行：我怕行不通。

6. 那'儿呢？你这就到衙门裏，不能见他么？一定赶不上。我到衙门，他必先走了。
7. 他如今住的是那'儿？住的是我从前住的那个衙衙。
8. 你说的"从前"，是甚么时候儿？是你纳初次进京的时候儿。
9. 那是早已了。不错。那就是前十年，是不是？原是，也快十年了。

    注：原是 yüan shih，事实确实是这样的（快满 10 年了）。

10. 初次进京，不是随王大人一块儿么？不是。那是第三次了。
11. 你纳通共进过幾次京？共总五次。初次是随着先父。

    注：注意："幾次 chi tz'ǔ"，多少次，用在动词"进过 chin-kuo"和它的宾语"京 ching（首都，北京）"之间。先父 hsien fu，我的已故的父亲，这是我们很少用的一种措辞；注意，说话者说到他去世的父亲是如何称呼的。

12. 令先君是多喒进京？是道光二十三年的时候儿。

    注：令先君 ling hsien chün，您的已故父亲：他父亲还活着的话，他就得说"令尊 ling tsun"。

13. 多喒回去的？三四个月的工夫儿，就回去了。
14. 第二次呢？是过了二年。先父打發我有事进京来的。

    注：注意："有事 yu shih"的位置在"我 wo"之后，"来 lai"在句尾，这表明说话者说话的时候已经在他被派遣（打发 send up）的地方了。

15. 我都记得。那次你纳进京，住得日子也不多。我在京幾天，家裏有个急信来。

16. 啊，不是令先君病重啊？不是。是舍弟受伤，说是要死。

17. 令弟还在罢？不错。他受的伤渐渐儿的好了。

18. 我彷彿记得那时候儿，是令先君病着来着，是真的么？不错。我在道儿上的时候儿，听见说病了。到了家幾天，就不在了。

    注：注意 "来着 lai-cho"，表示所说情形的继续，而不是开始。

19. 是。所以後来你纳许久没进京。可不是么。丁忧不能出门的。满服後就是跟王大人来的那一次。

    注：所以 so i，原因，理由；许久 hsü chiu，好长时间。丁忧 ting yu，戴孝，特指官员为双亲举哀居丧；丁 ting，单独的，例如，孤儿；忧 yu，悲哀。满服 man fu，完成了我的服 fu（期），居丧期满；服 fu，即 "衣服 i-fu" 的 "服 fu"，这里指丧服。

20. 王大人 Wang ta-jên 如今还在京么？现在出差了，过些日子就回来了。

21. 听见说你纳不日也要出京么？不错。快走了。这儿差使的期满了，就打算回去。

    注：不日，短期内，不多的日子 pu to ti jih- tzǔ。

处所副词

[Adverbs of Place]

10.120 —

1. 他是那'儿来的人？他是通州 T'ung Chou 来的。

2. 离京是通州远，是张家湾 Chang-chia Wan 远？由齐化门 Ch'i-hua Mên 论，到通州近一点儿。

    注：齐化门 Ch'i-hua Mên，朝阳门 Ch'ao-yang Mên 的俗名，北京的东大门。（译按：今朝阳门称齐化门始于元代。）

3. 你到过那儿没有？你问得是那'儿？

4. 我说得是通州。没到过通州。到过张家湾一次。

5. 到张家湾，怎么没到通州呢？打天津 T'ien-ching (*Tientsin*) 坐车就到了张家湾。
6. 啊，这么看起来，你不是京城的人么？我不是京城的人。
7. 那么您贵处是那'儿呢？我是江苏 Chiangsu (*Kiangsu*) 人。
8. 是江苏那'一府呢？本籍是苏州 Su-chou (*Soochow*)。

   注：本籍 pên chi，出生地：籍 chi，本指书板 (*a tablet*)；引申为记载，特指注册登记；本籍，我被作为家族一员注册登记的地方。

9. 苏州东门裹头的那宋家，你认得不认得？怕是东门外罢？
10. 内外我不很记得。是从前作过御史的。原是。我到过他家好些趟(遍)。

    注：御史 yü shih，监察官 (*Censorate*)；字面上是，皇家编史官；古代官名，现归都察院 Tu-ch'a Yüan，负责全面检查，我们的称为"监察官 (*Censorate*)"。好些趟(遍) hao hsieh t'ang，经常；趟 t'ang，又音 tang⁴，这里＝次数。

11. 他回了籍，不是前年么？他时常的来往，我记不很清楚。

    注：时常的 shih-ch'ang-ti，看作副词"频繁地""经常地"，等等。

12. 他在道儿上受了一回大罪。那是那'一次呢？

    哎，就是前年的事情。我一个亲戚，同他一块走来着。

13. 不是在大名府那个地方儿遇见贼了么？不是贼，是乡勇变了。

    注：乡勇 hsiang yung，乡间勇士。译按：应是乡间地方武装的士兵。变 pien，转变，变换，这里是兵变 (*mutinied*)。

14. 是叫他们追上了，是遇见了？

    都不是。他风闻得大道儿上有事，他走岔道儿斜着往南去。

    注：注意"叫 chiao"；做了 [什么事儿] 使他们赶上了他。岔道 ch'a tao，岔路，道路的分岔儿。

15. 那么着，怎么躲不开呢？不但没躲开，反倒走到他们当中间儿去了。

    注：反倒 fan tao，倒转，相反。

16. 是坐着车，是骑着牲口？是坐车到某处儿，前後都是勇，进退两难。
17. 听见说勇还放枪？没放枪。
18. 那么是受得甚么伤呢？

是这么着，我的亲戚合宋都老爷坐着一辆车。我的亲戚在左边，宋都老爷在右边。勇从左边拥了来，要抢车，把车挤得横躺下，俩人都掉下来了。我的亲戚在上头，宋都老爷在底下，摔得伤很重。

注：宋都老爷 Sung tu lao-yeh, 宋监察官 (the Censor Sung)；都 tu, 代指都察院 Tu-ch'a Yüan。拥 yung³, 聚集, 挤入；本义是揽入怀中；一群人包围或跟随、硬挤。挤 chi³, 向前挤、推；挤得 chi tê, 推得它, 以致于使它横躺下 hêng t'ang hsia, 横斜着倒下去。摔 shuai¹, 给它一击, 例如打击或跌落；宋都察受了伤, 因为摔得很重 hên chung。

19. 哎呀，到这个地步儿！勇怎么不要他们的命？唉，他们脱身，是个徼倖的事。

注：乡勇不要 pu yao, 不坚持要取他们的性命。徼倖 chiao hsing, 幸亏, 好幸运 (all luck)；参见问答章之九, 41。

20. 是来了甚么救星呢？

是这么着。勇正把车裏的箱子，拉出来的时候儿，他们的那些跟人，骑着牲口赶了来了。勇听见马跑的声儿，不知道是甚么，都四下裏惊散了。

注：救星 chiu hsing, 援救者, 天赐的干涉。赶了来了, 字面上是, 他们的那些随从, 骑着马从后面赶上来了。四下里惊散了：那些乡勇听到马队飞奔的声响；不知道那是什么；全都往四方惊慌逃跑了。

数量副词
[Adverbs of Number]

10.121 —

1. 你到过那关帝庙是多少回？到过门口儿三回，往裏头就是一次。

注：关帝 Kuan Ti, 汉代一位英雄, 后来被神化并尊崇为战神 (the God of War)。

2. 头一次进去，第二次为甚么不进去？我头一次进去，是先给了庙裏点儿香钱。

注：香钱 hsiang ch'ien, 买香的钱。

3. 第二次呢？是他们不肯要钱么？

　　他们要，是要。我说上回给，是因为初次来纔给。这一回不给了。

4. 既是这么，第二次不教你进去，怎么第三次又去呢？

　　有人说，第二次是彼此没说明白，不如再试一试。

　　注：不教 pu chiao, 不让, 不使产生；通常的话，像这里，是"不允许"；又, 禁止。

　　　　又去：注意"又"在"去"前；你为什么又一定要再去第三次呢？

5. 就是那第三次，和尚怎么样呢？他们更不爱商量，直说断不能进去。

　　注：他们更加不愿意考虑了；他们直率地说[我]断 tuan（绝对）不能进去。

6. 为甚么原故呢？他们说一来是官庙，二来当家的没在家，三来那一天你纳没给香资。

　　注：当家的 tang-chia-ti, 当家人, 管理者；在一个家庭或庙庵里，叫"当家的"，而店铺里则叫"掌柜的 chang-kuei-ti"；当 tang1, 指担任一项职务。

7. 他们既有这个话，你还没提给他钱么？

　　我倒提了。他们说就是比初次多到三倍，也不能叫进去。

程度副词
[Adverbs of Degree]

10.122 —

1. 这个很好，那个不好得很。

2. 他写得字不大很好。他兄弟写得十分好。

3. 他十分赞美你。

　　注：赞 tsan⁴, 说, 说好话, 表明；赞美 tsan mei, 表明好感。

4. 你纳那天请他吃饭，他很觉體面。

　　注：觉 chio, 觉得；體面 t'i mien, 可敬, 高尚, 有社会地位。

5. 京北那件事闹出来，皇上气極了。

　　注：皇上气極了 chi-liao, 极度愤怒；字面上是：皇帝的愤怒到达了最高点。

6. 你为一件不要紧的事过於生气，说话太不雅了。

　　注：太不雅了 t'ai pu ya liao, 非常失礼。雅 ya, 良好的教养。

7. 那人过於糊塗，甚么话都不懂。
8. 那件衣裳多喒拏了来？昨儿晚上差不多儿得了。料估着这时候准得了。
    注：差不多儿得了：接近完成。得了 tê liao，完成，可用于任何正在进行的事情。料估 liao ku，推测，猜想；料 liao，预测的意思。用这个词的时候，多是我们所谓的祈使语气 (imperative mood)，"料估"总是后缀一个"着 cho"。
9. 那房子上月差不多就得了，如今全完了。
10. 我好些天总没看书，《通鉴》是差不多忘了，那《汉书》所全忘了。
    注：所全忘了，几乎全忘记了；所 so，在这里用作如"全 ch'üan"（全部，全都）那样的加强语意的词；这种表达方式是北京话特有的，外地人几乎弄不懂。
11. 今儿遇见的那俩人，姓张的差不多我不认得了，那姓李的所不认得了。
12. 头裡那山上树木很密，如今差不多没有了。是百姓太不照应。
    注：太不照应，关心得太少；太 t'ai，过分；不照应 pu chao ying，不照顾，不注意。
13. 那些人都好。最好的是姓李的。
14. 那些人他都不愿意要。顶不愿意要的是姓刘的。
    注：要 yao，雇用；在这个意义上是指需要帮佣；引申，不要 pu yao，解雇（佣人或部属）。
15. 那些人他都责罚得利害，偏重的是姓王的。
    注：偏重，更严厉；偏 p'ien¹，偏向一边；引申为，部分的，特别的；偏重 p'ien chung，特别严重或严厉。
16. 他今儿来，着重的是带他儿子见我。
    注：着重的，主要的，首要的，最重要的。重的 chung ti，沉重的东西；在这里＝最重的。
17. 你昨儿个不是这么说么？是这么说的。
18. 你昨儿个说的不是这么着。我说的原是这么着。
    注：原是 yüan shih，非常真实的，可信的。
19. 这个不是好法子么？不好。怎么呢？不是你纳的法子么？总不是。这两个法子，你说那'一个好？这一个还可以商量，那一个万不可行。

20. 那两个人，你找着了没有？找了姓李的没在家，姓张的并没有这么一个人。
21. 风颳得可怕。
22. 今儿晚上星星亮得可喜。

   注：亮得可喜 k'o hsi，明亮得很美：亮得可以[让人]高兴。

23. 那个雪下得过逾深。
24. 那茶叶实在是坏的。也不是全坏，还有幾分可用。
25. 那位先生教得不好。
26. 他唱得很好听。
27. 我身子些微有点儿乏。

混合的副词性结构
[Miscellaneous Adverbial Constructions]

10.123 —

1. 那小孩子在那'儿呢？左右是在家裡，总不过是在家。
2. 他这件事是甚么时候儿、甚么地方儿、甚么缘故、甚么法子办的，我都知道。
3. 他一听见那件事，立刻就走了。
4. 他早已有病，至今没好。
5. 他早已的病如今好了。
6. 他这一次来的日子不多。
7. 他这些天裡头，来过一盪（译按：趟）。
8. 他刚出门去，房顶儿上的瓦就叫风全颳下来了。
9. 早起天晴，忽然雲彩铺满了。
10. 我早起起来，常幌是天一亮的时候儿。

    注：常幌：多数（早起）。幌 huang^3，原指悬挂的幕布；这里用以表示不确定（摆来摆去？）；即，作为起床的规律，有时我做不到，等等。

11. 那箱子我带不了来，是一时收拾不及。

注：注意"不了 pu liao"，不能够，放在"带 tai"跟"来 lai"之间，整个儿分句作动词"是 shih"的主语 (the subject)；一时 i shih，在此刻，收拾 shou shih，整理，不及 pu chi，赶不上，完不成。

12. 那客人们动身晚了，赶不出城去。

注：晚了：太迟了；赶 kan 不出城去，[虽然] 加紧往前赶，也出不了城了。

13. 他每月受五两银子的工钱。
14. 他差一点儿坏了官。

注：坏 huai 了官 kuan，丧失官位；差一点 ch'a i tien 儿，只缺少一点点儿，= 再多一点儿（他就会……）。

15. 那底下人差一点儿散了工。
16. 我天天儿出去走一走。
17. 我们到他那块儿瞧瞧，他总是很喜欢。
18. 他合贼对敌，打了个败仗。
19. 他办那件事，费了很大的力，没成效。
20. 那个地方儿，头裡居民甚众，如今很萧条。

注：萧条，可悲地缺少；萧 hsiao¹，本指一种植物（据卫三畏博士，指芸香）；用以描述令人沮丧的景象或声音；萧条 hsiao-t'iao，悲惨的，荒凉，不景气。

21. 道儿虽远，我可走得快，不大工夫就到了。

§11 介词
(The Preposition)

11.124 —

1. 墙头儿上露出一个人来。
2. 他倚靠着墙。
3. 那群人我那时都见过，姓张的不在其内。
4. 他们俩交情日子深。

注：交情 chiao ch'ing，[友好] 感情的交往；日子深 shên，这样交往的日子多，长久。

5. 我瞧他去，他没在家，我留下话说日落之前我再来。

6. 他们把一根木头横在道儿上，绊了我一个觔斗。

   注：绊 pan，本义是，羁绊，缠绕而使之行动受阻；字面上是，他们把一段木头横向放在路上，[它]绊了我，[我被绊了]一跤。

7. 他道儿上遇见了很利害的一个险。

   注：险 hsien，危险。注意这个奇妙的习语：他遭遇了很利害的 hên li hai ti / tê，利害 li hai 到变成一个险 i ko hsien（危险）。参见上文多次出现的"利害 li hai"。

8. 房子背後有园子没有？

9. 山上有个庙，山背後洞裡有房子。

   注：洞 tung4，洞穴。

10. 我们是从东华门 Tung-hua Mên 外头过去。

11. 你是进园子裡头去么？

12. 我们从裡头打过个穿儿。

    注："打 ta"赋予"穿 ch'uan"以能动性 (activity)，穿行而过，许多动词皆如此；即，走里边的路我们穿行过去了。

13. 昨儿个一天都热。

14. 偺们那天论的那个事，从分手後，还没听见甚么消息。

15. 那上水的小船儿，都是顶溜拉着。

16. 把那马从马圈裡拉了来，骗上跑了。

    注：骗 p'ien，翻身上马；也写作别的偏旁；这里的这种写法，常用义是"欺骗"。

17. 我昨儿个围着皇城走了一遭。

    注：皇城 Huang Ch'êng，皇上的围墙，围绕北京皇宫的一道六公里长的城墙。（译按：范围为如今前门箭楼、东黄城根、西黄城根和地安门之间。）

18. 先是看他往那边去，後来转过脸，见往我这边来了。

    注：转过脸：然後他转过他的脸，我就看见他了＝他似乎是朝我这边走来了。

19. 那个人跑过这块莊稼地，从小道儿奔大道跑了。

    注：奔 pên1，跑；此处读 pên4，朝着。第二种用法尚未被字典承认。译按：此处有误。《康熙》奔，既有（1）《唐韵》等"并'本'平声"，《说文》走也；又有（2）《广韵》等"并'本'去声，急赴也"。

20. 张老爷 Chang lao-yeh，他如今往汉口（Hankow）去了。

21. 是由水路走，是由旱路走？

22. 他是搭轮船从长江去。

23. 得'多少天纔到？

24. 七天。

25. 我估摸轮船从上海到汉口，不是四天就到么？

26. 四天就到也可以。这个船是因为沿江各口，又上货又下货，所以不能那么快。

注：沿 yen，本义是，缘水而下；沿着，一条路，一条边界，等等。

§12　连词
(The Conjunction)

12.125 —

1. 虽然下很大的雨，他也到过衙门 (ya mên)。

2. 今年冬天也不大冷，也不大潮。

3. 那天那个热闹，不但小童 (the boys) 出来看，连小姐 (the girls) 也看。

4. 他写的字不论粗细，他想人都可以看得出来。

5. 不管你去不去，我一定去。

注：不管 pu kuan，我不考虑，对于我来说都无关紧要。

6. 连他、带我，都是受伤。

7. 我想等你试过一回，就不怕你不喜欢。

8. 凭你去办，两个法子都好。

注：去 ch'ü，不要当作"走 (go)"，它只是"办 pan"的助动词 (auxiliary)。

9. 你快说，或东或西，是怎么样？

10. 这个事不是竟空喜欢，还有实在好处。

注：竟 ching，只是；空 k'ung，空的，没有实在意义；喜欢 his-huan，[人们] 高兴的，以之为乐的。

§13 叹词

(The Interjection)

13.126 那心裡忽有所遇，嘴裡说出来的话，就有叹美的，有喜欢的，有怜恤的，有憎恶的，有想不到而惊的，有情愿的，各等神气不同：

> **注**：全句的主语是"神气 shên ch'i"；头两个分句，由"就 chiu"连属。意思是：语言自口中发出，有什么事情突然发生而心里没有准备，在这种情况下，[神气，反映出的态度，表情神态] 就会是"各等神气不同 ko têng shên ch'i pu t'ung"，各种不同的神态。注意"各等 ko têng"使"神气 shên ch'i"成为复数，而同时"各 ko"却是优先用于区分一些特指的感觉，不论是赞赏的还是高兴的，还是其他的。注意：叹 t'an，赞美，本义是叹息，叹气；憎恶 tsêng¹ wu⁴，不喜欢；想不到 hsiang pu tao，惊讶，意外的，惊 ching，吓了一跳。

1. 咳，你学话不毂三个月，还说的那么顺当。
2. 哎呀，你受了这些年的辛苦，还不知道怜恤人么？
3. 可恶！那个人不但白耽误工夫，还闹了许多的错儿。
   > **注**：白 pai，徒然，白白地，耽误 tan wu，延误和处置失当；不止于此，还"闹 nao"即出现了一些错误。
4. 可惜了儿，他的官都快陞了，因为不要紧的事，把他革了。
   > **注**：注意"都 tou"的语气；而"他 t'a"是"陞 shêng"的主语；"革"，撤职（字面上是，剥夺），它的主语是皇上或政府，这是不言而喻的。
5. 啊，你们外国的機器，真是巧妙得很。
   > **注**：机器：机械装置；机 chi，弹簧、发条，机器 chi ch'i，靠发条运动的东西。巧妙：精巧奇妙；巧 ch'iao，精巧，灵巧；妙 miao，深奥，精密，灵敏。
6. 你那天作的那首诗，王老爷 (Wang lao-yeh) 瞧过，就赞妙不止一次，连呼妙妙。
   > **注**：赞妙 tsan miao：十分赞美，称赞它巧妙。连呼 lien hu：连连、多次（因高兴、惊讶而大声）呼喊出来。
7. 奇怪，他放着好的不要，偏要那个坏的，有这个道理么？
   > **注**：放着 fang-cho，放下，即不动、不触摸；好的，好的东西；不要 pu yao，拒绝，抛弃，或谢绝它；偏要 p'ien yao，优先考虑，执意要求；坏的，坏的东西；有

这个道理么，有这种道理么，像这样的？

8. 情愿那张老爷 (Chang lao-yeh) 的伤快好了，就可以来救援。

9. 我听见说他好了。他好了？好极了！又听见说他後天可以来。後天么？巴不得的。

注：好极：好的最高点，非常好。巴不得：抓不住／到，无法占有它——它确实太好了。